教育学学科新进展丛书

崔景贵 曹雨平／主编

国家社科基金规划教育学一般课题（批准号：BJA170089）研究成果

现代职业教育心理学：积极范式的实证研究

崔景贵／主编

知识产权出版社
全国百佳图书出版单位

图书在版编目（CIP）数据

现代职业教育心理学：积极范式的实证研究/崔景贵主编. —北京：知识产权出版社，2018.11

（教育学学科新进展丛书）

ISBN 978 - 7 - 5130 - 5888 - 9

Ⅰ.①现… Ⅱ.①崔… Ⅲ.①职业教育—教育心理学 Ⅳ.①G710

中国版本图书馆 CIP 数据核字（2018）第 228057 号

内容提要

加快发展现代职业教育，呼唤心理科学的理论支持和实践指导，更要充分吸收现代心理科学的思想精髓和研究成果。职业教育心理学是高质量发展职业教育、推进职业教育现代化的重要理论基础。全面深化新时代职业教育改革，必须科学建构职业教育心理学研究的新范式，着力建构富有中国特色和风格的现代职业教育心理学。本书主要基于积极心理学视域，通过系统深入的实证研究，探讨分析现代职业教育实践的基本问题和积极范式，如职业教育范式建构、职校生学习心理素养、主观幸福感、心理资本辅导、心理健康教育、技能大赛训练、职业生涯发展、职业心理成长、创新技能型人才培养、行动导向教学范式等，阐释现代职业教育教学与管理的新理念与新策略。本书提出，追寻积极、建构积极是现代职业教育心理学研究的时代意蕴和行动指南，是现代职业教育发展的希望之路和必由选择。积极职业教育是现代职业教育基于积极、倡导积极和实现积极的一种理想范式。职业院校教师要秉承"为积极而教"的实践信念，从"心"读懂"00 后"学生，用心引导其和谐成长、成人、成才，多维立体系统建构积极职教范式，真正唱响职教改革创新的主旋律，努力办好人民满意、真正适合、更加优质的现代职业教育。

责任编辑：冯　彤　　　　　　　　**责任校对：**潘凤越

装帧设计：张　冀　　　　　　　　**责任印制：**孙婷婷

现代职业教育心理学：积极范式的实证研究

崔景贵　主编

出版发行：	知识产权出版社 有限责任公司	网　址：	http：//www. ipph. cn
社　　址：	北京市海淀区气象路 50 号院	邮　编：	100081
责编电话：	010 - 82000860 转 8386	责编邮箱：	fengtong@ cnipr. com
发行电话：	010 - 82000860 转 8101/8102	发行传真：	010 - 82000893/82005070/82000270
印　　刷：	北京建宏印刷有限公司	经　销：	各大网上书店、新华书店及相关专业书店
开　　本：	787mm×1092mm　1/16	印　张：	30.5
版　　次：	2018 年 11 月第 1 版	印　次：	2018 年 11 月第 1 次印刷
字　　数：	452 千字	定　价：	139.00 元

ISBN 978-7-5130-5888-9

目　　录

目 录

积极心理学视域下的职业教育范式

改革创新是现代职业教育发展的"风向标",全面深入推进改革创新,现代职业教育才能真正赢得希望无限的未来。现代职业教育改革创新是专业化的科学行动,是有思想的理性实践。加快发展现代职业教育要有新思想、新范式,在培养现代人的探索进程中反思理论基础,在职教改革创新实践中审视科学依据,在育人的观念转变、过程转换和方式转型等方面追寻积极取向,着力从消极教育实践误区走向积极职业教育范式。现代职业教育就是要追求积极的变化与发展,追寻积极是现代职业教育改革创新的希望之路。本章从现代心理学专业视域探究积极职业教育范式建构的科学依据和行动策略。

第一节 追寻积极:职业教育范式建构的心理依据

加快发展现代职业教育,呼唤心理科学的理论支持和实践指导。当今心理学领域的诸多新成果、新理论,能够为现代职业教育改革创新提供坚实的思想基础和专业支撑。现代职业教育走向积极、实现积极的心理科学依据何在?

一、积极基因：生物心理学的依据

当今是一个"心理学＋"的时代，心理学的新趋势是注重如何帮助健康的人发挥潜能。脑科学研究表明，人有巨大的发展潜能，人的心理有无限发展的可能性。人类已经挖掘的潜能与尚处在潜伏状态的能力相比，仅占5%左右。有研究认为，人生而有积极基因：人类在进化过程中积累、遗传了大量的包括积极心理因素在内的"积极基因"。人类积极的心理特征、心理品质就是由积极的心理因素（基因）发展而来。而按照多元智能理论，每个人存在不同于他人的智力优势和潜能，不存在单纯的某种智力和达到目标的唯一方法，每个人都会用自己的方式发觉各自的大脑资源，这种为达到目的所发挥的各种个人才智才是真正的智力，造就了人与人之间的不同。与其说是心理学帮助人实现人的潜能，不如说是以心理学技术为基础的教育能帮助人发挥潜能。最大限度地开发人固有的心理潜能和智能优势，促进他们自身能力的积极发展，必将成为未来社会职业教育的重要内容和任务。而现代社会是需要各种人才的时代，这就要求职业教育必须促进每个人优势智力的充分发展，让个性特长得到自主的发展和完善。

二、积极人性：人本主义心理学的依据❶

人本主义心理学强调肯定人的价值、尊严与人文关怀，突出人性中积极向上的一面，彰显人的积极性、主动性与创造性，这在心理学史上是一大创举。人本主义心理学家马斯洛指出："心理学在表现人类消极方面获得的成功一直比它表明人类积极方面大得多，它向我们展示了人类大量的缺点、疾病、罪恶，但很少揭示人类的潜力、美德、可能的抱负，或者可能达到的心理高度。"❷ 人性是积极与消极两面的结合。心理学应该注重人

---

❶ ［美］马斯洛. 动机与人格［M］. 许金声，译. 北京：华夏出版社，1987：336－337.
❷ 人本主义心理学强调人的尊严、价值、创造力和自我实现，把人的本性的自我实现归结为潜能的发挥，而潜能是一种类似本能的性质。该学派最大的贡献是看到了人的心理与人的本质的一致性，主张心理学必须从人的本性出发研究人的心理。人本主义和其他学派最大的不同是特别强调人的正面本质和价值，而并非集中研究人的问题行为，并强调人的成长和发展，称为自我实现。

性的优点，而不是他们的弱点。而教育只有把握住人性，才能走进人类心理世界的殿堂。人本主义强调教育的功能、教育的目的，归根结底就是人的自我实现，是人所能达到的最高度的发展，即帮助人达到他能够达到的最佳状态。现代职业教育工作者要回到以人为本的原点，以积极的眼光和心态看待每个学生，关注与发掘每个学生的闪光点和积极面，为发展和提升积极的人性提供更多机会与支持。

三、积极超越：精神心理学的依据❶

人是有语言、能思维的存在物，是有精神属性的高贵存在物。这种精神的一个特性就是要有远大的生活目标，有坚定的人生信念。人生在世，总是要有精神需求和精神生活的，总是要寻求人生的目的、意义和价值的。精神生活的另一个特性是超越。超越指一种素质，这种素质把人置于超越其本能的欲望之上的位置，使他成为自己生活与生命的主人。精神生活是一种永远有目标感的积极过程，它的目标是成长、发展和超越。人活着究竟有什么意义？人生的意义和价值如何得以实现？这些问题困扰不少学生。教育应使学生获得存在价值感，应该挖掘、激发学生的内在价值，使受教育者获得生存的意义。现代职业教育应提供一种崇尚宁静、和谐，追求自我超越和卓越的精神生活模式，引导职校学生通过积极自主的理性思考和精神追求，获得更多的积极素养和自我修养，努力成为精神健全而高尚的现代人。

四、积极学习：建构主义心理学的依据

建构主义心理学认为，学习是心理的积极运作，而不是对教学的被动接受。强调学习者的主动性，认为学习是学习者基于原有的知识经验生成意义、建构理解的过程，而这一过程常常是在社会文化互动中完成的。建构主义教育理论内容很丰富，但核心观念只用一句话就可以概括，即以学

---

❶ 精神心理学派出现于20世纪六七十年代的美国，最初翻译为"超个人心理学"，被誉为继"精神分析""行为主义""人本主义"后的心理学"第四势力"。精神心理学是关于人的心理的新兴科学，既解释了心理发展过程的动态，又解释了精神转化过程的动态。

生为中心，强调学生对知识的主动探索、主动发现和对所学知识意义的主动建构。而不是像传统教学那样，只是把知识从教师头脑中传送到学生的笔记本上。建构主义者提倡的学习方法是教师指导下的以学生为主体的学习。建构主义的教育实验说明，只有自主建构的积极学习才是最符合学习的本质，最有利于开发人脑的潜力，最能促进人的整体的、可持续发展。

五、积极发展：积极心理学的依据

积极心理学以积极的价值观解读人的心理，试图激发人类内在的积极力量和优秀品质，帮助个体最大限度地挖掘自己的潜力并获得美好的生活。积极心理学认为，心理学不仅着眼于心理疾病的矫正，而且更应该研究与培养积极的品质。积极心理学的研究还发现：幸福、发展、快乐、满足是人类成就的主要动机，人类的积极品质是人类赖以发展的核心要素，心理学需要研究人的光明面，需要研究人的优点和价值，实际上，发展人性的优点比修复病症更有价值。时刻关注并发展事物的积极面，这是积极心理学的一项基本法则，也是最重要的一项法则。现代职业教育就是为了促进和实现人的自主和谐发展，充分实现个性化和多元化发展。科学的发展观不是强求心理的同步发展，不是追求心理机能的均衡发展，不是机械地缓慢发展。这就需要建构积极的职业教育价值观念：每一位学生都要发展，但不求一样的发展；每一位学生都要提高，但不是同步的提高；每一位学生都要合格，但不必相同的规格。

积极职业教育本质上就是基于积极、倡导积极和实现积极的现代职业教育。积极是现代职业教育工作者应当坚持坚守的理念、立场、智慧和策略。瞩目"00后"职校生，一个全新的职业教育时代早已到来！"00后"职校生是一个个性特殊、自我意识特强的青年群体，他们正处于人生发展和职业生涯成长的关键时期。因此，职校教师要把握现代职业教育创新变革发展的大势，理性把握积极心理学的优势视角，凭借睿智的教育思想、博大的教育胸怀和高超的教育艺术、深邃的教育智慧，走进"00后"的心理世界，读懂"00后"的心理需求，积极理解和包容每个"00后"学生，求同存异，和谐相处，因时而化，因势利导，因人而异，因材施教，才能充分发掘他们的潜能、潜质和潜力，发挥他们的特长和优势，真正实现师生的共同成长。

第二节　走向积极：职业教育范式建构的主旋律

建构积极职业教育的新理念、新范式，是现代职业教育改革创新的必由选择，也是一个系统而复杂的创新工程。现实存在的问题决定或预示今后积极职业教育行动的着力点和新方向。职校教师要秉承为积极而教的职业教育信念，多维立体建构积极职业教育的实践范式，追寻幸福卓越的积极职业教育人生，真正唱响现代职业教育改革创新的主旋律。

一、幸福主线：积极职业教育理念的价值取向

为职校生幸福人生奠基是积极职业教育范式的核心理念和价值取向。积极职业教育就是促进和引导职校生成长、成人、成才的"希望工程""阳光工程"和"幸福工程"。职业院校应当创造适合"00后"职校生的现代职业教育，而不是选择适合或适应现行职业教育的学生，转变以往强制式的、纠错式或者指责式的负向、消极职业教育，给"00后"职校生植入一种积极精神的方式进行激励式、扬长式或引导式的正向、积极职业教育，让职校学生拥有一种积极乐观、昂扬向上的生命状态，注重培养"00后"职校生认识幸福、感受幸福、体验幸福和创造幸福的能力。职校教师要坚定现代职业教育的积极价值取向，着力真正做追寻积极的现代职业教育，积极地做实、做优现代职业教育，用心把现代职业教育做得更加积极。

二、人格主导：积极职业教育目标的心理基础

健康、快乐、和谐与希望（4H）的积极人格是积极职业教育范式的心理意蕴。健康健全的心理素养是引导和促进职校生成长、成人、成才的基础。教育的价值除了为社会培养有用之才，更在于发展和解放人本身。现代职业教育要以发掘学生固有的积极潜力、优势和品质为出发点、立足点，

增强学生的积极心理体验，系统培养学生个体层面和集体层面的积极人格。职业院校要倡导人本与心本的积极职业教育，注重积极心态教育、积极心力教育、积极心智教育和积极心灵教育，理性认识职校生的心理状态和心理需求，全面提高职校生的心理资本和心理素质，培养职校生成为素养积极、人格积极，自我超越、追求卓越的"现代心理人"。一句话，现代职业教育就是要让每个学生能成为最好最优的自己，让每个学生成为心态阳光、个性健康的自我，让每个学生养成好习惯、负责任、爱运动的品质，让每个学生在职业院校能够有尊严地快乐学习、幸福生活。

三、育人主旨：积极职业教育内容的逻辑架构

助人自助、育人为本是积极职业教育范式的逻辑主旨。现代职业教育的根本目标是高素质的劳动者和技术技能人才，更加关注人的全面发展、个性完善，更加强调育人为本、特色办学、内涵提升、质量提高。当今消极职业教育的典型特征之一就是手中丢"人"、心中缺"人"与目中无"人"。顺应现代职业教育的发展潮流，积极职业教育范式的实践架构，必须坚持以人为本、与人为善、对人负责，而不能急功近利、过于追求实用。潜能与优势、特长与个性、习惯与责任、技能与精神、生活与生命，理应成为积极职业教育的基本内容。积极职业教育必将高扬"立德树人、育人为本"的大旗，整合积极德育、积极心理教育、积极生命教育、积极创新教育、积极人格教育和积极情感教育等，为职校生人性和谐、人格健全、人生幸福和职场可持续发展保驾护航、提供服务。

四、卓越主体：积极职业教育队伍的专业发展

具有积极教育素养的教师是积极职业教育范式建构的主力。加快发展现代职业教育，更加呼唤专业、敬业和乐业的积极职教实践者、思想者与研究者。职校教师要树立积极职业生涯与生命发展意识，潜心教学，静心研究，精心育人，用心实现专业积极出彩、教育卓越光彩和人生幸福精彩。一要坚持学习导向，加快教育思想观念与知识技能更新，加强教育思想基础和教学基本功建设，防止教育教学本领恐慌，全面提高教育管理服

务能力；二要坚持专业导向，善于把心思心智放在专业发展上，把精力用在做好教学管理上，自觉把服务学生发展作为最大担当、始终把学生幸福期盼放在最高位置；三要坚持发展导向，积极关注职业教育改革创新的发展目标、师生反映迫切的心理需求，着力创造最优化的"最近发展区"，畅通开展积极职业教育服务的"最后一公里"。

五、行动主张：积极职业教育过程的实践策略

从心出发、心动行动，用心而为、走心实践，是积极职业教育范式的基本过程。懂学生是现代职业教育实践的"基本功"，有思想是现代职业教育行动的"指南针"，善研究是现代职业教育改革的"助推器"。职校教师要深刻把握积极职业教育实践的基本策略，以积极的教育理念、积极的师生关系、积极的教育语言、积极的教育方式和积极的教育评价，努力打造民主和谐、向上向善的积极班级课堂和校园文化，尊重智能差异、激励职业优势，倡导和引导学生个性独立自主、专业多元发展。要协同积极职校教育、积极家庭教育、积极社会教育、积极网络教育和积极自我教育，"五位一体"协作协力，形成积极职业教育行动的有效合力，创造和提供让每个职教人都有人生出彩的机会。

当今中国职业教育正经历历史上最为广泛而深刻的改革创新与发展变革，这是一个需要理论而且一定能够产生理论的时代，这是一个需要思想而且一定能够产生思想的时代。学习借鉴现代心理学的研究成果，用积极心理学的理论研究和话语体系解读现代职教发展的中国实践与道路，不断概括出理论联系实际的、科学规范的、开放融通的新概念、新理念、新信念，打造具有自身特色、理论风格与实践气派的积极职业教育范式，是我国职业教育理论界和学术界面临的重大而紧迫的时代课题。我们将始终不忘初心、继续探索前行！

第三节　为积极而教：现代职业教育的
理念创新与行动策略

21 世纪初，西方社会出现了一场由积极心理学思潮引发的教育改革运动，积极教育在全世界兴起了创新变革的浪潮❶。2014 年，国际积极教育联盟（IPEN）宣告正式成立，标志着积极心理和幸福科学的教育国际化战略正式启动。❷与此同步，中国教育领域出现积极取向的改革创新，积极职业教育的理念也应运而生。对积极职业教育的一些基本问题，笔者在相关研究文献中已经有所回答❸。笔者认为，追寻积极是现代职业教育发展的理念、内涵与范式，走进积极是现代职业教育实践的基本开端、过程和目标，走向积极是现代职业教育改革创新的希望之路和必由之路。但积极职业教育的基本意蕴是什么？现代职业教育创新发展为什么要选择积极范式？如何用心做本真卓越的积极职业教育？这些问题需要我们更加深入理

---

❶　积极心理学采用科学的原则和方法研究幸福，倡导心理学的积极取向，以研究人类的积极心理品质、关注人类的健康幸福与和谐发展。积极心理学被喻为现代心理学领域的一场革命，也是人类社会发展史中的一个新里程碑。

❷　2014 年 3 月 21 日，由著名心理学家、积极心理学奠基人马丁·赛利格曼教授倡议，来自各大洲的国际积极心理学领军人物在美国纽约共同发起成立了一个全球组织——国际积极教育联盟（International Positive Education Network，IPEN），旨在发展学生的品格优势和幸福感，推动"品格与学业并重"的积极教育。在这次会议上，国际积极教育联盟提出了"教育的根本目的是人类的幸福"（The end of education is human flourishing）的口号。2016 年 7 月 18～20 日，首届世界积极教育大会在美国达拉斯市举行，来自 40 多个国家近千名专家学者和教育工作者围绕"积极教育"这一国际新理念及其实践进行深入探讨和交流。

❸　可以参阅笔者出版或发表的论著及部分论文，主要有：崔景贵. 积极职业教育范式导论 [M]. 北京：知识产权出版社，2015；崔景贵. 积极职业教育的基本理念与建构策略 [J]. 教育研究，2015（6）：64－69；崔景贵. 追寻积极：现代职业教育发展的理念、内涵与范式 [J]. 江苏社会科学，2015（5）：242－247；崔景贵. 培育技术技能人才：加快发展现代职业教育的理念与战略 [J]. 中国职业技术教育，2014（21）：180－183；崔景贵. 职校问题学生心理与积极职业教育管理 [J]. 中国职业技术教育，2012（33）：53－59，68；崔景贵，姚莹. 职校生心理发展与积极职业教育的心理策略 [J]. 职教论坛，2015（1）：4－8；崔景贵，杨治菁. 职校生专业学习心理与职校积极课堂教学的建构 [J]. 职教论坛，2015（7）：15－19；崔景贵，姚莹. 工匠精神与现代职业教育：一种积极心理学的视角 [J]. 江苏教育（职业教育），2016（39）：22－28；崔景贵. 为积极而教：现代职业教育改革创新的意蕴与范式 [J]. 职教通讯，2016（34）：1－7，25；等等。

性地思考与行动。

一、"为积极而教"：积极职业教育的基本意蕴

积极职业教育是积极心理学、教育学等思想与现代职业教育发展相结合，是中国职业教育创新发展和世界积极教育基本趋势相适应的产物。作为一个全新的教育概念，积极职业教育的核心就是积极教育。积极教育的倡导者、美国宾夕法尼亚大学心理学教授马丁·赛利格曼在演讲中曾表示，积极教育注重以积极的价值观解读人的心理，激发人类内在的积极力量和优秀品质，帮助个体最大限度地挖掘自己的潜力并获得美好生活。积极教育有三个核心主题：一是发现和培养人的优势、潜能和美德；二是关注人的幸福感和满意度，倡导追求幸福美好的现代生活；三是助力建设健康和谐的社会和团体，让每个人都能充分发挥自身的主体性和创造性。❶积极职业教育主张以发掘职校生积极潜能、优势和美德为出发点，以增强职校学生的积极心理体验，培养职校生个体层面和集体层面的积极人格。积极职业教育更为强调现代人性、人品、人力、人格和人生的教育，其主要目的在于促使人的积极品质不断增长，并使人所具有的积极力量得到充分发挥，如潜力、乐观、善良、同情、理想、创造、幸福等。积极职业教育也基于积极的视角关注职业教育存在的各种问题，帮助职校师生自主解决困扰自身发展与生活的心理问题，如自卑无助、抑郁悲观、紧张焦虑、厌烦倦怠等。大量调查和实践证明，积极心理学科学理论应用于职业教育教学，将促进学生增强学业兴趣、提高技能水平、热爱班集体、减少抑郁感、提高幸福感。积极职业教育是把心理学的科学方法与现代职业教育密切结合，强调用心做得更加科学理性、富有成效，同时又符合人类追求幸福愿景的一种范式。❷

---

❶ 陈振华. 积极教育论纲 ［J］. 华东师范大学学报（教育科学版），2009（3）：27－39，68. 任俊. 西方积极教育思想探析 ［J］. 外国教育研究，2006（5）：1－5.

❷ 范式（Paradigm）的概念和理论是美国著名科学哲学家托马斯·库恩（Thomas Kuhn）提出并在《科学革命的结构》（*The Structure of Scientific Revolutions*）（1962）中系统阐述的，它指的是一个共同体成员所共享的信仰、价值、技术等的集合。指常规科学所赖以运作的理论基础和实践规范，是从事某一科学的研究者群体所共同遵从的世界观和行为方式。

　　作为现代职业教育的一种范式，积极职业教育究竟意味着什么？就是要着力办好人民满意、真正适合的现代职业教育，建构更高质量、更加公平的优质职业教育。现代职业教育能否有力支撑中国智能制造转型升级？职业院校人才培养如何积极应对"机器换人"科技变革浪潮的严峻挑战？这特别需要和期盼职业教育培养数以亿计的高素质劳动者和技术技能人才。而人才、资本、技术、信息等快速流动，人机互动、人际联络日益紧密。这就要求职业院校培养的技术技能型人才不再仅仅只为中国经济和市场服务，还要能在世界发展格局中有效合作与竞争，具有全球化的生存视野和国际化的核心素养。职业教育必须为明天的美好与和谐的社会培养人才，创造充满希望的未来而不是停留在传承或复制过去。从这个意义上说，"为积极而教"，其实质就是要为职业院校立德树人、教学育人而教，为职业教育人才培养模式创新而教，为培养高素质的技术技能人才而教。

　　提出"为积极而教"，是当今职业教育改革创新发展的必然要求，也是职业院校改革自身教育体系、创新人才培养模式最受欢迎的一种需求和选择。改革创新是现代职业教育发展的"风向标"和"指南针"。现代职业教育改革创新要致力于追求积极的变化，更加注重改革目标的顶层设计。只有以积极作为价值取向和发展导向，职业教育才能成为有效高效、优质高质和公平公正的现代教育。如果职业教育改革创新的方向和路径不对，一切努力和行动就可能是白费，最后只会南辕北辙、事与愿违。在职业院校，越来越多的教育工作者认识到，传统的职业教育方式并不适合现在的"00后"职校生，教学与管理成效低下、收效甚微，有些甚至是完全错误的。当代职业院校学生成长在和祖辈父辈们完全不同的时代和世界，他们面对一系列来自社会转型期经济、文化、科技、教育和互联网的巨大挑战；而以积极认知、积极情感、自我统合、健康个性和关键能力为核心素养目标的积极职业教育，则能帮助职校生加强心理建设、增进心理素质、提升心理修养，更好地应对他们这一代人所面临的诸多压力、困惑和挑战，把握人生出彩的发展机遇。

　　倡导"为积极而教"，就是要把走进积极作为现代职业教育实践的基本开端和过程，把培育积极人作为现代职业教育的理想目标。所谓积极人，是积极的学习人、积极的心理人和积极的职业人，是核心素质全面和谐、三维一体的现代人。积极职业教育的着眼点是人的积极心理的发展与完善，它以积极的视角和变化发展的观点看待人，把关注点置于人的根本能力和综合素养的优化和提高上，注重以长远的、全局的眼光看待人的心理建设和心理健康。积极职业教育的落脚点是人的幸福感的产生和发展。以人为本的价值理念和以发展的眼光看待人的心理的着眼点，决定了积极职业教育落脚点是关注人类的幸福生活。它通过开发和优化人的积极心理品质、增强人的心理资本，以提高人的生活质量来最终实现人类幸福生活的目标。这样的职业教育才是对社会与人充满理性、理解与理想的教育，才是对积极人性发展更有价值与意义的现代职业教育。

践行"为积极而教"，就要将之作为现代职业教育学术共同体的理想追求与行动信念，意味着现代职业教育发展范式的实践重构或科学建构。积极既是现代职业教育创新发展的一种思路与出路，又是现代职业教育实践开拓的一种心态与状态。建构积极职业教育范式，从本质上讲是一种系统的理论体系，主要体现在四个方面：一是积极的教育理念。就是要为职业院校教育改革创新资鉴，为职校学生幸福人生奠基，让职业教育的每个人都有人生出彩的机会；二是积极的教育目标。即培养培育职校生 4H ［健康（Healthy）、快乐（Happy）、和谐（Harmony）与希望（Hope）］的积极人格，富有积极心理品质、职业气质与人格特质的现代人；三是积极的教育内容，即以学会学习、学会做事、学会共处和学会生存为核心支柱❶，优化技术技能人才培养教育方案，突出潜能与优势、特长与个性、习惯与责任、技能与精神、生活与生命、情感与意志等；四是积极的教育过程，即职业教育工作者善于从心出发，以心动引导行动，用心教育管理，走心创新实践，通过积极的教学语言、积极的师生关系和积极的教学设计，努力形成个性化教育教学风格，体现现代教育的艺术与智慧。

提出"为积极而教"的主张，并不是要去推翻或否定当今的职业教

---

❶　国际 21 世纪教育委员会向联合国教科文组织提交的报告．教育——财富蕴藏其中［M］．北京：教育科学出版社，1996：2 - 3.

育，而是要变换一种新思路和新路径去推动现代职业教育的积极发展。就是把现有的职业教育从实然的病理模式变成应然的心理模式，把问题矫正的模式变成成长发展的模式，把消极被动的模式变成积极主动的模式。它突破了传统职业教育的狭隘，把注意力从"全力解决问题弥补缺陷"转移到"积极发掘潜能培养优势"上，使现代职业教育变得更平衡、更和谐。积极职业教育从来没有丢弃或排除职业教育的现实目标，即教授和训练学生生活、工作及投入社会、创造价值的知识技能和实践才能。从某种意义上说，积极职业教育是对当代职业教育的有效补充和有力支持，而不是也不可能取代现实的或者传统的职业教育。

二、"育卓越之人"：积极职业教育的理念创新

在积极职业教育中，积极应当成为贯穿教育全过程的核心价值和主线，使每一个人的素质都能够获得相对于自身而言的更为健康、积极的发展与提高。培育核心素养积极的现代人是现代职业教育改革的未来希望和目标所在。现代职业教育要让每个学生都有人生出彩的机会，就要让每个学生成为最好的自我，让每个学生拥有阳光的个性，让每个学生享有幸福的人生。现代职教人才培养必将更加注重德才兼备、理实一体和知行合一，培养富有积极特质、追求卓越发展的现代人。经过多年持续不断的探索实践，我国中高等职业教育衔接的机制初步建立，助推职校生升学深造的多种学制、渠道和途径日益贯通，现代职业教育人才培养模式的"立交桥"已经初步架构。现代职业教育要彰显积极人性、洞察积极人心、培育积极人格、提升积极人力、服务积极人生、培养积极人才。

当下职业教育实践中的消极误区和负面现象并不少见，消极的传统教育价值观念误导了职业院校人才培养工作，非理性的教育偏见和教育评价现象似乎司空见惯。一些教师习惯于把职校学生看成"有严重问题的人""有缺点错误的人"等，"差生""弱智""垃圾""脑残"等话语标签时有耳闻、并不少见，还没有自觉警醒和反思。以"帽"取人是当今职业教育领域普遍存在的社会偏见，不少职业院校人才培养工作陷入急功近利的教育"泥潭"，依旧热衷于崇尚高学历提升和盲目崇拜高学位证书；而现行

职教评价的通用方式仍然是以分数定高低，以金牌论成败，以排名决胜负。其实，获得高学历毕业合格证书并不等于高素质，通过高技能水平考级考试并不等于高素质，高的应试成绩或高的就业率并不能代表具有高素质，职场上的高收入薪酬也并不意味着已经具有高素质。我们最需要反思的现象是，为什么一部分职业院校学生毕业即会失业，上岗就要下岗，如流水线般机械化加工、生产的技能人才为什么不受企业欢迎？社会为什么要拒绝使用职业院校"订单式"培养的毕业生？

现代职业教育的基本功能是培养合格公民，而积极职业教育倡导秉承"成人"＋"成才"的现代教育理念。形象地说，"人才"＝人＋才，应该是两者的有机结合、整合融合。就职业院校培养目标而言，培养职校生真正能够成"人"与培养成"才"同样重要，甚至比成才更为紧迫。我们要培养的不是一批批"空心缺德"的机器人、技术怪人或精神侏儒，首先要培养的是"阳光、积极、开朗、乐观、不怕困难、不惧挫折、敢于担当、善于合作、懂得分享懂得爱"的"现代人"。职业教育提供对学生的整体评价方案，不单是专业知识技能，更在人格、思维、情感、能力和自我等方面提供可衡量标准。当代职校生理想的积极核心素养，主要表现在终身学习的发展愿望、健康和谐的身心状态、创新实践的职业能力、精益求精的工匠精神、团队合作的奉献意识和胸怀世界的服务眼光。积极职业教育对现代职教人才培养有什么启迪，其实就是希望能帮助人变得更加智慧、高尚与卓越，更加富有学习力、幸福力和职场影响力。

积极职业教育要培养积极的学习人，为积极终身学习而教。学习是学生的基本活动和主导任务，促进学生学会学习则是职业教育工作者的责任和使命。教是为了不教，学是为了会学。为积极而教，其实就是要求职校生为积极而学，为成为素养积极的现代人而学习。联合国教科文组织在《2030年教育行动框架（仁川教育宣言）》中提出："确保包容、公平的优质教育，促进全民享有终身学习机会。"积极学习是学习金字塔理论研究带来的有益启示，积极导向、灵活多样的教才有积极自主、富有成效的学。积极取向的职教专业教学改革要勇于、乐于并善于创新，就要知足、知不足与不知足，在积极把握教与学关系上更多努力，以学论教、以学定教，积极充分实现教学育人、教学相长。职校生积极学习有何内涵？为什么要更加注重积极学习？如何有效开展积极学习？这些问题还有待职业教育界进一步探究。

积极职业教育要培养积极的心理人，为积极心理状态而教。现代职业教育是对挖掘与弘扬积极心态、心智和心灵的创新实践，培育职校生自我、情感、人际和个性的"积极树"，以自信、希望、乐观、坚韧的心理资本为核心素养，引导职校生成为个性阳光、人格大写和自我健全的"心理人"。❶ 自我统合是青年初中期心理发展的重要课题，就是要引导职校生做到理智认识自我，积极完善自我，不断超越自我，真正实现自我。实施积极自我教育，自律自理是基点，自尊自信是重点，自我自主是特点，自立自强是亮点。现代职教管理服务就要着力攻心为上，用心行动，着力引导职校生做真正的心灵英雄、个性模特、思想富翁和精神达人。

积极职业教育要培养积极的职业人，为积极就业择业而教。职业院校开展积极职业教育辅导，要着力唤醒学生的职业成长意识和职业敏感性，激励职业自我探索，树立职业理想，培养职业兴趣，学会初步的职业生涯发展规划。指导学生建立专业学习的自信心，鼓励学生扬长避短、扬优弃劣、扬帆起航，充分发挥自身潜能优势，做好积极职业心理准备，为将来理性选择职业、成功就业创业奠定坚实基础。立足当今社会对技术技能人才的"零距离"期待，职业院校特别要注重培养职校生的职业道德品质、职业价值观、职业能力、职业精神和职业责任习惯，引导职校生成为富有工匠精神和职业精神、职业人格健康健全的人才，更好地实现"人职匹配"，全面提高职业核心竞争力和就业质量。

积极职业教育与传统的消极职业教育存在本质的区别，传统的消极职业教育旨在纠错，重在修补，而积极职业教育重在建设，重在发展。积极

---

❶ 其实，早在 1949 年，当托尔曼就任美国心理学会主席时，他在就职演说中提出了"心理人"这一主题。《心理人》（Psychological Man）就是其就职演说的题目。面对当时美国社会所流行的、以追求物质享受为目的的"经济人"，托尔曼从心理学本身所包含的意义和价值出发，提出了"心理人"的概念和观念，呼吁世人重视自己的内心世界和内心生活，呼吁人们注重生活的品质，注重生活中的心理感受和意义。申荷永，高岚．心理教育［M］．广州：暨南大学出版社，1995：30.

职业教育充分体现以人为本、育人至上的现代教育思想，提倡积极人性论，消解传统主流职业教育过于偏重问题和缺点的片面性、局限性，真正恢复职业教育本来应该承担的功能和使命，体现社会和谐和个体发展上的人学意义。如果能够集中职业教育资源和力量发掘、发挥人的积极本性，使人更像一个真正意义上的现代人，而人又能在个体和集体的思想与生命解放中表现出充分的积极态度，那么，积极职业教育在促进全社会更加积极和谐、更具有人性和人道方面就能有更重大的作为和更重要的地位。

三、"与幸福同行"：积极职业教育的行动策略

从积极心理学的视角理解，幸福就是健康快乐而有意义地活着。现代职业教育的根本目的是人类的幸福。教育的实践逻辑通常是，我们要获得职业教育的幸福，就要用心把握并建构给人健康快乐和生命意义的幸福职业教育。在职业院校办学层面，任何教育蓝图要取得成功，都必须有广大教师扎实有效的教育行动加以支撑支持。一要深刻理解现代职业教育的积极意蕴和实质，以积极为价值取向和发展主线，积极自主把握改革创新、校本研究、团队协作等行动策略，才能追求卓越幸福的教育人生。二要以积极的态度、多元的视角和发展的眼光，在充分关注学生共性的基础上积极关注个性，理性面对职校生群体的新面貌、新特征，用心读懂"00后"的心理世界，积极引导职校生自主和谐发展，促进他们成长为符合社会期待的高素质的技术技能人才。三要树立"为积极而教、育卓越之人、与幸福同行"的信念，用心做积极职业教育的实践者和开拓者，着力实现消极职业教育向积极职业教育的转型转变，系统建构中国职业教育现代化进程中的积极职业教育范式。

积极行动是现代职业教育的价值取向和基本趋向。积极职业教育是将积极心理学等理论应用在现代职业教育领域的创新行动与实践成果。积极职业教育旗帜鲜明地提出"行动，才有收获；改革，才有未来；创新，才有成就；研究，才有成果；坚持，才有卓越"的要求，把现代理念、改革思维、创新意识、行动哲学和田野精神，作为学术共同体的重要追求。从消极转向积极，既是加快发展现代职业教育的必然趋向，更是求真务实、

脚踏实地的实践创新行动研究过程。

建构积极职业教育范式需要积极实践行动。积极职业教育不但是加快发展现代职业教育的理想或梦想，更是实实在在的教育行动与实践。积极职业教育就是以人为本、与人为善的行动，是为人成人、助人育人的行动，需要现代职教人的积极行动，需要全体职教人的共同行动。推进积极职业教育的系统建构，职业教育工作者要理性看、扎实干，善于用脑袋行走，做积极职业教育思想的实践者；善于用脚板研究，做积极职业教育实践的积极思想者，奋力前行在追求卓越的希望之路上。

建构积极职业教育范式需要积极创新行动。积极职业教育是中国特色、风格与气派的职业教育话语体系与理论创新。唯有深入推进改革创新，现代职业教育才能产生动力、带来活力、提升人力。突出内涵建设和特色创新发展，现代职业教育才能呈现积极的状态，产生积极的变化，实现积极的目标。建构积极职业教育，职业院校不应该只是原地踏步转圈般"吹喇叭""喊口号"和"谈设想"，更不能采用错误的方法解决虚假的教育问题。一句话，坚定走积极改革创新之路，用心做好真正适合、更加优质的现代职业教育，走心做卓越的积极职业教育。

建构积极职业教育范式需要积极研究行动。探索前行在希望无限的大路上，积极职业教育实践的系统研究才刚刚开始。积极职业教育所倡导践行的研究理念是：真心去做实实在在的研究；实实在在地做真正的研究；研究真实的现代职业教育问题。我们并不要求理论研究最好，但求职业教育实践行动更好。研无止境、不忘初心、继续前行。职业院校更需要系统的积极职业教育实践研究、实验研究和实证研究，克服为研究而研究的功利心态，扎实做好校本研究各阶段、各方面工作，收集整理经典工作案例，坚持规范严谨的标准，倾力协力打造精品研究课题，创新职业院校教育实践，加强学术交流推介，构建志同道合的学术共同体，互动学习共同提高，追求更加积极卓越的专业发展，携手创造积极职业教育更加美好的未来。

积极职业教育是现代职业教育创新发展的"乌托邦"❶，是一种符合现代人性追求的职业教育理想和范式。"乌托邦"理念本身其实是宝贵的，完全缺乏"乌托邦"的想象，现代职业教育就缺少美好的发展愿景。积极职业教育"乌托邦"和实际实践之间的距离相对较近，换言之，积极职业教育的理想目标是值得期待、可以实现的。"对一种教育理论加以筹划是一种庄严的理想，即使我们尚无法马上将其实现，也无损于它的崇高。人们一定不要把理念看作幻想，要是因为实行起来困难重重，就把它只看成一种黄粱美梦，那就破坏了它的名誉。"❷ 我们完全有理由相信，随着世界各国对积极教育思潮的充分关注和协同努力，当代中国必定会涌现有关积极职业教育范式的科学研究和实践探索，对世界积极职业教育运动做出引领性和示范性的积极贡献。

本章小结

追寻积极、建构积极是现代职业教育改革创新的希望之路和必由选择。积极心理学是加快发展现代职业教育的思想基础和专业视域。积极职业教育本质上就是基于积极、倡导积极和实现积极的现代职业教育。职校教师要树立为积极而教的现代教育信念，全面把握积极职业教育的基本意蕴和思想精髓，在理念、目标、内容、队伍、过程等方面，科学系统建构积极职业教育范式，唱响现代职业教育改革创新的主旋律。积极职业教育是现代职业教育创新发展的一种价值取向、实践路径和整合建构。为积极而教，就是要为职业院校立德树人、教学育人而教，为现代职业教育人才培养模式创新而教，为培养高素质的技术技能人才而教。职业院校教师要深刻理解积极职业教育的基本意蕴，自觉树立"为积极而教""育卓越之

❶ 乌托邦（Utopia）的原提出者是古希腊哲学家柏拉图。本意为"没有的地方"或者"好地方"，延伸为还有理想、不可能完成的好事情。今天，乌托邦一词往往有着更加广泛的意义，有时也被用来描写社会试图将某些理想的理论变成现实的尝试。
❷ ［德］伊曼努尔·康德. 论教育学［M］. 赵鹏，何兆武，译. 上海：世纪出版集团上海人民出版社，2005：6.

人"和"与幸福同行"的信念，积极把握改革创新、校本研究、团队合作等行动策略，用心做积极职业教育的实践者和开拓者，着力实现消极职业教育向积极职业教育的转型转变，科学系统建构中国职业教育现代化进程中的积极职业教育范式。

（本章作者　江苏理工学院　崔景贵）

第二章

中职生学习心理的研究

2015 年《教育部办公厅关于建立职业院校教学工作诊断与改进制度的通知》指出，要"切实发挥学校的教育质量保证主体作用，不断完善内部质量保证制度体系和运行机制……"。《教育部关于深化职业教育教学改革全面提高人才培养质量的若干意见》指出，要从"加强文化基础教育，注重学生文化素质、科学素养、综合职业能力和可持续发展能力培养"，可见人才培养质量的提高已成为新时代职业教育的主题，高质量、专业化的中职生学习心理研究成果对于职校深化教育教学改革创新，全面提高人才培养质量具有重要的引导和促进作用。

第一节　中职生学习心理研究概述

中职生的学习包括专业技能学习和文化知识的学习。学习是持久且复杂的过程，中职生在学习过程中会受到各种因素的影响或刺激，并形成相应的心理反应，这一心理过程被称为学习心理，其包括学习动机、学习兴趣、学习自信、学习态度、学习习惯、学习倦怠、专业学习心理等方面。

以 CNKI《中国学术期刊网络出版总库》作为文献检索平台，检索条件：分别以"职高、职校、中职、中专"❶检索"学习心理""学习动机"
"学习兴趣""学习自信（学习自我效能感）"❷"学习态度""学习习惯"
"学习倦怠""专业学习心理"为篇名进行检索，如"职高、学习心理"
"职高、学习动机""职高、学习兴趣""职高、学习自信（学习自我效能
感）""职高、学习态度""职高、学习习惯""职高、学习倦怠""职高、
专业学习心理"；论文发表时间在 1999—2017 年；取样时间为 2017 年 3 月
17 日。根据上述检索方式，剔除重复及无效文献，整理出关于中职生学习
心理的文献 97 篇，关于学习动机 237 篇、学习兴趣 579 篇、学习自信（含
学习自我效能感）13 篇、学习态度 18 篇、学习习惯 42 篇、学习倦怠 44
篇文献。

一、中职生学习动机研究

学习动机是激发并维持学习活动的内在心理动力，是影响学习效果的
重要因素。通过文献梳理发现，已有研究对中职生学习动机水平的高低尚
未形成一致意见。张文龙、梁成艾对"9 + 3"中职生的调查显示，中职生
的总体学习动机水平处于中等❸；胡卫珍对职校毕业班学生进行调查，指
出"部分学生缺乏强烈的学习动机"❹；随着研究的深入，学习动机被划分
为内部动机和外部动机，但是内部学习动机高还是外部学习动机强，学者
们是各执一词。邹国祥的研究表明"中职生内部外部动机不足"❺；王国光
和田静对中职生学习力的调查，得出中职生"内部学习动机低于外部学习
动机"的结论❻。部分学者对学科学习动机进行研究，其中张永雯认为中

---

❶ 本章统称为中职生。文献根据撰写日期而检索，所收集文献可能不尽全面；经过整理剔
除无法查询文献，再次检索可能略有出入。

❷ 学习自信包含学习自信心和学习自我效能感。

❸ 张文龙，梁成艾. 教育"9 + 3"计划背景下中职生学习动机调查分析［J］. 中国职业技
术教育，2015（23）：62 – 64.

❹ 胡卫珍. 中职学校毕业班学生学习心理状态调查［J］. 职业技术教育，2008（17）：88 –
90.

❺ 邹国祥. 中职生学习动机调查［J］. 教育与职业，2011（10）：54 – 55.

❻ 王国光，田静. 关于职校生学习力的调查报告［J］. 职教论坛，2011（21）：88 – 90.

专生学习英语的动机较弱❶；莫忆遐认为"超过一半的中职生数学学习是被迫的"❷；袁汉勋采用自编问卷调查中职生的德育课学习动机，发现德育课学习动机总体处于中等偏下水平❸。虽然对中职生学习动机研究的结果各不相同，但总体而言，中职生学习动机水平不高；具体表现在英语、数学、德育等学习科目中。

为激发中职生的学习动机，提高学习成绩。学者们对影响中职生学习动机的因素进行探索，发现情绪、认知能力、自我效能感、自尊等因素均会影响中职生的学习动机❹；韩舒文的研究还证实了，父母的教养方式在一定程度上会影响中职生的学习动机❺；因此，对中职生学习动机的研究可总结到个人、家庭两方面。

针对中职生学习动机激发的研究达80余篇，经过整理大致可分为两类，即理论和实证。理论上的激发策略主要是针对学校提出的，如进行分层教学❻；注重课堂氛围，根据学生特点因材施教；进行多元评价等。实证研究方面，李俊和倪雪华分别采用情景教学法和课堂讨论教学法进行实验❼❽。

上述研究反映了中职生学习动机的整体状况，也表明中职生对数学、英语、德育课动机水平不高的现状，具有一定的研究价值。但对中职生学习动机影响的研究主要集中于个人、家庭方面，其研究面有待扩展。而对中职生学习动机激发的研究则侧重于学校方面，其研究的系列性有待考

---

❶ 张永雯. 中专学生英语学习动机实证调查研究［D］. 西南大学，2006.

❷ 莫忆遐. 中职生数学学习动机的调查与分析［J］. 职业教育研究，2011（6）：56－58.

❸ 袁汉勋. 中职学生德育课学习动机现状调查与分析［J］. 卫生职业教育，2009（8）：115－116.

❹ 付海兰，王立平. 教育"9＋3"计划背景下中职学生学习动机探析［J］. 职教论坛，2014（15）：28－32.

❺ 韩舒文. 父母教养方式与中职生学习动机的相关性研究［J］. 职教通讯，2013（14）：78－80.

❻ 高敏龙. "请将不如激将"——谈中职生英语学习动机的激发［J］. 职业，2012（15）：113－114.

❼ 李俊. 运用情景教学法激发中职学生英语学习动机的有效性研究［D］. 内蒙古师范大学，2014.

❽ 倪雪华. 以课堂讨论激发中职学生英语学习动机的有效性研究［D］. 上海师范大学，2009.

量。此外，在大量的中职生学习动机激发研究中，实证研究较少，且均出现于硕士论文中。

二、中职生学习兴趣研究

学习兴趣是学生学习的根本动力，直接影响学生的学习效果和学习质量。在对中职生学习心理的文献整理中，学习兴趣的研究量占总文献的一半（学习兴趣：579 篇；总文献：1023 篇），且涉及学科较多，如语文、数学、英语、体育等。学习兴趣是直接推动学生学习活动的内部动力，学者对不同学科学习兴趣进行调查，发现对数学感兴趣的学生不到 2/5[1]。对英语感兴趣的仅 1/3[2]。张淑兰、刘世华等人通过自编问卷调查学生对语文、数学和英语的学习兴趣，发现英语、数学的学习兴趣明显低于语文[3]。由此可见，中职生对数学、英语两学科兴趣水平低下，但对体育学习兴趣的调查则不然，舒胜宏的调查结果显示大部分中职生对体育学习是感兴趣的[4]。

学习兴趣是学生积极主动学习的必要条件，学者们对学习兴趣进行了大量研究。对学习兴趣的影响因素的研究有：陈文娟、周雪松认为影响学生学习兴趣的因素有学生"体会不到老师的关爱；缺乏成就感；叛逆心理作用；家长、教师期望目标过高；补偿心理作用"[5]；朱前进、曹娇玲从职业学校的角度调查影响中职生学习兴趣的因素有，"教师的教学方法不新颖；课本内容枯燥、乏味；课余生活单调；班主任影响自己的学习积极性"[6]。

---

[1] 黄另竹. 对中职学生数学学习兴趣培养的探讨 [J]. 中等职业教育, 2010 (9)：30 – 32.

[2] 郑淑玲. 中职学生英语学习兴趣调查报告 [J]. 卫生职业教育, 2010 (18)：127 – 128.

[3] 张淑兰, 刘世华, 丁元奎, 等. 影响中职学生学习兴趣因素调查分析 [J]. 卫生职业教育, 2004 (21)：102 – 103.

[4] 舒胜宏. 中职学校女生体育学习兴趣的调查及分析 [J]. 职业技术教育, 2006, 11 (27)：35 – 37.

[5] 陈文娟, 周雪松. 中职学生学习兴趣低下的心理原因探究 [J]. 中等职业教育, 2008 (5)：12 – 14.

[6] 朱前进, 曹娇玲. 影响中职学生学习兴趣的学校因素调查分析及对策 [J]. 卫生职业教育, 2008 (20)：115 – 116.

从学习兴趣的影响因素可看出，影响学生学习兴趣的因素主要为学校课本枯燥，课余生活单调；学生的心理过程；教师的情感表达、教师的教法；家庭成员的影响四方面。另外，本次文献整理中，关于中职生学习兴趣"激发""提升""提高"类文献有309（学习兴趣：579篇）篇，说明对中职生学习兴趣激发的研究占学习兴趣研究的比例较高。跨出学科的特点，可将学习兴趣的激发策略总结为学校、学生、教师三方面❶❷。学习兴趣是学习的内驱力，对学习行为具有重要的作用。整理的文献中对学习兴趣的研究集中在学习兴趣激发上，取得一定的研究效果。但总体来看，其研究除现状调查外，对学习兴趣影响因素的研究、激发策略的研究多以思辨为主，干预较少。

三、中职生学习信心研究

学习的自信心直接影响着学生的学习行为，研究表明高自信水平的职校生敢于挑战略高于自己水平的任务❸。对中职生学习自信的现状调查上，意见仍不一致。有学者认为，中职生的总体学习自我效能感尚好或中等水平❹；但也有学者认为，"中职生的学习自我效能感较差"❺。中职生学习自信心是学习活动持续进行的关键因素，但总体来看，中职生学习自信水平确实不高。从学科角度研究，一半以上的农村中职生对语文学习是有信心的❻。可是对英语和数学学习自信的调查却显示学生学习自信不足❼。中

---

❶ 陶晋如，邝雪英. 对职校学生学习兴趣有效激发的探索 [J]. 职教论坛，2009（2）：24-25.

❷ 谢珊. 中职护生药物应用护理课学习兴趣的培养 [J]. 中等职业教育，2012（17）：39-47.

❸ 赵婷. 中职学习能力贫困学生心理问题与舒解路径 [J]. 职教通讯，2016（14）：60-62.

❹ 杨智勇. 中职学生学习自我效能感研究——以中山市三乡理工学校为例 [D]. 厦门大学，2009.

❺ 施跃健. 中职生学习自我效能感及其与学习适应性的关系 [J]. 中国学校卫生，2007，28（6）：515-516.

❻ 赵丽娟. 农村中职生语文学习心理现状调查与分析 [J]. 职业教育研究，2011（8）：53-55.

❼ 陈静莉. 中职生数学学习心理障碍成因及应对策略 [J]. 广西教育，2008（18）：44-45.

职生学习自信总体水平无一致结论，对学科的学习自信水平也不同，表现为对数学、英语的学习自信心不足，对语文的学习自信尚可。

相较于中职生学习自信心现状的研究，对学习自信水平提高的研究在数量上则少了许多，但在少有的提升研究里，出现了实证研究，王桂珍、曹世清通过对中职生英语学习自我效能感实验证明，中职生英语学习自我效能感可通过干预提高❶。在理论研究上，宋雪翎认为要提升职校生的学习自信心，除了要以课程改革为前提外，还要以校园文化建设为载体，改变教师评价方式，开展归因训练，提高职校生学习自信心❷。

根据上述文献可知，中职生在学科上的学习自信心水平与学习兴趣的调查结果相同，表现为数学、英语较低。与学习兴趣激发策略相比，对学习自信心水平提升策略的研究显得单薄许多。但学习自信心不仅影响学生的学习效果，对中职生自我认同感、学校归属感等方面都有不同程度的影响❸。因此，应加强对中职生学习自信心的研究，尤其对自信心提升的研究方面。

四、中职生学习态度研究

学习态度是由对学习的认知、情感、行为三种心理成分构成，是除智力以外对学习成绩起决定作用的因素。从总体水平上看，"职校生的学习态度不积极"❹。在结构上表现为，认知平均数高，情感、行为平均数低❺。在学科上表现为，数学学习态度消极❻。在对学习态度转变的研究中，金晓芹从学校的角度提出，应从校风、教风、学风、考风着手转变中职生的

---

❶ 王桂珍，曹世清.中职生英语学习自我效能感的培养研究 [J].山东教育学院学报，2008（2）：114－119.

❷ 宋雪翎.职校生学习自信心培养策略探讨 [J].江苏技术师范学院学报（职教通讯），2008，23（1）：50－53.

❸ 常虹.中职生自我认同感、学习自我效能感、学校归属感现状及关系研究 [D].河北师范大学，2012.

❹ 肖碧芳.对职校生学习心理的探讨 [J].当代教育论坛，2003（2）：76－77.

❺ 丁小苜.我国中职校学生学习态度形成研究 [D].华东师范大学，2012.

❻ 刘胜益.90后中职学生数学学习态度的调查和分析 [J].中国职业技术教育，2010（17）：30－31.

学习态度❶；王贵云指出除加强校风建设外，还应该改革教学模式；做好学生的心理辅导工作；合理设置课程目标❷。

中职生的学习态度无论是从结构上、总体上还是学科上都呈现出消极性，但已有研究却止步于现状描述，未对学习情感、学习行为进行深入的探讨，对学习态度影响的研究层次显得较浅。促进学习态度转变的研究不仅少且研究局限于学校方面。

五、中职生学习习惯研究

良好的学习习惯有利于激发学生学习的积极性和主动性，使学生终身受益。中职生学习习惯的现状调查显示，中职生普遍存在学习习惯不良❸。对课堂学习习惯的调查显示：仅有25.8%的中职生课上能坚持上课认真听讲❹；内地新疆班中职生仅有18%的学生坚持在课堂记笔记❺。在课外学习的调查显示大多数学生没有学习计划❻。课前预习、课后进行笔记整理的学生少。学生不仅课前不预习，课后不复习，对不懂的知识课后坚持弄懂、能按时完成作业的也只有少数。

对中职生学习习惯的研究，将中职生学习的消极性体现得淋漓尽致。学生课上既不能认真听讲，也不记笔记；课下无笔记可复习，也不预习；最终教学质量不佳，学习效果低下，形成恶性循环。培养学生自主学习、高效学习、创新学习的目标更是无从谈起，因此，对中职生学习习惯改善的研究应成为后续研究的重点之一。

---

❶ 金晓芹. "五措"并举转化卫生职校学生学习态度 [J]. 卫生职业教育, 2012, 30 (24): 33 - 34.

❷ 王贵云, 胡克祖. 中职学生学习态度探析 [J]. 中等职业教育, 2012 (10): 16 - 19.

❸ 张军. 中职生学习习惯问题调查、探讨及归因分析 [J]. 江苏教育研究, 2015 (18): 51 - 54.

❹ 王国光, 田静. 关于职校生学习力的调查报告 [J]. 职教论坛, 2011 (21): 88 - 90.

❺ 吴凯, 张洪文. 内地新疆中职班学生学习习惯养成现状及研究 [J]. 教育现代化, 2015 (4): 32 - 35.

❻ 赵金周. 对职校生学习习惯分析及培养模式的探讨 [J]. 职教论坛, 2010 (27): 58 - 59.

六、中职生学习倦怠研究

学习倦怠是指学生对学习没有兴趣或缺乏动力却又不得不为之时，感到厌烦，从而产生一种身心俱疲的心理状态，并因此消极对待学习活动❶。学习倦怠影响学生的心理健康❷。对中职生学习倦怠现状调查的结果中，魏翔宇认为中职生的学习倦怠处于中等水平❸。而张翌鸣和纪夏楠以中职生和高职生为对象的调查结果则认为"职校生学习倦怠现象不是非常严重"。因此，中职生学习倦怠水平的研究结果并不一致，究其原因可能是由于被试群体不同，并且研究对象存在地域差异。在学习倦怠的相关研究中，学者发现专业承诺中的情感承诺是预测学习倦怠重要维度❹。对学习倦怠影响因素的研究中，有学者认为重要他人期望过高，学校教学模式和教师授课等原因造成中职生的学习倦怠❺；也有学者认为学校、学生自身素质、社会、家庭是导致学生学习倦怠的因素。❻

从对中职生学习倦怠的现状研究到影响因素的研究，可以看出中职生学习倦怠受到高度的重视。为消除学生的学习倦怠，有学者提出可从提升学生的自我效能感、丰富教学内容、建立良好师生关系方面着手改变现状。对消除中职生学习倦怠的策略研究虽然已有涉足，但若能在此基础上进行更多高质量的干预研究、实证研究，可以取得更加显著的效果。

七、中职生专业学习心理研究

中职生在学校的学习包括文化基础学习和专业学习。文化基础课的学习能使学生提高综合素养，专业课的学习能使学生获得一定的专业知识、

---

❶ 汪江胜．中职生学习倦怠心理原因及其对策 [J]．继续教育研究，2009 (7)：162 – 165.
❷ 张翌鸣，纪夏楠．职校学生学习倦怠与大五人格的相关性探究 [J]．中国成人教育，2013 (23)：121 – 125.
❸ 魏翔宇．中职生归因方式、自尊与学习倦怠的关系研究 [D]．华中师范大学，2015.
❹ 曹金华，陆素菊．中职生专业承诺与学习倦怠的关系研究 [J]．职业技术教育，2013 (22)：74 – 78.
❺ 汪江胜．中职生学习倦怠心理原因及其对策 [J]．继续教育研究，2009 (7)：162 – 165.
❻ 周轩．中职卫校学生学习倦怠成因及其对策浅析 [J]．卫生职业教育，2013 (19)：102 – 103.

专业技能，为就业做好准备。但对"谋生手段"的学习，学生的学习兴趣似乎并不高，杨学伶的调查发现，仅 1/5 的学生因为感兴趣而选择相关专业❶；对中职生专业学习心理的研究发现，"职校生专业学习的消极问题比较突出，存在自卑心理状态、习得性无助感和被动应付状态"❷。

教学是职校教育的中心工作，课堂教学创新是职业教育改革富有成效的关键。对专业学习心理的调查发现学生对专业学习兴趣不高，从教学的角度分析可能由于教学观念落后、专业教法呆板、教学内容陈旧、课堂环境沉闷、评价片面单一等因素造成。由此可见，对中职生专业学习心理的改善应从多方面进行，崔景贵提出可以从构建职校积极课堂教学的角度进行。

综上所述，在对中职生学习心理的研究中可以发现，"中职学生的学习能力为中等水平，并非低下"❸。中职生的学习效果不理想，并非由于学习能力差导致，其主要原因是中职生在学习过程中内部学习动机不强、学习兴趣偏科、学习自信心不足、学习态度不积极、学习习惯不良、学习倦怠感普遍等造成。有关中职生学习心理各方面的研究可以发现，中职生在学习过程中自卑、被动、倦怠、消极的学习心理现状，这也为后续改进中职生学习心理的研究提供了参照。

第二节　中职生学习心理研究的现状分析

通过对研究对象、研究方法、研究内容、研究队伍的分析发现，国内学术界对中职生学习心理的研究有值得肯定的方面，如研究量较大，成果较丰富。但也有不足之处，中职生学习心理的研究角度、重点应当积极转变，研究成果的质量也有待提升。

---

❶ 杨学伶. 职校生学习兴趣的调查分析［J］. 天津职业院校联合学报，2016（6）：82 – 85.

❷ 崔景贵，杨治菁. 职校生专业学习心理与职校积极课堂教学的建构［J］. 职教论坛，2015（7）：15 – 19.

❸ 杨大伟，鱼江. 中职学生学习能力实证研究［J］. 中国职业技术教育，2013（36）：66 – 69.

一、中职生学习心理研究存在的不足

（一）研究对象片面化

由上文可知，研究对象聚焦于学困生、学习能力贫困学生等❶❷，对学优生、特长生和技能水平高学生的研究较少，即对中职生的共性研究多于优势特长的个性研究，在少有的差异研究中，关注点多指向"不足""缺陷"和"障碍"的学生。

（二）研究方法单一化

已有文献多采用问卷调查法，且部分为自编问卷，其信效度有待考究；在检索的 1023 篇文献中，仅 1 篇硕士学位论文采用个案法❸，未出现以访谈法为主的研究成果；而实验法多出自硕士论文；综合运用访谈法、个案法、实验法的研究成果也少见。

（三）研究内容问题化

现有文献大多研究学生的学习心理障碍、学习心理问题、不良学习心理等❶，呈现出学生学习动机弱、学习兴趣低下、学习自信心不足、学习倦怠的消极层面，对学生所擅长的技术技能、内在潜能、兴趣特长、个性、优势、闪光点则关注不够。对中职生正向、积极层面研究弱化的同时，也忽视了职业教育的特性。

（四）研究人员结构单一

从研究作者发表的文献量考察，以第一作者为准。作者署名的文献有 1023 篇，其中来自"技师""职业""技术""技工""中专""中等专业学校""卫生学校"等单位的作者有 659 位，排除 124 篇硕士论文的所属单位，占文献的 73%［659/（1023 - 124）×100%］；

---

❶ 赵婷. 中职学习能力贫困学生心理问题与舒解路径［J］. 职教通讯，2016（14）：60 - 62.

❷ 赵莹. 调动职高学困生的情感因素以改进他们的学习态度与效果［D］. 首都师范大学，2011.

❸ 赵明芳. 中职生英语学习兴趣的个案研究［D］. 福建师范大学，2015.

❶ 宋西红. 中职生数学学习心理障碍成因分析及对策研究［J］. 职教论坛，2008（4）：216 -217.

说明研究人员结构单一。发表研究成果两篇的作者只有 18 位，占作者总数的 1.7%（18/1023×100%）；在作者群中 96%（987/1023×100%）的作者发文量仅 1 篇，说明高产学者较少，且作者群比较分散，未形成核心作者群。文献中独著文献达到 921 篇，占 90%（921/1023×100%），两人合著 85 篇，占 8.3%（85/1023×100%）；三人合著 9 篇，占 0.8%（9/1023×100%）；四人及以上合著 8 篇，占 0.8%（8/1023×100%）。说明虽有多人合著成果，但与个人研究相比，其所占比例较低。

另外，从发表的学位论文看，在整理的文献中硕士学位论文有 124 篇，占文献的 12%（124/1023×100%），无博士论文；从论文发表的层次看，根据 2015 年核心期刊目录整理，1023 篇文献仅 29 篇发表在核心期刊，所占比例为 2.8%（29/1023×100%）；在发表的 284 种期刊中仅 10 种为核心期刊，核心期刊所占比例为 3.5%（10/284×100%）；从文献所署课题情况看，1023 篇文献中，仅 34 篇文献属于课题论文，占 3.3%（34/1023×100%）；其中国家级课题仅 4 项，省市级课题 29 项，校级课题 1 项。从文献的作者单位、学位论文、文献发表的层次、课题所属情况充分说明高质量文献不多。

二、中职生学习心理研究的基本走向

2015 年 7 月，教育部发布《关于深化职业教育教学改革全面提高人才培养质量的若干意见》（以下简称《意见》），指出"中等职业学校要按照教育部印发的教学大纲（课程标准）规定，开齐、开足、开好德育、语文、数学、英语、历史……课程"，《意见》还从"提升系统化培养水平、推荐产教深度融合"等方面给出了详细的指导❶。由此可见，国内职业教育界会继续重视对中职生学习心理的研究，未来将自觉实现多方面的转变。

---

❶ 参阅《教育部关于深化职业教育教学改革全面提高人才培养质量的若干意见》。

（一）研究范式：向实证研究转变，向多种方法相结合的研究方向转变

2015 年、2016 年第一届和第二届"全国教育实证研究专题论坛"的召开，表明实证研究范式在教育领域的地位正逐步提高，以实验研究为代表的实证将成为未来研究的主要手段。职业教育研究顺应这一趋势，既能打破研究方法单一的困境，又能把握新的研究趋向。

（二）研究内容：从消极向积极转变，进一步丰富积极心理研究内容

中职生学习心理的研究内容要从消极的学习障碍研究、学习心理问题研究转向职校生的学习优势和潜能研究。研究课题还应向学会终身学习、积极自主学习、合作探究学习、学习能力提升等积极心理方面深入拓展。

（三）研究队伍：由"单一"转向教师与专家相结合

一线教师可参与到相关重大课题中，形成多层次结构丰富的科研团队，充分利用一线教师直接的工作经验建立有实践意义的理论体系，使片面、笼统、零散的经验性策略、对策通过科学的方法形成体系性理论。鼓励高层次研究人才深入到职业院校开展研究，形成以重大课题为依托，研究团队为主体推进的系列化研究。不仅要在研究人员结构上规避"单一作战"，还要在学术研究成果上形成系列性、系统性。

（四）研究视角：向多元多维、立体协同转变

从积极心理学、多元智力理论的角度出发，把研究对象转向职校的特长生、学优生；把研究的重点放在学生的优势和潜能；关注学生的个别差异；探究中职生的特性，如杨大伟、鱼江对中职生学习能力的调查发现中职生的"沟通能力、技能学习能力表现出较高的水平"[1]；向将学生的个性与职业教育的规律相结合、张扬职校生的优势和潜能的研究靠近[2]。换句话说，研究要努力跨出对中职生学习心理现状、现象的描述，迈向深度挖掘和多维立体协同的新征程。

---

[1] 杨大伟，鱼江. 中职学生学习能力实证研究［J］. 中国职业技术教育，2013（36）：66 - 69.

[2] 刘重庆，崔景贵. 我国职业教育心理学研究现状与展望［J］. 职业技术教育，2000（13）：10 - 11.

第三节　中职生学习心理教育的理念与行动

一、学会学习：中职生学习心理教育的"革命"

学习是人自身可持续发展的源泉和动力，今日的学习昭示着个人的未来。职校生只有通过学习，才能真正成为具有一定专业技能和文化素养的合格人才。"学会"只能成为传统意义上的"工匠"，而"会学"才有可能成为"专家"。联合国教科文组织的报告《教育——财富蕴藏其中》一书中提出"教育应围绕四种基本学习加以安排：学会学习、学会做事、学会共处、学会生存。"❶ 学会学习成为教育四大支柱之首。其另一个报告《学会生存》曾预言："未来社会最终将走向'学习化社会'"。学习化社会要求我们每个人都要学会学习，成为学习型的现代公民。

1. 学会学习有利于提高学习素质

职校生学会学习意味着他们能够学会自主学习、高效学习和创新学习，学会选择适宜的学习目标，学会优化和组合多种学习方法，学会运用科学的学习策略进行学习，而且在获取更多知识的同时，能够习得获取知识的方法，能够学以致用，从而不断提高学习素质。很多职校生学习素质不高，他们往往由于基础薄弱、努力不够、学法不当、适应困难、自制力差等因素造成缺乏明确的学习目标、缺乏基本的学习策略、缺乏刻苦的学习毅力、缺乏不竭的学习动力等学习心理问题。职校生一旦能够学会学习，就能提高自身的学习素质，这些学习问题也将迎刃而解。

2. 学会学习有利于提升生活质量

学会学习能够提高学习效率，能以较少的时间高质量地完成学习目

---

❶ 国际 21 世纪教育委员会报告. 教育：财富蕴藏其中［M］. 联合国教科文组织总部中文科，译. 北京：教育科学出版社，1996：75.

标，从而节约更多的时间。节约的这部分时间，职校生可以用来进行其他方面的学习、工作，吸取相关的知识信息；可以用来养精蓄锐，以更充沛的精力进行后继的学习、工作；可以用来进行文娱、体育等活动，来发展和提高自己的综合素质，以成为一个全面发展、有鲜明个性特长的现代职校生。当然，职校生在学会学习的过程中还可能将其中的基本方法、技巧迁移到工作、生活中去，从而进一步学会工作和生活，提升生活质量。

3. 学会学习有利于增进身心健康

学习与身心健康之间存在互相制约、相互作用的关系。学会学习能对人的身心健康产生积极影响。学会学习能够增强职校生的自主性、能动性、独立性；学会学习可以提高职校生智力、发展技能技巧、开发潜能；学会学习可以使职校生不断获取进步和成功，体验积极的情绪，从而增强自尊心、自信心，当然职校生也会面对困难和失败，从中能体验并调适消极的情绪、磨炼意志力；学会学习可以使职校生获得更多的身心健康的知识信息，掌握科学合理的锻炼身体、磨炼心理的方法技巧，从而促进身心的健康发展。反之，如果长期学业不良，则容易使职校生能力低下、丧失自信、降低自尊、消极自卑、缺乏毅力、动力不足；学习过程中如果过度疲劳，容易对身体健康造成危害，进而影响心理健康。因此，从正反两方面看，职校生很有必要学会学习。

4. 学会学习有利于改变教育现状

一方面，学会学习有利于改变择业过程中职校生相对于大学生的劣势。目前，职校生人数逐渐增多，他们毕业自主择业竞争的压力在不断增加。如果职校生不能学会学习，而是依然像以往那样"学习"，那么在成人和成才的道路上将会陷入更多的误区，在择业的过程中也必将处于劣势。相反，如果职校生能够学会学习，能够准确定位，注重职业发展的专业方向性和实践操作性，将会使此现状得到扭转。另一方面，学会学习有利于改变学校教育教学的注重知识技能，忽视方法指导的现状。《学习的革命》一书指出，"全世界在争论着这样一个问题：学校应该教什么？在我们看来，最重要的应当是两个'科目'：学习怎样学习和学习怎样思考。"❶ 联合国教科文组织报告《学会生存》也指出，"教育应该较少地致力于传递和储存知识，而应该更努力寻求获得知识的方法。"❷ 由此，职业学校不仅应该重视传授知识，更应该帮助学生掌握学习方法，学会学习。"当我们进行教学时，应当将大量精力用于帮助学生学会学习，以便使他们越来越有自主性，越灵活且充满活力。"❸

二、学会学习：中职生学习心理教育的理念

学会学习可以较少投入换取更大收益，能够避免教育教学资源的重复性消费。从科学发展观来看，学会学习有助于社会的可持续发展。因此，职业学校作为培养应用型人才的摇篮，有必要、也有责任培养职校生学会学习。

1. 从学习方式来看，要学会自主学习

自主学习，通俗地讲就是自学，包括三层意思，即主动学习、能动学习和独立学习。主动学习是自主学习的首要特征，体现了职校生对学习的一种内在的追求和渴望。《基础教育课程改革纲要（试行）》中强调要使学生形成积极主动的学习态度，使获得基础知识与基本技能的过程同时成为学会学习和形成正确价值观的过程。"新的教育精神使个人成为他自己文化进步的主人和创造者。自学，尤其是在帮助下的自学，在任何教育体系中，都具有无可替代的价值。"❹ 职校生在学习过程中，应该始终以主动积极的态度对待学习，摆脱被动消极的学习方式。"我们今天把重点放在教

---

❶　刘言．《学习的革命》解读：怎样在学习中运用这些革命性的方法［M］．西宁：青海人民出版社，1999：20.

❷　联合国教科文组织国际教育发展委员会．学会生存：教育世界的今天和明天［M］．华东师范大学比较教育研究所，译．北京：教育科学出版社，1996：12.

❸　［美］乔伊斯，等．教学模式［M］．荆建华，等，译．北京：中国轻工业出版社，2002：122.

❹　联合国教科文组织国际教育发展委员会．学会生存：教育世界的今天和明天［M］．华东师范大学比较教育研究所，译．北京：教育科学出版社，1996：251.

育与学习过程的'自学'原则上，而不是放在传统教育学的教学原则上。"❶ 职校生通过长期、系统地自主学习，能形成较强的自学能力，养成良好的自学习惯。

职业学校中，由于学习内容的选择范围增大，专业发展方向、自我支配时间增多等因素，要求职校生能动地选择适合自己的学习内容、学习方法、学习策略等。学习过程中，"学生必须自己教自己，因为只有他们自己才晓得哪种方法最适合自己。"❷ 因此，职校生面临种种情境和问题时要能及时能动地做出反应。此外，职校生必须注重训练独立学习、独立思维和独立工作的意识与能力。

2. 从学习性质来看，要学会创新学习

职校生的学习应努力实现从重复性学习向创新性学习的根本转变。作为人类文明的继承者和传递者，职校生必须学会创新，学会创新学习。21世纪教育竞争的焦点是人才，培养出大量具有创新能力的人才是教育竞争力的主要标志❸。未来社会迫切需要基础知识宽广，专业知识扎实，具有交叉学科的知识，而且具有良好创新素质的人才。

创新学习有利于职校生将知识、能力运用于创新之中，并为社会做出更大贡献。创新学习还将给职校生的学习和生活增添创新的欢愉，使他们不断获取进步和发展。同时，职校生只有学会创新学习，才能在完整意义上懂得学习、工作和生活的意义。因此，职业学校应努力引导职校生学会创新学习，以发展其创新个性，培养其创新意识，发展创新的积极信念和坚强意志。

3. 从学习时间来看，要学会终身学习

科学教育发展观要求每个人都能成为全面、协调、可持续发展的现代人，学会终身学习。"全面是指各个方面都要发展，协调是指各个方面的

---

❶ 联合国教科文组织国际教育发展委员会. 学会生存：教育世界的今天和明天 [M]. 华东师范大学比较教育研究所，译. 北京：教育科学出版社，1996：201.

❷ [美] 斯腾伯格，史渥林. 思维教学：培养聪明的学习者 [M]. 赵海燕，译. 北京：中国轻工业出版社，2001：149.

❸ 时龙. 进入 WTO 给我国教育提出的新问题 [J]. 教育研究，2001（12）：8.

发展要相互适应，可持续强调教育发展进程的持久性、连续性和可再生性，三者是科学教育发展观的重要体现。"❶ 随着知识经济时代的到来，当代世界迅速而又剧烈的变化，对人们提出了一系列新的挑战，要求人们能够学会学习，学会自我教育，学会生活，学会如何主动适应变化着的环境。未来社会将是一个学习化社会，"每一个人必须终身不断地学习。终身教育是学习化社会的基石。"❷ 在面对知识信息爆炸式发展的时代，知识更新的速度越来越快，其老化的周期也越来越短，学习不再是一次性的和终结性的。这就要求职校生具有很强的自学能力和获得信息的能力，通过各种信息渠道吸取新知识、新观念。"人的学习时间有两个点，出生和死亡。生死之间的岁月是用学习填充的。"❸ 而且，"心理学研究指出：人是一个未完成的动物，并且只有通过经常地学习，才能完善他自己。"❹ 职校生应该是一个在学习化时代具有终身学习素质和可持续发展素质的学习者，必须通过持续的学习和探究历程来提升其专业水准与表现，并在整个生存期间不断更新和改进自己的知识装备。

4. 从学习效果来看，要学会高效学习

高效学习意味以尽量少的时间投入取得尽量大的学习收益。高效学习不仅仅关注学生的最终考试成绩，而更要关注学生学习的创新性和运用所学知识解决实际问题的能力。高效学习的关键在于学习是否得法，在机制上就是学习方法、学习策略、学习技能技巧的优化问题，正所谓"得法者事半功倍，不得法者事倍功半。"

很多职校生学习时间非常充足，但是往往收效甚微，导致时间流逝、成绩一般、信心降低、动力丧失。对此，我们需要反思的是：我们该怎样学？如何科学地学？如何高效地学？一旦职校生学会高效学习，掌握高效学习的策略和技巧，就既可以减轻他们课业负担，又可以提高教育教学

---

❶ 田建国. 树立科学教育发展观［N］. 中国教育报，2004 - 04 - 21（4）.

❷ 联合国教科文组织国际教育发展委员会. 学会生存：教育世界的今天和明天［M］. 华东师范大学比较教育研究所，译. 北京：教育科学出版社，1996：223.

❸ 李银笙. 反思咱们的学习［J］. 中国青年研究，2004（4）：81.

❹ 联合国教科文组织国际教育发展委员会. 学会生存：教育世界的今天和明天［M］. 华东师范大学比较教育研究所，译. 北京：教育科学出版社，1996：180.

质量。

5. 从学习层面来看，要学会全面学习

素质教育要求学生能够得到全面、协调发展，相应地，职校生应该学会全面学习。全面学习的第一个层次是获得知识，形成技能技巧；第二个层次是发展智力、增强体质和树立正确的思想道德观念、审美观念；第三个层次是培养职业道德品质，形成良好的职业行为习惯。在学习过程中，教师应该引导职校生学会全面学习，正确处理好德与才，渊与博的关系，做德才兼备，学识渊博的适应未来社会需要的合格人才。职业学校要注意全面、综合地发展职校生知识、能力与素质，把职校生的全面发展与个性优化紧密结合起来，这样，既有利于职校生聪明才智和潜能的发挥，也能使未来社会多样化的需求得到满足。

三、学会学习：中职生学习心理教育的主题

学习是职校生的主导活动。学会学习是历史和时代赋予职业学校和职校生的使命，必将成为职业学校学习心理教育的主题。职业学校应该营造学会学习的优良环境。职业学校教师要扮演好启蒙者、引导者和促进者的角色，努力促成职校生学会学习，发展学习素质，提升心理素养，促进心理健康。

1. 引导职校生选择适当的学习方法

笛卡尔说过，"最有价值的知识是关于方法的知识。"学习有法，但是学无定法，贵在得法。职校生要努力掌握良好的学习方法，但不能机械模仿他人的学习方法，应形成有自己特色的学习方法。《中等职业学校学生心理健康教育指导纲要》中指出，学校必须根据学生不同年龄阶段身心发展的特点和职业发展的需要，分阶段、有针对性地设置心理健康教育的具体内容。教师对职校生学习方法的指导要注意阶段性。

一年级是适应阶段，要对职校生进行导向教育，使其尽快适应中等职业学校的生活和学习环境，调整心态，建立信心，在学习中培养良好的学习方法和习惯，体会成功的愉悦，激发学习兴趣。教师要注意新生学习方法的衔接、指导与适应。教师要将职校生的学习方式由消极被动扭转为积

极主动；改变职校生"应试式"的学习方式；去除职校生对以往学习方法的固守心理。二年级是充实阶段，要对职校生加强定向教育，帮助他们掌握有效的学习方法和策略，提高他们的思维能力、创新能力和操作能力，引导职校生学会自主学习、创新学习、高效学习，发展他们的学习素质。三年级是冲刺阶段，要对职校生进行去向教育，帮助职校生做好就业的心理准备，确立就业目标、继续学习的发展方向，引导他们树立终身学习信念。

2. 引导职校生掌握必要的学习策略

学习策略并不等同于具体的学习方法，而是对学习方法的选择、组织和加工。因此，掌握和运用一定的学习策略是职校生最重要的学习能力。

第一，教师应针对职校生的心理特点引导他们制定明确具体的学习目标。一旦学习目标确定，前进就有方向，学习就有力量。第二，要引导职校生制订科学合理的学习计划。制订计划时要明确自己基础水平和能力，既不要高不可攀，又不要触手可及。第三，要教会职校生做好精心的学习准备，既要做好学习时间和空间上的准备，又要做好身体准备和心理准备。第四，要努力培养职校生学习的基本技能，如学会笔记、学会读书、学会预习、学会听课、学会复习、学会评价等。第五，要促使职校生养成良好的学习习惯。从某种角度看，良好的学习习惯有利于职校生的优秀学习素质的形成。第六，要引导职校生进行积极合理的学习归因，为获取学习成功奠定良好的心理基础。第七，要帮助职校生形成独特的学习风格，张扬学习个性，促进自我发展。第八，要促使职校生经常性地进行学习反思。"学生们从一年级起每周至少需要一次机会来反思自己在这一周的学习情况。"❶ 每个"学程"结束后，职校生可以通过多种途径，根据学习内容效果、学习方法策略等方面的定期反馈，及时进行反思。第九，要引导职校生根据反思结果进行调整。不断调整和改进学习计划，完善学习方法，优化学习策略，调适情绪。第十，要引导职校生追求更高的学习境

---

❶ ［美］巴里斯，爱丽斯. 培养反思力：通过学习档案和真实性评估学会反思［M］. 袁坤，译. 北京：中国轻工业出版社，2001：190.

界。"无限风光在顶峰"，"欲穷千里目，更上一层楼。"在学习过程中，教师应激发职校生"不安现状"，不断进取，努力达到"一览众山小"的境界。

本章小结

高质量、专业化的学习心理研究成果，对于职校深化教育教学改革创新，全面提高人才培养质量具有重要的引导和促进作用。本章就近年来国内中职生学习心理研究中的学习动机、学习兴趣、学习自信、学习态度、学习习惯、学习倦怠、专业学习心理等文献进行梳理，发现中职生学习心理呈现被动、消极的特征；对中职生学习心理的研究存在着：研究对象片面化，研究方法单一化，研究内容问题化，研究人员结构单一，且研究成果水平不高等方面不足。未来职校生学习心理研究趋向是：研究范式向实证研究转变，研究内容向积极层面转变，研究队伍结构转向多元，研究视角向多学科协同转变。中职生必须努力学会学习，因为学会学习有利于他们提高学习素质、提升生活质量和增进身心健康，还有利于促进社会发展和改变教育现状。中职生应该树立学会学习的新理念，努力学会自主学习、创新学习、终身学习、高效学习和全面学习。学会学习应该成为中等职业学校学生学习心理教育的主题。

（本章作者　江苏理工学院　张艳芸　蒋波　崔景贵）

中职生学习习得性无助感的研究

中职生正处于身心发展的加速期和关键期，学习中存在的无助感不仅影响学习的积极性，对其心理健康发展同样会产生不利影响。了解中职生学习习得性无助感的现状，探究学习习得性无助产生的原因，有效预防学习习得性无助的产生，不仅有利于中职生身心健康发展，同时对提升职校教学质量具有重要意义。本章从习得性无助感研究概述、中职生学习习得性无助感的现状分析及积极教育策略三方面对中职生学习习得性无助感进行研究。

第一节　习得性无助感研究概述

习得性无助（Learned Helplessness）是有机体经历了某种学习后，在情感、认知和行为上表现出的消极、特殊的心理状态❶。通俗理解，就是当个体经历了连续的失败后，认为自己无法控制外部事件，这种观念导致个体对自己没有信心，进而产生无助心理。具有无助感的个体通常会在动机上受到损害，认知上产生障碍，并表现出情绪的失调和行为无助。习得

---

❶ 刘志军，钟毅平．习得无助感理论发展研究的简评［J］．心理科学，2003，26（2）：374－375.

性无助现象最早是由 Seligman（1967）在动物实验中发现的**❶**，从提出习得性无助的概念以来，研究者从多方面开展了习得性无助的研究。

一、习得性无助的起源

"在早期实验中，先将狗放在笼子里进行电击，狗既不能逃避也不能控制电击。在随后的实验中，将上次实验的狗放在一个中间用矮短板隔开的实验室里，目的是为了让狗学会回避电击，电击前 10 秒室内会亮灯，狗只要跃过短板就能回避电击，但在实验中发现，经历过上次电击的狗绝大部分都没有学会回避电击，只要电击开始，它们刚开始会乱跑乱叫，之后趴在地板上没有任何的反应，无望的接受电击。"**❷**

为什么狗在接受了不可逃避的电击后无法完成之后的任务呢？Seligman 等认为，当电击不可逃避时，狗习得了它无法通过任何主动的行为对电击加以控制的事实，它预期以后的结果还是如此，这种不可控的预期导致了它将来学习的失败。对于无助而言，动物的预期是关键性的中介认知因素，这种不可控的预期会导致三种心理过程的改变：诱发性动机、认知和情绪，这些心理过程的改变直接导致了所观察到的行为上的改变。

Seligman 认为动物在经历努力后仍无法逃避有害的、不愉快的情境，不能领悟到偶然成功反应（学习和认知缺失）和表现出明显情绪性（情绪缺失）的这一主观现象为"习得性无助"。构成习得性无助的三个成分是：无关联性、预期无助和被动行为，即个人行为和结果之间的无关联性，对于这一结果在未来无关联性的预期，被动行为。

Seligman 认为习得性无助的产生经过了四个阶段："一是机体在不可控的情况下体验到各种失败和挫折；二是在体验到自己的反应和结果没有关联时，产生'自己无法控制行为结果和外部事件'的认知；三是机体形成将来结果不可控的期待；四是认知和期待对以后的学习产生影响，习得性

---

❶ Seligman, M. E. P., Maier, S. F. Failure to escape traumatic shock ［J］. Journal of Experimental Psychology, 1967, 74（1）: 1 – 9.

❷ ［美］克里斯托弗·彼得森，等. 习得性无助 ［M］. 戴俊毅，译. 北京：机械工业出版社，2010.

无助产生后通常会表现为：动机上的损害（动机水平降低，表现出被动、消极和对什么都不感兴趣的倾向）；认知上的障碍（形成外部事件不可控的心理定式）；情绪上的创伤（情绪失调，主要表现为烦躁、忧虑、失望、无奈等）。"●

之后的一系列实验证明在人类中同样存在习得性无助。Hirote（1974）发现在大学生身上同样存在习得性无助现象，实验用噪声作为不可控制的刺激变量，研究结果显示，对噪声的不可控导致了被试的习得性无助感体验❷。Abramson，Seligman & Teasdale（1978）进一步证明习得性无助在人类中普遍存在，实验表明：习得性无助会导致被试产生消极的定势，认为自己不能控制事情的成败，从而产生放弃的行为，这些研究证明习得性无助具有普适性❸。

二、习得性无助的理论

自习得性无助概念提出至今，心理学家一直致力于研究及探索习得性无助的产生机制，从不同角度对习得性无助进行了说明。

（一）早期的行为控制论

在初期，Seligman 发现，个体认为自己不能控制消极事件的发生时才会产生无助感，失败和挫折本身并不会导致无助的产生，因此 Seligman 把对行为结果的不可控认知放在了中心位置，认为习得性无助由三个相互联结的方面组成：一是产生不可控的环境；二是伴随性认知，认为任何积极的行动都不能控制其结果；三是放弃反应，即用无助心态来看待以后发生的事情。早期研究一方面研究了习得性无助与抑郁的理论，另一方面研究了无助理论与对抗理论❶。

---

❶ 周国韬. 习得性无力感理论浅析［J］. 心理科学通讯，1988（6）：47-51.

❷ Hirote, D. S. Locus of control and learned helplessness［J］. Journal of Experimental Psychology, 1974, 102（2），187-193.

❸ Abramson, L. Y., Seligman, M. E. P., & Teasdale, J. D. Learned Helplessness in humans: Critique and reformulation［J］. Journal of Abnormal Psychology, 1978, 87（1）：49-74.

❶ 刘志军，钟毅平. 习得无助感理论发展研究的简评［J］. 心理科学，2003，26（2）：374-375.

（二）归因理论

Abramson，Seligman & Teasdale（1978）为了使习得性无助模型适用于人类而对其进行了评论与修正，他们将因果归因作为不可控事件导致个体后继缺陷的中介因素❶。他们认为无助的人们会对他们所遇到的不可控事件进行因果解释，这些因果解释既会影响到个体的自尊状况，也会影响到缺陷的普遍性。Abramson 等人认为，同因果解释有关的三个因素都非常重要。一是内在与外在原因的差异：对于不可控事件的内在解释与个体无助有关，而外在解释与普遍无助有关，个体的自尊状况会因他对于不可控做出的是内在还是外在的解释有所不同，内在解释容易导致个体丧失自尊，外在解释使个体的自尊完好无损。二是稳定与不稳定的差异：将被动性和其他缺陷归为不稳定的因素，产生的无助是短暂的，归因为稳定的因素，无助可能会延长很长时间。三是普遍因素和特定因素：解释是否具有全局性会影响到无助在各种情景中的普遍性。个体将不可控制的消极事件归因于内部的、稳定的、普遍的因素，这是消极悲观的归因方式，持有这种归因方式的个体容易产生无助感。

（三）目标理论

Dweek（1986）对儿童习得性无助的研究发现，具有相同能力的儿童在失败情景或挑战任务面前具有不同的反应倾向，一种是习得性无助倾向，一种是自主性倾向，具有习得性无助的儿童在失败和困难面前，倾向于过低估计自己的能力，在任务面前具有回避倾向，而自主性儿童相信能够通过自己的努力取得成功❷。Dweek 认为这是由于他们的动机模式不同，前者具有适应不良动机模式（Maladaptive Patterns），追寻的是表现目标（Performance Goal），关心自身能力的评价大于自身能力的发展；后者具有适应动机模式（Adaptive Patterns），追寻的是学习目标（Learning Goal），

❶ Peterson, C. , Seligman, M. E. P. Causal explanations as a risk factor for depression: Theory and evidence [J] . Psychological Review, 1984, 91 (3): 347 - 374.

❷ Dweck, C. S. Motivational processes affecting learning [J] . American Psychologist, 1986, 41 (10): 1040 - 1048.

关心自己能力的发展❶。不同的目标导向使得儿童在学习任务面前具有不同的反应，习得性无助儿童将困难看成是对自己的威胁，尽量回避困难以避免失败，而自主性儿童将困难看成是学习机会，以积极的态度和行动去解决困难。

（四）信息加工理论

Sedek，Kofta（1990）提出信息加工理论并对此进行验证，研究发现，无助经常出现在问题情景中，面对问题人们常常提出解决问题的假设并进行检验❷。当处于可控制的情景时，他们的认知活动会得到一致性的信息反馈，而在不可控的情景中得到的是不一致的信息反馈，增加了问题的不确定性，人们找不到合理解决问题的假设，习得了自己怎么努力都不能解决问题的理念时，会产生无助。Sedek 认为不可控情境中的不一致信息反馈是导致习得性无助的关键因素，同时在实验中验证了不一致的信息反馈是导致习得性无助产生的充分条件❸。

（五）自尊保护模式

Stephan，Rosentield（1989，1991）认为习得性无助的产生是由于人们有保护自尊和增强自尊的愿望❶。人们倾向于对好的结果给予肯定、赞扬，对坏的结果给予否定、责备，当个体接收到的是与原先期待不一样的评价后，自信产生了动摇，在之后的任务中害怕失败，认为自己能力不足，由此减少努力来逃避失败。出现不好的结果时将失败归因为自己努力不够而不是能力不足来避免自尊受到伤害。Snyder（1989）认为降低努力是一种

❶ 吴增强. 习得性无能动机模式简析 [J]. 心理科学，1994（3）：188 – 190.

❷ Sedek, G., Kofta, M. When Congnitive Exertion Does Not Yield Cognitive Gain: Toward an Informational Explanation of Learned Helplessness [J]. Journal of Personality and Social Psychology, 1990（4）：729 – 743.

❸ Sedek, G., Kofta, M., & Tyszka, T. Effects of uncontrollability on subsequent decision making: Testing the Cognitive Exhaustion Hypothesis [J]. Journal of Personality and Social Psychology, 1993, 65（6）：1270 – 1281.

❹ 彭雅静. 初中生英语学习习得性无助感研究 [D]. 河南大学，2007.

防御性策略，能够防止得出自己能力不足的结论❶。Tomas（1998）的实验支持了自尊保护是引起习得性无助的原因❷。Valas（2001）研究发现，具有习得性无助感的学生在努力后不断经历失败会导致其产生自我保护策略❸。

除了以上理论外，Mikulincer（1988）提出了认知干扰理论，认为容易遭受干扰的人倾向于将注意力放在与任务无关的方面，在需要高度集中注意力的任务上易产生无助感❹。Ann K. Boggiano & Ann Shielels（1922）等提出了无助的素质—压力理论模型，他们认为对外在动机倾向的学生给予评价—控制指导后，更容易造成无助的行为、认知和情感的损坏❺。Brewin（1986）提出了习得性无助的前归因理论，认为前归因认知判断决定了抑郁和习得性无助的产生，同时也决定了以后的归因❻。

三、习得性无助的测量工具

目前，国外对习得性无助感的测量工具除了 Leamed Helplessness Scale（LHS）外，基本上都是与归因有关的量表，Frances，Mary（1984）编制了 LHS，量表由五个因子、20 个题项构成；Seligman，Abramson & Semmel（1982）编制的归因类型问卷（ASQ）由 12 个假设的生活事件构成，其中人际交往领域和成就领域各占一半，每个领域中都有积极结果和消极结果，问卷分为内在—外在、稳定—不稳定、整体—局部三个因子；Kaslow

---

❶ Snyder, M. , Frankel, A. Egotism versus learned helplessness as an explanation for the unsolvable problem effect: comment on Kofta and Sedek [J]. Journal of Experimental Psychology, 1989, 118 (4): 409 – 412.

❷ Tomas, W. , Joachim, S. P. Performance deficits following failure: learned helplessness or self – esteem protection? [J]. British Journal of Social Psychology, 1998, 37 (1): 59 – 71.

❸ Valas, H. Learned helplessness and psychological adjustment: effect of age, gender and academic achievement [J]. Scandinavian Journal of Educational Research, 2001, 45 (1): 71 – 90.

❹ Mikulincer, M. , Nizan, B. Causal Attribution, cognitive interference, and the generalization of learned helplessness [J]. Journal of Personality and Social Psychology, 1988, 55 (3): 470 – 478.

❺ Ann, K. B. , Ann, S. & Marty, B. Helplessness deficits in students: The role of motivational orientation [J]. Motivation and Emotion, 1992, 16 (3): 271 – 296.

❻ Brewin, C. R. , Furnham, A. Attributional versus pre – attributional variables in self – esteem and depression: A comparison and test of learned helplessness theory [J]. Journal of Personality and Social Psychology, 1986, 50 (5): 1013 – 1020.

的儿童归因类型问卷（CASQ），共 48 个条目，每一个原因都代表归因方式三因子中某个因子的两个方面，正性事件和负性事件各占一半。每个条目均包括一个假设，两个会导致该事件发生的原因。

国内对习得性无助的结构划分有以下三种：第一种是将习得性无助的结构划分为行为无助、归因无助、认知无助和情绪无助四种，相应的测量工具有赵莉莉（2010）编制的中学生习得性无助感问卷❶、曾莹（2011）编制的中职生学习习得性无助感研究问卷❷、陈兰芬（2012）编制的小学高年级儿童习得性无助感问卷❸。第二种是将习得性无助的结构划分为无助感和绝望感两个因子，相应的测量工具有武晓艳等（2009）编制的大学生习得性无助感问卷❹。第三种是将习得性无助划分为行为无助、情感无助、认知无助和动机无助，相应的测量工具有任颂华（2013）编制的数学习得性无助感的问卷❺、朱诗敏（2009）编制的英语习得性无助感问卷❻。

第二节 中职生学习习得性无助感的现状分析

学业领域是习得性无助应用最为广泛的领域之一，这是由于学校环境同一开始进行习得性无助研究所用的实验室环境非常相似。作为学习的一种消极、负面结果，习得性无助可以用于解释学生在学习中遭遇挫折或者失败后表现出的一系列消极状态，包括认知偏差、错误归因、消极情绪和不良行为。

---

❶ 赵莉莉. 中学生习得性无助感及其与学业自我效能感父母教养方式的关系 ［D］. 河南大学，2010.

❷ 曾莹. 中职生学习习得性无助感研究 ［D］. 江西科技师范学院，2011.

❸ 陈兰芬. 小学高年级儿童内外向、亲子依恋与习得性无助感的关系研究 ［D］. 福建师范大学，2012.

❹ 武晓艳，曾红. 习得性无助量表研制及其与人格相关研究 ［J］. 中山大学学报（医学科版），2009，30（3）：357–360.

❺ 任颂华. 初中生数学学习中习得性无助的研究 ［D］. 山东师范大学，2013.

❻ 朱诗敏. 高中生英语学习习得性无助感研究 ［D］. 西南大学，2009.

一、学习习得性无助概述

（一）学习习得性无助的概念

学习习得性无助是习得性无助在学习领域中的具体体现，是学生在学习过程中经历挫折和连续的失败后产生的消极心理状态，具体表现在认知无助、归因无助、情绪无助和行为无助四个方面。认知无助是学生对自己的学习情况产生的认知偏差，主要表现为消极的心理定式；归因无助是学生对自己的学习情况进行了不恰当的解释，认为是由内部、稳定和普遍的因素导致的消极结果；情绪无助是学生在经历学习失败等情况时产生的消极情绪体验；行为无助是学生在学习失败等情境中表现出的消极应对方式。

（二）学习习得性无助的相关研究

Dweek（1986）是最早将习得性无助应用到学业领域的研究者，在研究中使用问卷询问儿童对自己学业成功或者失败做何种解释，根据儿童的回答将儿童分为"无助的儿童"和"具有控制性取向的儿童"[1]。Dweek 阐明，重新进行归因训练会改善学生对于失败做出的反应。之后，研究者就学习习得性无助进行了多项实证研究。

（1）学习习得性无助与归因方式。Lunchow 等（1985）研究了具有情绪障碍和学习障碍的学生感知到的能力和努力对学习成绩的影响，研究发现，具有学习障碍的学生将成功归于自己的努力，将失败归因为缺乏努力，具有情感障碍的学生将成功归为具有能力，将失败归因为自己能力不足和缺乏努力两个方面[2]。Kamen，Seligman（1986）在开学初对学生进行ASQ 问卷调查，并得到这些学生的 SAT 成绩，研究证明了解释风格能够预测学年结束时学生的成绩，学业表现较差的学生习惯于以内在的、稳定的

---

[1] Dweck, C. S. Motivational processes affecting learning [J]. American Psychologist, 1986, 41 (10): 1040 - 1048.

[2] Lunchow, J. P., Crowl, T. K. & Kahn, J. P. Learned helplessness: Perceived effects of ability and effort on academic performance among EH and LD/EH children [J]. Journal of Learning Disabilities, 1985, 18 (8): 470 - 474.

及普遍的方式解释负性事件❶。Seifert（2004）认为具有习得性无助感的学生倾向于将失败归因为内在的、稳定的和不可控的归因，他们往往认为自己不会取得成功❷。王红艳（2008）的研究表明小学生将失败归因为能力（不可控）而不是努力（可控）时，会产生习得性无助感❸。

（2）学习习得性无助与考试焦虑。Dewberry，Richardson（1990）的研究显示，学生的习得性无助感水平与考试焦虑的水平有关，考试焦虑会影响学生的自信水平❹。Figen（2011）进行了考试焦虑和习得性无助的关系研究，研究对象选取的是将要参加高中分班测试的学生和大学入学考试的学生，研究表明，习得性无助与焦虑存在一定的联系❺。

（3）学习习得性无助与特殊教育群体。习得性无助在学业领域的另一个关注群体为特殊学生。Butkowsky，Willows（1980）选取的研究对象为阅读能力有困难的学生，研究证实了阅读障碍会导致习得性无助的产生，在阅读方面有困难的五年级男生会预期自己在以后的阅读任务中无法获取成功，他们以内在和稳定的因素解释自己的失败，并无法坚持阅读下去❻。Hersh，Stone & Ford（1996）研究了学习障碍和习得性无助的关系，他们比较了具有学习障碍的学生和正常学生完成学习任务的情况，所用材料均高出学生的阅读能力，研究表明，两组学生均未完成任务，但具有学习障碍的学生更难从失败的压力中恢复过来❼。

（4）学习习得性无助的性别差异。Valas（2001）研究了习得性无助

---

❶ ［美］克里斯托弗·彼得森，等. 习得性无助［M］. 戴俊毅，译. 北京：机械工业出版社，2010.

❷ Seifert，T. L. Understanding student motivation［J］. Educational Research，2004，46（2）：137 – 149.

❸ 王红艳. 小学生数学学习中"习得性无助"的现象研究［D］. 华中师范大学，2008.

❹ Dewberry，C.，Richardson，S. Effect of anxiety on optimism［J］. Journal of Social Psychology，1990，130（6）：731 – 738.

❺ Figen，A. The relationship between test anxiety and learned helplessness［J］. Society Behavior and Personality，2011，39（1）：101 – 111.

❻ Butkowsky，I. S.，Willows，D. M. Cognitive – motivational characteristics of children varying in reading ability：Evidence for learned helplessness in poor readers［J］. Journal of Educational Psychology，1980，72（3）：408 – 422.

❼ Hersh，Stone & Ford. Learning disabilities and learned helplessness：A heuristic approach［J］. The International Journal of Neuroscience，1996，84（1 – 4）：103 – 113.

与自尊、抑郁、学业成就、年龄、性别和期望之间的关系，研究发现，男生比女生表现出更多的习得性无助症状，女生趋向于形成不良的学习技能❶。彭雅静（2007）、朱诗敏（2009）、曾莹（2011）的研究表明男生在习得性无助各个因子上的得分均高于女生。

二、中职生学习习得性无助感的现状

在职校教育教学中经常看到学生对学习缺乏兴趣，没有进取心，遇到困难就轻易放弃，对自己没有信心，认为自己在学习上做什么都做不好，对学习抱着听天由命的态度，这些是学习习得性无助的典型表现。研究调查显示，中职生中普遍存在学习没有计划性、学习效率不高、学习动机不强、对学习无能为力等现象。

为了进一步了解中职生学习习得性无助的现状，此项研究选取了常州市 811 名中职生为研究对象，对其学习习得性无助感的整体状况及部分影响因素（成就目标定向、学业自我效能感）做了相应的探讨。

（一）中职生学习习得性无助感的整体状况及分析

运用中职生学习习得性无助感量表对 811 名中职生进行调查，学习习得性无助感总均分及其各因子均分情况如表 3-1 所示。

表 3-1　学习习得性无助总均分及各因子均分（$n=811$）

因子	M	SD
认知无助	3.065	0.775
情绪无助	3.260	0.727
归因无助	2.520	0.776
行为无助	3.189	0.752
无助总分	3.082	0.646

从表 3-1 中可以看出，中职生学习习得性无助总均分为 3.082，由于量表采用的是五点评分制，均分为 3，可以看出中职生具有中等程度的学

---

❶　Valas, H. Learned helplessness and psychological adjustment Ⅱ: Efforts of learning disabilities and low achievement [J]. Scandinavian Journal of Educational Research, 2001, 45 (2): 101–114.

习习得性无助。学习习得性无助的各因子均分分别为 3.065、3.260、2.520、3.189，其中，中职生的情绪无助因子均分最高，其次为行为无助因子和认知无助因子，归因无助因子均分最低。

从研究结果发现，中职生在学习中存在中等程度的无助感，分别体现在认知无助、归因无助、情绪无助和行为无助四个方面。认知无助：对中职生来说，当他们在学习中连续经历失败和挫折时，会产生对学习无能为力的感受，他们认为自己怎么努力都提高不了学习成绩，自己不具有学习的能力，他们在认知上存在偏差；归因无助：中职生认为自己在学习上的不良表现和糟糕的成绩主要是由于自己能力不足、学习内容枯燥无味等原因造成的；情绪无助：学习上遇到的挫折和体验的失败使得他们在学习的过程中产生了大量的负面情绪，一提起学习他们就提不起来劲，感到反感；行为无助：由于经历了过多的失败体验，在之后的学习情境中，当遇到困惑或难以解决的问题时，他们不愿意采取积极、有效的方法，也有部分学生想通过自己的努力改变现有的状况，但是不知道采取何种有效的方法来提高自己的学习成绩。

总之，中职生在学习上的无助感可以从他们的认知方式、归因方式、情绪体验和行为上体现出来，即认知偏差、不恰当归因、消极情绪和不恰当的学习方法。

（二）成就目标定向对中职生学习习得性无助的影响

1. 中职生成就目标定向现状

运用成就目标定向量表对 811 名中职生进行测试，中职生成就目标定向的现状如表 3 - 2 所示。

从表 3 - 2 中可以看出，中职生掌握趋近目标定向总均分为 3.206、掌握回避目标定向总均分为 3.552、成绩趋近目标定向总均分为 3.440、成绩回避目标定向总均分为 2.721，由于量表使用的是五点评分制，均分为 3，可以看出，中职生具有中等程度的掌握趋近目标定向、掌握回避目标定向和成绩趋近目标定向，具有中等偏下程度的成绩回避目标定向。

表 3 - 2　中职生成就目标定向总体状况

分量表	M	SD
掌握趋近目标定向	3.206	0.718
掌握回避目标定向	3.552	0.825
成绩趋近目标定向	3.440	0.817
成绩回避目标定向	2.721	0.926

研究发现，中职生具有中等程度的掌握趋近目标定向，中等程度的掌握回避目标定向和中等程度的成绩趋近目标定向，具有中等偏下程度的成绩回避目标定向。在调查中发现，持有成绩趋近目标定向的学生在学习中将超越其他学生，取得好成绩从而显得自己聪明作为自己的学习目标；持有掌握趋近目标定向的学生在学习中将掌握问题解决策略和提高自己的学习能力作为学习的落脚点；持有成绩回避目标的学生将避免使别人认为自己能力低作为学习的目标；持有掌握回避目标的学生将避免想不出有效的问题解决策略作为学习的落脚点。

2. 成就目标定向与学习习得性无助的关系

对中职生学习习得性无助与成就目标定向做相关分析，结果如表 3 - 3 所示。

表 3 - 3　中职生成就目标定向与学习习得性无助的相关

	无助总分	认知无助	情绪无助	行为无助	归因无助
成绩趋近目标定向	- 0.159 **	- 0.200 **	- 0.145 **	- 0.080 *	- 0.106 **
成绩回避目标定向	0.284 **	0.193 **	0.270 **	0.284 **	0.207 **
掌握趋近目标定向	- 0.401 **	- 0.378 **	- 0.352 **	- 0.293 **	- 0.355 **
掌握回避目标定向	- 0.045	- 0.103 **	- 0.056	0.059	- 0.050

注：** 表示在 0.01 水平上显著相关；* 表示在 0.05 水平上显著相关。

从表 3 - 3 中可以看出，中职生学习习得性无助总体与成绩趋近目标定向存在显著的负相关（$r = -0.159$，$p < 0.01$）、与成绩回避目标定向存在显著的正相关（$r = 0.284$，$p < 0.01$）、与掌握趋近目标定向存在显著的负相关（$r = -0.401$，$p < 0.01$）、与掌握回避目标定向的相关不显著。

为了进一步明确成就目标定向与学习习得性无助的数量关系，采用逐步回归的方法进行变量间的回归分析。以掌握趋近目标定向、掌握回避目标定向、成绩趋近目标定向和成绩回避目标定向为自变量，以学习习得性无助为因变量，进行回归分析，结果如表3－4所示。

表3－4　成就目标定向对学习习得性无助的回归分析

模型	Beta	R^2	ΔR^2	F
1（constant）	−0.401	0.161	0.160	155.343**
掌握趋近目标定向				
2（constant）		0.259	0.257	140.884**
掌握趋近目标定向	−0.423			
成绩回避目标定向	0.313			
3（constant）		0.265	0.262	97.042**
掌握趋近目标定向	−0.375			
成绩回避目标定向	0.346			
成绩趋近目标定向	−0.101			

注：** 表示在 0.01 水平上显著；constant = 3.977。

由表3－4数据可知，研究所得到的回归方程为：学习习得性无助 = 3.977 − 0.375 × 掌握趋近目标定向 + 0.346 × 成绩回避目标定向 − 0.101 × 成绩趋近目标定向，回归方程显著，掌握趋近目标定向、成绩回避目标定向、成绩趋近目标定向对学习习得性无助感存在显著预测作用，其预测率为26.5%。掌握回避目标定向不能较好地预测学习习得性无助的变化，未进入回归方程。

在本研究中，不同的成就目标定向与学习习得性无助存在不同性质的关联。本研究得到的掌握趋近目标定向、成绩趋近目标定向与学习习得性无助存在负相关，成绩回避目标定向与学习习得性无助存在显著的正相关。从中可以看出以掌握学习策略、提高学习能力为目的学生和以取得好成绩为目标的学生，在学习中获得的无助感较低；在学习中将注意放在如何避免他人对自己低能力评价的学生，习得的无助感较高。

从理论及实证研究发现，持有掌握趋近目标定向的个体，将任务看成是学习的机会，他们将能力增长和掌握有效的学习策略作为学习的动力，他们在学习中投入的精力比较多，遇到挑战性的学习任务时，能积极面对、全身心投入到目标任务中，遇到困难能够及时调动各种资源及时将问题解决，他们的评价标准是自己学习能力的增长和学习策略的运用，持有这种目标定向的中职生具有良好的学习习惯，在学习中较少体验到无助感。持有成绩趋近目标定向和成就回避目标定向的学生，他们认为自己的能力是不变的，在学习任务面前常常怀疑自己的能力，对学习任务感到反感，持有这两种目标定向类型的学生在学习中的表现各不相同，持有成绩趋近目标定向的学生在学习中追求的是优异的成绩，他们常常将超越同伴作为评价自己的标准，为了证明自己的能力，在学习中会积极努力，运用一定的学习策略争取好的表现，这类学生在学习中一般能取得较好的表现，因此体会到较少的无助感。而持有成绩回避倾向的学生在学习中追求的是避免失败，他们在学习中往往保持自己现有的状态，不会积极主动的参加学习活动，进行任务选择时总是倾向于避免具有挑战性的任务，这种逃避的倾向越强，他们对自己越没有信心，一旦在学习中经历失败，他们体会到的负面情绪就多，在下次进行任务选择时产生的逃避心理就越强，长此以往，他们形成的是消极的学习习惯，不能掌握有效的学习策略，他们在学习中体会到的无助感较强。

因此，在学习过程中，树立良好的学习目标，有助于提高学生的学习积极性，促进知识和技能的掌握，防止无助感的产生。

（三）学业自我效能感对中职生学习习得性无助的影响

1. 中职生学业自我效能感现状

中职生学业自我效能感的现状如表 3 - 5 所示。

表 3 - 5 中职生学业自我效能感总体状况

因子	M	SD
学习能力自我效能感	3.187	0.744
学习行为自我效能感	2.991	0.589
学业自我效能感	3.089	0.591

从表 3 - 5 可以看出，中职生学业自我效能感总均分为 3.089，由于量表采用的是五点评分制，均分为 3，可以看出中职生具有中等水平的学业自我效能感。学业自我效能感的各因子均分分别为 3.187、2.991，其中，中职生学习能力自我效能感因子均分高于学习行为自我效能感因子均分。

　　研究发现，中职生具有中等水平的学业自我效能感，具体来说，中职生在学习能力自我效能感因子上的均分高于学习行为自我效能感因子上的均分。通过调查发现，部分中职生在日常学习中认为自己具有完成学习任务，取得良好成绩的学习能力，但是在实际学习活动中，他们并没有采取有效的学习方法和策略进行学习，也有学生不知道采取什么样的学习策略来提高自己的学习积极性，导致他们在学习上的主观评价与学习行为表现并不相符。这也提示我们在日常学习活动中要帮助学生掌握正确的学习方法和有效的学习策略，进而提高学习积极性和效率。

　　2. 学业自我效能感与学习习得性无助的关系

　　对中职生学习习得性无助与学业自我效能感做相关分析，结果如表3-6所示。

表3-6　中职生学业自我效能感与学习习得性无助的相关

	无助总分	认知无助	情绪无助	行为无助	归因无助
学习能力自我效能	-0.421**	-0.366**	-0.362**	-0.344**	-0.384**
学习行为自我效能	-0.172**	-0.186**	-0.163**	-0.092**	-0.141**
效能总和	-0.351**	-0.323**	-0.309**	-0.263**	-0.312**

注：**表示在0.01水平上显著相关。

　　从表3-6中可以看出，中职生学习习得性无助总体与学业自我效能感总体存在显著的负相关（$r = -0.351$，$p < 0.01$）。具体而言，学习习得性无助与学习能力自我效能感存在显著的负相关（$r = -0.421$，$p < 0.01$）、与学习行为自我效能感存在显著的负相关（$r = -0.172$，$p < 0.01$）。

　　为了进一步明确学业自我效能感与学习习得性无助的数量关系，采用逐步回归的方法进行变量间的回归分析。以学业自我效能感中的学习能力自我效能感和学习行为自我效能感为自变量，以学习习得性无助为因变量，进行回归分析，结果如表3-7所示。

表3-7　学业自我效能感对学习习得性无助的回归分析

模型	Beta	R^2	ΔR^2	F
1（constant）		0.178	0.177	174.753 **
学习能力自我效能	-0.421			
2（constant）		0.184	0.182	91.268 **
学习能力自我效能	-0.478			
学习行为自我效能	0.099			

注：** 表示在 0.01 水平上显著；constant = 4.081。

从表3-7可以看出，研究所得到的回归方程为：学习习得性无助 = 4.081 - 0.478 × 学习能力自我效能感 + 0.099 × 学习行为自我效能感，回归方程显著，学习能力自我效能感和学习行为自我效能感对学习习得性无助存在显著预测作用，其预测率为18.4%。

对于学业自我效能感与学习习得性无助的关系，研究结果显示：学习习得性无助与学业自我效能感总体存在显著的负相关。班杜拉的自我效能感理论表明，学生在学习中持有的自我效能感越高，其获得的无助感水平就越低，研究所得结果与该理论一致。研究中可以看出，学业自我效能感与学习习得性无助的关系非常密切，学业自我效能感不仅影响着学生对学习任务的选择和之后所采取的行为，还会影响学生行为的坚持性和努力程度、学生的思维方式、情绪反应以及对行为结果的归因方式。同时，研究发现，就自我效能感而言，中职生的学习能力自我效能感对学习习得性无助的影响要高于学习行为自我效能感对学习习得性无助的影响，中职生感知到的学习能力大小对之后的学习结果以及学习过程中体会到情绪有着重要的影响，这也从侧面能够解释具有学习习得性无助感的中职生所表现出的认知偏差和消极归因。

因此，在学习中，应采取切实有效的方法提高学生的学业自我效能感，使其认为自己有能力、并能够采取有效的方法完成学习任务，这样会有效减少中职生在学习上的消极体验，预防学习习得性无助感的产生。

第三节 中职生学习习得性无助感的积极教育策略

学习习得性无助是学生在学习情境中体验到的一种消极心理状态，影响着中职生学习的积极性和有效性，同时在学习中形成的无助感，容易扩散到其他方面，导致中职生在动机、认知、情绪、自我和个性上的缺陷，这种缺陷又容易弥漫到中职生的心理和行为方面，对中职生的身心健康发展带来不利影响。对于中职生存在的学习习得性无助现象，从以下几个方面提出建议，以期能为职校教育教学和中职生心理健康发展提供一些参考。

一、树立以学生为本，人人皆可成才的职业教育目标

中职生在学习上产生的无助感不仅影响个体的心理发展，同时对职校教育目标的实现形成了极大的挑战。职校教育要从实际情况出发，树立积极心理目标，预防中职生学习习得性无助的产生。

职校教育目标要充分体现以学生为主体的观念，把促进学生身心健康成长作为职校工作的出发点和落脚点；职校教育目标要以学生发展为本，在学习中更加注重培养学生的学习兴趣和自信心，激发学生学习的主动性；职校教育目标要确保发挥学生的特长，发掘学生的潜能，提高学生学习的能力，促进中职生学有所长、全面发展。在以学生为本、人人皆可成才的职校教育目标体系下，学生会更加发现自己的重要性和特殊性，对自己充满信心，迎接学习和生活中的挑战。

二、形成正确的教育期待，积极引导具有习得性无助感的中职生

《中等职业学校学生心理健康教育指导纲要》指出，职业教育要坚持面向全体和关注个别差异相结合的原则。职业教育要积极、主动关注全体中职生发展，不仅要关注少数职校生的心理问题和心理疾病，更要对绝大部分学生存在的影响他们正常学习的消极情绪进行关注和正面引导，防止

习得性无助在职校群体之间蔓延，形成群体习得性无助。

在学校，提及学习习得性无助的学生时，一些职校教师总是摇头、叹息、抱怨和指责，认为他们在学习中已经无药可救，在教学活动中放弃了对他们的努力。消除学习习得性无助现象，首先要转变部分职校教师对中职生的消极态度。职校教师要树立正确的教育理念，意识到具有学习习得性无助的中职生和其他中职生的差异，要以积极、开放、包容的眼光去看待具有学习习得性无助感学生的能力和潜能，关注其身心状况，允许学生有差异、个性化的发展。对具有学习习得性无助的中职生，职校教师要转变以往对其悲观、无奈的看法，尊重、理解具有习得性无助感的职校生，相信他们具有自我修复能力，是不断变化发展的。在学习中，消除对学习习得性无助学生的偏见和歧视，多鼓励少批评，不要只注重分数和排名，要善于发现他们的优点。在教学过程中，采用多种教学方法相结合的方式，丰富教学内容，增强教学趣味性，促使学生主动学习、乐于学习、善于学习。在充满包容、支持、鼓励的环境中，使职校生能够自尊、自爱、自信、自立、自强。

三、塑造积极心理品质，增强中职生的学业自我效能感

学业自我效能感是学习者对自己能否利用所拥有的能力和技能去完成学习任务的自信程度的评价，个体持有的学业自我效能感能直接影响学生在学习中的无助状态。研究发现，自我效能感能有效预测学生的学习习得性无助，而中职生持有的效能感水平与自身的心理品质有着重要的关联。通过对具有学习习得性无助感中职生心理特征的了解，发现他们对自己普遍持有失望、消极、悲观的看法，他们的学业自我效能感低，认为自己不具有学习和克服困难的能力，在学习中不知道采取何种有效的学习策略提高自己的学习成绩。

心理资本是个体的一种积极心理状态，表现在面对充满挑战的任务时，有信心并付出努力来获取成功；对现在和未来的成功有积极的归因；对目标锲而不舍，在必要时能调整实现目标的途径；当身处问题困境时能持之以恒，迅速还原并超越障碍取得成功。概括起来就是：自信、乐观、

希望及坚韧性。不难发现，这四个心理品质不仅能提高学生的学业自我效能感，而且能促进职校生积极的学习和生活方式。职校教师要注重从这四个方面出发，塑造职校生充满自信、希望、乐观及充满韧性的积极心理品质，提高学业自我效能感。

转变学生对自我的认识，觉察自己在学习中的优点，通过改变自我消极评价和消极期待，能有效增强中职生的自信；通过设立合理、具体、可行及分阶段的学习任务目标，在有计划、指导的情况下完成，可增强职校生的动力信念系统，对未来充满希望，相信自己能更好地完成预期目标；要让中职生正确的看待以往学习上的失败和错误，包容自己的过去，对以往的失败形成良性的归因风格，强调中职生将注意力放在现在，为目前及将来的成功寻找机会；学会用全面、联系和发展的眼光看待问题，面对困难情境时有坚强的意志力，不轻易放弃，善于调动自己的人力资源及社会资源给予帮助及指导，在必要时放弃一些绝对化的要求，调整自己的期望水平，在学习目标的实现过程中，关注过程而不是过分强调结果。通过这些方法能够有效增强职校生自信、希望、乐观及充满韧性的积极心理品质，提高中职生的学业自我效能感。

四、确立积极的目标定向，提高中职生的学习积极性

成就目标定向是学生进行学习成就活动时持有的目的或知觉到的意义，具有认知、情感和行为的特征。不同成就目标定向取向的学生在学习认知、情绪状态和学习方法上会表现出不同的差异。持有掌握接近目标定向的学生在学习中将注意力放在掌握问题解决策略和提高自己的学习能力上，面对挑战性的学习任务时，能够使用有效的学习策略，他们具有适应性动机模式，在学习中体验到的是更多的积极情绪，较少体会到无助感。持有成绩接近目标定向的学生在学习中关注的是自身能力的展示，希望通过取得超出他人的成绩以证明自己的能力。在学习中，具有成绩接近目标定向类型的中职生，在学习中同样能采取有效的学习策略，因此学习的效率较高，体会到的无助感较少。具有成绩回避目标定向的学生，他们的评价标准是避免使他人认为自己的学习能力低。持有这种定向类型的学生在

学习中常常怀疑自己的能力，总是把精力集中于避免失败上，对学习任务反感。因此这类学生在行为、情感、策略等方面表现出消极的特点，并容易产生无助感。

职校教师要让中职生认识到不同的目标定向类型对学习的重要影响，对于持有成绩回避目标定向的中职生，职校教师要让其认识到自身持有的目标定向是一种不适应的动机模式，对学习会产生的不良影响，要注意引导学生，在学习中将自己的注意力集中在掌握问题解决策略和提高自己的学习能力上，降低自己在学习上的回避倾向。同时，帮助学生形成有效的学习策略，在学习过程中，以关心、支持和鼓励的态度对待学生，面对学习失败时，帮助分析学生失败的原因，注重学习的过程，对学习过程中付出的努力给予肯定。通过确立积极的目标定向，掌握正确的学习方法，提高中职生学习的积极性。

如今，职业教育不仅要实现"技术技能强国梦""全面发展梦"，更应该激发学生的"人人成才梦""各展其才梦"。职业教育要树立积极的育人目标，形成正确的教育期待，塑造积极的心理品质，确定积极的目标定向，引导具有习得性无助的中职生，提高学业自我效能感和学习积极性。只要以积极、乐观的心态，正确、恰当的方式对待中职生，引导他们学会自我肯定和激励，树立起信心，那么中职生的学习习得性无助会逐渐向积极、乐观方向转变，成为阳光自信、积极进取的中职生，在学校教育中实现他们的梦想！

本章小结

中职生正值青年初期，处于青春发展期，是从心理幼稚逐渐走向成熟的过渡期，也是产生心理困惑、心理冲突最多的时期。对于中职生来说，在校期间的主要任务是学习，学习中存在的无助感不仅影响学习的积极性，对其心理健康发展同样会产生不利影响。了解中职生学习习得性无助感的现状，探究学习习得性无助产生的原因，有效预防学习习得性无助的产生，不仅有利于中职生身心健康发展，同时对提升职校教学质量具有重要意义。本章介绍了习得性无助的概念、起源及相关理论，针对目前中职生的学习现状，选取部分中职生为研究对象，对其学习习得性无助感的整体状况及相关影响因素做了进一步的研究。通过研究及调查发现：中职生存在中等程度的学习习得性无助，表现在认知无助、归因无助、情绪无助和行为无助四个方面；不同的成就目标定向与学习习得性无助存在不同性质的关联；学习习得性无助与学业自我效能感总体存在显著的负相关。通过树立积极的育人目标、形成正确的教育期待、塑造积极的心理品质、确定积极的目标定向，引导具有学习习得性无助的中职生，提高中职生的学业自我效能感和学习积极性。

（本章作者　青海师范大学　温清霞）

中职生学习心理资本的研究

提高技术技能人才培养质量是发展现代职业教育的基本任务，是构建现代职业教育体系的关键所在。2014 年颁布的《国务院关于加快发展现代职业教育的决定》（国发〔2014〕19 号）提出要"培养数以亿计的高素质劳动者和技术技能人才"。可见，培养高素质的技术技能人才，是职业教育的时代主题和重要任务。学习心理资本是影响职业院校技术技能人才培养质量的重要因素，本章就中职生的学习心理资本现状及提升策略进行探讨。

第一节　学习心理资本研究概述

2015 年教育部发布《教育部办公厅关于建立职业院校教学工作诊断与改进制度的通知》提出要深化职业教育教学改革，全面提高人才培养质量。《通知》指出，要"切实发挥学校的教育质量保证主体作用，不断完善内部质量保证制度体系和运行机制"。可见，提高技术技能人才的培养质量，已成为职业教育工作的重中之重。而中职生学习的心理资本是直接影响人才培养质量的重要因素。

一、中职生心理资本研究

积极心理学兴起之后，心理资本被提出并迅速成为研究热点，其研究领域从企业领域逐渐扩展到职业教育领域，并取得了一定的研究成效。

心理资本的概念

1. 心理资本概念的演变

1997 年，GoldSmith 等人提出了心理资本概念[1]。1998 年积极心理学运动兴起，随后积极心理学被大量研究。Luthans 将积极心理学的理论和观点应用到组织行为学中，提出"积极组织行为学"这一概念。2004 年 Luthans 等人提出了"积极心理资本"[2]，强调心理资本的可测量、可开发、能管理等特性，并探索出开发心理资本的具体方法。到 2005 年 Luthans 将心理资本定义为："个体一般积极性的核心心理要素，具体表现为符合积极组织行为标准的心理状态，它超越人力资本和社会资本，并能够通过有针对性的投资和开发，使个体获得竞争优势"[3]。2007 年，Youssef，Avolio，Luthans 又将心理资本的定义修订为"个体的积极心理发展状态，其包括自我效能感、乐观、希望、坚韧"[4]。

2. 心理资本概念的取向

心理资本的提出受到广泛的关注，不同背景的学者从不同的研究视角出发，对心理资本的概念进行研究，但并未形成一致意见。大致可分为三种取向。

（1）特质论，持该观点的研究者认为心理资本是个体的内在特质，其由先天和后天因素共同影响产生持久且稳定的人格特质，其中 Hosen 等人

---

❶ GoldSmith, A. H. , Veum, J. R. , Darity, W. . The impact of psychological and human capial on wages ［J］. Economic Inquiry, 1997, 10（34）: 815 – 829.

❷ GoldSmith, A. H. , Veum, J. R. , Darity, W. . The impact of psychological and human capial on wages ［J］. Economic Inquiry, 1997, 10（34）: 815 – 829.

❸ Luthans F. , Avolio B. J, Walumbwa F. O, and Li W. The sychologyical captial of Chinese workers: Exporing the relationship with performance ［J］. Management and Organization Review, 2005（1）: 249 – 271.

❶ Luthans F. , Youssef C M, Avolio B. J. Psychological capital: Developing the human competitive edge ［M］. Oxford, UK: Oxford University Press, 2007.

认为，心理资本是个体通过学习途径投资后形成持久稳定的心理基础，是个性品质、倾向、认知能力、自我监控、有效的情绪交流的品质❶；Letcher 等人认为心理资本就是人的积极人格特质❷；Cole 也认为心理资本是影响个体行为与产出的人格特质❸。该倾向的特点在于，认为心理资本是内在持久稳定的特质。

（2）状态论，该观点与 Seligman 等人的观点相似，认为心理资本是一种积极的心理状态。Luthans 等人在将心理资本与人力资本、社会资本对比后认为心理资本能被测量和开发，它是能使个体提高工作效率的一种积极心理状态，包括效能、希望、乐观和韧性❹。Avolio 等人则将心理资本看成是能够提高个体工作效率的积极心理状态的集合❺。该观点与特质论观点不同，其认为心理资本是个体的积极心理能力，是在一定情境下对待任务、绩效和成功的一种积极的状态，而并非某种特质。

（3）综合论，其将特质论和状态论结合起来，又被称为类状态论。该理论认为心理资本应该同时具有特质论相对稳定的特点和状态论开放性的特点，可以通过一定方式加以开发❻。Luthans 等人认同综合论观点，并将心理资本定义为，个体在成长中的类状态的积极心理力量，具体表现在：有信心接受有挑战的任务，并愿意付出必要的努力以获得成功（自我效能

---

❶ Hosen, R, Solovey – Hosen, D, and Stern, L. Education and capital development ：Capitalas-durable personal, social, economic and political influences on the happiness of individuals ［J］. Education, 2003, 123（3）：496 – 513.

❷ Letcher, L., Niehoff, B.. Psychological capital and wages：A behavioral economic approach ［M］. Paper submitted to be considered for presentation at the Midwest Academy of Management. Minneapolis, 2004：18 – 24.

❸ Cole, K. Wellbeing, psychological capital, and unemployment：Anintegrated theory ［M］. pa-perpresented at the joint annual conference of the International Association for Researchin Economic Psychology（IAREP）and the Society for the Advancement of Behavioral Economics（SABE）, Paris, France, 2006.

❹ Luthans, F., Luthans, K. W., Luthans, B. C. Positive psychological capital：Beyond human and social sapital ［J］. Business Horizons, 2004, 47（1）：45 – 50.

❺ Avolio, B. J., Gardner, W. L., Walumbwa, F. O., Luthans, F., May, D. R.. Unlocking the mask：A look at the process by which authentic leaders impact follower attitudes and behaviors ［J］. The Leadership Quarterly, 2004（15）：801 – 823.

❻ 王雁飞，朱瑜. 心理资本理论与相关研究进展 ［J］. 外国经济与管理, 2007, 29（5）：32 – 39.

感）；对现在和将来的成功能够进行积极的归因（乐观）；坚持既定的目标，为了能够成功，在必要时能主动调整实现目标的方法（希望）；当被问题和逆境所困时，能坚持不懈，迅速恢复状态甚至实现超越（韧性）❶。

就三种取向而言，综合论更具科学性和说服力，多数学者倾向于综合论的观点，认为积极心理资本是个体积极心理资源的综合，其包含的维度均为积极的类状态。本研究也倾向于综合论取向。

3. 心理资本的特征要素

对心理资本的作用和意义学者们持有基本一致的态度，但是心理资本是一个内涵和外延都很大的概念，要成为心理资本的维度必须符合一定的标准，即心理资本的特征要素。

Luthans 等人认为心理资本需要满足 POB 标准：①积极构念；②具备理论基础；③相对固定；④具有可开发性；⑤可测量；⑥与工作绩效有关；⑦和其他积极结果相关❷。

根据上述标准，Luthans 等人认为自信、希望、乐观、韧性是最符合心理资本标准的品质。但心理资本是由其组成成分协同发生作用的，即心理资本各组成部分之和的作用低于整体的作用，对整体心理资本进行研究、开发、管理其作用远大于构成它的单个积极心理能力所产生的作用。并且 Luthans 等人对诸多领域工作人员如物流管理高层管理员、护士、保险公司雇员、造船厂工人等的研究也均证实了：整体的心理资本与工作结果之间的相关，比任何一项单独的心理资本成分与工作结果之间的相关都大❸。

4. 心理资本的结构

虽然对心理资本的维度有界定标准，但是研究的出发点和视角的不同使学者们对心理资本的维度有不同理解（见表 4 - 1、表 4 - 2）。

---

❶ Luthans, F., Avolio, B.. The "point" of positive organizational behavior [J]. Journal of Organizational Behavior, 2009, 30 (2): 291 - 307.

❷ 吴伟炯, 刘毅, 路红, 等. 本土心理资本与职业幸福感的关系 [J]. 心理学报, 2012, 44 (10): 1349 - 1370.

❸ 李斌, 马红宇, 郭永玉. 心理资本作用机制的研究回顾与展望 [J]. 心理研究, 2014 (6): 53 - 63.

表4-1　国外心理资本结构研究维度

研究者及其年份	量表名称	维度
Goldsmith 等（1997）	心理资本量表	自尊
Judge（2001），Cole（2006）	核心自我评价构念量表	自尊、自我效能感、控制点、情绪稳定性
Jensen（2003）	心理资本评价量表	希望状态、乐观状态、自我效能、复原力
Letcher（2004）	大五人格评价量表	稳定性、外向性、开放性、宜人性、责任感
Page 等（2004）	积极心理资本评价量表	希望、乐观、自我效能感、复原力、诚信
Larson 等（2004）	心理资本量表	自我效能感、乐观、复原力
Luthans 等（2005，2007）	心理资本问卷（PCQ-24）	希望、现实性乐观、自我效能感、复原力
Luthans 等（2006）	积极心理状态量表	希望、乐观、复原力
Avey 等（2006）	心理资本状态量表	希望、乐观、复原力、自我效能感
Jensen 等（2006）	心理资本状态量表	希望状态、乐观状态、复原力

资料来源：王雁飞，朱瑜．心理资本理论与相关研究进展［J］．外国经济与管理，2007，29（5）：32-39❶．

表4-2　国内心理资本结构研究维度

研究者及其年份	量表名称	维度
李超平（2008）	心理资本问卷	希望、乐观、韧性、效能❷
惠青山等（2009）	中国职工心理资本量表	冷静、希望、乐观、自信❸
柯江林（2009）	中国本土心理资本量表	事务型心理资本（自信勇敢、乐观希望、奋发进取、坚韧顽强）；人际心理资本（谦虚沉稳、包容宽恕、尊敬礼让、感恩奉献）❶

---

❶ 王雁飞，朱瑜．心理资本理论与相关研究进展［J］．外国经济与管理，2007，29（5）：32-39．

❷ Fred Luthans，Carolyn M. Youssef，Bruce J. Avolio．心理资本：打造人的竞争优势［M］．李超平，译．北京：中国轻工业出版社，2008：1．

❸ 惠青山．中国职工心理资本内容结构及其与态度行为变量关系实证研究［D］．暨南大学，2009．

❶ 柯江林，孙健敏，李永瑞．心理资本：本土量表的开发及中西比较［J］．心理学报，2009，41（9）：875-888．

续表

研究者及其年份	量表名称	维度
温磊等（2009）	心理资本问卷	自信、希望、乐观、坚韧❶
蒋苏芹（2010）	大学生心理资本问卷	成就动机、自尊希望、乐观幸福、责任意识、自我效能、情绪智力、坚韧自强、包容宽恕、创新能力❷
张阔等（2010）	积极心理资本问卷	乐观、自我效能感、韧性、希望❸
肖雯、李林英（2010）	大学生心理资本问卷	自我效能、乐观、坚韧、感恩和兴趣❹
张文（2010）	中小学教师心理资本问卷	自信、希望、乐观、坚韧❺
窦海燕（2011）	管理者心理资本问卷	乐观、责任心、团结合作、希望、自信、坚韧❻
董振华（2011）	高中生心理资本问卷	乐观、自我效能感、希望、坚韧❼
单学志（2011）	大学生心理资本问卷	自信、希望、乐观、坚韧❽
曹小燕（2011）	大学生心理资本量表	奋发进取、尊敬谦虚、积极乐观、知恩图报、自信不疑、包容宽恕❾
方必基（2012）	青少年学生心理资本问卷	希望、乐观、自信、坚韧❿
张轩辉（2012）	大学生心理资本量表	乐观、希望、坚韧、自信、成就动机⓫

---

❶ 温磊，七十三，张玉柱. 心理资本问卷的初步修订 ［J］. 中国临床心理学杂志，2009，17（2）：148－150.

❷ 蒋苏芹. 大学生心理资本的内涵与结构研究 ［D］. 南昌大学，2010.

❸ 张阔，张赛，董颖红. 积极心理资本：测量及其与心理健康的关系 ［J］. 心理与行为研究，2010，8（1）：58－64.

❹ 肖雯，李林英. 大学生心理资本问卷的初步编制 ［J］. 中国临床心理学杂志，2010，18（6）：691－694.

❺ 张文. 中小学教师心理资本问卷的编制及其特征分析 ［D］. 西南大学，2010.

❻ 窦海燕. 管理者心理资本、变革型领导行为和组织认同的关系研究 ［D］. 暨南大学，2011.

❼ 董振华. 高中生心理资本、学习倦怠及应对方式的关系研究 ［D］. 南京师范大学，2011.

❽ 单学志. 大学生 MBTI 人格类型与心理资本关系研究 ［D］. 南京师范大学，2011.

❾ 曹小燕.《大学生心理资本量表》中引入《作假识别量表》的研究 ［D］. 天津大学，2011.

❿ 方必基. 青少年学生心理资本结构、特点、相关因素及团体干预研究 ［D］. 福建师范大学，2012.

⓫ 张轩辉. 大学生心理资本与职业决策效能感、职业倾向的关系研究 ［D］. 广州大学，2012.

续表

研究者及其年份	量表名称	维度
周利霞（2012）	大学生心理资本问卷	愿景、自信、合作、乐观、韧性、感恩❶
熊猛、叶一舵（2012）	*	个人力（自信、乐观、坚韧）；人际力（感恩、谦虚）❷
吴伟炯等（2012）	本土心理资本量表	事务型心理资本（希望、乐观、坚韧）；人际型心理资本（自谦、感恩、利他、情商、自我效能）❸
毛晋平、谢颖（2013）	中小学教师心理资本问卷	任务型心理资本（自我效能、进取心、韧性、希望、乐观）；人际情感型心理资本（热诚、幽默、公平正直、爱与感恩）❹
唐明等（2014）	军校合训学员积极心理资本	希望、自我效能、韧性、乐观、情绪❺
吴旻等（2015）	大学生积极心理资本问卷	自我效能、乐观、希望、坚韧、宽恕、亲社会❻
徐明津等（2015）	初中生心理资本问卷	自控力、宽容、希望、自信、乐观❼
范兴华等（2015）	农村留守儿童心理资本问卷	自立顽强、明理感恩、宽容友善、乐观开朗、自信进取❽

注："＊"表示不详，表格数据来自相关文献的整理。

---

❶ 周利霞.大学生心理资本问卷编制及其相关因素研究［D］.上海师范大学，2012.

❷ 熊猛，叶一舵.青少年生活事件对主观幸福感的影响：心理资本的中介与调节作用.中国心理学会编［C］.心理学与创新能力提升——第十六届全国心理学学术会议论文集.2013：1364-1368.

❸ 吴伟炯，刘毅，路红，等.本土心理资本与职业幸福感的关系［J］.心理学报，2012，44（10）：1349-1370.

❹ 毛晋平，谢颖.中小学教师心理资本及其与工作投入关系的实证研究［J］.教师教育研究，2013，25（5）：23-29.

❺ 唐明，孙安敏，王大卫，等.心理资本问卷在军校合训学员中应用的信效度［J］.华南国防医学杂志，2014，28（3）：256-258.

❻ 吴旻，谢世艳，郭思萍.大学生积极心理资本问卷的编制及思考［J］.江西师范大学学报（哲学社会科学版），2015（6）：127-132.

❼ 徐明津，杨新国，黄霞妮.初中生心理资本的问卷编制［J］.中国儿童保健杂志，2016，24（3）：308-311.

❽ 范兴华，方晓义，陈锋菊，等.农村留守儿童心理资本问卷的编制［J］.中国临床心理学杂志，2015，23（1）：1-6.

二、中职生心理资本的研究现状

（一）中职生心理资本的现状研究

已有研究显示，中职生的心理资本处于中等或以上水平❶❷❸；其内部的四个因子得分均高于平均值，但不均衡❹；其中各因子得分由高到低为：希望、自我效能感、韧性、乐观❺。可以推测，中职生拥有较高的希望感，但做事难以坚持，且不能进行积极乐观的归因。对各因子影响因素的研究发现，性别、生源地、兼职情况、成绩水平、人际关系、担任班干、家庭教养方式等均会不同程度的影响各因子。在性别上女生的自我效能感、乐观均显著低于男生❻。在生源地维度上，"来自城镇学生的乐观得分显著高于来自农村的学生"；兼职情况不同学生在希望、自我效能感、韧性维度上均存在显著差异，正在从事 2 份及以上兼职学生的希望、自我效能感、韧性得分均显著高于从未兼职、曾经兼职或正在从事 1 份兼职的学生❼。良好的成绩、人际关系或担任过班干的学生在希望、自我效能感、乐观三个因子上的得分显著较高❽❾。在家庭教养方式上，民主型家庭教养方式的学生在希望和自我效能感维度上的得分较高❿。

---

❶ 杨治菁. 职校生心理资本现状及团辅干预研究 [D]. 青海师范大学，2016.

❷ 丁塑. 中职学生心理资本、生涯信念和职业生涯规划能力的关系研究 [D]. 天津职业技术师范大学，2015.

❸ 高萍. 中职生积极心理资本现状调查及其在积极心理健康教育中的应用 [J]. 职教通讯，2016（35）：71 –75.

❹ 崔景贵，杨治菁. 职校生心理资本与职校积极教育开发策略 [J]. 职教通讯，2015（34）：9 –12.

❺ 李天莉，甘晖. 中职生手机依赖与心理资本的相关研究 [J]. 广西教育，2016（4）：15 –16.

❻ 张润姝. 楚雄州职业教育园区中职生心理健康、人格特征及心理资本的状况和关系研究 [D]. 云南师范大学，2014.

❼ 丁塑. 中职学生心理资本、生涯信念和职业生涯规划能力的关系研究 [D]. 天津职业技术师范大学，2015.

❽ 杨治菁. 职校生心理资本现状及团辅干预研究 [D]. 青海师范大学，2016.

❾ 高萍. 中职生积极心理资本现状调查及其在积极心理健康教育中的应用 [J]. 职教通讯，2016（35）：71 –75.

❿ 张润姝. 楚雄州职业教育园区中职生心理健康、人格特征及心理资本的状况和关系研究 [D]. 云南师范大学，2014.

相关研究还发现，心理资本水平直接影响中职生的学习生活。"中职生心理资本与问题行为呈现显著负相关"，即"心理资本较高的个体，其问题行为更少"，反之亦然❶。另外，"中职生心理资本的自我效能、韧性、乐观三个维度与手机依赖呈显著的负相关，自我效能及韧性对手机依赖有负向的预测作用"。根据相关研究可知，高心理资本更有益于学生的学习生活。

总体上，对中职生心理资本的研究已取得一定成效。但对中职生学习方面的心理资本研究并未出现。

（二）中职生心理资本的干预研究

心理资本所具有的相对稳定性和开放性决定了心理资本的可干预和可开发。崔景贵提出心理资本开发策略，认为：学校应"注重职校生职业心理资本"的开发；教师心理资本的开发；引导职校生进行自主开发。也有学者从职业生涯规划的角度提出：可通过开展职校生职业生涯设计，增强自我效能感，提升学生的自信心；引导积极归因，培养学生乐观的心理品质；提高抗挫力等方面进行开发❷。值得指出的是，已有研究通过团体辅导对职校生心理资本进行干预，发现团体辅导对职校生的心理资本具有积极的促进作用❸。

从上述研究可见，对中职生心理资本开发的研究已初见成效，研究者从不同的角度提出了多种开发策略；实证研究虽少但已出现。

（三）中职生心理资本测量工具的研究

随着心理资本研究的深入，以学生为对象的心理资本测量工具大量涌

---

❶ 张阿敏．中职生生活事件与问题行为的关系：心理资本的调节效应及检验［D］．天津职业技术师范大学，2013.

❷ 刘翠英．职业生涯规划过程中职校生心理资本提升研究［J］．江苏教育：职业教育，2014（9）：59－60.

❸ 杨治菁．职校生心理资本现状及团辅干预研究［D］．青海师范大学，2016.

现，如大学生心理资本问卷❶❷❸❹❺、青少年学生心理资本问卷❻、高中生心理资本问卷❼、初中生心理资本问卷❽、留守儿童心理资本问卷❾。但未发现中职生心理资本问卷。已有文献中，对中职生心理资本的调查，除李天莉、甘晖采用自编的心理资本量表外，杨治菁❿、丁塑⓫、张润姝⓬、张阿敏⓭等的调查均采用张阔等人于 2010 年编制的《积极心理资本问卷》，该问卷包含自我效能感、乐观、希望、坚韧四因子，具有良好的结构效度和内部一致性信度，但其在编制过程中是以大学生为样本。

（四）中职生心理资本的延伸研究

根据 CNKI 数据显示，从 2004 年到 2017 年 3 月，心理资本的研究成果累计超过两千篇。职业心理资本、成功心理资本、创业心理资本、教师心理资本等心理资本延伸概念相继出现⓮⓯。但仅创业心理资本和教师心理资

❶ 蒋苏芹. 大学生心理资本的内涵与结构研究［D］. 南昌大学，2010.

❷ 肖雯，李林英. 大学生心理资本问卷的初步编制［J］. 中国临床心理学杂志，2010，18（6）：691 – 694.

❸ 张轩辉. 大学生心理资本与职业决策效能感、职业倾向的关系研究［D］. 广州大学，2012.

❹ 周利霞. 大学生心理资本问卷编制及其相关因素研究［D］. 上海师范大学，2012.

❺ 吴旻，谢世艳，郭思萍. 大学生积极心理资本问卷的编制及思考［J］. 江西师范大学学报（哲学社会科学版），2015（6）：127 – 132.

❻ 方必基. 青少年学生心理资本结构、特点、相关因素及团体干预研究［D］. 福建师范大学，2012.

❼ 董振华. 高中生心理资本、学习倦怠及应对方式的关系研究［D］. 南京师范大学，2011.

❽ 徐明津，杨新国，黄霞妮. 初中生心理资本的问卷编制［J］. 中国儿童保健杂志，2016，24（3）：308 – 311.

❾ 范兴华，方晓义，陈锋菊，等. 农村留守儿童心理资本问卷的编制［J］. 中国临床心理学杂志，2015，23（1）：1 – 6.

❿ 杨治菁. 职校生心理资本现状及团辅干预研究［D］. 青海师范大学，2016.

⓫ 丁塑. 中职学生心理资本、生涯信念和职业生涯规划能力的关系研究［D］. 天津职业技术师范大学，2015.

⓬ 张润姝. 楚雄州职业教育园区中职生心理健康、人格特征及心理资本的状况和关系研究［D］. 云南师范大学，2014.

⓭ 张阿敏. 中职生生活事件与问题行为的关系：心理资本的调节效应及检验［D］. 天津职业技术师范大学，2013.

⓮ 曾晖，周详. 开发成功心理资本［J］. 企业管理，2005（11）：95 – 96.

⓯ 江波，高娜. 创业心理资本：创业心理研究的新视角［J］. 心理技术与应用，2013（3）：3 – 6.

本开展了从概念界定到问卷编制的系统性研究，2013 年高娜、江波将创业心理资本定义为："能够满足在创业过程中的情感要求并促进创业成功的心理资源总和，是由创业自我效能感、乐观、希望、韧性、机会识别、社交能力六个基本结构组成的一个更高层次的核心构念"❶。之后，高娜、江波研究发现创业心理资本是由积极成长、主动应对、热情创新、敏锐卓越、自我效能、社交智慧、希望乐观七因子组成❷，并编制包含上述七因子的创业心理资本量表❸；张文在其学位论文中以自我效能感、乐观、希望、坚韧四因子为维度编制中小学教师心理资本问卷。值得指出的是，已有研究者以职校生为对象开展创业心理资本的研究，并发现职校生的创业心理资本主要包括：乐观、坚持、社交能力、团队合作、执行力、创造性、敢于冒险、自信八个维度❹。从心理资本的研究到职业心理资本、成功心理资本、创业心理资本的提出，说明心理资本的研究正在逐步细化，但未发现与中职生学习相关的心理资本研究。

综上所述，中职生心理资本水平处于中等或以上水平，但不均衡；对中职生心理资本开发的研究已有涉猎；但无以中职生为对象编制的中职生心理资本问卷；心理资本的延伸研究正在不断细化和拓展心理资本研究内容和领域，本文中结合中职生的学习特点提出学习心理资本。

三、学习心理资本的概念

学习心理资本概念以心理资本理论为依据，结合中职生的学习特点提出，学习心理资本是学生在学习情境中的认知、情绪、意志的体现，学习自我效能感体现学习情境中的自我认知，学习乐观体现学习情境中的积极情绪体验，学习自控力体现在学习情境中的意志。

---

❶ 江波，高娜. 创业心理资本：创业心理研究的新视角 [J]. 心理技术与应用，2013 (3)：3-6.

❷ 高娜，江波. 创业心理资本量表的初步编制 [J]. 牡丹江师范学院学报（哲学社会科学版），2014 (2)：127-129.

❸ 高娜，江波. 创业心理资本的构成要素及提升策略 [J]. 太原师范学院学报（社会科学版），2013，12 (5)：157-160.

❹ 吴皖林. 职校学生创业心理资本的初步分析 [J]. 中国校外教育，2016 (10)：143.

从三个维度的内部逻辑来看：学习自我效能感是学生进行学习任务，接受挑战性学习任务的前提；在执行学习任务的过程中学习自控力又是影响学习任务完成程度及完成效果的重要因素；学习任务完成过程中及完成之后的积极归因是保护学生学习积极性的重要因素。因此学习心理资本包含学习自我效能感、学习乐观和学习自控力三个方面。

学习心理资本与一般意义的心理资本既有差异又有相同。其差异在于学习心理资本是心理资本的一种子类型，其直指学生在学习情景中的状态；相同之处在于均强调积极的、可开发的状态。

学习心理资本是指学生在学习过程中的积极心理发展状态。其特点为：①学习自我效能感，个体有胜任学习任务的自信，能面对学习挑战并力争成功；②学习乐观，指学生对学习以积极的方式归因；③学习自控力，学生调节自己的行为，维持自己的注意于学习活动上的能力。

第二节　中职生学习心理资本的现状分析

提高技术技能人才培养质量是发展现代职业教育的基本任务，是适应经济发展新常态的重要抓手。2015 年教育部发布的《教育部关于深化职业教育教学改革全面提高人才培养质量的若干意见》（教职成〔2015〕6 号）指出，要"加强文化基础教育，注重学生文化素质、科学素养、综合职业能力和可持续发展能力培养"。可见，提高人才培养质量已成为深化职业教育教学改革的终极目标。学习心理资本又是影响职校技术技能人才培养的重要因素，本研究对江苏省中职生的学习心理资本现状及影响因素进行调查。

一、研究方法

（一）研究工具

采用自编的《中职生学习心理资本问卷》为研究工具❶。问卷包含学

---

❶ 张艳芸. 中职生学习心理资本现状分析及辅导策略［D］. 青海师范大学，2018.

习自我效能感、学习乐观、学习自控力 3 个维度，14 个题项。问卷采用 Likert 7 点量表计分法，1 表示非常不同意，2 表示不同意，3 表示有点不同意，4 表示不确定，5 表示有点同意，6 表示同意，7 表示非常同意。本研究中量表的 Cronbach α 系数为 0.838，各个分量表的 Cronbach α 系数为 0.856、0.767、0.561，结构效度在 0.6 以上，因此量表具有良好的信度和效度。

（二）研究对象

本研究所述中职生指初中毕业后接受中等职业教育的在校生，年龄在十五六岁至十八九岁，学制三年或五年（取一至三年级）。

对江苏省 9 所职业院校的 4625 名中职生进行问卷调查。剔除信息不全和作答有规律的问卷 1265 份，最终获得有效问卷 3360 份。问卷有效回收率为 72.649%。被试详细情况如表 4 – 3 所示。

表 4 – 3　被试基本情况（$n = 3360$）

		N（名）	所占比例			N（名）	所占比例
性别	男	1779	52.946%	生源地	城镇	2335	69.494%
	女	1581	47.054%		农村	1025	30.506%
学校所属地域	苏南	2404	71.548%	学业成绩	上等	996	29.643%
	苏北	218	6.488%		中等	2063	61.399%
	苏中	738	21.964%		下等	301	8.958%
获奖类型	获院系奖励	226	6.726%	年级	一年级	1354	40.298%
	获校级奖励	273	8.125%		二年级	1440	42.857%
	都获得过及以上奖励	153	4.554%		三年级	566	16.845%
	没有获得过奖励	2708	80.595%				
家庭结构	单亲家庭	488	14.524%				
	非单亲家庭	2872	85.476%				

（三）施测过程

在问卷星平台创建问卷并生成网址和二维码，将问卷填写指导说明发送至各职校，由各职校统一安排进行施测。

（四）数据处理与统计

数据使用 SPSS21.0 进行分析处理。

二、研究结果

（一）中职生学习心理资本总体特征

为了解江苏省中职生学习心理资本总体情况，对 3360 名中职生的学习心理资本及其维度进行描述性统计分析。结果如表 4-4 所示。

表 4-4 中职生学习心理资本描述性统计（$n = 3360$）

	M	SD
学习自我效能感	5.273	0.892
学习乐观	5.069	0.969
学习自控力	5.672	0.939
学习心理资本	5.300	0.726

由表 4-4 可知，江苏省中职生学习心理资本均值为 5.300，学习自我效能感维度均值为 5.273，学习乐观均值为 5.069，学习自控力维度均值为 5.672，心理资本平均值及各维度平均值均高于量表中值 4。

（二）中职生学习心理资本的性别差异

采用独立样本 t 检验考察中职生学习心理资本及其各维度在性别上的差异，结果如表 4-5 所示。

表 4-5 中职生学习心理资本及其各维度的性别差异（$n = 3360$）

	性别	N（名）	M	SD	t	p
学习自我效能感	男	1779	5.284	0.927	0.818	0.413
	女	1581	5.259	0.852		
学习乐观	男	1779	5.074	0.997	0.364	0.715
	女	1581	5.062	0.937		
学习自控力	男	1779	5.663	0.978	0.579	0.563
	女	1581	5.682	0.894		
学习心理资本	男	1779	5.306	0.751	0.479	0.631
	女	1581	5.294	0.697		

由表4-5可知，中职生学习心理资本及其各维度在性别上不存在显著性差异。

（三）中职生学习心理资本的生源地差异

采用独立样本 t 检验考察中职生学习心理资本及其各维度在生源地上的差异，结果如表4-6所示。

表4-6　中职生学习心理资本及各维度的生源地差异（$n=3360$）

	生源地	N（名）	M	SD	t	p
学习自我效能感	城镇	2335	5.285	0.888	1.242	0.214
	农村	1025	5.244	0.901		
学习乐观	城镇	2335	5.076	0.960	0.640	0.522
	农村	1025	5.052	0.991		
学习自控力	城镇	2335	5.668	0.935	0.420	0.674
	农村	1025	5.683	0.950		
学习心理资本	城镇	2335	5.307	0.720	0.891	0.373
	农村	1025	5.283	0.739		

由表4-6可知，中职生的学习心理资本及其各维度在生源地上不存在显著性差异。

（四）中职生学习心理资本家庭结构的差异

采用独立样本 t 检验考察中职生学习心理资本及其各维度在家庭结构上的差异，结果如表4-7所示。

表4-7　中职生学习心理资本及其各维度在家庭结构上的差异（$n=3360$）

	家庭结构	N（名）	M	SD	t	p
学习自我效能感	单亲家庭	488	5.225	0.934	1.280	0.201
	非单亲家庭	2872	5.280	0.885		
学习乐观	单亲家庭	488	4.979	0.966	2.223	0.026
	非单亲家庭	2872	5.084	0.969		
学习自控力	单亲家庭	488	5.628	0.926	1.117	0.264
	非单亲家庭	2872	5.680	0.942		
学习心理资本	单亲家庭	488	5.241	0.745	1.945	0.052
	非单亲家庭	2872	5.310	0.722		

由表4-7可知，不同家庭结构中职生在学习乐观维度上存在显著性差异（$p < 0.05$）。

（五）中职生学习心理资本在获奖类型上的差异

以获奖类型为自变量，学习心理资本各维度和学习心理资本为因变量，采用单因素方差分析考察中职生学习心理资本在获奖类型上的差异，结果如表4-8所示。

表4-8 中职生学习心理资本及其各维度在获奖类型上的差异（$n = 3360$）

	获奖类型	N（名）	M	SD	F	p
学习自我效能感	获院系奖励	226	5.491	0.833	18.720	0.000
	获校级奖励	273	5.503	0.807		
	都获得及以上奖励	153	5.530	0.887		
	没有获过奖	2708	5.217	0.897		
学习乐观	获院系奖励	226	5.042	0.969	3.112	0.025
	获校级奖励	273	5.204	0.902		
	都获得及以上奖励	153	5.199	0.996		
	没有获过奖	2708	5.050	0.973		
学习自控力	获院系奖励	226	5.736	0.957	8.966	0.000
	获校级奖励	273	5.850	0.854		
	都获得及以上奖励	153	5.930	0.907		
	没有获过奖	2708	5.635	0.944		
学习心理资本	获院系奖励	226	5.415	0.677	16.198	0.000
	获校级奖励	273	5.492	0.672		
	都获得及以上奖励	153	5.522	0.729		
	没有获过奖	2708	5.259	0.729		

根据表4-8可知，中职生学习心理资本、学习自我效能感及学习自控力在不同获奖类型上存在非常显著的差异（$p < 0.001$），在学习乐观维度上存在显著性差异（$p < 0.05$）。对此进行 LSD 事后多重比较分析（见表

4 - 9)。

由表 4 - 9 可知，在学习自我效能感维度上获得过各类奖励的中职生非常显著地高于没有获得过奖的中职生（$p < 0.001$）；在学习乐观维度上获得过校级奖励的中职生显著高于没有获得过奖励的中职生（$p < 0.05$）；在学习自控力维度上都获得过及以上奖励的中职生显著高于获得过院系奖励的中职生（$p < 0.05$）；获得过校级奖励的中职生、都获得过及以上奖励的中职生显著高于没有获得过奖励的中职生（$p < 0.001$）。没有获得过奖项的中职生在学习心理资本上显著低于获得过奖项的学生。

表 4 - 9　中职生学习心理资本及其各维度在获奖类型上的多重比较结果

	获奖类型（I）	获奖类型（J）	MD	p
学习自我效能感	获院系奖励	没有获过奖	0.275	0.000
	获校级奖励	没有获过奖	0.287	0.000
	都获得及以上奖励	没有获过奖	0.314	0.000
学习乐观	获校级奖励	没有获过奖	0.154	0.012
学习自控力	获校级奖励	没有获过奖	0.215	0.000
	都获得及以上奖励	获院系奖励	0.194	0.047
	都获得及以上奖励	没有获过奖	0.296	0.000
学习心理资本	获校级奖励	没有获过奖	0.234	0.000
	获院级奖励	没有获过奖	0.157	0.002
	都获得及以上奖励	没有获过奖	0.263	0.000

注：不包括差异不显著和重复项。

（六）中职生学习心理资本学业成绩的差异

以学业成绩为自变量，学习心理资本各维度和学习心理资本为因变量，采用单因素方差分析考察中职生学习心理资本在学业成绩上的差异，结果如表 4 - 10 所示。

表 4 - 10　中职生学习心理资本及其各维度在学业成绩上的差异（$n = 3360$）

	学业成绩	N（名）	M	SD	F	p
学习自我效能感	上等	996	5.529	0.830	102.886	0.000
	中等	2063	5.227	0.859		
	下等	301	4.742	1.021		

续表

学业成绩		N（名）	M	SD	F	p
学习乐观	上等	996	5.202	0.972	21.201	0.000
	中等	2063	5.042	0.951		
	下等	301	4.810	1.018		
学习自控力	上等	996	5.916	0.847	92.071	0.000
	中等	2063	5.635	0.922		
	下等	301	5.120	1.068		
学习心理资本	上等	996	5.518	0.672	115.198	0.000
	中等	2063	5.261	0.696		
	下等	301	4.842	0.830		

由表 4-10 可见，中职生的学习心理资本及各维度在学业成绩上存在极其显著的差异（$p < 0.001$）。对其进行多重比较分析可知，成绩上等中职生的学习心理资本及其各维度在 0.001 水平上显著高于成绩中等的中职生和成绩下等的中职生（$p < 0.001$），成绩中等中职生的学习心理资本及各维度也在 0.001 水平上显著高于成绩下等的中职生（$p < 0.001$）。

（七）中职生学习心理资本的年级差异

以年级为自变量，学习心理资本各维度和学习心理资本为因变量，采用单因素方差分析考察中职生学习心理资本在年级上的差异，如表 4-11 所示。

表 4-11　中职生学习心理资本及各维度在年级上的差异（$n = 3360$）

年级		N（名）	M	SD	F	p
学习自我效能感	一年级	1354	5.345	0.863	7.783	0.000
	二年级	1440	5.234	0.902		
	三年级	566	5.199	0.925		
学习乐观	一年级	1354	5.065	0.957	2.639	0.072
	二年级	1440	5.040	0.982		
	三年级	566	5.150	0.963		
学习自控力	一年级	1354	5.741	0.884	6.642	0.001
	二年级	1440	5.641	0.972		
	三年级	566	5.590	0.973		

	年级	N（名）	M	SD	F	p
学习心理资本	一年级	1354	5.350	0.706	5.339	0.005
	二年级	1440	5.266	0.737		
	三年级	566	5.269	0.739		

由表 4-11 可知，中职生学习心理资本（$p < 0.01$）及学习自我效能感（$p < 0.001$）、学习自控力维度上（$p < 0.05$）存在显著性差异。根据事后多重比较分析可知，在学习自我效能感维度上，一年级中职生显著高于二年级中职生（$p < 0.01$）和三年级中职生（$p < 0.01$）；在学习乐观维度上三年级中职生显著高于二年级中职生（$p < 0.05$）；在学习自控力维度上一年级中职生显著高于二年级中职生（$p < 0.01$）、三年级中职生（$p < 0.05$）；在学习心理资本上一年级显著高于二年级中职生（$p < 0.01$）、三年级中职生（$p < 0.05$）。

（八）中职生学习心理资本学校所属地域的差异

以学校所属区域为自变量，学习心理资本各维度和学习心理资本为因变量，采用单因素方差分析考察中职生学习心理资本在学校所属地域上的差异，结果如表 4-12 所示。

表 4-12 中职生学习心理资本及其各维度在地域上的差异（$n = 3360$）

	学校所属地域	N（名）	M	SD	F	p
学习自我效能感	苏南	2404	5.274	0.901	2.925	0.054
	苏北	218	5.141	0.841		
	苏中	738	5.307	0.876		
学习乐观	苏南	2404	5.076	0.961	0.922	0.398
	苏北	218	4.983	1.001		
	苏中	738	5.071	0.986		
学习自控力	苏南	2404	5.654	0.943	5.146	0.006
	苏北	218	5.569	0.912		
	苏中	738	5.762	0.929		

续表

	学校所属地域	N（名）	M	SD	F	p
学习心理资本	苏南	2404	5.299	0.731		
	苏北	218	5.187	0.687	3.580	0.028
	苏中	738	5.337	0.717		

由表 4-12 可知，中职生学习心理资本在学校所属地域上存在显著性差异（$p < 0.05$），在自控力维度上存在显著性差异（$p < 0.01$）。事后多重比较分析发现，在学习自我效能感维度上苏南和苏中中职生显著高于苏北中职生（$p < 0.05$）；在学习自控力维度上苏中显著高于苏北和苏南中职生（$p < 0.01$）；苏北中职的学习心理资本显著低于苏南和苏中中职生（$p < 0.05$）。

三、分析与讨论

（一）中职生学习心理资本总体特征分析

本研究显示：江苏省中职生学习心理资本均值为 5.300，高于量表中值 4，呈中上等水平。这与杨治菁，丁塑，高萍等人的研究结果相一致[1][2][3]。本研究中，各维度发展不均衡，其中学习自控力的均值最高 5.672，学习自我效能感次之 5.273，学习乐观最低 5.069。在已有的研究中，中职生的乐观值也是最低的[4]。可能由于中职生是中考落榜或学业成绩不佳进入中等职业院校学习的学生，在过去的学习中已形成学习被动、无助的学习心理；进入中职院校后又缺乏积极归因训练。

（二）中职生学习心理资本水平在性别上的分析

由数据可知，中职生的学习心理资本及其各维度在性别上不存在显著

[1] 杨治菁. 职校生心理资本现状及团辅干预研究 [D]. 青海师范大学，2016.
[2] 丁塑. 中职学生心理资本、生涯信念和职业生涯规划能力的关系研究 [D]. 天津职业技术师范大学，2015.
[3] 高萍. 中职生积极心理资本现状调查及其在积极心理健康教育中的应用 [J]. 职教通讯，2016（35）：71-75.
[4] 李天莉，甘晖. 中职生手机依赖与心理资本的相关研究 [J]. 广西教育，2016（4）：15-16.

性差异。在已有的研究中，仅少数研究中性别在心理资本总分上存在显著性差异，多数表现在其部分维度上存在显著性差异；董振华对高中生进行心理资本调查认为性别在自我效能感、乐观、坚韧及总分上存在显著性差异❶；方必基在对青少年学生心理资本调查后认为性别在总分及希望、乐观分量表上不存在显著性差异，在自信和韧性分量表上存在显著性差异❷；杨治菁对职校生心理资本调查发现性别在自我效能感上存在显著性差异；张润姝对中职生的心理资本调查得出性别在自我效能感和乐观维度上存在显著性差异的研究结论❸。在上述研究中被试属于同一年龄段，但对其进行的心理资本调查侧重点不同，杨治菁、张润姝等人采用张阔等人编制的《积极心理资本问卷》，其调查范围包括了学习和生活，本研究侧重于对学习领域的心理资本进行调查，相较于杨治菁、张润姝、董振华的研究针对性更强。并且随着社会的进步，经济的发展，观念的转变，在教育上男女平等已成为了一种潜意识存在，在面对学习任务的自信，对学习事件进行积极归因及学习过程的自控力上，男女生之间差异难以体现。

（三）中职生学习心理资本生源地的差异分析

在生源地上学习心理资本及其各维度无显著性差异。已有研究显示：家庭所在地对职校生自我效能感有显著影响，城镇学生的乐观得分显著高于来自农村的学生。在本研究中，自我效能感针对学习情境中的学习自我效能感，乐观是学习情景中的学习乐观，并不包含对生活的态度部分，因此本研究结论与以往研究结果有所不同。另外，在面对学习任务及学习挑战时，生源地因素造成的影响较弱。

（四）中职生学习心理资本家庭结构的差异分析

家庭结构对学生的影响不仅体现在生活中，还反映到学习上。本研究中非单亲家庭中职生的学习乐观显著高于单亲家庭中职生。赖文琴对特殊

---

❶ 董振华. 高中生心理资本、学习倦怠及应对方式的关系研究［D］. 南京师范大学，2011.

❷ 方必基. 青少年学生心理资本结构、特点、相关因素及团体干预研究［D］. 福建师范大学，2012.

❸ 张润姝. 楚雄州职业教育园区中职生心理健康、人格特征及心理资本的状况和关系研究［D］. 云南师范大学，2014.

家庭高中生的心理健康调查显示，特殊家庭高中生的抑郁因子得分最高❶；卢元奎等人的研究显示，特殊家庭学生所获得的社会支持要少于其他家庭❷。说明家庭结构对中职生的学习、生活均有不同程度的影响，本研究中，体现在学习乐观维度上。

（五）中职生学习心理资本获奖类型的差异分析

本研究发现，获奖水平越高的中职生学习心理资本水平越高；在学习心理资本及其各维度上没有获得过奖励的中职生均显著低于获得院系、校级、既获得过院系奖励又获得过校级奖励甚至国家奖学金的中职生。研究显示，有过奖学金获得经历的学生其希望因子水平也较高❸，可能由于奖励的获得对学生的学习本身就是一种积极的肯定，增强了学生的学习自我效能感，还增大家人、社会肯定的可能性，让学生获得更多的肯定。学习自我效能感与学习自控力又有显著相关，高学习自我效能感促使学习自控力提高，进而促进学习心理资本提高❹。

（六）中职生学习心理资本学业成绩的差异分析

本研究中，学业成绩越优异的中职生其学习心理资本水平越高。这与以往研究结果一致，成绩良好的中职生在希望、自我效能感、乐观三个因子上得分显著较高。郭磊的研究也证实心理资本与学业成绩存在显著性相关❺。这可能由于，优异的学业成绩本身就是对自我的积极强化；并且在现行的教育制度下，良好的学习成绩能让中职生获得奖励、肯定、赞赏的机会增多，形成内外双向的正强化；而成绩中等的中职生在学习情境中受到的关注少，从学习角度获得肯定的机会也少；成绩不理想的中职生，在学习上缺乏自我肯定，也得不到外界的认可。在内外因共同的作用下，不

❶ 赖文琴. 不同家庭结构类型高中生心理健康状况比较［J］. 健康心理学杂志，2000，1（8）：42–43.

❷ 卢元奎，王相立，张泽花，等. 不同家庭结构类型卫校学生心理健康状况比较［J］. 职业与健康，2001，17（5）：61–62.

❸ 高萍. 中职生积极心理资本现状调查及其在积极心理健康教育中的应用［J］. 职教通讯，2016（35）：71–75.

❹ 张叶云. 高中生学习自控力与学业自我概念的相关研究［D］. 福建师范大学. 2006.

❺ 郭磊. 父母教养方式对高中生学业成绩的影响：心理资本的中介作用［J］. 潍坊工程职业学院学报，2017，30（1）：13–20.

同学业成绩的学生其学习心理资本水平存在显著性差异。

（七）中职生学习心理资本年级的差异分析

分析发现，一年级中职生的学习心理资本水平显著高于二、三年级中职生，主要体现在学习自我效能感和学习自控力维度上；二年级中职生与三年级中职生无显著性差异，这与已有的研究结论并不一致，在已有研究中，三年级中职生的心理资本水平显著高于一年级中职生[1][2]；方必基认为青少年学生心理资本会随着年龄的增加而提高[3]。究其原因可能是由于一年级中职生入学初期所学内容多为专业基础，难度较低，学起来相对容易；而二、三年级中职生所学专业课内容难度上升，且一年级所学内容为基础，若一年级基础不牢则学习困难又会增加，并且学制三年的三年级中职生临近毕业要面临学业和就业的双重压力；学制三年的二年级中职生和学制五年的二、三年级中职生其专业学习难度都增大，但就业压力小，对专业知识需求的迫切性低。另外，随着经济的发展，部分新兴专业成为热门，相关院校在招收新生时，其录取分数线提高，部分专业录取分数甚至超过普通高中。综合以上原因，使得一年级中职生的学习心理资本显著高于二、三年级中职生。

（八）中职生学习心理资本学校所属地域的差异分析

在学校所属地域因素上，本研究按地域划分为苏北（徐州、宿迁、连云港、盐城、淮安）、苏中（扬州、泰州、南通）、苏南（南京、镇江、常州、无锡、苏州）[4]。数据分析发现，苏北中职生学习心理资本显著低于苏南和苏中。在多重比较分析中，苏北中职生的学习自我效能感显著低于苏南和苏中中职生；苏中中职生的学习自控力显著高于苏北和苏南中职生。可能由于江苏省内苏南地区经济发展相对较好，苏中地区近年经济飞速发

---

❶ 杨治菁. 职校生心理资本现状及团辅干预研究［D］. 青海师范大学，2016.

❷ 丁塑. 中职学生心理资本、生涯信念和职业生涯规划能力的关系研究［D］. 天津职业技术师范大学，2015.

❸ 方必基. 青少年学生心理资本结构、特点、相关因素及团体干预研究［D］. 福建师范大学，2012.

❹ 孙寅. 苏北苏中苏南，新定位开启区域协调发展新阶段［EB/OL］. http：//www. xinhua-net. com/mrdx/2016－11/25/c_ 135857817. htm，2016. 11. 25.

展，而苏北经济仍有较大发展空间，在教育上反映在师资建设和学生的自我效能感等方面，因此在本研究中学习心理资本在地域上存在显著性差异。

四、结论

（1）江苏省中职生学习心理资本处于中上等水平，发展不均衡：学习自控力 > 学习自我效能感 > 学习乐观。

（2）江苏省中职生学习心理资本在性别、生源地上不存在显著差异。

（3）单亲家庭中职生的学习乐观值显著低于非单亲家庭中职生；苏北中职生的学习心理资本显著低于苏中和苏南中职生；苏北中职生的学习自我效能感显著低于苏中和苏南中职生；苏中中职生的学习自控力显著高于苏北和苏南中职生。

（4）有获奖经历的中职生学习心理资本水平显著高于没有获奖经历的中职生。

（5）学业成绩越优异的中职生学习心理资本水平越高。

（6）一年级中职生学习心理资本水平显著高于二、三年级的中职生。

第三节 中职生学习心理资本的辅导策略

前文采用自编《中职生学习心理资本问卷》对江苏省中职生的学习心理资本进行调查，根据该调查结果，从优化中职生学习心理资本的培养环境；建立增强学生学习心理资本的体系；加强中职生学习心理资本的自我提升等方面提出辅导策略。

一、优化中职生学习心理资本的培养环境

苏联教育家凯洛夫认为：个体的发展受遗传、环境和教育三因素共同作用。而环境因素对学生的影响主要体现在校园和家庭两个方面。

（一）校园环境

校园不仅是学生学习和生活的主要场所，还是学生进行综合实践活动

开发学习心理资本的关键所在。

本研究发现，学生学习成绩越优异其学习心理资本水平越高。良好的学习氛围又是学生有效学习的首要外在条件。学校可通过举办校园读书日、图书馆丛书推荐展、宿舍文化周、专业文化特色月等活动营造浓厚的校园学习氛围。

富足的教师心理资本是实现积极的语言教学、构建积极的师生关系、开展积极的教育方式、进行积极的教育评价的关键因素，因此，学校还应注重教师心理资本的开发和提升。

学校是实施多种途径开发学习心理资本的重要基地，学校应为学习心理资本的开发提供必要条件。如提供开展学习心理资本讲座、个体心理辅导所需要的硬软件支持。研究证实，团体辅导干预对提高职校生的心理资本有积极的促进作用，学校应大力支持团体辅导的开展，并提供相应的场地设备及辅助材料。

通过讲座、公选课的开设提升学生整体学习心理资本水平；针对同质群体（如单亲家庭、入学适应困难、就业指导等）制定具有针对性的团辅方案提升部分学生的心理健康水平，以达到提高学习心理资本水平的目的；通过个体辅导提高个别学生的学习心理资本水平。形成囊括讲座、心理剧、个体和团体心理咨询、个体和团体心理辅导、素质拓展训练在内的校园学习心理资本提升网络。

（二）家庭环境

学校、教师要注重对家庭结构失调学生学习心理资本的建设，本研究中单亲家庭学生在学习乐观维度上，显著低于非单亲家庭的学生。对家庭不幸的学生应引导其包容或面对由各种原因造成的家庭现状，接纳自己的过去，客观审视自己的得与失。并将重点放在自身发展上，尽量减小由家庭造成的对个人发展的影响，成就自我。对家庭结构不完整且困难的学生给予一定的物质帮助，如助学贷款、奖助学金、勤工助学岗、困难补助等等。建立相应的信息通道，及时与学生进行沟通，了解学生动态，以便必要时进行干预。

对家庭结构完整的中职生，学校应建立家校互动平台，及时与家长沟通，让家长了解类似"民主型家庭教养方式学生的希望和自我效能感水平较高"❶的研究结果，形成家校互动的模式，提升中职生的学习心理资本水平。

二、建立增强学生学习心理资本的体系

要提升学生学习心理资本，从教学方式、课程设置、评价方式等方面应有必要的提升策略和措施。

（一）开设相关课程

开设心理资本教育、积极型职业学生心理教育、学习心理资本等课程。课程开设有明确的教育目标：从理论知识层面系统科学地向学生呈现和讲解什么是心理资本，延伸到什么是学习心理资本，学习心理资本对学生学习和生活的意义；学习期间应如何开发自己的学习心理资本。从实践上则注重社会实践课、拓展训练等课程。针对学习心理资本形成理论课程与实践课程相结合的课程体系。

（二）构建积极课堂教学范式

提高中职生的学习心理资本，积极课堂教学范式的构建就显得尤为重要。积极课堂教学范式对学习心理资本的提高体现在学生的学习自我效能感上。积极课堂教学范式指课堂教学过程充满生机活力，学生热情的学习，追求积极的学习目标和体验❷。该教学范式下，教师的教学理念、教学过程、教学方法、教学环境创建等均以积极为主线。在教学中执行以学生为主体的教学理念，让学生感受到有更大的空间发展自己的个性；潜在的优点被老师发现，学习能力被老师肯定。在教学过程中，学生在课堂上的探索性错误、尝试性错误能被包容、被允许，感受到心理上的安全，敢于尝试新的学习任务。在教学方法上，以讨论式、研讨式、辩论式进行教学，学生能积极地参与到教学中；让学生在课堂中充分发挥技能学习能力

---

❶ 张润姝. 楚雄州职业教育园区中职生心理健康、人格特征及心理资本的状况和关系研究 [D]. 云南师范大学，2014.

❷ 崔景贵，杨治菁. 职校生专业学习心理与职校积极课堂教学的构建 [J]. 职教论坛，2015（7）：15 – 19.

较强的优势❶，课堂上手脑齐动、理实一体，增强专业学习自我效能感。互动探究的教学课堂环境下，学生在学习中遇到困难时，有生生互动探索、师生互动探讨的氛围。

（三）完善奖励制度，优化学科学习评价制度

完善的奖励制度能维持和提升学生学习心理资本。本研究显示曾获得院系奖励、校级奖励或既获得院系奖励又获得校级奖励的学生其学习心理资本水平显著高于均未获得过奖励的学生。学院不仅要鼓励学生积极参与奖励的评比中，还可根据学科特色尽可能多的设置比赛，增加学生获奖机会以增加学生积极情绪体验，从而增加学生的学业自我效能感。由于奖励对学生学习心理资本的提高有积极的作用，应在教学中完善奖励制度，避免因奖励挫伤学生的积极性。

学科学习评价制度是影响学生学习动机、维持学生学习积极性的重要因素。科学的评价机制应注重形成性评价和评价的发展功能。学习评价制度不仅要考核学生对所学知识的掌握程度，还应发挥促进学生发展的作用。评价要有助于学生的自我观察和反省，不应为诊断式评价。多样化的学习评价方式包括学习笔记、小组协作得分、交互评价作业等方式让学生进行自我观察，自我反省，从而发现自己的学习不足，通过借鉴学习经验提升自我；并且对学生应进行全面的评价，对学生擅长的优势、强项应予以肯定，增强学生的自信心。

（四）充分利用多种教学形式将学习心理资本融入隐性教育中

显性教育是运用公开、直接和独立的方式进行教育，通过课堂直接将内容呈现给学生；隐性教育是教育者根据教育的目的和内容，利用受教育者感兴趣的活动形式，在他们的生活环境设置各种活动和营造各种氛围，实现对学生潜移默化的引导和教育❷。学校可通过社团组织开展集聚正能量活动，侧重于自控力、乐观、自我效能感的提升引申到学习自控力、学习乐观、学习自我效能感上。如观看学生喜爱的既有娱乐性又励志积极向

---

❶ 杨大伟，鱼江. 中职学生学习能力实证研究［J］. 中国职业技术教育，2013（36）：66 - 69.

❷ 陈旭. 大学生心理资本提升策略研究［D］. 大连理工大学，2013.

上的影片，并以影片为主题进行讨论分享。

（五）促进不同年级学生学习心理资本的开发

针对不同年级的中职生制订有针对性的学习心理资本开发策略。本研究中，二、三年级中职生学习心理资本显著低于一年级学生。根据不同时期中职生的年级特点制订开发方案；根据学制三年的二年级中职生和学制五年的二、三年级中职生课业负担重，专业课学习难度增加，就业迷茫的情况，通过制订相应的学习计划，将学习任务具体化，设立学习辅导小组和引导学生进行职业生涯规划以提高其学习心理资本。针对三年制三年级学生面临就业和学业的双重压力，除通过学习辅导小组帮助以外还可通过提高学生的职业决策自我效能感，利用多种实践机会体验就业，帮助学生做好就业的心理准备。

三、加强中职生学习心理资本的自我提升

外因是通过内因起作用的，学校营造的氛围对学生的学习心理资本开发具有重要的影响作用，但对学生学习心理资本提升起主要作用的是学生的自我开发。

（一）提升自信心，增强学习自我效能感

学习自我效能感指在完成具有挑战性的学习任务时拥有自信，并为学习付出必要的努力。高学习自我效能感的学生在面对学习挑战时不仅有信心还能进行自我激励。提升学习自我效能感应根据学生具体情况进行，设置合理的学习目标，目标达成增加学生的成功体验，增强学生的学习自信心；对难度较大的学习目标引导学生进行目标分解，对子目标进行各个击破。

对专业学习能力强的学生，通过开展丰富的专业知识、专业技能竞赛，增加专业技能实践能力；增强实践操作能力，提高学生的专业学习自我效能感。组织职业技能竞赛获奖队员分享"成功经验"，以替代性经验学习和同辈榜样，激励学生。对成绩中等或成绩下等的学生，多鼓励和肯定，给予学生积极关注，对学生学习方法和学习策略给予指导。

（二）注重积极归因，增强学习乐观

学习乐观指学生对学习以积极的方式归因。本研究发现，江苏省中职生的学习心理资本各维度中，学习乐观平均值要低于其他维度，因此，应加强对学生积极归因的训练和引导。

个体将积极事件归因于自身的积极品质，而将消极事件归因于外部暂时性的环境原因，就是积极的归因方式。积极的归因方式，能提高学生面对学习压力和学习困境的心理水平，减小负性学习事件对生活和学习带来的影响，增加学生的耐挫力。教师要引导学生从主观因素和客观因素两方面进行归因，主观因素的归因正视不足之处，如粗心、面对压力心理承受力差等，肯定优势和长处，如付出的努力、求助；对客观因素如任务难度、运气等无法控制的因素，则坦然面对。着重引导学生积极的自我反思，在学习事件中的收获、教训、成长，从长远的角度看待当下学习的成功与失败。学会在反思总结后给予自己积极的心理暗示。

（三）学习自控力提升

从影响学习自控力的因素研究发现：学习自我效能感是影响学习自控力的主要因素[1]，因此提高学生的学习自我效能感对提高学生的学习自控力有重要意义；"学业自我概念与学习自控在各维度上存在非常显著的相关"，通过相关课程训练提高学生的学业自我概念也是非常有必要的[2]。另外，在家庭教养方式上，权威型教养方式更有利于学生学习自控力的培养[3]，家长除了要尽可能地创造轻松、开放的家庭亲子氛围，与孩子进行平等的沟通外，还应该注重家庭教养方式的调整。要提升学生自控力还应培养学生对情绪的觉察、识别、控制和调节的能力，情绪对学生学习自控力的发展有重要影响，研究指出"随着年级的升高外部因素的影响逐渐减少，内部因素的影响逐渐增加；影响学生自控力的主

---

[1] 谢薇. 初中生学习自控力影响因素的研究［D］. 福建师范大学，2006.
[2] 张叶云. 高中生学习自控力与学业自我概念的相关研究［D］. 福建师范大学，2006.
[3] 詹鋆，林贞，庄星星. 高中生学习自控力、学业成绩与家庭教养方式的关系研究［J］. 成都师范学院学报，2012，28（4）：105－107.

要因素由诱惑向情绪转变"❶，相关研究还发现，在实验干预条件下，自控力高的学生其自控力提高显著高于自控力中等或下等的学生❷；孔鹭鹃进行为期十周的团体辅导干预，发现干预训练能有效提高学生的学习自控力❸。

可见，学习自控力的提升要从学习自我效能感、学业自我概念、家庭教育方式、自我情绪调节、自我控制策略等多方面协同进行。

本章小结

学习心理资本是影响职校技术技能人才培养质量的重要因素。本章主要采用自编《中职生学习心理资本问卷》，对江苏省 9 所职业学校 3360 名中职生进行调查，发现江苏省中职生的学习心理资本水平呈中上等。发展不均衡：学习自控力 > 学习自我效能感 > 学习乐观；江苏省中职生学习心理资本在性别、生源地、专业类别上不存在显著差异；单亲家庭中职生的学习乐观显著低于非单亲家庭；苏北中职生的学习心理资本显著低于苏中和苏南；苏北中职生的学习自我效能感显著低于苏中和苏南；苏中中职生的学习自控力显著高于苏北和苏南；有获奖经历的中职生学习心理资本水平显著高于没有获奖经历的中职生；学生学业成绩越优异学习心理资本水平越高；一年级学生学习心理资本水平显著高于二、三年级。根据调查结果，提出积极职业教育策略：注重优化中职生学习心理资本的培养环境，建立增强学生学习心理资本的体系，加强中职生学习心理资本的自我提升等。

（本章作者　江苏理工学院　张艳芸）

---

❶ 郭梅华，张灵聪. 学生学习自控力的特点及原因分析［J］. 山西大同大学学报（自然科学版），2009，25（5）：78 – 80.

❷ 张灵聪. 高中生学习自控力的培养研究［J］. 宁波大学学报（教育科学版），2011，33（3）：110 – 113.

❸ 孔鹭鹃. 初中生学习自控力的调查及干预研究［D］. 山西大学，2010.

中职生幸福感的研究

著名教育家乌申斯基曾经说过："教育的主要价值在于使学生获得幸福，并且不能为任何不相干的利益而牺牲这种幸福，这一点是无须置疑的。"[1] 其实，教育在本质上应该是一种追求幸福生活的过程，其作为个体生命历程中的一个重要而特殊的部分，受教育者的利益与感受应当得到充分的理解和尊重。对于受教育者来说，接受教育不只是为了满足自己找到一份体面工作的愿望，同时也是为了满足自己的基本需求——追求幸福。所以，职业教育作为教育的一种类型和重要组成部分，应该承担起帮助学生寻求幸福、感悟幸福和体验幸福的使命。

第一节　幸福感研究概述

国外对幸福感研究较早，始于 20 世纪 60 年代，以 Wanner Wilson 1967 年撰写的第一篇综述《自称幸福的相关因素》为标志[2]。从开始的不同群体间的幸福感比较，到幸福感研究理论的丰富，再到幸福感研究的系统

---

[1] 郑文樾. 乌申斯基教育文选 [C]. 北京：人民教育出版社，1991：213.

[2] Wilson W. Correlates of avowed happiness [J]. Psychological Bulletin, 1967, 67 (4)：294 – 306.

化、多样化及深化，幸福感研究不断趋向成熟。而我国幸福感研究相对较晚，可以追溯到 20 世纪 80 年代。开始主要是以引入外国主观幸福感理论为主，把优秀的成果运用到我国幸福感研究的实践中，再到沿用国外理论和测评工具的基础上结合本国的实际情况，进行本土研究，以获得适合我国文化特色的幸福感理论和测评工具，幸福感研究得到了创新与发展。

一、关于幸福感概念的界定

古今中外，许多著名的思想家都对幸福或多或少做过研究。但是，关于幸福的首要问题，即幸福的定义却一直没有定论。幸福感在英语中有不同的表达形式：Happiness，Well – being，Eudemonia，Psychology Well – being，Subjective Well – being 等。关于幸福感的定义，不同的学者有不同的概括，目前被使用广泛的主要是："主观幸福感""心理幸福感"以及"社会幸福感"。

（一）主观幸福感

迪纳（Diener）认为主观幸福感（Subjective Well – being）是指评价者根据自定的标准对其生活质量的总体评价。[1] 它包括诸如生活满意、高兴、愉快这些积极的情绪体验，相对缺少如焦虑和抑郁这些消极不快的情绪。Diener 还认为即使人们没有意识到它，但事实上人们都存在一定的主观幸福感。它实质上是外在的良性刺激所诱发的一种具有动力性和依赖性的积极情绪体验。

（二）心理幸福感

莱芙（Ryff）认为幸福不仅仅是获得快乐，还包含了通过充分发挥自身潜能而达到完美的体验。[2] 在这个理念框架中，莱芙（Ryff）和凯椰思（Keyes）提出并验证了六维度心理幸福感模型，[3] 也就是：接受自我、自

---

[1] Diener, E. D. Subjective Well – being [J]. Psychology Bulletin, 1984, 95 (3)：542 – 575.

[2] 严标宾，郑雪，邱林. SWB 和 PWB：两种幸福感研究取向的分野与整合 [J]. 心理科学, 2004, 27 (4)：836 – 838.

[3] Ryff, C. D., Keyes, C. L. M. The structure of psychological well – being revisited [J]. Journal of Personality and Social Psychology, 1995, 69 (4)：719 – 727.

主机能、生活目的、人格成长、积极关系、控制环境。心理幸福感重视人的潜能实现，包括个体重视积极的自尊、社会服务、生活目的、友好关系的普遍意义，并且深入到幸福感的表现、性质和内在根据，是个体之所以感觉到幸福的体现。

（三）社会幸福感

社会幸福感的研究起源于古典社会中的关于社会道德沦丧与社会疏远问题的研究，具体是指个体对自己与他人、集体、社会之间的关系质量以及对其生活环境和社会功能的自我评估。

以上三种幸福感概念从不同的视角阐述了幸福观，主观幸福感从个人的主观视角强调幸福是主体的主观感受；心理幸福感从人的潜能和人生意义的视角强调幸福是个体发挥自我潜能后的完美体验；社会幸福感从社会的视角强调个人与社会的关系。本章采用的是综合幸福感，包括个人潜能的实现，也包含个人与社会的关系，最终体现在个人的感受。由此，文中中职生幸福感的概念指：在国家对职业教育不断重视的时代背景与素质教育实施不完善的教育背景下，中职学生依据自己的认知水平和标准，对其生活质量的整体评价和潜能发挥的主观感受，是中职学生在职业学校期间的一种相对持续、稳定、愉悦的心理状态。

二、关于幸福感的影响因素研究

通过对国内外幸福感研究文献的分析，可以将影响幸福感的因素分为客观因素和主观因素。影响幸福感的客观因素主要有：遗传、社会文化、经济、生活事件、社会支持及家庭；主观因素主要有：人格特征、应对方式及个体的自我同一性等。

（一）影响幸福感的客观因素

遗传因素对幸福感的影响。国外研究者通过双生子的实验研究来证明遗传因素对幸福感影响的存在。例如：美国明尼苏达大学 Tellegen 等著名的双生子研究发现：同卵双生子虽然成长在不同家庭环境中，但是他们幸福感水平的接近程度，一般会比在同一个家庭中抚养长大的异卵双生子的

教育学学科新进展丛书 JYXXKXJZCS

幸福感水平要高得多。[1]

社会文化因素对幸福感的影响。学者邹琼发现文化中的普遍性和特殊性与幸福感的实现有一定的关系，不同的国家及其平均幸福感的差异有着显著稳定性，而不同民族的幸福感在同一个国家内也存在着差异性。[2] 有研究者发现，在不同文化环境中生活的人，他们会在价值观、生活满意度、情绪情感体验、社会价值取向、判断准则等方面存在诸多差异。[3]

经济因素对幸福感的影响。Ryff 等人的研究认为收入与幸福感呈正相关，因为较高的收入会带来更多的物质享受，更高的权力与地位等，他们运用幸福感测验表明社会经济状况与生活满意度、目标、控制性、成长相联系。[4] 而 Diener E，Biswas – Diener R. 对财富和幸福感的早期研究也发现，富裕国家的人民比贫穷国家的人民更感到幸福，在同一国家，富裕的人比贫穷的人更感到幸福。[5]

生活事件因素对幸福感的影响。Huebner 通过对生活事件与青少年学校生活满意度的研究发现，正性生活事件与消极生活事件文化因素对幸福感的影响。都与青少年的学校生活满意度呈中等程度的相关，生活事件对青少年的幸福感有着比较大的影响作用。[6] Heady B & Wearing A 认为生活事件对幸福感的影响需要以研究对象和其研究背景的不同而不同，重要的生活事件会影响个体的幸福感。[7]

社会支持因素对幸福感的影响。国外大量的研究均显示，获得良好社

[1] Tellegen A, Lykken D T, Bouchand T J et al. Personality similarity in twin reared apart and together [J]. Journal of Personality and Social Psychology, 1988, 54 (6): 1031 – 1039.

[2] 邹琼. 主观幸福感与文化的关系研究综述 [J]. 心理科学, 2005, 28 (3): 632 – 633.

[3] Kennon M Sheldon, Tim Kasser. Goals, congruence, and positive well – being: New empirical support or humanistic theo – ries [J]. The Journal of Humanistic Psychology. Beverly Hills, 2001: 1 – 16.

[4] Ryff CD, Singer B. Interpersonal flourishing: A positive health agenda for the new millennium [J]. Journal of Personality and Social psychology. 2000 (4): 719 – 767.

[5] Diener E, Biswas – Diener R. Will money increase subjective well – being? [J]. Social Indicators Research, 2002 (57): 119 – 169.

[6] Hnebner E. S. Ash C. Laughlin JE. Life experiences, locus of control, and school satisfaction in adolescence [J]. SocialIndicators Research, 2001, 55 (2): 167 – 183.

[7] Headey B, Wearing A. Personality, life events, and subjective well – being: toward a dynamic equilibrium model [J]. Journal of Personality and Social Psychol, 1989, 57 (4): 731 – 739.

会支持的个体其幸福感、生活满意度、积极情感都比较高，而消极情感较低。Weiss 研究指出，个体只有在得到各种社会支持的时候，才能体会到较高的幸福体验[1]。Kahn 和 Antonucci 的研究也同样指出，社会支持是影响幸福感的一个重要外在因素。[2] 郝翌均的研究结果发现：社会支持影响幸福感的水平。[3] 陈赛真的研究也表明社会支持直接影响职校生的主观幸福感，同时社会支持经由自我价值感这个中间变量影响主观幸福感。[4]

家庭因素对幸福感的影响。在家庭因素方面，针对青少年进行调查研究，调查结果显示家庭越稳定，家庭间越和睦、家人间的矛盾较少且容易解决是青少年总体幸福感较强的重要因素，反之，家庭破裂、家庭成员间不和谐、家人间矛盾比较多则成为他们感到不幸福的重要因素。[5] 钱春霞的研究表明，家庭教养方式影响中职学生幸福感的水平，两者呈显著相关性。[6] 而张雯、郑日昌的研究认为，优越的家庭经济条件在一定程度上会对大学生日后的自身发展产生一些负性情绪，使幸福感的体验并不强，相反，家庭经济条件差的学生在一定的条件下会比家庭经济条件优越的学生有着更多的幸福感体验。[7]

（二）影响幸福感的主观因素

人格因素对幸福感的影响。国外对幸福感的相关因素研究，人格被认为是最重要的影响因素。Diener 等人认为人格因素如果说不是幸福感最好

---

❶ Weiss R. The provisions of social relationships in：Rubin Z，ed. Doing unto others Englewood Cliffs，N J：Prentice Hall，1974：17 – 26.

❷ Kahn R. L. Antonucci T. C. Convoys over the life course：Attachment，roles，and social support ［J］. Life – span Development and Behavior，1980，2（3）：53 – 28.

❸ 郝翌钧. 中职生主观幸福感与社会支持、班级气氛研究 ［J］. 太原师范学院学报（社会科学版），2014（1）：117 – 120.

❹ 陈赛真. 自我价值感、社会支持对职校生主观幸福感的影响研究 ［D］. 福建师范大学，2006：39.

❺ 吴明霞. 30 年来西方关于主观幸福感的理论发展 ［J］. 心理学动态，2000，8（4）：23 – 28.

❻ 钱春霞. 家庭教养方式对中职生主观幸福感影响的相关研究——以绍兴地区为例 ［D］. 江西师范大学，2013.

❼ 张雯，郑日昌. 大学生主观幸福感及其影响因素 ［J］. 中国心理卫生杂志，2004，18（1）：61 – 62.

的预测指标，至少也是最可靠、最有力的预测指标之一，❶ 许多研究证实了这一点。Costa 和 McCrae 也认为幸福感主要依赖人格特质，不同的人格特质会导致不同的积极情感、消极情感及生活满意度。在人格的内外倾纬度上，Costa 和 McCrae 认为外倾性与神经质对幸福感具有显著的相关。❷ Lyubomirsky S. & Ross L. 在《个体快乐与不快乐的比较》中证明具备快乐特质的人比不快乐的人倾向于用更适宜的方式解释与应对同样的生活事件，在高幸福感水平中的个体具有自我强化的归因风格，而这些又反过来促进幸福感。❸ 国内有关学者对初中生幸福感与人格的关系分析研究结果表明，外倾性与积极情感、生活满意度具有显著的正相关，与消极情感具有显著的负相关，对幸福感具有增值作用；神经质与消极情感存在显著的正相关，与积极情感和生活满意度存在显著负相关，可降低幸福感水平❹；有关大学生幸福感的研究也表明，幸福感与外倾正相关，与神经质负相关❺。

应对方式因素对幸福感的影响。应对方式是指个体在面对挫折和压力时所采用的认知和行为方式，是个体稳定因素与情境因素交互作用的结果。它是个体对应激的固定反应，是解决问题或危机时个体的习惯性或偏爱的方式。HasidaBen – Zur 通过相关和多重回归分析发现，以问题为导向的应对方式与积极情感正相关，消极情感负相关。更重要的是，以问题为导向的应对方式能够调节回避型应对方式对积极和消极情感反应的影响，这个结论说明在日常生活中应对方式是幸福感的重要影响因素。❻ 心理学家大部分认为，应对是介于应激源与人的内心寻求之间的表现形式，当采

❶ Diener E. Subjective well – being ［J］. Psychology Bulletin, 1984, 95 (2)：542 – 575.

❷ McCrae RR, Costa PT. Adding Liebe and Arbeit：The full five factor model and well being ［J］. Personality and Social Psychology Bulletin, 1991, 17 (2)：227 – 232.

❸ Lyubomirsky S., Ross L. Changes in attractiveness of elected, rejected, and precluded alternatives：A comparison of happy and unhappy individuals ［J］. Journal of Personality and Social Psychology, 1999：76.

❹ 孙翠香. 初中生主观幸福感与人格特征的关系 ［J］. 青少年研究, 2004 (2)：16 – 20.

❺ 于静华. 大学生主观幸福感研究综述 ［J］. 哈尔滨学院学报, 2005, 26 (5)：97 – 99.

❻ Hasida Ben – Zur. Coping styles and affect ［J］. International Journal of Stress Management, 2009 (16)：87 – 101.

取良好的应对方式时，有利于心理健康的维护；反之，则有损于心理健康。崔超县认为，积极应对幸福感呈显著正相关；消极应对与幸福感呈显著负相关。❶ 郝翌均认为中职生应对方式各因子与幸福感及其各因子均存在不同程度的相关，其中解决问题、求助与幸福感呈显著正相关，而自责、幻想、退避、合理化与幸福感呈显著负相关；解决问题和求助可以显著正向预测总体幸福感及其各维度，自责和幻想、合理化、退避等可以很明显负向预测总体幸福感及其各维度。❷

自我同一性因素对幸福感的影响。人格因素是影响幸福感的重要的内部因素之一，也是预测幸福感的关键性的指标。人格统合实际上是自我同一性问题，因此，自我同一性也是影响幸福感的重要因素。王小倩的研究认为，职高生的自我同一性状态会对幸福感产生以下影响：具有良好自我同一性的职高生幸福感水平最高；反之，处于积极延缓和同一性扩散之间（没有完成自我同一性整合）的职高生的幸福感水平最低。❸

（三）关于提升幸福感的实践探索

在提升个体幸福感的实践探索方面，最有影响力的是泰勒·本－沙哈尔在美国名校哈佛大学开设的"幸福课"。泰勒博士认为，幸福是一个不断追寻的过程，是快乐与生活意义的结合，即我们应该为了有意义的目标奋斗，在奋斗过程中感知幸福、创造幸福。根据相关广报道，全美共有100余所高校开设了"幸福课"。另外，泰勒·本－沙哈尔在其《幸福的方法》一书中，指出了人生的所有目标的最终目的和归宿就是自身的幸福感，幸福感的源泉在于积极的心理，使正面情绪多于负面情绪，排解各种焦虑和压力，从而获得"至高财富"——幸福。❹

❶ 崔超县. 中职生学习倦怠与应对方式、主观幸福感的关系 [D]. 曲阜师范大学，2011：24.

❷ 郝翌钧. 中职生主观幸福感与归因、应对方式研究 [J]. 晋中学院学报，2013（4）：117－120.

❸ 王小倩. 安徽省职高生自我同一性、主观幸福感的现状及关系研究 [D]. 华东师范大学，2011：37.

❹ [美] 泰勒·本－沙哈尔. 幸福的方法 [M]. 汪冰，译. 北京：中信出版社，2007：13.

三、关于中职学生幸福感的研究

在我国，关于中职学生幸福感的研究开始于 21 世纪初，到目前为止，已经有一些学者对中职学生幸福感的现状进行了调查，并对影响幸福感的因素进行了分析，其中主要是某一个因素或某几个因素（如自尊、归因方式、自我价值感、社会支持等）与幸福感的现状及关系的研究，即中职学生幸福感的研究主要关注幸福感水平的测量和相关影响因素的研究上。

从相关研究结果来看，关于中职学生幸福感总体水平及影响因素的研究主要有：王敏玲采用《综合幸福问卷》对中职学生、普高生的幸福感及因素的研究发现中职学生的幸福感处于中等水平，家庭环境和班级氛围可以直接影响中职学生的幸福感水平，而自我效能感会间接影响中职学生的幸福感水平[1]；臧丹丹，赵华丹，俞菲菲的研究也发现中职学生的总体幸福感水平处于中等以上，女生的幸福感水平高于男生的幸福感水平，学习成绩的好坏也会影响中职学生的幸福感水平，即学习成绩偏中上等的中职学生会比成绩特别好和成绩差的中职学生幸福感水平高[2]。江文涛的研究发现，中职学生的幸福感指数略低于大学生的幸福感指数，人际关系会影响中职学生的幸福感水平，在性别、民族、生源地、家庭收入和父母教育水平等方面差异比较中，在性别方面，女生的幸福感在总体情况高于男生，男生在对生活的满意度和兴趣趣味方面高于女生，差别都有显著性[3]。陈赛真的研究发现，职校生（包含中职学生和高职学生）的幸福感总体水平居中，职校生幸福感性别差异不显著，农村职校生比城市职校生体验更多的学校生活满意度，同时也体验较多的负性情感，社会支持因素直接影

[1] 王敏玲. 中职生、普高生幸福感及与影响因素的比较研究 [D]. 浙江师范大学，2011：35.

[2] 臧丹丹，赵华丹，俞菲菲. 中职生和普高生主观幸福感的比较研究 [J]. 江苏技术师范学院学报，2012（1）：72.

[3] 江文涛. 医学中职生主观幸福感及其影响因素 [J]. 黔南民族医专学报，2009（4）：269-271.

响中职学生的幸福感❶；钱春霞的研究发现，中职学生的幸福感在人口统计学变量上存在显著差异，家庭的教养方式影响中职学生的幸福感水平❷；霍玉洁的研究发现，中职学生的幸福感水平总体上处于中等偏上，中职学生幸福感性别差异不显著，城乡差异与是否独生子女有显著差异，中职学生的自我概念、父母教养方式对中职学生幸福感有影响❸；王小倩的研究发现，中职学生整体幸福感水平处于中等偏上，幸福感存在显著的性别差异，年级差异不显著，自我同一性影响中职学生的幸福感水平，即自我同一性发展良好的中职学生体验较高的幸福感，自我同一性扩散的中职学生体验较低的幸福感。❹

综合国内学者的研究结果发现，中职学生的幸福感水平总体处于中等以上，但仍存在一定比例的中职学生感到不幸福。随着社会的发展和经济水平的提高，虽然大多数的中职学生感到幸福，但是能够感到非常幸福的中职学生不多。影响中职学生幸福感的因素主要有：自我同一性、家庭教育方式、人格特征、自尊、归因、社会支持等，这些影响中职学生幸福感的因素的研究，基本上是从单一因素（如自尊、教养方式、归因方式等）与幸福感的关系这一角度进行的探讨与分析，以积极教育理论为出发点，系统综合各种影响因素并深入探究其对幸福感影响的研究基本没有。

第二节　中职生幸福感的现状分析

中职生幸福感就是中职学生对自己幸福与否的一种独特的个人感知。其一方面受个体自身因素的影响，诸如学生的幸福认知、情绪情感及人格特征等；另一方面又受个体所处的环境影响，如家庭环境、学校环境和社会环境。

---

❶ 陈赛真. 自我价值感、社会支持对职校生主观幸福感的影响研究［D］. 福建师范大学，2006：39.

❷ 钱春霞. 家庭教养方式对中职生主观幸福感影响的相关研究——以绍兴地区为例［D］. 江西师范大学，2013：51.

❸ 霍玉洁. 中职学生主观幸福感及其影响因素研究［D］. 湖北工业大学，2012：52.

❹ 王小倩. 安徽省职高生自我同一性、主观幸福感的现状及关系研究［D］. 华东师范大学，2011：37.

一、影响中职学生幸福感缺失的认知因素

在众多影响中职学生幸福感水平高低的因素中，其自身因素是最关键、最主要的。中职学生幸福感缺失现象背后潜在的原因是学生自身对幸福的错误认知和感知不强，不知道追求与创造真实而持久的幸福的方法与途径。

（一）不合理的幸福观

科技的进步使人们可以短时间内接受大量的外界信息，那么人们该如何对信息进行有效的选择。特别是中职学生，他们处在人生发展的关键阶段，是正确的价值观与健全人格发展的关键阶段。一方面他们没有太多的升学压力，有充分的时间和精力去接受各种新鲜事物；另一方面他们面对社会上的诸多诱惑，在没有合理指导的情况下又不知道该如何选择。当前中职学生对幸福理解的误区主要体现在：

（1）崇尚物质幸福。当代中职学生在追求幸福的过程中往往会因没有确立科学的幸福认知，而以外在条件作为衡量幸福的标准，如金钱权力、社会地位等，简简单单的认为物质的富足就是幸福。在当前有的职业学校中不难发现有些学生之间存在盲目的攀比之风，他们有的盲目追逐名牌与个性服装、新款手机、手提或平板电脑等，有的盲目追求小资的生活，如买名牌、在高端餐厅消费、在影院看电影等。

（2）关注个人幸福。当代中职学生不同于以往任何时代的职校生，他们在享受时代所带来便利的同时，更加关注个人自我幸福的体验及自己"小家庭"的幸福，忽视帮助他人、贡献社会所带来的幸福体验。如部分中职生往往觉得当下自己小有成就、生活小资、家庭和睦就会很幸福等。

（二）幸福感知能力不强

每个中职学生在生活环境、性格特征、兴趣爱好等方面存在较大差异，每个中职学生都是独一无二的自我存在，对于同一件事情或同一物品，每个人都有自己独特的感觉和富有个性的看法。有的中职学生对幸福的体验仅停留在别人对幸福的体验上，认为让其他人感到幸福的事件或东西，也一定能够让自己幸福。这种对幸福的消极感知，往往只能使自己在看到别人的优势时，为自己的劣势而耿耿于怀，从而产生一些困惑和不

满，感到生命的无助，对生活持悲观态度，对未来充满失望与惆怅，消极面对生活中的一切，感觉不到人生的幸福。

二、影响中职学生幸福感缺失的情绪情感因素

中职生的情绪和情感是其对客观事物的态度体验，是其需要是否得到满足的反映，并且中职生的情绪情感具有特殊的主观体验、显著的身体生理变化和外部表情行为。

（一）对未来迷茫，缺乏自信

在竞争日趋激烈的社会中，中职学生往往发现不了自己的优势与潜能，在职业学校找不到自己的价值，他们不懂得进行人生规划，没有前进目标，从而感到迷茫、自卑、彷徨，更不会发现职业教育的希望与价值。尤其是中职学生正处于自我同一性发展的关键阶段，如果体验不到较多的积极（正性）情感，或者较多的消极（负性）情感得不到疏通，他们自我统合难以得到和谐的完成，幸福指数会明显降低。当代中职学生基本上都是"00后"，他们是时代的"幸运儿"、家庭的"宠儿"，同时也是激烈社会竞争淘汰下来的"失败者"、学校里的"问题学生"，他们一方面体验到了物质生活的殷实和父母的宠爱，另一方面也体会到了残酷竞争带来的压力与挑战。怎样让中职学生在这样的背景中体会更多的爱、希望、乐观、自豪、感激等积极情绪，疏通失望、焦虑、自卑、抑郁等消极情绪，是增强中职学生幸福感的重要方法之一。

（二）患得患失，流失当下幸福

信息时代的发展，使中职学生可以通过手机、互联网等通信设备，方便快捷地获取来自世界各地的多样化的信息，图像的、文字的、声音的，这些使中职学生获得了广泛的知识，同时也使他们变得麻木无知。关于不幸、灾难与社会不公的大量报道，在唤醒人们良知的同时也使人的良知泯灭了，那些原本震撼人心的事在人们的眼中变得更加遥远、平常与司空见惯❶。也许

---

❶ ［美］以塞亚·伯林.一个战时的审美主义者——《纽约书评》论文选［M］.高宏,译.北京：新世界出版社，2004：103.

现在中职学生懂得很多知识，但是他们的情感体验却远远不够丰富，如中职学生体验较少的爱、感激、自豪、希望等积极（正性）情感，他们不能正视自己的处境，对过去失败的处境耿耿于怀，不能感受当下的幸福体验，这些也是影响中职学生幸福感缺失的因素之一。

（三）沉溺过去，自怨自艾

部分中职生不能正视过去的失败，在家人的要求下来到职校就读，但他们没有重新审视自己，整装待发，而是自怨自艾，甚至破罐子破摔，当一天和尚撞一天钟，被过去的失败蒙蔽双眼，更是对自己能在职校取得好的成就不抱希望。这种对过去失败的体验和消极情感也抑制了学生的幸福感体验。

三、影响中职学生幸福感缺失的人格因素

人格是指一个整体的精神面貌，是具有一定倾向性的和比较稳定的心理特征的总和。可以表现为个体所具有的与他人相区别的独特而稳定的思维方式和行为风格。

（一）自我迷失，同一性水平低

对于处在青春发育期的中职学生来说，不论是在生理发展方面，还是在心理发展方面，都在发生巨大的变化。他们已经开始关注在社会角色方面自己所应承担的责任，并开始更加关注自己的内心状态，不断地对自己进行思考和评价。他们会思考："我是一个什么样的人""我应该是一个什么样的人""我未来应该成为一个什么样的人"。如果中职学生能够正确地认识自己，并对自己做出客观的评价，在反思总结过去经验的基础上对未来进行合理的、正确的预期，那么他们的自我同一性就可以得到良好的发展与确立。反之，如果中职学生不能正确地认识自己，对自我进行客观评价，整合过去的经验，客观地分析与评估目前的形势，就会失去生活目标和方向、迷失自我及产生社会适应不良，从而陷入同一性混乱危机当中。目前，部分中职学生在自我意识发展的过程中存在同一性混乱的现象，即中职学生往往不能够明确自己的目标，了解自己的需要，更不知道自己将来应该成为一个什么样的人，他们没有统一的兴趣，在面对问题与困难时

会选择逃避，或盲目遵循父母或其他长辈的意见。如不少中职学生显露出对生活的一种矛盾心理，他们觉得自己目前的生活是幸福的，有一个幸福的家庭，有好多的朋友，还不用为生计而奔波，但是对自己真正需要什么，活着的意义何在却感到很困惑。

（二）偏颇的自我认识，自我效能感低

经历中考的失败，使大部分中职学生感到沮丧、失落，看轻自己，既不能正确、客观地评估自己，对自己重新恰当的定位，也不能对自己的能力和优势有一个清晰的认识和实事求是的评价，更有甚者，会有一种自己在某些方面不如别人的心理准备。● 中职学生自我效能感低的具体表现为：自我认知不足，认为上职业学校低人一等，毕业后找不到体面的工作，很难获得相应的社会地位，对未来没有足够的信心；学习缺乏自主性与主动性，过去学业成绩的失败经历，又让他们对在职业学校的学习与生活充满畏难心理，厌学情绪突出，行为被动消极；找不到自己的优势，觉得自己在任何一方面都不如别人，相较于普通高中生，他们毕业后将直接面对就业的压力，对未知世界充满忐忑与不安。在中职学生的访谈中，大多数中职学生都会说自己没有什么优点，也没有什么比别人好的优势，只是觉得自己很平凡。

（三）渴望人际交往，缺乏交往技巧

当代中职学生都意识到良好的人际关系可以使自己身心感到愉悦，并渴望拥有积极的人际关系，并且具有良好人际关系的中职学生幸福感水平要高于人际关系不良的中职学生。不难发现有部分中职学生具有强烈的人际交往愿望，但是由于不知道如何进行人际沟通，缺乏人际交往方面的技巧，而陷入苦恼中，产生较多的消极情绪，影响其幸福感的体验。还有部分中职学生沉迷于电子游戏、网吧聊天室或手机微信与 QQ 聊天，忽视现实生活中人与人的正常交往，使其感受不到真实人际交往所带来的温暖与情谊，使人与人之间的关系很淡漠。虽然网络的发展使人与人之间的交往变得更为快捷方便，并扩大了人际交往的范围，但是在这个虚拟世界里，

● 崔景贵. 职校生心理教育论纲 ［M］. 北京：科学出版社，2013：46.

容易使人混淆现实与虚幻的界限，使人沉溺其中，造成新的精神空虚。从学校教育与家庭教育看，学校与家庭也缺少对中职学生人际沟通与交往能力方面的培养，所以学校与家庭应形成合力，丰富中职学生的人际交往技巧，培养其积极的人际关系。

四、影响中职学生幸福感缺失的环境因素

环境对个体的心理和行为具有制约作用，一方面表现在心理和行为对环境的适应，另一方面表现在心理和行为与环境的交互作用。中职学生的原生态家庭、所就读的学校以及今后即将面对的社会大环境都影响其幸福感的体验。

（一）社会对中职教育的偏颇认识

社会普遍存在"重普高，轻职高"的现象，对职业教育认可程度不高。一方面社会对职业教育的不正确认识。现行的教育考试招生制度让人觉得在职业学校就读的学生是通过考试筛选下来的"劣品"，是学业"失败者"，将来只能从事简单的体力劳动，社会地位得不到人们的认可，这在客观上强化了社会轻视职校教育的偏颇认识，视职校教育为"人人都能上，有钱就能读"的低层次教育。另一方面社会对技术技能人才的偏见。虽然目前我国技术应用型人才严重短缺，国家政策也向职业教育倾斜，职业学校毕业生理应受到社会的重视和欢迎，但是受传统的人才观念即"劳心者治人，劳力者治于人"的根深蒂固的影响，技术技能人才仍未获得相应的社会地位。对职校教育和技术技能人才偏颇的认识，使职校生不能得到社会的认同，自我价值感无法实现，容易使职校生看不到职业教育的希望与价值，认为在职业学校就读是一种浪费时间和生命的事，从而降低了中职学生的自我幸福感。

（二）家庭教育的失误

家庭是学生的第一所学校，父母是孩子的第一任老师。家庭环境对中职学生的发展具有重要的影响，尤其是父母的教育方式与方法对中职学生的心理和行为有直接的影响。因此，家庭教育非常重要，它是培养中职学生良好心理素质的前提，也是帮助中职学生形成正确幸福认知，获得优质

幸福感的重要因素。

从当前中职学生家庭教育的现状来看，多数中职学生存在家庭教育引导缺失的现象。独生子女家庭仍然是当代中职学生家庭结构的重要组成形式。长辈们（尤其是爷爷奶奶辈）对家里的"独苗"孩子更是呵护备至，对他们提出的物质方面的要求基本全部满足。虽然家长对孩子给予了无微不至的关爱，但是有时他们的爱是缺乏理智与原则的，常常使部分中职学生虽然身在"福"中，却不知"福"，在面临挫折与困难时，表现出心理脆弱、退缩。而在涉及孩子未来的发展与教育引导时，常常使大部分家长感到不知所措与无能为力，如一些家长"望子成龙""望女成凤"的思想，渐渐使父母的爱与期望变成了中职学生的心理负担，当他们学业成绩得不到进步、找不到好工作时，他们便备感压力，甚至背上"愧对父母"的思想包袱，再加上中职学生自身心理素质较差、不懂得疏通负性情感等多方面原因，当代中职学生很容易产生身心疲惫、无所适从甚至有轻生的念头，在这种心理状态下，中职学生的幸福感水平大大降低了。

另外，在民主的家庭环境中，中职学生的幸福感一般较高；反之，在家人间冲突较多、不和谐甚至破裂的家庭环境中，容易导致其感觉到不幸福。部分中职学生的家庭环境存在一些问题，如父母争吵、赌博、酗酒，父母忙于生计无暇教育子女等都是对中职学生幸福感获得产生负面影响的因素，严重影响到了他们正常的学习、生活以及对一些问题的态度和看法。在家庭成员沟通方面，有一部分的中职学生认为与家长的沟通存在代沟，父母不能够理解自己，经常以自己的想法来代替自己的想法。由此可知，家庭成员之间的沟通交流在中职学生家庭中还是做得不够，家长在提供物质条件的同时，更应关注孩子的精神需求，并帮助他们形成健康的心理和幸福认知。

（三）中职学校管理不当

为了应对时代的挑战与新变化，中等职业学校积极与时俱进，不断地进行改革与创新，在取得一定成效的同时，不少中等职业学校在办学水平和质量上没有得到实质性的改变与提升。当前的职业教育对象已经不再是"70后""80后"了，而是"00后"，他们普遍早熟，乐于接受新时代的各种观念和新技术，但职业学校教育管理的现状与定位，仍停留在七八十年代，不能满足中职学生的自我实现与成功的获取。职业学校的管理存在两个误区，一是管理过于严格，人文关怀不够；二是过于松散，放任不管。这样的管理模式不适合中职学生，因为中职学生一般都是初中阶段的学困生，包括学习成绩不理想、纪律行为不良、平时表现不好等一系列问题学生，这样的管理方式会使中职学生成功的概率降低，很难完成自我实现的愿望。管字当头，严字把关，会让中职学生产生焦虑、恐惧心理，不能安心学习，愉快生活；另外，也会使中职学生产生强烈的叛逆行为，处处与职业学校对着干，出现更加极端的行为。有的职业学校发现学生身着异服、留有个性发型后，会在学校每周的学生大会上作"不点名"批评，让该学生出丑；班主任也会经常通过窗户"观察"班级学生的情况，有时会站在学生后面查看学生手机的内容等。其实，这样的管理行为忽视了学生的自尊、个性和隐私，没有考虑中职学生的逆反心理，过于严格的管理最终会使中职学生产生压抑感或强烈的反叛行为，不利于中职学生的身心健康，让其在职业学校的幸福体验不断降低。职业学校管理过于松散，对学生要求不当，不仅会使中职学生在学校感觉无所适从，对自己放任不管，从长远角度来说，会影响中职学生以后持续的幸福体验。有的中职生自己的自制能力很差，为了打发无聊的时间，自己会和舍友偷偷溜出学校去网吧上网，有时自己也会后悔，不过又不知道自己该怎么做。中职学生在过于严格的职校管理环境中，体验最多的是压抑、焦虑、恐惧，这样很难有愉快、幸福的体验；在过于松散的职校管理环境中，会漫无目的、对自己放任自流，会忽略对正确幸福生活的追寻，体验不到持久的、真实的幸福。

第三节 提升中职生幸福感的积极教育策略

真实的幸福一般是指具有较高的生活满意度，而持续的幸福则需要由积极人格、积极的情绪、人生意义的实现与积极的人际关系组成，最终实现幸福的人生。积极心理学认为，要想实现真实的、持续的、永久的幸福，除了需要个体充分发掘、培育与运用自己的优势和潜能之外，还特别需要在积极的情绪情感、积极的人格品质、积极的社会组织系统等方面作出努力。在不同的社会时代背景下，每个群体都会有其自身的特点，同样，中职学生群体身上也带着深刻的时代烙印，这是无法改变，也是影响幸福感的因素之一。因此，培育中职学生的幸福感，则需要中职学生主体自身的努力和家庭、学校及社会组织系统的积极干预来实现。此外，中职学生的幸福感有其自身的独特性，因此，提升中职学生的幸福感必须要有群体针对性。中职学生的心理健康已经成为当代中职学生身上不容忽视的问题，只有身心理健康才能保障幸福的实现；幸福的实现需要个人努力，自我价值的实现是创造幸福的重要途径；中职学生的幸福感与积极人格的联系越来越密切，积极的人格能够使他们充分体验幸福，也能培养他们创造幸福能力；增加中职学生的积极情绪，消除其消极情绪，为幸福的持续发展创造条件；另外，对中职学生所处的环境进行优化，为中职学生的幸福感营造幸福的场域同样重要。只有如此，才能在一定程度上实现中职学生幸福感提升。

一、注重身心和谐，夯实幸福基础

健康是影响中职学生幸福感的首要因素，他们一致认为获得人生幸福的前提是拥有健康，只有在健康的基础上才可以使学业成功、事业成就变得有意义。1948 年联合国世界卫生组织提出了健康的新概念："健康是一种生理、心理和社会适应都趋于完满的状态。"现代意义上的健康，不仅是指身体健康，还是指心理健康以及过着有价值、有意义的生活。但是，目前中职学生关注最多的是身体健康，忽略了自身的心理健康，或更进一步地说有些排斥有关心理健康的话题。所以，职业学校在采取措施促进中职学生身体健康的同时，还要积极关注中职学生的心理健康，不断增强中职学生适应社会的能力，是中职学生不论是在生理上，还是在心理和社会适应上达到和谐完满的状态，为提升中职学生的幸福感奠定基础。

洛克曾经说过："对于人世幸福状态的一种简洁而充分的描绘是：健

康的精神寓于健康的身体。"❶ 首先，职业学校应该采取相应的措施促进中职学生的身体健康，职业学校可以从以下方面作出努力：增强中职学生的身体锻炼意识，从保障他们体育锻炼的时间入手，提供体育锻炼的场地和器械，教会他们一些正确的体育锻炼方法，多开展能够激发中职学生参与锻炼的课外活动，坚持体、智、美的协调发展；其次，进行健康卫生教育，传播有关健康与疾病方面的知识和应对措施，增加中职学生的身体健康意识；最后，加强中职学生的安全与生命教育，学会从生活中的小事保护自身的安全、体悟生命的可贵。

中职学生处于身心发展的特殊阶段，选择职业学校就读，对大部分中职学生来说已经从升学压力转变为就业压力，他们在自我意识、人际交往、学习与生活方面等会产生各种各样的心理问题。❷ 因此，关注中职学生心理健康已经成为每所职校和整个社会不可忽视的问题。促进中职学生的心理健康，职业学校可以积极教育为价值取向，采取有针对性的、科学的、有效的措施，具体如下：针对不同年级开设相应的心理辅导讲座，可以在中职学生刚入学时安排新生入学适应讲座，毕业时安排与就业创业相关的讲座，重视中职二年级学生的心理教育，并重点关注诸如单亲家庭、经济特困、性格孤僻等学生，建立相关档案，开展针对性教育；开设心理健康教育课程，通过形式多样和学生喜闻乐见的心理健康教育课，提高中职学生心理健康水平及有效解决自己在学习与生活中遇到的心理问题的能力，并普及积极心理方面的知识，让中职学生积极认识自我，发掘自己的优势与潜能；重视对职校教师的培训，向职校教师注入积极教育理念，以积极的心态看待中职学生，将学生看成是具有发展潜力的个体，尤其注重学校心理教育教师的队伍建设，促进中职学生积极心理的养成。

二、提供自我展现舞台，丰富幸福获取途径

职业学校应该贯彻现代职业教育的理念，教育目标应秉承多元发展、

---

❶ ［英］洛克. 教育漫话［M］. 杨汉麟，译. 北京：人民教育出版社，2005：7.
❷ 中华人民共和国教育部. 中等职业学校学生心理健康教育指导纲要［Z］. 2004.

育人为本的理念❶，即尊重中职学生个人差异，不强求中职学生的同步发展。职业学校教师要摒弃传统"机器加工式"的人才培养思路，改变以往"中职学生都是文化课差生"的看法。不用整齐划一的模式和完美同一的标准去培养不同个性的学生，因为每一位中职学生都有自己的特点和优势，职业学校更应该比普通高中重视学生的差异性发展，为每一位中职学生提供展示自己的舞台，让中职学生在自我价值的实现过程中体悟快乐与自豪，提升自身的幸福感水平。

对于有些中职学生来说，曾经的失败经历会使他们产生习得性无助感，对学习提不起精神，常常会感到压抑与失落；而有些中职学生在初中阶段就是班级的"差生"，他们抵触文化课学习，同时也会将这种抵触情绪延续到职业教育的学习中来，虽然职业教育不同于以往的文化课教育。不管是怎样，每一位中职学生都有自身的"闪光点"，虽然他们曾经学习成绩不好，但是不代表他们身上就一无是处，只要职业学校以积极的眼光看待他们，通过提供形式多样的舞台，充分挖掘中职学生身上各个方面的才能，相信每一位中职学生都能展现自己不错的一面，从而最终实现幸福感的提升。所以职业学校可以通过先进的积极教育理念和科学的教育方法不断挖掘中职学生的潜能与优势，让他们在实践过程中获得多方面的发展，实现自我价值。

对于职业学校来说，可以开展各种各样的学校活动，为中职学生提供自我展现舞台，校园活动的开展需要注意以下内容：职业学校的各种活动应该以"积极教育"理念为指导，并一切以发挥中职学生的自身优势为出发点，以培育中职学生的积极品质为核心，为实现中职学生真实与持续的幸福而服务；积极拓展学校活动的内容，丰富学校活动的实现形式，如为激发服装设计专业的学生的创造热情，可以一场"校园时装秀"的方式进行，也可以"优秀服装设计稿征集活动"的形式进行；学校活动的设计需要贴近中职学生的生活、贴近中职学生的学习和贴近中职学生的实际，具

---

❶ 崔景贵. 树立促进职校生心理发展的现代职业教育观［J］. 职业技术教育，2008（1）：78 – 80.

体来说要把握中职学生的思想与行为特点以及他们的生活学习实际，选择中职学生乐于接受和容易接受的内容与方法；增强中职学生的积极情感体验，校园活动的举办是为了让他们能够在实践中发现自己的"闪光点"，切实体会到幸福；学校开展的活动必须具有连贯性、整体性，还要注意对活动取得的成功进行强化，切实提升中职学生的自我价值感。

在具体实践工作中，职业学校要积极引导中职学生做好人生和职业方面的规划，并对他们进行相关的指导和心理辅导，使中职学生对自己未来的方向和道路有清醒的认识；培养中职学生各方面的能力，如人际交往能力、解决问题的能力、就业创业能力等，从而最终提高创造幸福的能力，创造幸福的能力才是获得幸福的可靠保证。

三、塑造积极人格，体悟真实幸福事件

积极教育强调教育应该关注人本身所存在的积极能力，既要关注克制和削弱人格的消极方面，更要关注有助于优秀人格的积极因素。积极人格实质是通过激发个体潜能中的积极因素，提升个体的积极心理品质，培养既能创造幸福又会感受幸福的人。中职学生正处于青春期，是人格再造的关键时期，职业学校应该抓住这一有利时机，发挥中职学生自身的主观能动性，不断实现自我的完善。

（一）学习科学文化知识

著名心理学家荣格说过："文化的最后成果是人格。"有学者说过，不少职校生人格发展的缺陷基本上是源于无知，无知可以使人变得自卑、粗鲁，而广博的学识可以使人自信、坚强、理智。❶ 事实情况也的确如此，对于许多中职学生来说，自觉学习科学文化知识，多看文学方面的书，无异于让他们"上刀山，下火海"，他们大部分人都认为学一些实用的知识和技术更实在，更有甚者觉得上上网、聊聊天、看看电子书及做些自己感兴趣的事才是最切实际的。这就需要职业学校多关注中职学生人文素养的发展，创设新颖、环境优良的读书环境，吸引中职学生主动去学习、去阅

---

❶ 崔景贵. 职校生心理教育论纲［M］. 北京：科学出版社，2013：47.

读、去讨论，这样才能激发学生学习的内在动力，不断汲取知识，增长智慧，实现人格的健全发展和不断优化。

（二）构建积极的人际关系

积极的人际交往是生活的润滑剂，许多生活、学习中的问题都可以通过它得以解决。良好的人际关系是中职学生心理正常发展、积极人格形成与具有自我价值感、幸福感的必然要求。从另一个角度来说，人际关系其实是一个人的社会支持系统，在人际交往过程中，可以增加个体的归属感，实现个体的精神满足。职业学校需要树立积极教育理念，通过各种教育形式，如积极心理健康课、积极团体心理辅导和个案咨询等方式来增加中职学生的人际交往技巧。

四、体验积极情绪，实现幸福持续发展

积极情绪是中职学生高幸福感的外在表现形式，积极而稳定的情绪不仅是优质幸福状态的体现，还可以巩固与获得真实和持续的幸福感。积极的情绪可以帮助人们走向幸福，例如一个乐观的人会对未来充满希望，不会因为眼前的困难而失望、悲观。而疏通消极情绪则是减少追求幸福道路上"绊脚石"的重要方法。每个人都在追求属于自己的幸福，有的人获得了属于自己的幸福，但是还有很多人在负性情绪的氤氲中把幸福感消磨殆尽了。所以，增加积极情绪体验和疏通消极情绪是获得真实而持续幸福的重要方法。

（一）增加积极情绪体验

生活在大数据时代背景下的中职学生，越来越享受大数据所带来的便利，他们可以通过通信设备与人交流和获取最新方面的信息。随着人际交往的减少，沉迷于网络世界，中职学生也很难体验到现实生活中那种真实的、温暖的情感，变得情感有些麻木，如缺少爱、感恩、希望等积极情绪，因此，让中职学生感知更多的积极情绪体验很重要。让中职学生获得较多的积极情绪体验可以从学校层面和学生层面两方面入手。学校层面应该开设心理健康课程，建立普及面广的积极情绪积攒机制，如通过开展积极情绪体验活动、心理健康讲座、幸福教育课程等方式实现。学生应该注

重平时生活当中积极情绪情感的积累，如发现自己身上的优点和潜能，发现身边感人的事件可分享给其他人，从励志人物身上寻找积极优秀的品质并学习等。

（二）疏通消极情绪体验

消极情绪往往会使人变得更加抑郁、消沉或是更加急躁、不耐烦，做事不能善始善终，遇到困难会容易放弃，使人很难取得较好的成功体验，从而获得较高的成就感与幸福感。对于经历过学业失败或长期不能获得成功体验的中职学生来说，他们很容易出现愤怒、自卑、忧虑等消极情绪，他们大多数不懂得应该如何正确处理这些消极情绪从而降低了幸福感水平，并且陷入了恶性循环。所以，职业学校应该注意对中职学生消极情绪的疏通。疏通学生的消极情绪也可以从学校层面和学生层面两方面入手。学校方面应该充分发挥心理咨询室的作用，一方面向学生普及积极心理方面的知识，挖掘学生的优势与潜能，不要在学生出现心理方面的问题后进行补救，做"事后诸葛亮"；另一方面可以建一些宣泄情绪的空间场所，优化情绪的疏通机制。学生方面应该合理认知自己的情绪，主动寻找应对消极情绪的方法，如看看幽默的小视频和书籍，做适当的运动，找知心朋友聊天等。

五、营造积极环境，建造幸福生活的场域

人的发展虽然是个体的主观能动性起决定性作用，但也受其生存的社会环境制约。因此，在研究个体的幸福感时，需要结合个体所处的社会生活环境进行分析。从积极教育的角度来说，积极的环境会增进个人的积极体验，塑造个体的积极心理品质，从而影响个体的幸福体验。积极的环境是指影响个体积极品质形成及其潜能发挥的家庭、学校、社区、大众媒体等环境因素。

（一）营造和谐的家庭环境

正值青春期的中职学生，正处于人生观、价值观形成的关键时期，他们对周围的环境反应敏感，而家庭环境又是对其产生最直接影响的环节。父母应该着重从以下方面来提升孩子的幸福感。

第一，更新教育观念，采取民主、开放的教养方式。家长的教育观念对中职学生未来的选择起着举足轻重的作用，要教育好孩子，家长就要根据时代的发展时刻更新自己的教育观念，还要根据中职学生的实际需要和心理特征来确定民主、开放的教养方式。采用民主型的教养方式的父母能够尊重子女，与子女保持良好的亲子关系。父母在与中职学生交流的过程中，应持平等民主的原则，不应该对中职学生过分施加自己的判断，而应给一些指导性的意见，将最终的决定权留给中职学生。一味地强调父母的权威性，只能给亲子之间制造冲突带来家庭关系的紧张，加重中职学生的叛逆，从而使父母与孩子无法正常沟通。

第二，创设良好的家庭沟通机制。家长需要注意与子女沟通的技巧：一是说到做到。家长在与中职学生进行沟通的过程中，往往会为了达到一定的目的而向子女开出许多的"空头支票"，答应过的事情没有及时兑现，这样就会让中职学生产生背叛感，降低了其对父母的信任感，就会减少与父母的沟通意愿，所以在沟通中做出的承诺一定要及时实现，做到言必行，行必果。二是让孩子主动交流。许多父母会"逼迫"孩子进行交流，让孩子"交代"自己的想法，实则这也不是真正的交流。家长要及时地对自己进行反思，在与孩子交流的过程中，家长要注意自己言行举止，要让孩子感受到父母对他们的关心，还要考虑到中职学生的敏感心理，不说可能伤害他们的话；家长还要承认自己与青少年之间实际存在的代沟，要承认双方存在的不同的意见，不要一味地对孩子施加压力。三是不要给自己找借口。人们往往会因为忙于工作，忽视对孩子的教育，间或沟通交流也是"问责"的态度，让孩子感觉到的是父母对自己的"否定"，从而产生逆反心理，亲子关系恶化。因此，父母应该重视与孩子之间的沟通交流，不要因为各种理由而忽视。

第三，努力创建和谐、温馨的家庭氛围。父母应该致力于和谐幸福家庭的建设，父母之间要相互尊重、互相体谅，在产生矛盾的时候要心平气和协商解决，不要大声争吵，或以打骂的方式解决。在融洽和谐的家庭氛围中，家庭成员之间彼此信任、相互尊重、互帮互助。这样，中职学生往往对外界有良好的适应和调适能力，拥有健康、积极的心态，能体验到强烈的幸福感。

第四，树立平衡的心态，对中职生的期望要客观、适度。每位中职学生的家长开始都希望孩子能够有好的发展、获得成功的人生，并对他们抱有很大的期望。然而，有些家长在为孩子设定期望值时，忽略了孩子的实际情况，将自己对孩子的期望值定得过高，在孩子没有达到本来就不切实际的期望值后，有些家长会感到希望落空，对孩子的进行责骂和惩罚，或干脆感到绝望，对孩子不再有所期待，从而不闻不问，这严重影响了中职学生在成长过程中自我效能感与幸福感的体验，随着时间的推移，将逐渐变成中职学生心理问题产生的根源。因此，家长应找到自己孩子的"最近发展区"，在对其设定期望时，应根据中职学生的实际情况，制订中职生经过努力后能够实现的目标。还要在中职学生以后的成长过程中，多给予其更多的、及时的鼓励，以增强中职生的自我效能感，提升幸福感。

（二）营造幸福的校园文化环境

学校是一个微型的社会，中职学生的学习和生活基本上在这里进行的，学校的环境和文化氛围如何直接影响中职学生的幸福感知与体验。因此，职业学校就需要构建幸福的校园文化环境，促进中职学生对职业学校的归属感，提高中职学生作为职业学校一员的价值感，增进中职学生对职业学校的信任感，丰富中职学生的积极体验，提高中职学生的幸福感。

校园文化是社会文化的缩影，但又有其特殊性，它是在学校这一特定的环境中，学校教育工作者与学生共同创造的一种与时俱进而又不脱离社会实际的人文氛围、校园精神和生活环境。在具体构建过程中主要包括校风、学风、学校的管理（学生管理与后勤管理等）、学校的舆论导向、文化娱乐、师生关系等。因此，职业学校要重视校园文化建设，开展形式多样的校园文化活动，为培养中职学生正确的幸福认知营造良好的校园文化氛围。

职业学校要不断丰富和创新校园文化活动，以学生社团、学生宿舍、学生所在的班集体、学生食堂和校园广播等为载体，在文化活动的形式和内容方面实现创新，不断提高中职学生的参与活动的热情，从而形成幸福的校园氛围。在创新校园文化活动形式方面，职业学校可以充分发挥学校管理者与教师的引领和带头作用，激发他们的教育智慧，结合中职学生的兴趣和特点，以发掘中职学生的优势和潜能与促进其幸福为宗旨，有目的、有计划地组织校园文化活动，丰富校园文化活动的形式。校园文化活动的开展可以是学生社团的形式、班集体的形式、学生宿舍的形式和校园集体活动的形式等。以学生宿舍形式为例，职业学校的后勤管理部门可以"温馨小屋"为主题，开展一次寝室设计大赛，为中职学生提供展示自己才能的机会，同时让其在活动参与中体会与舍友合作的乐趣，并对职校生活产生一种归属感。在创新校园文化活动的内容方面，职业学校可以选取一些积极向上的内容，如选择营造幸福校园为主旨的活动内容、提高中职学生心理承受能力的活动内容、提高中职学生的社会适应能力的活动内容、改善中职学生人际关系的活动内容等，并以此为基础，有目的、有组织的展开活动。校园文化活动的内容创新不是单一进行的，需要有效结合文化活动的载体，如针对中职学生不喜欢读书这一现象，开展以"营造书香校园"为内容的校园文化活动，通过校园广播、学校宣传栏、班级会议及学生社团等多种方式来进行，让学生在读书中获得知识，在分享中增加灼见，在感悟中体会幸福。

（三）社会多渠道积极关注

社会是中职学生毕业后必须要融入的一个纷繁而复杂的组织系统，是一种宏观的外部环境。其中，社会观念、文化氛围、国家颁布的相关法律政策等，都会直接影响中职学生以后工作与生活的情绪情感体验，那么，在全社会构建一个有利于中职学生发展的社会支持系统，是提高中职学生幸福感需要考虑的又一因素。

首先，促进全社会对中职学生的积极认知。改变社会对中职学生的消极认知，中职生具有很强的可塑性，应该以发展的观点寻找中职学生的闪光点，如他们身上所具有的不同于普高生和大学生的独特而优秀的品质：不墨守成规、喜欢创新、充满活力、勇于挑战等。所以，要提高中职学生的幸福感，必须彻底改变社会对中职学生的消极认知，树立一种全新的、积极的职业教育观，即中职学生是处在发展中的人，是具有巨大发展潜力的人；中职学校是培养社会需要的专业技术技能型人才的重要场所，是促进社会发展和进步的重要教育类别之一。

其次，营造积极的社会文化氛围。中职学生作为社会的一员，社会环境和文化氛围会影响中职学生的情绪情感体验，如果中职学生生活在充满民主、公平和爱的社会环境中，并且能够让人不断地体会到一种促使人向上、勇于奋进的文化氛围，那么，中职学生就会有更多的幸福体验。在信息技术时代，应该借助网络、新闻媒体的力量，积极营造积极向上的社会文化氛围，社会媒体应该树立正确的舆论导向，多关注社会生活中的正性事件，如凭个人劳动和智慧创业致富、人们互帮互助的感人事迹、关心人与自然的和谐等，不断传播社会正能量，而不是为了博人眼球，宣扬一些错误的价值观，如拜金主义、极端个人主义等。

最后，提高中职学生的就业质量。在我国大学毕业生人数持续增加，就业压力不断加大的大背景下，中职学校毕业生在就业数量上要显著好于大学毕业生，即中职学校具有高就业率优势；但是从毕业生就业质量上来看，中职学生在就业后的稳定性、发展的空间性、工作的满意度等方面却远远落后于大学毕业生，主要体现在不满足于现有工作的基本工资待遇和福利条件、不能遵守公司的规章制度、不能承受工作带来的压力等，这些严重降低了中职学生幸福感的体验，使得大部分在校中职学生对人生感到迷茫、对未来没有希望，更别说以较强的积极性来应对目前的学习状况了。所以，国家首先应该从宏观层面做好中职毕业生的就业工作，颁布相关政策、制定相关制度，从而保障中职毕业生的就业质量，如可以从提高薪资待遇、提供上升发展空间、进行在岗培训等方面着手，只有这样中职学生才能看到职业教育的希望，产生学习的动力，提高在职业学校的生活满意度，体验真实而持久的幸福，健康成才并奉献社会。

本章小结

职校教育不但要使学生掌握一定的专业知识与技能，还要帮助学生形成积极的人格、健康的体魄与积极的心态，学会感悟幸福、体会幸福、追求幸福。处于机遇与挑战并存的时代，只有具有高幸福感，当代中职学生的学习和生活才能更富有创造性；只有正确的幸福认知并积极追求幸福，才能更好地迎接学习、生活和人生挑战，实现个人的全面发展。中职生幸福感的研究为职业学校发掘学生的优势，开发他们的潜能提供了新视角。本章从学生的认知、学生的情绪情感、学生的人格以及学生所处的环境等方面，对中职生幸福感缺失的原因进行分析，并从积极教育的视角为中职生幸福感的提升提供相关策略，希望中职生能够积极运用自己的优势增长知识、才能和美德，在追寻幸福、感悟幸福和体验幸福的过程中实现自我价值。

（本章作者　安徽省天长市英莱教育　邵立云）

中职生心理健康教育的研究

中职学校心理健康教育在我国教育园地里只是刚刚破土而出的嫩芽，在日益显示其勃勃生机的同时，心理健康教育的理论和实践中也潜藏着许多问题，有些问题现在还无法得到比较一致的认同。本章旨在对中职生心理健康教育的概念做出明确界定，对心理健康及中职生心理健康教育的内涵做出系统的解读。揭示中职生心理健康教育的现状并进行问题反思，从而为中职生心理健康教育模式的理论分析和实践考察奠定基础。

第一节　心理健康教育研究概述

心理健康教育是根据学生的生理、心理发展特点，运用有关心理与教育方面的方法、手段以维护和增进学生的心理健康，促进学生身心和谐发展和素质全面提高的教育活动。为使这项活动能有效地开展，理所当然地要了解何谓心理健康。

一、心理健康的含义

关于心理健康的确切含义，因其复杂性，到目前为止，国内外并没有一个公认的统一界定，但正面的表述是常见的。早在 1929 年，美国举行的第三次儿童健康及保护会议上就指出："心理健康是指个人在其适应过程中，能发挥其最高的智能而获得的满足、感觉愉快的心理状态，同时在其社会中，能谨慎其行为，并有敢于面对现实人生的能力。"❶ 心理学家英格里斯（H. B. English）认为："心理健康是指一种持续的心理情况，当事者在那种情况下能进行良好的适应，具有生命力，并能充分发展其身心的潜能；这乃是一种积极的丰富的情况，而不仅仅是免于心理疾病。"精神医学专家曼宁吉说："心理健康是指人们对于环境及相互间具有最高效率及快乐的适应情况，不只是要有效率，也不只是要能有满足之感，或是能愉快地接受生活的规范，而是需要三者兼备，心理健康的人应能保持平静的情绪、敏锐的智能、适应社会环境的行为和愉快的气质。"社会学者玻肯（W. W. Bochm）的看法则是："心理健康就是合乎某一水准的社会行为，一方面为社会所接受，另一方面能为自身带来快乐。"

1946 年，第三届国际心理卫生大会（1946）曾为心理健康下这样的定义："所谓心理健康，是指在身体、智能以及情感上与他人的心理健康不相矛盾的范围内，将个人心境发展成最佳状态。"《简明不列颠百科全书》："心理健康是指个体在本身及环境许可的范围内所达到的最佳功能状态，但不是指十全十美的绝对状态。"国内心理学教授叶奕乾（1996）认为"当所有的心理活动过程包括心理操作和心理适应过程及两者的相互作用都处于正常状态时，个体心理才是正常健康的"。刘华山教授认为："心理健康是一种持续的心理状态。在这种状态下，个人具有生命的活力、积极的内心体验、良好的社会适应，能够有效地发挥个人的身心潜力与积极的社会功能。"❷

心理健康是 20 世纪中叶以来，由于现代科技的飞跃和社会文化的迅猛发展，迫使人们以一种崭新、多元的视角全面看待健康的产物，它反映了辩证唯物主义身心统一的哲学观在健康观念上的确立。纵观古今中外学者有关心理健康的论述，虽在措辞和侧重点上有所不同，对心理健康的理解

---

❶ 周燕. 关于我国学生心理健康研究的几点思考 [J]. 教育研究与实验, 1995 (1)：42 –45.

❷ 刘华山. 心理健康概念与标准的再认识 [J]. 心理科学, 2001, 24 (4)：480 –481.

有一定的差异，但大体精神是相近的，其中有四个方面是共同的：即良好的心理状态、良好的社会适应性、不断成长的发展趋势和高尚的道德伦理。这四方面有机统合，缺一不可。据此，我们可将心理健康的含义概括为：个体能够积极适应环境，有正常的认知水平、稳定愉快的情绪，同客观现实保持积极平衡的意志行为与良好的个性特征的状态和正常的自我调控能力。也就是说，心理健康的含义不能停留在适应的层面，它还包括个体的自我完善和积极的发展。对中职生来说，能否积极地适应学习、生活、人际交往和身体上的种种变化，是衡量其心理健康状态和水平的重要标准。

心理健康是比较而言的，从健康到不健康只是程度的不同，而无本质的区别。如一个没有明显心理疾病、能够勉强生活工作的人和一个心理变态的人相比他是健康的，但和一个自我实现的人相比其心理健康水平又是较差的，是需要改进的。而且人的心理健康状态又是动态变化的，而非静止不动的。人的心理健康既能从相对不健康变得健康，又可从相对健康变得不那么健康。因此，心理健康反映的是某一段时间内的特定状态，而不应认为是固定的和永远如此的。另外，在理解心理健康的含义时，我们必须明白不同的国家，不同的民族对心理健康有不同的认识。随着社会的发展和变化，心理健康的标准也会发生相应变化。

二、中职学校心理健康教育

学校心理健康教育，是以心理学的理论和技术为主要依托，并结合学校日常教育、教学工作，根据学生生理、心理发展特点，有目的、有计划地培养（包括自我培养）学生良好的心理素质，开发心理潜能，进而促进学生身心和谐发展和素质全面提高的教育活动。❶ 它是研究和培育学生现代人格的一门科学，具体研究学校心理健康教育的目标、任务、内容、途径、方法和管理，以及心理辅导和咨询理论在学校教育情境中的应用。

---

❶ 陈家麟. 学校心理健康教育——原理与操作［M］. 北京：教育科学出版社，2002：28 - 29.

1995 年在捷克召开的一次国际教学工作会议上，与会代表一致同意这样的观点，即心理健康是与教学工作同样不可或缺的推动现代学校这部车子前进的两个轮子之一。由此可见，学校心理健康教育在某种程度上已经成为现代学校的重要标志。中职学校心理健康教育对于帮助和促进中职生健康成长具有不可替代的作用。它着眼于每个中职生健全人格的培养与潜能开发，它不是一种带有指示性的说教，而是耐心细致的聆听和诱导；它不是一种替代，而是一种协助与服务，通过各种辅导活动帮助中职生学会自助。

中职学校心理健康教育的基本目标。它以发展性心理健康教育为取向，追求的是为中职生的发展打基础，它不仅要求中职生将来能够适应现代社会，而且还要建设性地改造现代社会。培育中职生现代人格是学校心理辅导的基本宗旨，因此，它的基本目标是：培养中职生积极的自我信念；健康的情绪；高尚的情感；积极的社会适应与生存能力；获得终身学习能力和开发智慧潜能。

中职学校心理健康教育的基本内容是学习辅导、人格辅导、生活辅导和职业辅导，它涵盖中职生成长发展的主要方面。中职生心理健康教育包括两项基本任务：一是提高心理素质，主要是教育和培养中职生形成各种良好的心理素质，如良好的观察力、记忆力、想象力、创造力、分析和解决问题的能力，以及良好的性格、气质特点等，以帮助其学业和事业的成功。二是维护心理健康，主要是使中职生形成健康的心理，从而适应社会，正常地成长和发展。中职学校实施心理健康教育的主要形式是：教育教学中的心理辅导、心理辅导活动课程、个别辅导和团体辅导。

在中等职业学校开展心理健康教育，是根据社会发展的需要、教育改革的要求和年轻一代心理发展的规律而提出的。随着科学技术的飞速发展，社会经济和文化迅速变革，中职生正处在从儿童到成人的过渡时期，将面临日益增长的社会心理压力，心理健康教育是中等职业学校德育工作的重要组成部分，如何预防心理疾病、克服心理障碍已成为中等职业学校对学生管理工作的重点。教育部最近颁发的《中等职业学校德育大纲》明确指出：中等职业学校德育是对学生进行思想、政治、道德、法律和心理健康的教育。根据上述有关界定，中职生心理健康教育应该概述为：中等职业学校根据中职生身心发展的特点和规律，有目的、有计划、有组织地对中职生心理健康发展施加直接或间接的影响，优化学生心理品质、健全学生个性心理、提高心理素质的过程。

三、中职生心理健康教育模式建构的理论基础

模式是理想与现实之间的中介，是观念理性与经验理性之间的中介。模式研究是现代科学研究的一种重要方法。用模式方法去分析问题，简化问题，有利于较好地解决问题。心理健康教育模式是心理健康教育理论与实践相结合的产物，是心理健康教育理论应用于心理健康教育实践的中介环节和桥梁。❶ 中等职业学校实施心理健康教育的过程，也就是构建中等职业学校心理健康教育模式的过程。只有关注中等职业学校学生心理健康教育模式的研究，中等职业学校学生心理健康教育的发展才可能有理论提升的希望和实践进步的辉煌。

（一）中职生心理健康教育模式的意涵

所谓模式是指从事某项工作，做好某类事情的标准样式。模式属于方法论范畴，是人们在一定理论的指导下，对自己某一类实践活动的概括和总结。模式介于理论与经验之间，它不同于理论，是理论的具体化、程序化；它也不同于经验，是经验的概括化、抽象化。它源自原形，高于原形，是人们通过抽象和升华，在剔除原形中次要的非本质部分后，对其主要的本质的部分的集中反映。这主要的本质的部分就是构成模式的要素和结构。

模式观念和模式思维非常重要，它是人类认识和改造世界的工具。正如德国物理学家鲁歇尔所说，"除非通过模型，我们也许根本不能理解自然界本身"。❷ 因此，探索和建构模式的过程，实质上是人类遵循规律，理性地规范自己的行为，使之趋于科学化、规范化、实用化的过程。

---

❶ 崔景贵. 解读心理教育：多学科的视野［M］. 北京：高等教育出版社，2004：376.

❷ 庞恩海. 中小学生心理健康教育模式初探［J］. 天津市教科院学报，1999（3）：39－43.

心理健康教育模式是在一定的心理健康教育理念指导下，对心理健康教育过程及其组织形式做出特征鲜明的简要表述。所谓构建学校心理健康教育模式，就是在现代教育理论指导下，为实现学校素质教育的总目标而建立一种心理健康教育的合理的结构和程序，或总结实施心理健康教育的经验，创造新的心理健康教育模式。中职生心理健康教育模式就是在中等职业学校学生心理健康教育中形成并实践证明是行之有效的，能够实现心理健康教育某一方面任务和目标所需的要素的结构的网络系统。

（二）中职生心理健康教育模式的学理建构

系统科学的整体性原理表明，心理健康教育模式是一个有机的整体，模式的性质、特点和功能都是由这个整体决定、体现的。系统的要素具有自己独立存在的特点、功能，又同时具有互相联系、连接，共同构成新的整体所产生的新的特点和功能。各要素之和要尽可能接近于整体的关键，就是各要素之间经过优化选择，并匹配、组合得当。建构心理健康教育模式，须具备如下最基本条件：①内在的基本要素明确。②具有范型意义的教育活动及其具体类型。③探索、形成并筛选出一批具体可感的操作样式。❶ 中职生心理健康教育模式的建构过程正是对各种有关价值观、教育观等进行审视、选择、认同、整合并不断体系化的过程。这一过程是把中职生心理健康教育实施过程当作一个系统的整体性建构，它强调中职生心理健康教育的操作策略和全部中等职业教育因素的有效组合。一般而言，主要从四对常用范畴（维度）来阐释和把握中职生心理健康教育模式建构的方法论思想，即整体性与单项性的建构、结构性与功能性的建构、事实性与价值性的建构、科学性与人文性的建构。❷

心理健康教育模式的建构一般有三种思路：①从心理健康教育实践开始，通过大量的观察，从多种教育实践中进行比较，在这个过程中就会产生心理健康教育模式的想象与创生。②从心理健康教育理论出发，从心理

---

❶ 朱小蔓．小学素质教育实践：模式建构与理论反思［M］．南京：南京师范大学出版社，1999：27．

❷ 朱小蔓．小学素质教育实践：模式建构与理论反思［M］．南京：南京师范大学出版社，1999：27．

健康教育理论开始，借鉴相关理论概念后产生。③从心理健康教育理论与实践的结合中产生，这种思路尤其适合具有较高理论素养的心理健康教育实践者和具有丰富实践经验的心理健康教育研究者。

心理健康教育模式的建构大致可以概括为两类方式：一类是从实践中概括形成，这种模式大多来自心理健康教育第一线教师的探索实践，其模式建构的实践基础较好，但随机性较大，理论基础较弱，属于自发形成的心理健康教育；另一类是以理论模型作为起点，结合心理健康教育实践所形成的模式，这种模式大多由心理教育理论工作者和实践工作者共同完成，其理论指导性较强。从中职生心理健康教育理论建设的高度来看，更应强调第二类心理健康教育模式的建构方式，因为只有在科学的心理健康教育理论指导下，在扎实的心理健康教育实践基础上形成的模式才能更好适应我国中等职业学校心理健康教育发展的要求。

中职生心理健康教育模式的建构要具有职校特色、较高的理论起点和便于实际操作。有的学者认为："建构教育模式存在三级水平：第一级是低水平，其特点是缺乏理论，照搬模式，盲目实践；第二级是中水平，其特点是了解理论，学习模式，重视经验；第三级是高水平，其特点是研究理论，探索模式，指导实践。"❶ 无疑，中职生心理健康教育模式的建构应当着眼于第三级的水平。

心理健康教育模式是经常不断地发展变化的，是开放的、进化的。初级的心理健康教育模式中孕育着高级的心理健康教育模式，高级的心理健康教育模式有待于发展到更高级的模式。探寻和建构一个更理想、更合适的中职生心理健康教育模式，是一个长期的实践过程。在研究和构建中职生心理健康教育模式时，我们必须同时考虑到：第一，要确立科学的中职生心理健康教育观；第二，要不断提高中职学校实际工作者的素质水平；第三，要建立科学的中职学校心理健康教育规划和制度。只有将这几方面的工作与建立健全组织机构有机地结合起来，中职生心理健康教育模式才能发挥它应有的作用和功能。

---

❶ 查有梁. 教育模式 [M]. 北京：教育科学出版社，1996：2.

（三）中职生心理健康教育模式的发展趋势

21世纪对职业教育提出一项新的更高的要求，即职业教育的目标必须从能力本位向素质本位转变。因为新时代对职校毕业生的要求不仅仅是能力的发展，更重要的是职业道德、责任感、荣誉感、职业个性、人格以及创新的风格与特长。早在1989年召开的"面向21世纪教育国际研讨会"上，专家学者就强调21世纪职业教育所培养的人应是"最全面发展的人，将是对新思想和新机遇最开放的人"，同时还指出，要把"事业心和开拓技能教育提高到目前学术性和职业性教育护照所享有的同等地位"。这一预言实际上指出了以能力为本位向素质为本位的转变。因此，对职业学校的学生的能力培养和全面发展提出了不同于"应试教育"的要求。面对职业教育的新特点，加强中职生心理健康教育的呼声也越来越高，根据中等职业学校心理健康教育的发展现状，预测21世纪的中职生心理健康教育模式，将会呈现以下发展趋势。

在理论上，将加强心理健康教育理论研究力度；强调职校特色化研究；强调心理健康教育的人本化。在过去的一段时间里，中小学心理健康教育强调普及与实践，理论研究滞后而影响了实践的深入，今后的发展趋势将是依据心理健康教育理论来发展心理健康教育工作；由于中等职业学校心理健康教育基本上以普通中小学校心理健康教育理论为依据，尚未形成适合中等职业学校校情使用的辅导研究、评估和训练模式。实践证明，普通中小学校的心理健康教育理论技术不能全盘移植，中等职业学校学生作为一个特殊的学生群体，其身心发展特点也有其特殊性。未来的中等职业学校心理健康教育，应把普通学校心理健康教育理论与中等职业学校校情相结合，并考虑影响中等职业学校学生心理变化的各种因素，发展适合于中职生身心特点的心理健康教育模式，构建有职业教育特色的心理健康教育模式将成为未来研究和实践的重心；为了使中职生充分健全发展，消除现代社会人际间的隔膜，以温暖、关怀、尊重、接纳为基础的心理健康教育将会备受推崇。

在心理健康教育内容和方法上，职业辅导将会成为重点；咨询范围将会扩展；职业学校辅导课程将有进一步发展。随着现代社会职业分化更加精细，学生升学、就业更需指导，职业指导会发挥更为重要的作用。团体辅导和同伴辅导等咨询模式在对付现代社会一些新的心理问题，如孤独症、攻击性问题等方面会更有效，咨询的范围会更加丰富；随着社会、家庭和中职学校对心理健康教育重要性的认同，诸如心理卫生、危机处理、性教育等方面具有普遍性或典型性的问题的辅导将会通过课程的形式进入课堂，帮助学生人格发展和生活适应。

在心理健康教育的技术发展上，电脑化将有助于改进辅导管理、学生档案管理、信息交流和心理测量等方面的现有水平。同时，为了提高中职学校心理健康教育工作的效率，从业人员专业化也是发展的必然趋势。

总之，中等职业学校心理健康教育今后的发展趋向是心理健康教育更适合中等职业学校校情，更注重实际教育效果，更注重将国外先进的理论与我国的国情和中等职业学校校情及中职生心理发展特点相结合，并努力建立具有中等职业学校特色的学生心理健康教育的体系和方法，这既是个方向，也是一项艰苦而且必须为之奋斗的目标。

第二节　中职生心理健康教育的现状分析

学校心理健康教育是 20 世纪教育改革运动中出现的新观念，是现代心理学、教育学、社会学、生理学等多种学科理论与学校教育实践相结合的产物。中职生心理健康教育不仅是中职学校促进学生心理健康和人格健全发展的新兴的教育活动，更重要的是体现了中职学校以人为本的教育理念，反映了当代进步的世界教育潮流。为了满足中职学校心理健康教育的实际需要，推进学校心理健康学的理论探索与实践服务，有必要把握中职生心理健康教育发展的动态，廓清中职学校学生心理健康教育进一步发展的理念与方向。

一、中职生心理健康教育的发展现状

（一）中职生心理健康问题不容忽视

中等职业学校在迎来高入学率的同时，也面临着诸多问题，其中特别

值得关注的是中职生的心理健康问题。一方面，职校生虽然没有普高生所谓的"挤独木桥"的升学压力，但却比同龄人更早地面临就业压力；另一方面，中职生正处于生理、心理都发生巨大转变的关键时期，自我意识及成人感迅速增强，使他们无论是在观念上还是心理上都产生了一些微妙的变化，特别是当面对学习、升学、实习、就业、人际交往等一系列实际问题时，往往会感到困惑，由此也引发一系列的心理问题。

2001 年 9～11 月，上海市塘桥职校的张亚芳运用《心理健康诊断测验》标准，对其所在学校的 4 个班级 138 名学生进行心理健康状况的群体抽样测试，结果显示：50% 左右的中职生存在不同程度的焦虑情绪，其中严重焦虑的有 45 人，占 32.61%；轻度焦虑的有 23 人，占 16.67%。焦虑产生的原因有：学习、人际关系、孤独、自责、过敏、恐怖、冲动等。上海市南湖职校的申燕萍在对 100 多位中职生问卷调查中发现，对自己的家庭关系不满的占 60%；感到人际压力过大，不适应学校的团体人际交往的占 20%；存在认知障碍的占 27%；遇到困难时选择消极应对的方式占 50%；遵守行为规范障碍的占 30%。● 在一次对辽宁、山东、江苏、浙江、四川、陕西、甘肃、广东等 9 省近 20 个地区 50 多所学校近万名中等职业学校学生的调查中发现，厌学、学习焦虑、交友困难、挫折感强、就业困惑、社会适应能力差等成为中职生普遍存在的问题。❷ 有关人士指出，解决这些问题的有效途径之一是加强心理健康教育。

以上研究因所采用的方法各不相同，其结果难免有些偏差，但从这些关于我国中等职业学校学生心理健康状况数据的介绍中，我们不难看出，我国中职生心理健康状况有不少的问题，令人担忧。这些数字也足以提醒我们：我国中等职业学校学生的心理健康状况实在不容乐观。确实，中职学校学生虽没有普高学生面临的高考压力，但他们面临的社会压力要比普高学生大，所经受的失败与挫折比普高学生多，情绪两极性的表现也较为

● 上海市教科院职业与成人教育研究所. 职教教改论坛文集 ［C］. 北京：中国科学技术出版社，2002.

❷ 王玉华. 中等职业学校学生心理健康问题及教育途径 ［J］. 辽宁教育行政学院学报，2006，23（6）：38.

明显。他们既要承受社会轻视职业学校的压力和家长埋怨"不争气"的压力，又要克服自卑的心理障碍。

确实，如果我们只顾及知识的传授而不顾及中职生的心理健康，那么，就不免如同著名物理学家爱因斯坦所说："用专业知识教育人是不够的，通过专业教育，他可以成为一种有用的机器，但是不能成为一个和谐发展的人。要使学生对价值有所理解并且产生热烈的情感，那是基本的，他必须获得美和道德上具有鲜明的辨别力。否则，他——连同他的专业知识——就更像一只受过很好训练的狗，而不像一个和谐发展的人。"❶ 易言之，正像"水桶原理"所寓含的道理一样，心理健康教育这一板块的短缺，将使素质教育的整体内容付诸东流：心理不健康者连适应社会都成问题，纵有满腹经纶，又焉能造福社会？从这个意义上来说，心理困扰是关系到中职生个人发展和成才方面的课题。因此，细致、深入地开展中职生心理健康教育，加强和完善中等职业学校的心理健康教育，培养中职生的健康习惯和良好的心理素质，有效地减少中职生心理障碍的发生率，已经日益成为中职学校非常紧迫的任务。

（二）党和政府高度重视中等职业学校学生心理健康教育

在中等职业学校开展心理健康教育，是根据社会发展的需要、教育改革的要求和年轻一代心理发展的规律而提出的，是德育工作的重要组成部分。无论是青少年还是成年人只要心理不健康，必然导致行为不规范，甚至走上犯罪的道路，为此，新时期加强青少年心理健康教育十分重要。

党和政府的高度重视集中体现在中共中央和国务院颁发的学校心理健康教育相关条例的制定和颁布上，加大了对全国学校心理健康教育工作的宏观指导。1999 年 8 月和 2002 年 8 月，教育部先后颁发了《关于加强中小学心理健康教育的若干意见》和《中小学心理健康教育指导纲要》，这两个文件对全国中小学开展心理健康教育起到了十分重要的指导作用。中职生心理健康问题是教育面临的新课题、新任务，2004 年 7 月，教育部专门印发了《中等职业学校学生心理健康教育指导纲要》，明确提出在中等

---

❶ 陈家麟. 学校心理健康教育——原理与操作 ［M］. 北京：教育科学出版社，2002：2.

职业学校开展心理健康教育，是促进学生全面发展的需要，是实施素质教育，提高学生全面素质和综合职业能力的必然要求。中职生心理健康教育作为一项重要工作被提出，可见中职生心理健康教育开始受到了党和政府的特别关注。

由于党和政府对心理健康教育的高度重视，全国各地积极开展了形式多样的中等职业学校学生心理健康教育活动，中等职业学校学生心理健康教育的理论和实验研究得以广泛开展，我国有一批学者、专家和广大教师认真开展中职学校心理健康教育的理论研究和实证研究。近年来，许多省市都开始认真抓好中职学校心理健康教育的师资培训工作，举办各级各类心理健康教育的长、短期培训班，有关中职校还积极配合地方教育发展需要，调整专业或课程，培养专门的心理健康教育师资，这些措施对建立一支中职学校心理健康教育的基本队伍起到了积极的作用。另外，出版了一些有关中等职业学校学生心理健康教育的专著和教材，推动了中等职业学校心理健康教育工作的普及。

二、中职生心理健康教育存在的问题及反思

自 2004 年 7 月教育部颁发《中等职业学校学生心理健康教育指导纲要》以来，中等职业学校开展心理健康教育的热情空前高涨，努力建构心理健康教育模式，取得了初步成效。我们也应该清醒地认识到，中等职业学校心理健康教育虽呈现出多样化的走向，但建构得还不够系统和完善，存在诸多问题。

（一）缺乏职业教育工作特色

心理健康教育的目标和内容应针对学校性质和培养目标的实际情况而制定，否则目标就会笼统而空洞，内容庞杂而无序。职业学校与普通学校在培养目标、教学方式及学生毕业后的去向等方面均存在较大差异，但目前职业学校在心理健康教育工作方面基本上都是延用普通学校的模式，没有针对中等职业学校的校情，也没有充分考虑学校中职学校学生心理发展的特殊性，导致中等职业学校心理健康教育工作特色不鲜明，广大职教心理健康教育工作者也无所适从。

（二）科学性及实效性不强

学校心理健康教育是针对学生可能出现或已经出现的心理问题、心理障碍而实施的，有极强的实效性。有的中职学校把心理健康教育看作一种时髦的教育口号和标志，抓心理健康教育只是为了满足一时之需，如应付检查、评比、达标等。开展一些名不副实的心理健康教育活动，为的是对上级教育行政部门有一个"交代"。一些中职学校的心理健康教育机构形同虚设，使中职学校心理健康教育难以达到预期的目标。有些中职学校认为心理健康教育就是进行心理咨询与治疗，于是专门设立心理咨询室进行心理辅导，但辅导教师的心理咨询技术掌握得不好，不但没有解决学生的心理问题，反而加重其心理负担。也有中职学校认为心理健康教育就是上心理学知识课，同以前的思想政治或品德教育课一样，按照固定的教材、固定的内容、固定的形式上课，这种流于形式的心理健康教育课逐渐受到学生的冷淡，效果并不好，于是心理健康教育就成了形式上的课业负担。这些都反映了当前中等职业学校心理健康教育工作的困境。

（三）重障碍性心理咨询，轻发展性心理健康辅导

对学校教育来说，"发展性为主的教育模式是将全体学生作为心理健康教育对象，针对学生共同成长的课题给予指导，同时兼顾少数有障碍的学生心理的治疗与行为的矫正。"而调适性教育（也称补救性教育）模式，则更多地关注解决学生各种心理危机，缓解和消除学生的严重的心理异常。虽说帮助和指导有心理障碍的个体摆脱精神痛苦是十分重要的，但是，调适性教育存在以下问题：一是对象范围较小，咨询的针对性很强，对大多数健康的学生来说没有太大的教育意义。二是心理咨询和治疗的难度较大，对咨询者的专业素质要求较高，如果条件不具备，将很难获得理想效果。三是患者要花费大量的财力和时间，忍受精神痛苦的时间较长。四是调适性教育必须建立在受教育者主动寻求帮助、自愿接受调适的基础上才能发挥作用，如果个体缺乏自我调整的积极性，那么任何人都是无能为力的。五是教育者有可能把许多在发展中不可避免出现的一些现象也视为心理问题，这样做的结果，不仅可能给正在成长中的青少年带来新的心理压力，还有可能夸大心理问题的严重性。

大多职业学校重障碍性、调适性心理咨询、心理治疗，轻积极的、发展性心理健康辅导。一些地区和职业学校运用成人心理测量问卷调查后得出学生中有明显心理障碍的比例在 1/3 甚至一半的结论，就显得有些夸大其词了，不能不说是这种调适性教育模式的必然结果。如果教育者主要关注心理障碍本身的解决，对于如何提高心理素质、预防心理疾病、开发个体潜能等方面关注较少，就可能造成教育的标准降低、教育目标的偏离。

从目前的实际情况看，许多职校认为只有建立心理咨询室才算开展了心理健康教育，把心理健康教育的主要任务和工作重点放在了少数职校生心理问题的咨询和治疗上，忽视了绝大多数的职校生。2004 年 7 月教育部颁发的《中等职业学校学生心理健康教育指导纲要》第 2 条明确提出："开展中等职业学校学生心理健康教育，必须坚持发展与预防、矫治相结合，立足于发展的基本原则。"教育家杜威关于学校教育与训练的见解也印证了这种观念："当重点放在矫正错误行为而不是放在养成积极有用的习惯时，训练就是病态的。"❶ 可见，发展性心理健康教育是职业学校学生心理健康教育的必然选择，职校开展心理健康教育应当面向全体职校生，着眼于绝大多数职校生的共同需要和普遍存在的问题，与此同时要重视个别差异，最终将心理健康教育具体到每个学生。

（四）缺乏心理健康教育的专业人才

与世界上开展心理健康教育较早的国家相比，我国的学校心理健康教育发展是不平衡的，广大农村尤其是边远地区在教育部文件下达以后的几年中，心理健康教育仍未提上议事日程。其中原因是各方面的，但缺少教师尤其是经过正规的训练的教师是其中最主要的原因。根据海外的实践经验，心理健康教师应该像医生一样，必须经过系统的专业化训练，否则可能导致误诊、误导、误人子弟。

学校心理健康服务质量的优劣固然取决于学校的客观条件，如周详的计划、严格的组织、充足的物质资源等，但人员的素质可谓是服务质量的

---

❶ ［美］约翰·杜威. 学校与社会［M］. 赵祥麟，等，译，北京：人民教育出版社，1994：148.

决定性因素。相对于学科教师促进学生认知发展的作用而言，学校心理健康教育工作在促进学生心理与行为改变和发展方面更具复杂性，所以培养的要求应该更高。联合国教科文组织曾提出学校心理教育工作者应具有资格的三条最基本要求：第一，获得教师的专业资格；第二，至少有五年的教学经验；第三，接受过大学的高级心理学训练。● 而目前中等职业学校现有培养机构无法从质和量上保证这一要求。另外，当前从事中等职业学校学生心理辅导的教师大多数是半路出家，有团队干部、班主任、校医、政治课教师等，对心理学知识尤其是心理辅导的基本知识缺乏必要的了解和掌握，因此这项工作的科学性和严肃性受到了损害，使得中等职业学校心理辅导的质量难以很快提高，极个别教师甚至误导了这项工作的发展方向。而目前在无法配备心理学专业教师的情况下，大部分中等职业学校是由有志于心理健康辅导的德育教师来承担这方面工作，有时因为专业限制而对遇到的问题无法解决，对心理健康教育活动的设计与技巧的运用感到困难。部分教师教育观念与手段落后，在教育过程中没有重视发挥学生的主观能动性，只是强调严格执行规章制度，缺乏人性化的管理，即教育手段是简单限制式加批评教育式，导致学生的尊重需要得不到满足、逆反心理加重，出现各种各样的心理问题。

（五）专业信息与技术落后

心理健康教育不仅需要提高工作人员的水平，提高"软件"的质量，同时也要在信息与技术等"硬件"方面下功夫。心理辅导要建立在正确的评估、诊断的基础上。随着科技的进步，传统的教育模式也在发生变革。世界各国都已注意到了在教育领域中利用信息传媒教育，它可以传输声像图文并茂的多媒体信息。1996 年美国提出了"教育技术行动"，就是要把美国所有的学校和教室都联到信息网络上。

在我国中等职业学校中往往缺乏必要的评估手段，测量工具落后，许多修订的量表因不合中职学校校情而不能发挥评价作用，对中职学校心理

● 王菊芳. 当前学校心理健康教育中存在的问题与对策［J］. 四川职业技术学院学报，2005，15（2）：74.

健康教育的发展极其不利。而且由于部分从业人员的专业化水平较低，特别是缺乏相应行为规范的约束和指导，在实际教育过程中失控现象时常发生，并造成了一些极为负面的影响，如滥用测验量表或其他测验手段，随意解释测验结果，缺乏对测验结果及学生心理问题的保密等。还有，未经加工处理和改造，直接将普通中小学校的有关心理咨询与辅导的原理、方法、技术和手段等照搬到特殊学生群体的中等职业学校教育活动中，显得弊大于利。

总之，心理健康教育在我国起步较晚，并且多属"舶来品"，在职业学校心理健康教育的发展过程中，尤其是在发展初期，出现这样或那样的问题也在所难免。但需要指出的是，这些问题如果不能及时匡正，很可能会使我国中等职业学校心理健康教育事业偏离健康发展的轨道而误入歧途。在充满竞争与挑战的知识经济时代，我们必须高度重视对学生进行心理素质教育特别是进行心理健康教育，切切实实地把这项工作抓好。如何总结我国二十多年来心理健康教育的经验，形成有中国特色的职业学校心理健康教育体系，提高心理健康教育的科学性和实效性，将是所有心理健康教育工作者为之奋斗的光荣使命。

第三节　中职生心理健康教育的积极策略

中职生无论在学习方式、文化基础、经济状况等方面都明显区别于其他普通学校中学生，有他们特有的思维方式和心理问题。为了满足中职生的内在需求，提高中职学校心理健康教育的效果，使心理健康教育真正起到优化学生心理素质的作用。针对中职生心理健康教育的现状，结合中职生心理健康教育工作的发展趋势，进一步加强和改进心理健康教育，积极构建中职生心理健康教育模式，中职学校应努力做好以下几方面的工作。

一、以推进中职生心理健康教育的科学研究为先导

二十多年来，学校心理健康服务得到心理科学理论的强有力的支持，但是理论上的发展却出奇地缓慢，理论与研究的缺乏阻碍了学校心理健康

教育的发展。学校心理健康服务重在实践，这不免使心理健康教育理论研究活动无形中沦为额外的事情，只有实践而无研究，任何工作都会显示出机械性，这样做绝不是专业化的。心理健康教育的可持续发展必须依靠科研，必须在正确的理论指导下才能避免走弯路。心理健康教师不应该以当前条件下自己的工作为满足，而应该力求探索更有效的方法和技术，验证过去并改进将来，使这项事业能得到持续的进步。科学精神与研究能力的训练应该成为心理健康教育培养中的一个重要内容。心理健康教师的工作绝不是简单的重复，每一个新问题带来的都是新挑战和新的发展机会。要学会根据自己眼前的工作成果为以后的工作改进做准备，不忘记从工作中收集经验，就如同科学家收集事实为做进一步的研究分析一样。

学生心理健康教育科研活动必须遵循中职生身心发展规律，必须符合素质教育转轨的总体要求，既要探索当前形势下学生心理健康教育中理论层面的问题，又要解决学校教育中的实际问题。因此，必须加强心理健康教育科研。

通过中职生心理健康教育科研：一要调查了解中职生心理健康状况，了解教师心理健康水平；二要探索符合我国中等职业学校教育特点的心理健康教育规律，总结概括心理健康教育理论；三要归纳适合中职生心理规律的心理健康教育途径、策略和方法，促进中职生心理健康教育的开展；四要研究确定中职生心理健康教育评价体系；五要提高教师的心理健康教育理论水平或解决实际问题的能力；六要建立中职生心理健康教育组织机构，制定相关管理制度。

中等职业学校学生心理健康教育有其特殊的工作对象、内容与环境，不能照搬普通中小学心理健康教育模式，必须考虑到可能出现的"橘越淮而为枳"的弊端，中职学校学生心理健康教育应该建立自己的理论体系和方法论体系。因此，在心理测量和心理辅导的基础上，我们必须下大力气做大量深入细致的专题研究工作，对中等职业学校学生的学业焦虑、人际交往障碍、情绪障碍、人格发展障碍、恋爱误区、择业就业等方面进行专门剖析，摸索出更适合中等职业学校校情和中职生身心发展特点的心理健康辅导方案，从而取得心理健康教育工作的更大成效。

江苏省徐州市职教中心从 1999 年 11 月起，相继承担了徐州市教育科学"九五"规划课题《职中学生自卑心理的调查研究和团体辅导》的研究和江苏省教育科学"十五"规划立项课题《中等职业学校心理教育的理论和实践研究》。通过心育课题的研究和实施，使学校的心理健康教育科学而有序的深入发展，也使更多的老师关注学生的心理成长。热爱学生，相信学生，给每个学生以积极的期待，用自己的情感魅力和工作艺术启迪学生的心灵。"以学生为中心，以学生发展为本"的现代教育观念在更多老师的心中深深扎根，极大地促进了学校素质教育的开展及学生良好品格的形成。

二、加强中职生心理健康教育师资队伍的专业化建设

心理健康教育师资是中等职业学校心理健康教育的主体和关键，是实施心理健康教育与培养高素质劳动者的根本保证。要提高中等职业学校学生心理健康服务的质量，必须加强心理健康教育师资的培养。

第一，建立一支专职心理健康教育的教师队伍。目前，从事职校心理健康教育人员素质参差不齐，专职人员很少，兼职人员较多，这对职业学校心理健康教育将会产生消极影响，因此，必须改变这种状况，将以兼职教师为主转变为以专职教师为主、专兼职结合的模式。

第二，加强心理健康教育教师的专业培训。教育者必须先受教育，塑心灵者首先要塑造自己的心灵。在中职生心理健康教育中，加强教师的培训显得尤为重要。中职校既要对全校的教职工进行加强学生心理健康教育必要性和紧迫性的教育，以增强全校教职工的心理健康教育意识，又要有重点地选择部分教师进行各种类型的培训，以提高他们心理健康教育的理论水平和操作技能。从事心理健康教育是一项专业技能，必须通过培训使教师掌握心理学的基本理论和知识，具备进行心理健康教育所需的知识和能力，并逐步形成持证上岗制度，同时还要注重引进心理健康方面的专业人才，使外部引进和内部培养结合起来。

第三，重视教师自身的心理健康。教师自身的心理健康问题不仅影响教师个人的发展，而且影响学生的心理健康。古人云"师者，人之模范

也"。教师不仅是知识的传播者，还应成为学生道德学习上的楷模。如果"模不模，范不范"，何以为人师？众所周知，教师的职责是教书育人，育人的内容又包括了育德、育心。心理健康是教师素质的核心要素，也是教师整体素质和提高教育教学质量提高的基础与保障。如果教师自身缺乏健康心理，何以能够培养出心理健康的学生？有调查表明，学生不良情绪的80％来自身边的长者，当然也包括教师。因此，应把师源性的心理行为问题减到最低限度，避免学生受到消极影响，从而优化学生成长的环境。

另外，针对我国实际情况，我们应该充分发掘班主任队伍中蕴含的巨大资源，在此基础上，培养一大批能够开展学校心理健康教育的教师。学生心理健康教育是一项专业性强，要求高的艰辛复杂的工作，它不仅要求教师系统掌握心理学基本知识技能，而且对教师的综合素质，如知识结构、职业道德、人生阅历等，都有较高要求。教师是学生健康成长的引路人，其言行时刻影响着学生，他们的心理品格及师德形象，对学生心理品格的形成具有潜移默化的作用。因此，心理健康教师要不断完善自身，使自己具备合理的知识结构、高尚的道德修养、科学的生活方式和健康的心理品质，还要有过硬的专业素质、丰富的实践经验，以发挥在心理健康教育中的主导作用。中等职业学校学生心理健康教育需要一批具有高度责任感和事业心，而且具有心理健康教育知识和能力的教师。没有这样的教师队伍，中职学校的心理健康教育就不会深入，更不可能有成效。

三、通过多种途径实施立体化的中职生心理健康教育

中职生心理健康教育是一个多因素、多角度、多层次的系统工程，要采用多种途径和多样化的方法，将各种要素进行有机的组合与配置，达到整体大于部分之和的效果。为了优化中职生心理素质，解决学生中存在的心理问题，通过多种途径、各种形式的心理健康教育活动开展中职生心理健康教育是很有必要的。

（一）开设心理健康教育课

这是中职学校心理健康教育起步阶段所要做的一项重要工作，教师特别是班主任队伍缺乏心理基础知识和辅导技能，如果没有一定可资借鉴的

教材，没有课时计划和制度化的辅导时间落实，学校的心理健康教育就要落空。尽管有关专家不主张心理健康教育学科化，但实施的初级阶段，课程开设是必要的。当然，开设心理健康教育课与心理健康教育学科化是两回事，不能画等号，关键是看教育目标和教育方式。心理健康教育的主要目标不是向学生传授系统的心理学知识，而是通过多种途径，强化与学科教学结合，并有机地融合在班主任工作和学生思想品德教育中，体现在各种丰富多样的活动训练中，反映在学校的环境优化和社区教育资源的利用上。一般可采用游戏和活动为主的形式，主要包括心理训练、问题辨析、情景设计、角色扮演、小品表演、创造实践活动等。如果教师在课堂上系统讲述心理学的概念、理论，学生在书上勾勾画画，课后做作业、背诵知识点，还安排知识性的考试，这与我们提倡的心理健康教育课程理念是相悖的。

（二）实施班级发展性心理辅导

班级心理辅导是南师大著名德育专家班华教授积极倡导的，它以团体辅导及其相关的理论与技术为指导，以解决学生成长过程中的行为问题为目标，以班级为单位开展的集体心理辅导活动。促进学生个性健康发展是心理健康教育的首要目标。一般来讲，同一年龄层次的学生，心理发展水平基本上是处在同一层面。他们在智力、人格的发展中所碰到的问题和困惑，大体呈现出一种普遍性和规律性。因此通过以班级为单位的团体心理辅导，是完全可行的，实践也已经充分说明，它以其经济高效、团体强有力的凝聚力和影响力，有效地促进学生的个性心理品质的整体发展。活动是构成辅导的基本环节，精心设计好活动形式是辅导成功的关键。在操作上需要注意以下二点：

一要体现情景性。尽量做到具体形象生动有趣，能结合中职生生活实际，引起情感共鸣，角色扮演或小品表演要有情节及适当的道具，做到情趣盎然，激发学生兴趣。

二要体现互动性。班级心理辅导必须促成一种让每个学生都有话说、想说话的气氛。基本方法是采用小组合作学习的形式，每个小组以 4~6 人为宜，小组座位以 5 人弧形排列、5 人圆形排列、6 人马蹄形排列为主要形式。以这些小组为单位，组合成全班的圆形、方形、扇形、弧形、梅花形、散点形、对抗形等，从而形成良好的人际交流互动模式。

（三）开展课余心理训练活动

学校可针对中职生的身心发展特点，有计划地进行心理训练，可以利用课外活动，自习时间开展心理训练。例如，在学习活动中开展智力竞赛、知识竞赛，以训练学生的思维能力、应变能力及记忆力；针对一些学生上课不认真听讲，注意力不集中的特点，可进行注意力训练，提高他们的注意力；利用早习，限时间 10～20 分，进行智力体操，背诵特殊记忆材料，训练学生的记忆力和思维反应能力；开办创造思维课，进行组词竞赛、自由联想，发展训练学生的创造思维能力、想象力等。还可以进行人际交往训练，提高学生社会适应能力和处理人际关系的能力。中职学校还可以组织生动活泼的心理社团活动，培养学生的主体性。

上海一中职学校就重点培育了一个由学生自发结成的社团——"心理之友协会"。通过对学生中骨干力量的引导，然后由学生自己宣传与行动，产生辐射效果，把学校对学生心理素质的要求转化为学生们的内在需求和自觉运动。协会组织了一系列活动。如针对学生中的自卑心理，协会组织了《我很自信》巡回演讲团到各个班级进行演讲。组织五位学生参加了上海市中小学心理辅导协会与 5531 网站联合举办的高中组"妙语连珠"演讲比赛，他们以优异的成绩为学校、为社团增添了光彩，使学生们感受到：职校的学生能与高中学生相媲美，还把学生中的典型案例编成心理剧本，自导、自演心理剧。如《胆怯》《走出雨季的迷茫——追星一族》。

江苏省苏南某职业高级中学成立了"绿洲沙龙"，在各班学生自愿报名的基础上，组建心理健康教育小组，更深入地向他们传授心理学方面的知识，训练其心理素质，由他们去影响周围同学，以点带面，促进全体学生心理素质的提高。该校还开展了以学生自愿报名组成的"心理角"活动。对学生关注的热点、焦点问题，让学生自己展开调查，自己分析总结成因，并提出建议和措施。如就学生中出现的早恋问题，配合"友谊、爱情、早恋"专题讲座，开展讨论，提出了"什么是爱情、友谊、早恋？""导致有的同学陷入早恋误区的原因是什么？"等问题，在同学中引起了强烈反响。通过分析讨论，使他们在参与的过程中提高了明辨是非的能力，既解除了学生青春期的情感困扰，又为学校调整工作方法找到了依据。❶

总之，心理健康教育应以活动为主要载体，丰富多样的教育活动是心理健康教育取得实效的前提，也是区别于学科各科教学的主要特征。要坚持活动形式的多样化，凡是有利于激发潜能、扩充自信、完善人格的活动，不论形式如何，均可组织实施。活动的内容要注意精选，认真设计，确保心理训练的全面性和有效性。

四、充分利用现代传播手段开展心理健康教育

心理健康教育是一种心灵沟通，心理沟通的途径和方式多种多样。中职学校要利用现代电化教育手段，例如播放电视录像，录音和幻灯片等对学生进行心理健康教育；也可通过校内广播向学生传播心理健康常识和心理调适方法；利用学校宣传栏、板报、橱窗等登载心理教育内容；组织心理健康主题班会，引导学生进行心理沟通和交流；聘请专家为师生举办心理教育讲座；通过各科教学，加强师生思想交流，浸透心理教育内容等，这些都是进行心理教育的有效传播方式，均能收到理想的教育效果。网络的发展，增加了中职生获得心理健康知识的渠道，同时，上网已成为现代学生的时尚生活。因此，中职生心理健康教育也可以通过互联网进行超时空的对话与交流，建立网上心理咨询站、辅导站，及时解决中职生在学习和生活中所遇到的各种问题和困惑。

上海市振华学校就运用校园网让学生浏览浦东教育网上有关心理健康教育的内容；利用校园闭路电视系统开设"职业心理辅导"讲座；在校刊上开设"心理万花筒"栏目；举办"花季雨季"征文活动。❷

五、创设有利于中职生健康和谐发展的校园心理氛围

心理健康教育是一个系统工程，必须调动各方面的因素，从学校到社

---

❶ 任兴红，汤晓敏，沈伏英. 关于开展心理健康教育的探索与实践［J］. 职教通讯，2000（6）：45-46.

❷ 孙晓青. 职校开展心理健康教育的实践探索［J］. 职教通讯，2002（10）：56-57.

会到家庭都要为中职生创造良好的心理健康发展环境，避免学生经常性地陷入危机状态，发挥潜在的心理健康教育因素的作用，促进中职生在潜移默化中形成健康心理。维持其心理的平和、积极、顺畅，对于中等职业学校实现心理健康教育的目标也是重要的。

（一）重视良好校风、班风的建设

校园建设要有校风，班有班风，教有教风，学有学风，培养良好的"四风"，既能反映学校的特色，也是稳定的心理环境因素。学生的生理、心理、智力、能力等综合素质，在良好的校风校貌这个心理环境中能得到良好的发展。可见，良好的校风校貌也能为学校综合性心理健康创造良好的心理环境。坚持德育为首位，教学为中心，切实加强素质教育。经常开展师德师风教育活动，使学校教职工树立正确的人生观、价值观，以优良的校风、教风促进良好学风的形成。

对学生来讲，班集体是其主要的社会生活环境，良好的班风对个体的认识、情感和意志活动都会产生积极作用，创造一个良好的班级心理环境对实施心理健康教育是十分必要的。以开展丰富多彩的班级活动，建设班级文化，如开展主题班会，举行写作比赛，诗歌朗诵会，演讲比赛、文艺晚会、技能等一些活动，召开法制报告会等，使中职生感到生活充实，又能调动学生的学习兴趣，提供学生锻炼的机会，提高中职生的综合素质。

（二）加强校园环境的建设

环境和教育是个性心理发展不可缺少的条件，环境对人的影响是经常的、大量的，同时又是自发的。心理学研究表明，人的遗传素质和生理成熟只是心理发展的必要物质基础，社会生活环境则是心理发展的决定因素。

学校作为亚社会环境，是中职生学习、生活的场所，校园环境建设是潜在课程的重要组成部分，优良的校园文化对学生心理健康有潜移默化的教育作用。因此，在中职生心理健康教育过程中，中职学校要积极创造条件，改善环境，尽可能地体现"新颖、整洁、明亮、美丽"的风貌。优雅整洁的环境、活泼轻松的氛围，对学生的身心健康大有裨益。要把各种建筑物构建在绿化环境中，使学校成为花园式的大教室，让池塘、名花异草、茂林修竹、绿色草坪和曲径通幽的小道，也成为学生修身养性的教育资源。

增加文化体育设施，积极组织开展健康活泼、丰富多彩、积极向上的课余科技、艺术和娱乐活动，有利于学生活跃思想、广泛交往、调节情绪、淡化心理矛盾和冲突，改变中职生的特殊的学习生活模式，努力营造宽松、和谐、民主的学习、生活氛围，使中职生寓教于健康生动的校园文化，让愉快、积极的情绪感充满生活，成为推动学习、思想进步的力量。在集体活动中，提高学生的交往能力，建立起团结互助和谐的人际关系，引导学生感受集体生活的乐趣，增强合作意识和集体主义观念。以期达到把中职生培养成有理想、有道德、有文化、懂技术、会管理、善经营的中初级技术人才的目标。

山东省济南市第三职业中专精心营造校园"亲情"氛围，首先进行"亲情"教育，轻叩学生封闭的心扉，为心理健康教育营造一个宽松而富有吸引力的校园环境。学生踏进这所学校的大门，感觉迥然不同。迎门就是一幅醒目的"校长寄语"："走进来，你是三职专的希望；走出去，你是三职专的自豪。"学生们感到既新鲜又亲切。坐进教室，班主任的开场白是："我是你们的老师，也是你们的朋友，让我们互相尊重，互相理解，互相支持，共同度过三年的教与学时光。""让我们一切从零开始。我全然不了解每位同学的过去，也不想去了解，我只看现在，更看今后……"看到老师一副和颜悦色的样子，听到一句句诚恳而热情的话语，学生与老师之间的距离一下子就拉近了。学校实行"导师制"，即每一位教师与五位学生结成对子，任务是从心理上开导、生活上指导、学习上辅导、行为上引导，一"包"三年，直到毕业。全校近200名教师基本上"承包"了全部的"双差生"。学校还发起"爱心工程"，帮助下岗职工子女。每位学生每月节约一角钱，教职工每人每月捐助一元钱，建立起学校的"爱心基金"。在三职专，学生感到的是亲情，受到的是激励，得到的是尊严。他

们说，来这里上学就像在"家"一样。❶

（三）关注教师和班主任的教育行为

教师和班主任的教育行为是影响学生学习效果和心理健康的重要因素之一，教师和班主任可以营造出独特的课堂气氛，和谐温馨抑或是专横跋扈。学生在老师所创造的学习环境中，或者活泼开朗、积极进取，或者压抑内向、消极被动，甚至可能出现某些心理疾病。

建立良好的师生关系，营造一个关心、爱意、融洽、愉悦的心理氛围是非常利于中职生心理健康发展的。心理辅导是师生真情的流露、心灵的交融，是一种和谐的人际交流互动的过程。因此师生必须处在民主、平等的地位，要营造一种让接受辅导者感到安全的氛围，可以毫无拘束地从容地开放自己。为此，辅导教师和班主任必须做到真诚对待班上每一个学生，无条件关注和接纳学生，设身处地理解学生，感受学生的情感。以教师特有的人格特质缩短师生的心理距离，形成宽松和谐的心理氛围。

教师应加强心理健康教育教学理论的学习，更新心理健康教育教学观念，多听取学生的意见，积极探索和改进教育教学方法。教师应善于运用现代化的教育教学手段，辅助教学，提高心理健康教育教学质量。教师应根据中职学生的具体情况，加强学生学习方法的指导。

山东省济南市第三职业中专每位教师的胸前都佩戴"上岗证"，上面有教师的名字和照片，以及一行特别醒目的黑体字：爱生如己，教生如子，待生如友。在这所学校里，这句话被当作最高尚的职业道德，题写在教师上岗的资格证上。在该校，所有的领导干部都是为师生服务的，全体教师又都是为学生服务的。比如在专业设置上，学校考虑到免试入学的学生的情况，开设了财会、旅游、烹饪及其他12个大众化专业，学生学什么专业，全凭个人志愿。这种个性化的安排，无疑有利于学生学习兴趣的激发。学校老师们相信"师爱"的力量。在工作中，用"师爱"抑制不良，慢慢地将心灵受伤的孩子搀扶到正路上来。学校有一位原来表现不错的学

---

❶ 吴红玲，赵显坤. 走出"围城"海阔天空——山东省济南市第三职业中专心理健康教育的探索与实践［J］. 中小学心理健康教育，2003（1）：9.

生，初三时接触了一些无业朋友，学会吸烟、喝酒，学习成绩一落千丈。进入该校后，因为打游戏欠了债，一天中午偷走了同学的 60 元钱，班主任在确认是该生所为之后，便拿出钱偿还了失主。然后，便是师生娓娓交谈，该生很受震动。❶

（四）建立良好的心理健康教育家庭支持环境

每一个中职生都是社会人，他们的思想、观念、情感、行为方式、道德价值观等无一不受到社会的影响，无一不受到家庭的影响。我们都有这样的共识：家长是孩子的启蒙老师，孩子是家庭的一面镜子，家庭对青少年人格的影响，从某种意义上说，比正规的学校教育更为持久和深远。因为家庭亲情的力量是巨大的，不良的家庭环境和错误的教养方式，往往会使学生品德不良、行为异常。所以开展心理健康教育，必须开展家庭心理辅导，提高家长的心理健康水平，对家长普及心理学知识和心理辅导方法，引导家长逐步自觉运用心理辅导理念和方法，提高家庭教育质量。以家长学校为阵地，建立多元化双向互动的家庭心理辅导模式。

一是面授式。即由学校心理辅导老师向家长做报告和讲座。这种方法的好处是能召开大规模的家长会，在有限的时间内，集中大量宣传心理辅导方面的知识，使家长接受较多的信息。缺点是缺乏针对性，忽视了家长的主观能动性，不能很好发掘家庭中的心理辅导资源。

二是沙龙式。在家庭教育方面存在相同问题的或教育有方的部分家长，环绕家庭心理辅导的某一内容，开展小型讨论和漫谈。这样，家长不感到拘束，可以各抒己见，畅所欲言，相互探讨，相互启发，针对性强，效果明显。

三是个别交谈式。教师上门家访或请家长来校，针对学生个体出现的心理和行为问题，辅导员从心理学角度与家长共同探讨教育良策。可以是辅导员与家长一对一的形式，也可以是辅导员与家长、学生三方共同讨论。

---

❶ 吴红玲，赵显坤. 走出"围城"海阔天空——山东省济南市第三职业中专心理健康教育的探索与实践 [J]. 中小学心理健康教育，2003（1）：9.

四是书面交流式。学校利用校报校刊，摘抄国内外家庭教育经验，传递先进的育儿知识；也可编发本校家长自己写的文章，交流家庭心理辅导心得，供家长借鉴。

中职学校还可以开展各种游戏活动，让学生和家长通过情景体验、角色扮演中，增进感情、善于沟通。上海某中职学校就在心理辅导课上开展了"爸爸、妈妈和我"为主题的游戏辅导，让学生以"爸爸妈妈、我想对您说"为题给家长写一封信；要求学生以"爸爸妈妈的心愿、格言、成就、遗憾"为内容进行采访当一回小记者；让学生以"假如我现在到了我父母的年龄，我会对自己的孩子说什么？"为中心组织座谈会。通过学校开展的一系列亲情辅导活动，培养了学生对父母的感情和与家长沟通的能力。

中职学校心理健康教育应是一个开放的系统，学校教育与家庭教育只有和谐合拍，才能逐步为中职生的精神发育提供专业有效的心理支持系统。

本章小结

中等职业学校开展心理健康教育，是根据社会发展的需要、教育改革的要求和年青一代心理发展的规律而提出的。中职生心理健康状况存在不少的问题，令人担忧。中等职业学校心理健康教育虽呈现出多样化的走向，但建构还不够系统和完善，存在诸多问题。为了优化中职生心理素质，解决学生中存在的心理问题，通过多种途径、各种形式的教育活动开展中职生心理健康教育很有必要。针对中职生心理健康教育的现状，依据模式构建的理论分析，结合中职生心理健康教育工作的发展趋势，努力做好各项工作，进一步加强和完善中职学校心理健康教育，积极建构中职生心理健康教育模式。

（本章作者　豫章师范学院　周琢虹）

职校生学习力教育的研究

职校生正处于身心发展的转折时期，随着学习生活由普通教育向职业教育转变，发展方向由升学为主向就业为主转变，他们在学习内容、学习方法、学习形式等方面必然会面临新的情境，产生新的问题。职业学校阶段既是职校生为未来工作、生活做准备的阶段，又是学会学习的最好时期。因此，职业学校引导职校生学会学习，是实施素质教育的需要，也是提高职校生全面素质和综合职业能力的必然要求。

第一节　学习力研究概述

一、学习力的基本要素

学习力一词，最早是 1965 年由美国麻省理工学院的 Forrester 在《一种新型的公司设计》一文中提出，直到 20 世纪 90 年代中期，逐渐成为一项前沿的管理理论，被广泛运用于企业管理领域。现代教育和心理学界也开始研究探讨各自领域的学习力课题。

学习力，是指人获取知识、分享知识、运用知识和创造知识的能力，在个体成长过程中，学习力的不断发展是取得成功的重要因素。一个人的学习力主要表现在他的知识总量、知识质量、知识流量以及知识增量上。知识总量即个人学习的涵盖程度，也就是知识面的大小，知识质量是指学习的品质和效率，通过个人素质表现出来，知识流量指个人对知识的吸纳和扩充的能力以及学习的毅力，知识增量即个体对学习的积累和创新，并将所获得的知识转化为价值的能力。

从学习力的构成要素来看，学习力主要包括学习动力、学习能力、学习毅力和学习创造力。各要素既相互区别又相互联系，学习动力是推动学生主动学习的源动力，促使学生为实现某一学习目标积极努力，根据学习动力的来源不同，可以分为内部动力和外部动力。学习能力可以反映出学生在学习活动中对知识的掌握和理解并快速吸收消化的能力，主要表现在学生的学习效率和学习转化率。学习毅力反映出学生对待学习的坚持性，知识内容的巨大变化和快速更新，更加需要学生有持之以恒的精神。学习创造力是指学生将学到的知识转化为自身的认知，并且能够推陈出新，独辟蹊径。只有将学习力的各要素有机结合在一起，职校学生才能发挥自身潜能，进行优质高效的学习活动。

二、学习力的内涵研究

"终身学习"已经成为教育发展的时代主题，创造性的、高效的学习方式更是对教育意涵的进一步拓展和提升。学习力作为学生学习发展的重要积极因素，是促进学生学习品性不断提升的动态能力系统，是衡量个体综合素质和竞争能力的核心要素，更是个体核心素养养成与发展的"增长极"，对周围素养的养成具有引领和示范作用；因而国内外学者对于学习力的研究从不同侧面做出理论解释与分析，以寻找激发学生学习潜能的途径，培养关键能力和必备品格，培育核心素养。总体来看，学者们对于学习力的理论内涵研究主要集中在六个方面，即品性观、素质观、能力观、发展观、能量观和综合系统观。

品性观。学习力是个体在学习活动中发展形成的一种个性心理品质。从这个意义上讲，每个个体的学习内涵品性的形成都存在不同程度上的侧重，相反，学习活动也改造个体的思想观点、心智模式以及心智机能。基于皮亚杰"一切心智行为都拥有结构侧面和能量侧面"的观点，研究者认为学习活动本身会塑造学习者一定时期内的学习品质，这种学习品质具体表现为学习者的学习力；从结构侧面来看，认识形成心智结构，从能量侧面分析，情意成为能量产生的动力，概而言之，个体的学习力是由学习活动引发、由心理结构和身心能量组成的一种个性心理品质。●

素质观。学习力是现代人的基础文化素质。研究者经过理论基础研究与实际应用拓展，发现学习力的构成要素可以分为理论化"四要素"和实践性"七要素"。从理论方面来讲，可以概括为学习过程中的感知、学习任务中的思维、对学习的完整规划以及与其他学习者之间的关系建立；从实践方面分析，主要有学习者的变化与成长、批判性和探究性、知识系统的建立、创造性思维、合作学习能力、策略意识以及坚韧乐观的精神。●学生参与任何学习活动都会体现这种素质，而各要素的统合是发展学习力的关键。

能力观。学习力是通过获得与运用知识最终改变工作和生活状态的能力或动力系统。该观点重视个体在"力"的层面所产生的效果及对人的影响，强调通过学习获得的"力"对人发展的实际作用。认为学习力是在有目的的学习活动中，以听说读写交流等渠道获得知识技能的学习为基础，通过实践、体验、反思、环境影响等途径进行的学习为提升，达到新思维新行为的学习效果的动态能力系统。●

发展观。学习力是学生的生长力，是学生的生长、生成和发展。● 该理论通过对学习力结构的重新构建，认为各结构之间相互独立又相互联系，揭示了不同层级所对应的人的发展基础、发展方式和生成过程以及发展的最高要求，形成既全面又个性多样的发展模式。其旨在培养具有自动

● 谷力. 学习力——个体与环境相互作用的产物 [J]. 上海教育科研，2009 (7)：66 – 67.

● 亚婷. 英国 ELLI 项目学习力理论要素、提升策略及启示 [J]. 教学与管理，2015 (21)：118 – 120.

● 瞿静. 论学习力理念从管理学向教育学领域的迁移 [J]. 教育与职业，2008 (3)：64 – 66.

● 裴娣娜. 学习力：诠释学生学习与发展的新视野 [J]. 课程·教材·教法，2016，36 (7)：3 – 9.

性、主动性和创造性的个体，是对人的发展应具有的基本要素和个性化发展机制的阐释。

能量观。学习力是存在于人类自身，直接影响人类随着时间生长、发展和获得成就的生命能量。学习力是一个比较抽象的概念，它具有不可见性，但却通过实体间接表现，它是学习意愿与学习结果相互作用产生的能量，存在于人与人之间，与人的思想、情感、需求和行为有关。❶ 个体学习力的发生是一种有意识的行为，其高低影响个体学习行为的有效性，从此观点出发，我们可以认为学习力的发生与构建实质上是为个体的学习活动及其发展提供能量的过程。

综合系统观。学习力是学习者持续不断学习的各种力量因素的综合系统。该理论认为，学习力包括动力系统、行为系统、调节系统以及环境支持系统，各系统又细分为 26 个具体维度；学习力的培育与生成重心在于以学习能力为核心的行为系统，在这其中，动力系统是前提，调节与支持系统是保障。❷ 从学习者为中心的角度出发，构建多种环节，强调"教"的过程中的理念转变与工作创新，以此实现"还教于学""还学于生""还生于人"的重要转变。

对学习力内涵研究的定位与理解国内外学者各有侧重，研究角度与研究领域也在不断深化和扩展，各理论之间仍存在较大差异，明晰的理论与概念的定位还在探索之中。可以看出，学习力这一概念要素的多样性与复杂性，这也表明学习力在学习活动中的重要地位与作用。对学习力的深入研究仍在继续，而以提升和发展职校学生学习力为重要目标的职业教育已经进入新时代。

三、培养职校生学习力是职业教育发展的时代诉求

培养学习力是现代职业教育内涵发展的重要目标，教育的核心目标就

---

❶ Crick，D. R. Learning how to learn the dynamic assessment of learning power ［J］. The Crriculum Jurnal，2007：142 – 144.

❷ 贺武华．"以学习者为中心"理念下的大学生学习力培养［J］．教育研究，2013，34（3）：106 – 111.

是培养人，职业院校要为社会经济转型升级发展提供大量高素质的技术技能人才，更加关注培养职校生的核心素养，注重高质量、内涵式发展也日益凸显。作为现代教育的一种类型，职业教育对象的特殊性和教育内容的延展性，推动现代职业教育观念的转变与扩展，更加注重培养人的积极心理品质。将学习力这一概念引入现代职业教育，能够为职校教育工作者提供新颖的教学视角和先进的教学理念，进而丰富职业教育教学的思想内涵和创新依据，进一步完善职业教育教学实践体系。可以说，促进职校生又快又好的积极发展，培养学习力是现代职业教育关注的重点，是为社会培养高素质的劳动者和技术技能人才目标的应有之义。

培养学习力是职校生进行有效学习活动的重要基础。职校学生在学习过程中，往往会出现"力不从心"的状况，一些学生对待学习很认真，很刻苦，但学习结果并不能够令人满意，这种现象往往会挫伤职校生的学习积极性，导致他们对学习失去兴趣和耐心，精神状态低迷。职校教育应指导学生正确认识和发现自身的潜力潜能，引导学生发挥自身独特的优势，掌握学习的技巧和方法，培养学生思维的形象性和敏捷性，进行高质量、高效率的学习活动，激发学生学习的自主性、自觉性和自发性，让学习活动和过程有效、高效、实效。

培养学习力是积极推动职校生成长成才的重要途径。不少职校学生因升学考试失利而有失落失败感，对于学习考核评价尤为敏感和焦虑。与普高生相比，职校学生在文化学习方面大多处于劣势，但这并不意味着他们一无是处，一般而言其形象思维发展较好，动手能力较强。积极探究和挖掘促进职校生学习的内在动因，帮助职校生建立学习自信心和获得感，增强学生积极进取和追求卓越意识，引导每一个学生努力成为最好最优的自我。引导他们坚信"天生我材必有用"，在学习过程中能够扬长避短，自觉成为高素质的劳动者和技术技能人才。

培养学习力是职业院校教育教学改革创新的重要举措。职业院校教育教学改革的重要内容之一，就是发展和培养学生的学习力。教育部在《关于深化职业教育教学改革　全面提升人才培养质量的若干意见》明确提出，要健全教育教学质量管理和保障制度，以增强学生就业创业能力为核心，加强思想道德、人文素养教育和技术技能培养，全面提高人才培养质量。基于积极教育的角度观照学生学习素养的客观问题，系统培养学习力是职业院校深化教育教学改革创新的重要举措。

第二节 职校生学习力问题的现状分析

职校学生的学习问题一直是职业教育界关注的重点课题，帮助和引导职校生"学会学习"是现代职业教育教学的重要使命。当前，部分"00后"职校生存在学习动力不足、学习能力不强、学习毅力薄弱和学习创造力较低等诸多问题，这些问题归根结底是学习力方面的缺陷，严重影响和制约着他们的学习成效、生活质量和个性发展。正确认识和理性分析职校生学习力问题的心理成因，由表及里，由浅入深，追根溯源，对"症"下药，培养具有优良学习素养和积极乐观心态的职校生，对于推进职业院校教育教学改革创新，全面提高职业教育人才培养质量，具有重要意义。

一、职校生学习力问题的心理分析

在职业教育过程中，职校生在学习上表现出更多的独特性与多样性，他们善于在实践学习中自我积累，长于具体化和情境化的学习内容，操作技能和实践应用的学习目标，行动活动和团体合作的学习方式，并具有较大的学习潜能及较强的心理可塑性。与此同时，我们也应积极关注、客观分析和理性反思职校学生在学习力方面的诸多心理问题。

1. 学习动力不够充足

职校学生在教育情境中对自己的学业发展认知不足，定位不准，目标不明，发展方向模糊，缺乏学业成就感，易过度焦虑，厌学情绪强烈；看不到自己的潜力和优势，对课堂学习兴趣不浓，动力不足，不愿多请教老师，大部分学生处于被动学习的状态❶。对职校生学习动力的调查结果纵向分析发现：近十年来，职校生的学习动力水平总体处于偏下水平，2006

---

❶ 孙芳. 高职学生学习力的提升 [J]. 教育与职业，2013 (11)：190 – 191.

年的调查研究结果表明，有52%的职校生缺乏学习积极性和主动性，对学习活动厌烦、逃避甚至放弃；❶ 至2013年，该数据上升至54%；❷ 2017年，更为具体的结果表明，有63%的学生遇到问题只求应付通过，85%的学生有过逃课行为，47%的学生经常抄袭作业。❸ 可见，长期以来，职校生学习动力低位徘徊甚至有所下降，部分学生对自己所学专业理解表面化、形式化，对知识的掌握仅停留在课堂之内。课前不预习，上课不听讲，课后不复习已成为部分职校生学习的基本态势，严重影响其学习效果，学习质量停滞不前。

2. 学习能力不够理想

职校学生的知识基础相对薄弱，且未能掌握适合的学习技能和方法，与普高生相比，他们的注意力、记忆力、思维力、理解力和观察力等相对较低。一项关于中职生学习能力的调查研究结果表明，有53%的中职生的个人自主学习能力呈中下水平，仅有5%的学生自主学习能力良好，有70%的学生学习策略使用不当，难以对学习内容进行有效加工，自我效能感较低。❹ 表层片面的思维加工方式，使职校生的学习转化能力和更新能力受限，内化为自身素养的速率减缓，知识转化力不足；在基本的学习活动中，学习方法运用不当，注意观察不够深入，累积扩充能力弱，知识消化速率低，有效运用额度少，独立执行力度小，部分学生在学习上花费的时间与学习效果反向交叉，长此以往，学习积极性受到抑制，学习效率日趋低下。

3. 学习毅力比较薄弱

作为学习毅力的重要因素，学业韧性是指学生在面对学业中的逆境、困难、威胁或重大压力时的有效应对并取得学业成就的现象，也可称为

❶ 《职业学校学生学习效率问题研究》子课题组，陈丹辉，陈丹. 职校生学习状态总体欠佳、水平差异显著——关于职业学校学生学习动力状况的调查报告 [J]. 职业技术教育，2006，27 (15)：38–43.

❷ 高红琴. 90后高职学生学习动力调查研究 [J]. 职教通讯，2013 (16)：70–73.

❸ 盛爱存. 职校生学习动力缺乏的原因分析与教学对策 [J]. 职业，2017 (19)：67–68.

❹ 王静. 积极心理学视角下提升中职学生自主学习能力的研究 [D]. 浙江师范大学，2017.

"弹性"。近年来关于学习毅力的调查研究结果均表明，职校生在学业困境应对方面处于弱势，2011 年的调查表明，遇到困难能够坚持并寻求解决办法的学生仅占 14%，33% 的学生回避问题，置之不理；❶ 至 2016 年，职校生的学业困境应对与其他学业支持因素相比位列末端，❷ 成为职校教育亟待解决的重要问题。一些职校学生在面对学业困境时，不能充分利用自身的有利因素，容易气馁，坚持性不足，缺乏学习毅力。在面对学业压力时，应对方式消极，忙于应付，不会调动自己的社会支持系统去调适学业压力；面对繁杂枯燥的学习内容，他们往往缺乏耐心，不愿深入思考，不能进行积极的自我暗示，从而导致学习意志薄弱，自觉性和坚韧性下降，并形成对自己的负面评价，认为自己一事无成。

4. 学习创造力有欠缺

学生对于知识的再发展和再深化，是基于其对以往所获知识的再理解和再巩固，扎实的知识根基是学生进行有效知识转化和拓展的重要前提。但职校生外显的学习特征和学习能力，使他们无法充分有效地进行知识再加工。调查表明：在学习活动中，具有想象力和创新意识的职校生仅占 15%，有 60% 的学生不具备信息采集和分析能力，70% 的学生对所学内容不深思、不质辩，67% 的学生从未参加科技创新活动。❸ 职校生缺乏思维的扩散性和聚合性，对待学习内容不求甚解，使得他们的思维方式单一刻板，分析问题片面单调，未能养成良好学习习惯，进而造成职校生的想力和创造力受到约束，对学习内容难以延伸和扩展，其创新能力逐渐弱化和淡化。

5. 学习心态消极悲观

在学习活动中长期的劣势地位，使得一些职校学生对于所学内容及自身能力缺乏认同，对自己为什么学习比较模糊，认为自己学习能力差，发

❶ 李晓莹，李影. 高职生学习投入现状调查研究及思考［J］. 西北成人教育学院学报，2014（6）：25－27.

❷ 金雪，熊敏，高敏. 中职生学业自我与学业韧性的关系［J］. 中国健康心理学杂志，2016，24（9）：1389－1392.

❸ 瞿万波，李燕. 高职院校大学生创新能力调查［J］. 教育与职业，2013（10）：46－48.

展空间小。因而在课程学习中，存有不同层面的消极表现，据调查，有 54%的职校生存在不同程度的缺课现象，30%的学生上课心不在焉，注意力分散，42%的学生对待考试淡漠，不复习、不重视。❶ 导致学习成绩和学习状态恶性循环，部分学生对于学习看法消极，对自身评价过低，贫乏的知识储备使他们在学习活动中步履维艰，因而对学习存有抵触心理，在课堂教学活动中不参与，不互动，不合作，持有一种"得过且过、将就着过"的消极心态。对自己所学专业持负面评价，认为自己的专业将来难有作为，无法实现自己的人生抱负与理想，带有常见的专业自卑心理，❷ 存在"混一天，是一天"的不良心态。

6. 学习投入度比较低

学习投入是指个体在学习过程中表现出的一种积极完满的情感、认知状态，表现在活力、奉献和专注三个维度。在面对学业任务时，部分职校学生难以专注、投入，易受周围环境的影响，注意力易分散；对于稍显难度的学习内容，通常精力不足，耐性不够，不愿努力，容易放弃，难以感受到学习的成就感和满意感。对于学习投入的调查结果表明：仅有54%的职校生能够主动投入课堂学习活动，45%的学生不愿利用课余时间进行学习，48%的学生没有学习的积极体验，❸ 从学生的课堂实际表现来看，职校生对待学习热情不高，重视不够，投入不足，认识不到学习的意义。长此以往，职校生就会忽视学习目标，无视学习内容，漠视学习评价，轻视学习结果，造成学习效果不理想。

二、职校生学习力问题的教学反思

职校生存在的学习问题与其学习力发展是紧密联系的，学习力低下的职校生往往存在诸多心理健康和生涯发展问题。职校生的学习心理问题会

---

❶ 邹为民. 高职院校大学生学习态度调查研究［J］. 教育理论与实践，2014，34（9）：34-35.

❷ 崔景贵，杨治菁. 职校生专业学习心理与职校积极课堂教学的建构［J］. 职教论坛，2015（7）：15-19.

❸ 李晓莹，李影. 高职生学习投入现状调查研究及思考［J］. 西北成人教育学院学报，2014（6）：25-27.

阻碍职校生健康发展。正因为职校对职校生的心理教育本质认识不足，对职校生学习心理需要、状态和潜能把握不到位，在实施过程中没有真正遵循职校生身心发展的规律，❶ 使得职业教育发展缓慢，教学效果不理想。其原因主要有以下几点。

1. 教学内容陈旧乏味

职校学生在学习过程中处于劣势，部分原因就是由于教学活动和内容没有带给他们积极的情绪情感体验。一些职业学校的课程内容设置结构不当，发展缓慢，拓展不足，仍参照既往教学体系，未能充分考虑职校学生的心理需求和发展规律；教学活动内容单一传统，缺乏可理解性、多样性和趣味性，吸引力不高，引导性不强，实践内容少之又少，学生课堂学习兴趣不浓，情绪体验不足。他们在学习过程中体验到更多的挫败感和无力感，学业成就感的缺乏导致他们对学习失去信心。

2. 教学方法单一呆板

当前大部分职业学校的教学方法仍未能与时俱进，教师重理论，轻实践，只注重知识的传输，忽略课程的实践性质，未能引导学生亲身体验和参与。职教教师的教学以传统的课堂讲授为主，知识的呈现形式单一，师生、生生之间互动不足，交流不够；教法与学法两者相割裂，缺少启发性，难以促进学生进行有效的知识加工和整理。长此以往，学生对于学习态度淡漠，对于课堂教学活动缺乏关注，对于教师的授课内容不求甚解，态度随意，逃课、旷课行为屡见不鲜。

3. 教学管理僵化低效

当前职业学校的教学管理仍在沿袭以前的做法，未能体现现代职业教育发展的一些新思想和新观念。可行性差，管理内容设置拓展不足，不具前沿性和发展性；学生选择课程自主性受限，其自我认识、自我评价、自我培养不足；教学监控指正不严谨，对于教学过程中存在的问题，所设定的方案缺乏有效性和针对性，难以保证课程实施质量。教学氛围低迷，管理方向出现偏差，学生无法发挥自己的优势和特长，只能随波逐流，也使

---

❶ 崔景贵．职校生心理健康教育模式研究［M］．北京：知识产权出版社，2014：30．

得职业学校教学设计毫无新意。

4. 教学观念传统滞后

职教教师教学的根本目的是教会学生"学"，而不只是知识的灌输，课堂是以学习者为主体的，倘若缺失了学生的"学"，教师的"教"就会变得没有意义，教学的本质是"学"，"教"要转化为"学"。❶ 而当今职业学校课堂仍是教师的"教"在唱"独角戏"，学生机械接受知识，难以将所学知识加以灵活运用，在遇到问题时，不会"举一反三"；缺乏"全人"教育理念，反思意识不足，对学生全面发展认识不充分，学生的整体发展受限，处理问题表面化、形式化，对课堂的积极性不高，投入度较低。

5. 教学评价方式片面

职校学生在文化课和理论课学习方面大多处于弱势，而职校教师却惯于根据学生的学习成绩进行评价，成绩好的学生往往会受到教师的重视和好评。这种"以偏概全"和"结果性"的评价方式往往缺乏导向性、强化性、科学性、发展性和整体性视野，对学生的鉴别、选择以及学习效果的反馈"一刀切"，对教学活动的诊断、调节和激励作用体现不足，严重挫伤了部分学生的学习积极性，导致课堂学习动力不足，有效学习行为减少。

第三节　提升职校生学习力的积极教育策略

职业教育改革创新是为了使每一个学生享有公平而有质量的现代教育，致力于让每一个学生都能有实现人生出彩的学习机会。职业教育教学改革的核心目的之一，就是为了让学生"知学""好学""乐学"和"善学"，消除职校生的学习心理问题，发展和培养职校生的学习力。促进职校生健康全面和谐发展，解决职校生学习心理的消极问题，要从改革和推

---

❶ 贺武华. "以学习者为中心"理念下的大学生学习力培养［J］. 教育研究，2013，34（3）：106 – 111.

进职业教育的有效教学策略入手，对职校学生的学习力进行系统培养和积极建构。职业院校教师要树立为积极而教的现代理念，坚持教学育人、教学相长，以学论教，以学定教，以学促教，从学习理念、潜能、优势、习惯、体验、风格和心态等角度切入，全面推进职业教育教学改革创新，全面提升职校生的学习力。

一、树立以生为本的现代学习理念

以"生"为本一直是教育教学领域提倡的基本理念，坚持以学生的需求为导向，尊重学生的天性，发掘他们的潜力，体现职业教育育人的人本主义思想。人才培养的主体是学生，牢固树立人才培养在职业院校工作中的中心地位，实质上就是要明确学生在学校办学中的中心地位，学校和教师要坚持以学生为中心来开展教学工作。[1] 职业院校是培养技术技能人才的主要来源，在课程内容设置方面，应充分体现出"职业性""技能性"和"操作性"，开发课程的实践性质，帮助学生了解本专业的实用性和适用性；在教学体制管理方面，职业学校应充分考虑学生的需要、兴趣和经验，秉持以学生为主的课程设计模式，最大限度挖掘学生的心理潜能，扩展潜在学习空间，发展多元兴趣点，帮助学生自我审视，自我觉察。职教教师在教学过程中，对每一位学生的特点和优势都应给予充分的尊重和认可，并积极引导学生合理利用，因势利导，提升学习兴趣和学习效率；同时，作为学生学习成长成人成才道路上的领路人，教师要及时引导"走岔路"的学生，帮助学生树立正确的学习价值观念，根据学生的特点有选择地培养其学习能力。

二、开发适合发展的学习心理潜能

作为一种积极的心理品质，潜能是指个体具有的但又未表现出来的能力，个体可以通过提高认知和学习技巧、培养积极的情绪情感、锻炼坚强

---

[1] 贺武华．"以学习者为中心"理念下的大学生学习力培养［J］．教育研究，2013，34（3）：106－111．

意志等方法发挥自身的心理潜能❶。积极心理学认为，关注和培养学生的积极心理品质能够有效促进个体能力发展。职业学校应摒弃以往"补短板"的教学方式，更新理念，转变视角，注重开发学生的认知潜能、情绪潜能和意志潜能，侧重职校生的积极心理培养。职教教师通过设计多样化的教学方式，实行多维度的评价体系，充分体现学生的主体经验，关注每位学生在课堂参与过程中的闪光点，予以支持、鼓励和引导，最大限度开发学生的心理潜能，为每一位学生实现最优化发展创造可能的条件和机会。

三、彰显独特灵活的自主学习优势

自主学习是一种学习者能够对学习负责的能力，在自主学习过程中，学习者可以根据自己所确定的学习目标来选择适当的学习材料，采用适合自身特点的学习方法，并在学习过程中能有效地监控学习的行为，最终能够正确评估和评价自己的学习效果。❷ 自主学习的职校学生，会根据自己的喜好倾向和学习特点选择适合自己的学习内容和学习方法，这是学生学习优势点的反映。职教教师在教学过程中，可针对不同的教学内容灵活选择教学方式，以激发职校生自我反思，自我审视，帮助职校生自我觉察，自我洞悉，促使职校生自发学习，主动探究，自主进行理论学习和知识建构，突出学生在教学过程中的主体地位，并给予职校生更多的可选择性。职业院校教育教学的内涵在不同时期会被赋予新的意义与价值，教学内容也应不断变化创新，以适应社会经济转型升级发展对技术技能人才的客观要求。

四、培养科学定向的专业学习习惯

习惯是一个人在长期工作和学习中形成的一种不易改变的行为、倾向和社会风尚，良好的学习习惯，有利于激发学生学习的积极性和主动性，制订良好的学习策略，提高学习效率，培养自主学习能力和创新精神，使

---

❶ 蒋冬平. 职校生心理潜能在实践特长课中的开发初探［J］. 现代职业教育，2016（5）：8 - 9.

❷ 冯林杰. 基于翻转课堂的英语自主学习优势探讨［J］. 职教通讯，2017（21）：41 - 43.

学生终身受益。根据基础课程和专业课程设置，职教教师对于职校生良好学习习惯的养成，需要多方面因素综合考虑。针对学生学习内容的特殊性，应注重分区域、有层次地对职校生的课堂学习习惯和实践思维习惯进行培养；职业学校致力于培养高质量的技术技能人才，教学计划应突出实践性，注重操作技能学习习惯的养成，进而形成和拓展职校生的职业态度和职业取向。职校生良好的专业技能学习习惯，有助于其将来的职业定向与个人成长，而课外自学学习习惯的养成也是不可或缺的一部分。职校生在未来就业道路上自主成长、卓越发展，必须具有时时处处学习和自我终身学习意识。

五、建构过程积极的学习情感体验

学习体验作为一种学习历程、过程和动作，依承于学习活动，是一种与学习活动密不可分的经历，是对学习活动的探究，是学生建构知识意义、焕发生命活力、提升生命价值的过程。❶职教教师应根据学生自身能力设置合理的学习任务，优化最近发展区，让学生在保持期望与动力的前提下，乐于学习，勤于探究，勇于质辩，以增加职校生在学习过程中的积极体验，提升学习兴趣，发展学习力。在评价方式选择上，更多的使用"过程性"评价，评价内容多侧面，涵盖范围广，能够根据学生的优势和特点进行分层分类评价、多元立体评价。灵活多样的教学方式和诙谐幽默的教师气质都是促进职校生进行有效学习活动的先决条件，职校教师应针对不同专业、不同年级、不同特点的职校学生，采用适合主体的教学方法和手段，形成开放民主、和谐融洽的课堂气氛，以提高课堂教学质量。

六、优化活动多样的个性学习风格

学习风格是指学习者持续一贯的具有个性特征的学习方式，包含学习策略和学习倾向。多元多维的教学方式能够激发学生的学习动力，在课堂

---

❶ 陈亮，朱德全.学习体验的发生结构与教学策略［J］.高等教育研究，2007（11）：74－77、109.

中更多的体现其主动性、活跃性以及思维的敏捷性，能够提高教学质量和学习效率。研究表明，职校生总体倾向于参与群体性的学习活动，喜欢游戏、讨论以及角色表演等灵活多样的课堂表现形式，不喜欢重复单调、按部就班的学习。[1] 鉴于此，职校教师在制订教学计划时，可选择使用具有高活动性和参与度的课堂教学呈现方式，创设"活动场"，着力于"场效应"的形成，以适应大部分职校生的学习风格，实现活动化教学；选择多样的教学材料呈现形式，注重体现可操作性、时代性、开放性，以及有利于学生的再创造，提高学生的课堂参与度。此外，教学内容的设计、教学设备的应用，需要在已有的学习风格基础上拓展和延伸，帮助职校生形成适应性更强和更加全面的学习风格。

七、培育理性希望的乐观学习心态

学习心态是决定学生能否积极主动学习的内在动因，能够对学生的学习活动进行有效引导和支配。健康积极的学习心态，对于提升学生的学习效果，增强学业自信，具有重要作用。改善和提升职校生的学习心态，职校首先应增加评价机制的多元化，不以成绩论高低，不以名次评优劣，关注每一位学生的特长和优势，帮助职校生明确未来职业定向和人生方向，使他们能在自己的兴趣领域获得赞赏和认可；其次，变革陈旧的教育观念和方式，积极推进职业教育教学改革，扩大实践教学比例，建构富有职教特色的课程教学模式；最后，在各专业领域渗透心理教育理念，让每位职教教师在知识技能教学的同时，能够有意识关注和指导学生的心理健康，注重培养希望感和自信心。职业教育教学过程中，对学生积极乐观学习心态的培养应多层次、有侧重、有计划地进行，致力于让每一位学生享受学习过程的乐趣，有学习的获得感、希望感和幸福感，从而有效提升学生学习力。

积极提升职校生的学习力，是完善现代职业教育教学体系的重要抓手

---

[1] 浦琴芬. 职校生学习风格调查及其对英语教学的启示 [J]. 科技资讯，2010（32）：158-159.

和创新举措。职校教师在一线从事教育教学工作，更应科学建构和自主实践积极职业教育理念，不断更新和创立适合当代职校生发展的教育教学方法，为卓有成效培养"00后"职校生的学习力提供更加有力的专业支持和实践依据。

本章小结

职校生学习力是现代职业教育心理学研究的重点之一，受到职教学术界普遍关注。培养学习力既是职校生进行有效学习活动的重要基础，也是推动职校生成长成人成才的重要途径。职校学生在学习力发展方面问题突出，主要表现为学习动力不足、学习能力不理想、学习毅力较薄弱、学习创造力欠缺、学习心态消极悲观和学习投入度比较低等。从教学视角反思分析，主要原因有教学内容陈旧乏味、教学方法单一呆板、教学管理僵化低效、教学观念传统滞后及教学评价方式片面等。提升和发展职校学生的学习力是现代职业教育教学改革的重要目标和内容。职校教师应树立为积极而教的实践信念，坚持教学相长、教学育人，从学习理念、潜能、优势、习惯、体验、风格和心态等方面着力，系统推进现代职业教育教学改革，建构真正适合的积极职教教学策略，促进职校生学习力全面快速和谐发展。

（本章作者　青海师范大学　陈璇；江苏理工学院　崔景贵）

第八章

职校技能竞赛选手心理训练的研究

随着职业院校技能竞赛活动的深入开展，参赛选手间的技术技能水平日益接近，竞赛已不仅是选手职业技术技能水平的较量，同时也是心理素质的比拼，竞赛选手心理训练的重要性日益凸显。然而，在既缺乏系统理论研究支撑，又缺少丰富实践经验积累的情况下，究竟应该提升选手的哪些心理素质，如何系统地开展心理训练，怎样科学地评估训练的效果等，都是亟须解决的难题。本章借鉴运动员心理技能训练的技术和方法，在对职校技能竞赛选手心理技能水平测查的基础上，构建技能竞赛选手心理训练的基本策略。

第一节　心理训练研究概述

本节从技能竞赛选手心理训练以及运动员心理训练两个方面展开论述。之所以借鉴运动员心理训练的理念方法开展技能竞赛选手心理训练，主要基于以下理由：一是从技能竞赛的特点来看，虽然与竞技体育比赛在内容、规则、赛制等方面有较大差异，但选手经历的心理过程、体验到的心理状态却极为相似。二是从心理技能训练的效果来看，国内外研究均证实系统心理技能训练有助于运动员心理调控能力的提升，更重要的是将这一训练移植到以军人❶、舞蹈演员❷、音乐家❸等为对象的实践中，亦有良好的效果反馈，这就为借鉴运动员心理技能训练提供了较好的实践基础。三是从运动心理训练的目的来看，心理技能训练旨在帮助运动员取得比赛成功和个人幸福❹，前者与技能竞赛心理训练的直接目的相契合，即为了选手取得理想的比赛成绩；后者则是技能竞赛心理训练作为职校教育情境中的一项心理教育活动的重要目标，即为了学生的心理发展，体现了学校心理教育"助人自助"的教育理念，这就为借鉴运动员心理技能训练提供了基本的理论依据。四是从运动心理技能训练本身的发展趋势来看，心理技能训练的作用已经超出了帮助运动员在竞技体育中创造优异成绩的范畴，还可能对人类社会做出重要贡献；不仅要在运动员中进行，也要尝试在普通人中进行❺。

一、技能竞赛选手心理训练

总的来看，目前对技能竞赛选手心理训练的研究才刚刚起步，涉及的比赛项目较少，研究的内容主要集中在赛前选手的心理问题以及相应的干预策略的研究上，以经验总结为主，系统的理论研究和实证研究均较为少见。

（一）技能竞赛选手的心理问题

尽管不同选手的参赛项目、比赛级别有较大差异，但选手在训练和比赛中表现出来的心理问题却具有较大的相似性，综观既有文献，概括起来主要包括以下六个方面：

---

❶ Hammermeister, J., Pickering, M. A., & Ohlson, C. J.. Teaching mental skills for self - Esteem enhancement in a military healthcare setting [J]. Journal of Instructional Psychology, 2009, 36 (3): 203 -209.

❷ Hanrahan, S. J.. On stage: Mental skills training for dancers, Sport Psychology in Practice [M]. In M. B. Andersen (Eds.), Champaign, Il: Human Kinetics. 2005: 109 -127.

❸ Clark, T., & Williamon, A.. Evaluation of a mental skills training program for musicians [J]. Journal of Applied Sport Psychology, 2011, 23 (3): 342 -359.

❹ Vealey, R. S.. Mental skills training in sport. In G. Tennenbaum & R. C. Eklund (Ed.), Handbook of sport psychology [M]. New York: Wiley, 2007: 287 -309.

❺ 张力为，任未多. 体育运动心理学研究进展 [M]. 北京：高等教育出版社，2000：11.

一是认知问题。一些职校生习惯于从消极的视角来看待事物，容易形成消极的自我心理暗示，如赛前倾向于思考比赛比砸了怎么办，遇到不会的难题怎么办，对手完成得更快怎么办，赛不出理想的水平怎么办，"担心自己表现不如意，担心自己得不到队友、指导老师或裁判的认可，特别是有困难时，没有充足的自信取得胜利。"

二是情绪问题。主要有：①过度的紧张和焦虑，表现为比赛期间的"急躁、焦躁不安、寝不安席、食不甘味""心率加快、呼吸深快、肌肉紧张、失眠、尿频"；②赛前冷漠，表现为"情绪低落，缺乏信心，心境不佳，浑身无力，不想参加比赛"；③过度亢奋，"学生在比赛前几天就进入了竞赛状态，表现为情绪高涨，总想去比赛场地，恨不得马上参加比赛，致使最佳竞赛状态过早出现，过多消耗能量，到真正比赛时筋疲力尽，力不从心"；④情绪不稳定，如操作顺利时"士气大增"，而一旦出现失误，"变得小心谨慎，放慢加工进度，害怕再次失误"，患得患失；⑤恐惧心理，"表现为对有一定难度的动作产生畏难情绪，认为自己的体能或完成护理技术动作的能力与比赛要求甚远，担心自己会在比赛中出纰漏，不敢比赛或匆忙完成比赛规定动作或按自己以为较为安全、保险的方法去参赛。"

三是动机问题。①动机过强。一些选手由于中考失利没能进入普高学习，试图通过技能竞赛来证明自己，对比赛成绩有着较高的期望，而过强的参赛动机容易导致选手紧张焦虑，影响赛中的稳定发挥。②动机不足。还有一些选手是通过老师推荐而参加技能竞赛，学生自身对比赛并无很大兴趣，在训练中不够积极主动，得过且过。

四是自信心问题。主要有两种趋势：①"盲目自信"。"对比赛的复杂性和困难估计不足，轻敌、麻痹大意，过高估计自身技术水平""不积极参加赛前训练，不认真分析研究比赛对策，总相信能够取胜，对面临的困难视而不见，盲目乐观地等待比赛来临"。②自信心不足。如"发现培训之前不如自己的选手成绩提高得很快，而自己的成绩并没有得到较大提高，甚至到了极限，就会严重打击参赛选手的自信心"。

五是意志品质问题。一些选手在训练中缺乏长时间持续努力的决心，容易产生怕苦、畏难、退缩等现象，更有甚者会退出训练。还有少数选手在比赛中缺乏顽强的意志，遇到难题比赛进行不顺利，容易"打退堂鼓"，放弃努力。

六是注意力问题。一些选手在比赛中容易受到对手、裁判以及环境中其他因素的干扰导致注意力分散，不能选择对比赛最有利的关键信息，不能高效地完成比赛项目。

另外，世界技能大赛中国选手面临的心理问题主要包括："因大赛经验不足，对竞争对手缺乏了解而导致的心理准备不足，动机与自信心不高；因对自我情绪与压力管理不当导致的赛前焦虑症；因长期单调训练导致的赛前倦怠综合征；因消极思维习惯导致的失败自证预言假设"等。由此可见，各级各类技能竞赛选手所面临的主要心理问题是趋于一致的。

以上种种心理问题互相交织，某一单个的心理问题往往会引起心理层面的连锁反应，如消极的思维容易导致自信心不足，进而引起赛前的过度紧张和焦虑；情绪上的不稳定则容易导致比赛中注意力难以集中等。因此，对技能竞赛选手开展心理训练，需要从整体上把握技能竞赛选手的心理活动特征，全面提升选手的心理素质。

（二）技能竞赛选手的心理训练

1. 理论研究

心理教育有两大目标："消极目标是预防和矫治各种心理和行为问题；积极目标是协助学生在其自身和环境许可范围内达到最佳的心理功能，使得潜能得到最大限度的开发，人格或个性更加完善。"❶ 当前技能竞赛心理训练的理论研究，也体现了这两种价值导向。一些研究针对选手已经或可能出现的心理问题，提出通过专家讲座、团体心理辅导、心理咨询等形式对技能竞赛选手的心理问题进行矫正或预防，此类研究总体上对应了上述消极取向的心理教育，主要是对心理辅导工作进行经验总结。另外以增强选手自身的心理力量为目的，基于心理韧性、心理技能等理论，相对系统地提出了技能竞赛心理训练的策略，是一种积极取向的心理训练，尤其值

---

❶ 崔景贵. 心理教育范式论纲 ［M］. 北京：社会科学文献出版社，2006：247.

得关注。

如有研究者基于心理韧性（Resilience）的过程论，提出通过"加强权威指导和榜样示范""做好赛前情绪调节和放松训练"以及"组织集体活动和模拟困境"等策略，增强技能竞赛选手个体本身以及所处环境的保护性因素以对抗比赛过程中的失误、裁判的不公正判决、赛场环境的干扰等危险性因素，进而提升竞赛选手的心理韧性。同时强调在心理韧性训练的过程中，要重视受训者的"经历和体验"而不是培训的内容本身[1]。

还有研究者基于心理技能的理论，围绕选手心理技能的培养提出训练的六大策略，分别是："开展目标设置训练，激发选手成功动机""增大价值训练，缓解赛前倦怠综合征""积极自我对话，提升选手自信心""四步放松训练，对抗压力与焦虑情绪""排除干扰，集中注意力，合理分配心理资源"以及"视觉化表象训练，提高竞技应变能力"[2]。

实际上，心理韧性训练与心理技能训练在本质上是殊途同归。有研究者认为："虽然心理技能在心理韧性发展过程中所起的作用尚不明确，但事实上，心理技能所涉及的诸多变量都可以被归结到心理韧性的保护性因素中（Protective Factors）。"[3] 保护性因素分为"环境因素"与"个体因素"[4]，由于环境因素往往不可控，提升个体本身的自我调节与控制能力往往是心理韧性训练的重点。Reivich 等人明确指出需要借鉴运动员心理技能训练的方法来进行心理韧性训练[5]。有关实证研究也表明：心理技能中的认知心理技能（Cognitive Mental Skills）和情绪管理技能（Emotion Manage-

---

[1] 李启慧，徐大真. 基于韧性理论的技能大赛选手心理问题研究 [J]. 南方职业教育学刊，2013，3（6）：73-76.

[2] 徐大真. 世界技能大赛中国选手的心理技能训练研究 [J]. 职业技术教育，2014，35（10）：40-44.

[3] Hammermeister, J., Pickering, M. A., McGraw, L., & Ohlson, C.. The relationship between sports related psychological skills and indicators of PTSD among Stryker Brigade soldiers: the mediating effects of perceived psychological resilience [J]. Journal of Sport Behavior, 2012, 35 (1): 40-60.

[4] 李海垒，张文新. 心理韧性研究综述 [J]. 山东师范大学学报（人文社会科学版），2006，51（3）：149-152.

[5] Reivich, K. J., Seligman, M. E., & McBride, S.. Master resilience training in the US Army [J]. American Psychologist, 2011, 66 (1): 25-34.

ment Skills）与个体的心理韧性存在高度相关；心理练习（Mental Practice）和集中注意技能（Focusing Skills）有助于增强情绪管理技能，从而改善个体的心理韧性❶。而对于技能竞赛心理训练来说，无论是培养选手的心理韧性还是心理技能，其本质都是为了提升受训者的心理素质、提高其心理自助能力，而不仅仅是为了心理问题的矫正或是心理缺陷的修复。前者恰恰体现了现代学校心理教育的积极目标，是职校教育情境中开展技能竞赛心理训练应有的价值取向，理应倡导。

2. 实证研究

有研究者采用单组前测后测实验设计，以"SCL - 45 症状自评量表"为测评工具，研究体能训练对世界技能竞赛中国选手心理健康的影响。结果显示，选手在量表各因子上后测得分均小于前测，且前后两次测试的结果有非常显著的差异。该研究认为，体能训练可以有效改善选手的睡眠质量，消除心理紧张，调节情绪，改善心理健康水平，对比赛起到积极的作用❷。

另外有研究采用"考试焦虑量表"测查了护理技能竞赛选手心理干预前后的紧张焦虑水平，结果表明两次测试的结果有显著差异，心理训练对缓解选手的紧张焦虑有较好的效果❸。

还有研究者采用实验组控制组前测后测实验设计，将参加 2013 年全国工业分析检验大赛的中职组选手和高职组选手分别作为实验组和控制组，对实验组进行了连续 10 周的团体心理辅导，并对两组选手在"中国版Connor - Davidson 心理弹性量表"和"交往焦虑量表"上的前测后测得分差异进行了统计检验，结果表明：实验组心理弹性和交往焦虑得分差异显著，而对照组心理弹性和交往焦虑得分差异不显著，由此得出：团体心理

❶ Pickering, M. A., Hammermeister, J., Ohlson, C., Holliday, B., & Ulmer, G.. An exploratory investigation of relationships among mental skills and resilience in Warrior Transition Unit cadre members ［J］. Military Medicine, 2010, 175（4）：213 - 219.

❷ 张剑锋，张丰庆，毕存剑. 体能训练对世界技能大赛参赛学生心理健康的影响 ［J］. 中国学校卫生，2014, 35（4）：616 - 617.

❸ 邓慧南. 护理技能竞赛选手的心理评价与干预 ［J］. 卫生职业教育，2014, 32（1）：97 - 98.

辅导可在一定程度上提升技能大赛参赛选手的心理素质。

这些研究为开展技能竞赛选手心理训练提供了有益的借鉴和启发，但暴露出的问题亦需引起后续研究的注意：

一是研究对象的选择问题。如有研究采用人格量表对技能竞赛"参赛组选手"和"参选组选手"进行对比研究，以探索选拔参赛选手的心理标准，而所谓的"参赛组选手"的技术技能水平如何并不明确，该组选手是否具有典型性值得怀疑，以该组选手突出的人格特征作为今后选手选拔的心理依据似乎并不恰当。二是干预实验的设计问题。有研究采用单组前测后测准实验设计，未设立对照组，很难说明两次施测得分的差异是心理训练的作用还是由额外因素所导致的。三是统计方法的科学性问题。采用实验组控制组前测后测实验设计，在数据处理时应分别计算两组被试前测和后测得分的平均数之差，继而再进行两组平均数差异的显著性检验，而不宜分别进行两组被试前测后测差异的显著性检验。四是量表的使用问题，这也是最为突出的一个问题。实践中，由于缺乏专门针技能竞赛选手的心理评估工具，研究者们不得不借助现有的其他心理评估工具开展技能竞赛选手心理训练效果的研究，如上述的"心理健康量表""考试焦虑量表""心理弹性量表""交往焦虑量表"等，而这些量表是否适用于职校生、是否适用于技能竞赛情境等有待商榷。总的来看，开发专门针对技能竞赛选手的心理测评工具成为当务之急。

二、心理技能及其训练

自 20 世纪 50 年代苏联最先开始运动员心理训练的研究以来，尽管基于不同理念所提出的心理训练在方法、内容、程序等方面存在较大差异，但心理技能（Mental Skills 或 Psychological Skills）一直是运动心理学家们最感兴趣的课题[1]。心理技能不仅被视为运动员有效应对竞赛压力与逆境

---

[1] Vealey, R. S.. Mental skills training in sport. In G. Tennenbaum & R. C. Eklund（Ed.），Handbook of sport psychology［M］. New York：Wiley, 2007：287 – 309.

从而获得良好竞赛表现的利器❶，同时被国内外研究者认为是与个体身心健康❷、积极心理品质❸、职业能力❹、心理幸福感（Psychological Well - being)❺ 等有着密切联系的生活技能（Life Skills)❻。可以说，心理技能对心理训练的开展起引领作用❼。

（一）心理技能的含义

探讨心理技能的含义，实际上就是要回答"心理技能是什么"这一问题。但综观现有的文献呈现出一种奇怪的现象：研究者们似乎更关注如何开展心理技能训练以及明确"什么是心理技能"，也即对心理技能训练所应指向的具体内容更感兴趣，而只要是有助于改善选手心理状态有助于提升选手竞赛表现的方法或技术似乎都可以被称为心理技能❽❾❿，如放松（Relaxation）、视觉化（Visualization）、注意再集中（Re - focusing）、目标

---

❶ Boutcher, S. H. , & Rotella, R. J.. A psychological skills educational program for closed - skill performance enhancement ［J］. The Sport Psychologist, 1987, 1（2）：127 - 137.

❷ 龚晶晶. 优秀游泳运动员特质焦虑对运动心理疲劳的影响：运动心理技能的调节效应 ［D］. 华中师范大学, 2013.

❸ Hammermeister, J. , Pickering, M. A. , McGraw, L. , & Ohlson, C.. The relationship between sports related psychological skills and indicators of PTSD among Stryker Brigade soldiers: the mediating effects of perceived psychological resilience ［J］. Journal of Sport Behavior, 2012, 35（1）：40 - 60.

❹ Heil, J. & Zealand, C. Psychological Skills Training Manual, United States Fencing Association Technical Report （No. 10）［M］. Colorado Springs, CO: United States Olympic Training Center, 2001.

❺ Edwards, D. J. , & Steyn, B. J.. Sport psychological skills training and psychological well - being ［J］. South African Journal for Research in Sport, Physical Education and Recreation, 2008, 30（1）：15 - 28.

❻ Danish, S. J. , & Nellen, V. C.. New roles for sport psychologists: Teaching life skills through sport to at risk - youth ［J］. Quest, 1997（49）：100 - 113.

❼ Birrer, D. , & Morgan, G.. Psychological skills training as a way to enhance an athlete's performance in high - intensity sports ［J］. Scandinavian Journal of Medicine & Science in Sports, 2010, 20（s2）：78 - 87.

❽ Howland, J. M.. Mental skills training for coaches to help athletes focus their attention, manage arousal, and improve performance in sport ［J］. The Journal of Education, 2007, 187（1）：49 - 66.

❾ Cox, R. H. , Shannon, J. K. , McGuire, R. T. , & McBride, A.. Predicting subjective athletic performance from psychological skills after controlling for sex and sport ［J］. Journal of Sport Behavior, 2010, 33（2）：129 - 145.

❿ Fournier, J. F. , Calmels, C. , Durand - Bush, N. , & Salmela, J. H.. Effects of a season - long PST program on gymnastic performance and on psychological skill development ［J］. International Journal of Sport and Exercise Psychology, 2005, 3（1）：59 - 78.

设置（Goal Setting）、注意集中（Focusing/Attentional Focus/Attention/Concentration）、积极自我谈话（Positive Self - talk）、自信心（Self - confidence）、应对逆境的能力（The Ability to Copy with Adversity）、内部动机（Intrinsic Motivation）、控制焦虑和唤醒的能力（The Ability to Control Anxiety and Arousal）、生理唤醒（Physiological Arousal）、认知唤醒（Cognitive Arousal）、心理表象（Mental Imagery）、动机（Motivation）、思维暂停（Thought Stopping）等不一而足。但心理技能究竟是什么，研究者们似乎有意无意回避了这一问题。这种研究取向实际上与运动心理学的学科属性是一脉相承的——作为一门应用学科，运动心理学家们似乎更关注心理学的基本理论和方法在实践工作中的运用而不是理论本身。

然而，概念反映了事物的本质，指引实践工作的开展，如果对心理技能的内涵把握不清，可能会导致众多研究所探讨的"心理技能"并不是同一事物，造成理论研究的混乱和实践行动的偏差。因此，研究心理技能训练不仅要把握"什么是心理技能"，也即明确心理技能的外延；更要厘清"心理技能是什么"，聚焦心理技能的内涵。从心理技能研究的发展历程来看，心理技能是伴随着心理技能训练的深入而不断发展完善的，这就使得心理技能被打上了实践驱动的烙印，显示了其实践驱动的特性。把握这一特性，对于理解心理技能的含义，科学开展心理技能训练有重要的意义。

技能，一般理解为"个体通过练习形成的合法则的操作活动方式"，其首要特点为"通过学习及练习而获得，区别于本能"[1]。心理技能作为技能的一种，必然无法脱离技能本身固有的属性。国内有研究者认为："心理技能是通过练习形成的能影响本体心理过程和心理状态的心理操作系统。"[2] 这一定义指出了心理技能后天生成的属性，明确了心理技能具有的操作特性，同时并不局限于运动员，有利于这一概念跨出运动心理学领域而产生更为广泛的理论和实践影响。但对于该定义中的"操作系统"又该如何理解？这就需要把握心理技能的操作特性，从心理技能形成的过程中

[1] 林崇德，杨治良，黄希庭. 心理学大辞典［M］. 上海：上海教育出版社，2003：553.
[2] 张力为，任未多. 体育运动心理学研究进展［M］. 北京：高等教育出版社，2000：285.

去找寻答案。

Birrer 和 Morgan 认为，心理技能是熟练运用心理技术（Mental Techniques）的结果：技能是为了完成某一特定任务所习得的能力；技术是用来增强这种能力以能够完成这一任务的过程❶。Blakeslee 和 Goff 将表象（Imaginary）、目标设置（Goal - setting）、自我谈话（Self Talk）以及放松（Relaxing）视作四种基本的心理技术而不是心理技能，这些心理技术由于具体运用的不同可以开发出不同的心理技能（Mental Skills）❷。Holland 等人以自信心为例，认为高度的自信心是一种心理品质（Mental Quality）而不是心理技能，调节和维持自信心的能力才是技能，这一技能需要通过心理技术的运用才能获得❸。

根据上述观点，再以自信为例。作为一种心理品质，自信是心理技能发展的结果；而作为一种心理技能，自信本身并不可操作，但是可以通过某些其他具体的方法或技术来调节和控制。如运用自我谈话进行自我激励以提升自信心，通过在头脑中再现过去成功的表象以提升自信心，这些操作活动顺利执行的前提是主体处于放松状态。因此，自我谈话、表象、放松等心理技术有机联系构成了一个操作系统，这一操作系统和谐运转的结果就形成了自信心这一心理技能；而自我谈话、表象、放松等仅仅是单个的操作方式或方法，是这一系统中相对独立的元素，是心理技术而不是心理技能本身。

综合以上分析，本研究基于心理技能形成的过程将心理技术引入心理技能的界定，并突出心理技能的操作属性：心理技能是熟练运用心理技术或方法调节、控制自身心理过程和心理状态形成的心理操作系统。

---

❶ Birrer, D. , & Morgan, G. . Psychological skills training as a way to enhance an athlete's performance in high - intensity sports［J］. Scandinavian Journal of Medicine & Science in Sports, 2010, 20（s2）: 78 - 87.

❷ Blakeslee, M. L. , & Goff, D. M. . The Effects of a Mental Skills Training Package on Equestrians［J］. Sport Psychologist, 2007, 21（3）: 288 - 301.

❸ Holland, M. J. , Woodcock, C. , Cumming, J. , & Duda, J. L. . Mental qualities and employed mental techniques of young elite team sport athletes［J］. Journal of Clinical Sport Psychology, 2010（4）: 19 - 38.

（二）心理技能训练的方法与策略

1. 心理技能训练的含义

Vealey 认为，心理技能训练（Psychological Skills Training）是指"为了培养或提升有助于体育竞赛表现以及积极地融入体育比赛的心理技能而设计的心理技术和策略。"❶ Weinberg 和 Gould 认为："心理技能训练是指为了提升竞赛表现、增强愉悦感或是为取得更大的体育运动或身体活动的自我满足感而进行的系统的、持久的心理技能练习。"❷ 国内学者马启伟和张力为认为："心理技能训练是有目的、有计划地对运动员的心理过程和个性心理特征施加影响的过程，也是采用特殊的方法和手段使运动员学会调节和控制自己的心理状态并进而调节和控制自己的运动行为的过程。"❸ 之后，马启伟和张力为对这一界定作了修改："广义来讲，心理技能训练（Mental Training）是有目的有计划地对受训者的心理过程和个性心理施加影响的过程；狭义来讲，心理技能训练是使用特殊手段使受训者学会调节和控制自己的心理状态并进而调节和控制自己行为的过程。"❹

之所以做出广义与狭义的区分，实际上涉及"心理训练"与"心理技能训练"的关系问题。从大量文献来看，无论是国外还是国内，大多将心理训练和心理技能训练视为同义语来处理。但任未多明确指出，心理训练和心理技能训练是有区别的：心理技能训练是心理训练的重要组成，是旨在使个体掌握心理技能的过程，强调受训者自主心理调节能力的提高；而心理训练是心理技能训练的上位概念，涵盖的范围更广，不仅包括了心理技能训练，还包括所有有助于运动表现的心理技术的运用以及模拟训练、临床心理治疗以及对个体施加有意识影响的训练手段等，强调的是训练中

---

❶ Vealey, R. S.. Future directions in psychological skills training［J］. Sport Psychologist, 1988（2）：318－336.

❷ Weinberg, R. S., & Gould, D.. Foundations of sport and exercise psychology［M］. Champaign, IL：Human Kinetics, 2011：250.

❸ 马启伟, 张力为. 体育运动心理学［M］. 杭州：浙江教育出版社, 1998：39.

❹ 张力为, 毛志雄. 运动心理学［M］. 上海：华东师范大学出版社, 2005：250.

所采用的方式方法❶。由此不难看出，上述"广义的心理技能训练"事实上对应的是"心理训练"，即"Mental Training"，而狭义的心理技能训练则是"Mental Skills Training"，可以理解为"心理技能的训练"。或许正是为了强调心理技能在心理训练中的核心地位未对二者作严格区分而已。

实际上，无论是心理训练还是心理技能训练，其最终目的都是为了实现受训者心理能力的提升，实现心理的自主调节，也即"助人自助"。实践中究竟是冠以"心理训练"还是"心理技能训练"的称谓或许并不是最重要的，在多数情况下也很难将二者完全剥离开来；只要是把受训者视为训练的核心和根本出发点，致力于受训者本身的发展，都应值得肯定和提倡。将心理技能作为心理训练的中心内容，同时在心理技能训练中也不排斥模拟训练、临床心理干预等其他手段和方法的运用，是开展实践工作应有的态度。

综上所述，为方便起见，本研究所指的心理技能训练主要采用马启伟和张力为的观点，仍作广义和狭义之分；不同的是将"广义的心理技能训练"冠之以"心理训练"，但含义不变。

2. 心理技能训练的技术方法

一般认为心理技能训练的技术主要有四种❷：表象（Imagery）、目标设置（Goal Settting）、自我谈话（Self - talk）以及身体放松（Physical Relaxation）。国内学者张忠秋认为，心理技能训练的方法包括放松训练、表象训练、注意力训练、模拟训练、认知训练、行为训练、生物反馈训练、目标设置训练、拓展训练等❸。Behnck 认为，大部分的心理技能训练方法均是两种路径的体现：认知的和身体的（Cognitive and Somatic），或者是二者的结合❹。

---

❶　张力为，任未多. 体育运动心理学研究进展［M］. 北京：高等教育出版社，2000：285 - 286.

❷　Vealey，R. S.. Future directions in psychological skills training［J］. Sport Psychologist，1988（2）：318 - 336.

❸　张忠秋. 优秀运动员心理训练实用指南［M］. 北京：人民体育出版社，2007：2 - 3.

❹　Behnck L. Mental skills training for sports：A brief review［J］. Online J Sport Psychology，2004，6（1）.

Vealey 总结前人的研究认为：表象训练可以用于运动技能的学习和练习、策略的开发和演练、竞赛准备、心理技能的发展和提炼以及应对各种压力源和障碍；目标设置的系统使用有助于将注意集中于特定的任务、促使努力和增强紧迫感，遭遇逆境时有助于坚持、促进策略的发展和问题解决以达成目标成就；自我谈话训练有助于运动技能的习得和竞赛表现，对激活情绪和努力、放松和镇静、注意集中、保持自信心以及自我评估和自我强化等均有作用；放松技能训练有助于运动员管理心理能量，尤其在身体紧张时。在这四项基本心理技术中，"放松"是一切心理技能训练的基础❶。

3. 心理技能训练的程序策略

所谓的程序策略，就是为系统开展心理技能训练而设计的行动计划。一个系统的心理技能训练计划应该包括训练对象、训练人员组成、训练的目标和内容、时间进度安排、训练方法等。Wylleman 和 Lavallee 按照训练和比赛周期，将完整的心理技能训练分为七个阶段，并详细阐明了每个阶段的主要任务、评估工具、干预策略、监控策略等，具体如图 8-1 所示。该训练计划中，一次训练周期的结束实际上也是新的心理技能训练周期的开始，心理技能训练就是这七个阶段的循环反复❷。

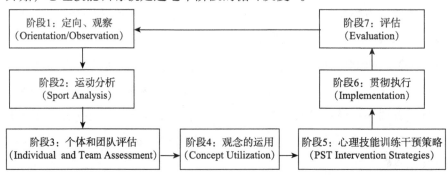

图 8-1　心理技能训练的程序策略

❶　Vealey, R. S.. Mental skills training in sport. In G. Tennenbaum & R. C. Eklund（Ed.）, Handbook of sport psychology［M］. New York：Wiley, 2007：287-309.

❷　Beauchamp, M. K., Harvey, R. H., & Beauchamp, P. H.. An integrated biofeedback and psychological skills training program for Canada's Olympic short-track speed skating team［J］. Journal of Clinical Sport Psychology, 2012, 6（1）：67-84.

第二节 职校技能竞赛选手心理技能现状

职校技能竞赛选手心理技能现状是开展科学有效心理训练的基础。本研究采用自编《技能竞赛选手心理技能问卷》对技能竞赛选手心理技能水平进行测查，以了解技能竞赛选手心理技能的特点，为研究技能竞赛选手心理技能训练策略提供基本的依据。

一、研究目的与方法

1. 研究目的

通过对技能竞赛选手进行心理技能水平的测查，了解技能竞赛选手心理技能的总体水平以及在性别、年龄、获奖等级等维度的差异。

2. 研究对象

本研究采用方便取样的方法，选取江苏省职业学校中有过职业院校技能大赛中职组市级及市级以上比赛经历的选手填答问卷，包括常州、苏州、无锡、南京、南通、盐城、徐州7个城市的9所学校，共回收有效问卷355份，涉及智能家居安装、机器人技术应用、数控车加工技术、服装设计与制作、美发等39个比赛项目。被试原始信息如表8-1所示。

表 8-1　被试原始信息

项目	分类	人数（人）	百分比（%）
性别	男	271	76.3
	女	84	23.7
年龄	16 周岁	15	4.2
	17 周岁	70	19.7
	18 周岁	125	35.2
	19 周岁	98	27.6
	20 周岁	33	9.3
	21 周岁	14	3.9

项目	分类	人数（人）	百分比（%）
最好成绩	无奖项	71	20.0
	市赛三等奖	46	13.0
	市赛二等奖	32	9.0
	市赛一等奖	25	7.0
	省赛三等奖	42	11.8
	省赛二等奖	76	21.4
	省赛一等奖	28	7.9
	国赛三等奖	1	0.3
	国赛二等奖	9	2.5
	国赛一等奖	25	7.0
合计		355	100

由于被试获取采用的是方便抽样，样本数据分布并不十分均匀，如获得国赛三等奖的选手只有 1 名；部分原始组别中的被试数量不足 30 名；再加上原始数据组别过多会导致后续分析时的诸多不便，因此对原始数据进行重新分组。需要指出的是，以比赛成绩为标准对技能竞赛选手进行等级划分尚无标准，参照江苏省获得省级技能大赛一等奖或是国家级技能大赛二等奖以上选手直接免试读本科的政策，并征求技能大赛带队经验较为丰富的教练的意见，将获得省赛一等奖及以上的选手视为优秀，获得市赛一等奖至省赛二等奖的选手视为良好，获得市赛二等奖及以下成绩的选手视为一般三个等级。重新分组以后的数据如表 8 - 2 所示。

表 8 - 2　被试重新分组后的信息

项目	分类	人数（人）	百分比（%）
年龄	18 周岁以上	145	40.8
	18 周岁及以下	210	59.2
比赛成绩	一般	149	42.0
	良好	143	40.3
	优秀	63	17.7

3. 研究工具

自编《技能竞赛选手心理技能问卷》。该问卷共 27 道题，包括团队合作、自信心、注意集中、动机、心理准备、积极认知6个因子，问卷的信度为0.890；各因子与总问卷的相关在0.693～0.739，具有良好的结构效度；以胡月琴、甘怡群编制的《青少年心理韧性量表》❶作为外部效度的检验工具，受测者在该问卷6个因子上的得分以及总分与心理韧性的个人力部分的得分呈非常显著的正相关（相关系数在0.438～0.658），提示该问卷具有良好的外部效度。

二、研究结果与讨论

（一）技能竞赛选手心理技能总体水平分析与讨论

由表8-3可知：江苏省职校技能竞赛选手心理技能在每题上的均分为3.855，各因子以及总分的每题平均分均大于中值3，显示了较好的总体水平；其中团队合作水平最高，而成就动机和自信心的水平相对较低。

表8-3 技能竞赛选手心理技能总体水平现状

	人数（人）	平均数	最大值	最小值	标准差	每题均分
团队合作	355	21.110	25.00	7.00	3.275	4.222
自信心	355	14.439	20.00	4.00	3.366	3.610
注意集中	355	14.614	20.00	6.00	2.977	3.653
成就动机	355	10.586	15.00	3.00	2.430	3.529
心理准备	355	16.178	20.00	7.00	2.541	4.044
积极认知	355	11.749	15.00	5.00	2.006	3.916
MS 总分	355	88.676	115.00	44.00	11.969	3.855

参加技能竞赛的学生一般都经过各自学校的精挑细选，是职校生中的佼佼者，再加上部分学校在选手选拔的过程中考察了学生的心理素质，重视技能训练过程中的心理辅导工作，因此技能竞赛选手心理技能水平总体较好。相对于其他心理技能而言，技能竞赛选手在自信心和成就动机两项上的得分相对较低，这可能与中职生求学过程中的挫折经历有关。许多职校生在入学之初便带着普高落榜后的"失败者"心态，往往自觉"低人一

---

❶ 胡月琴，甘怡群. 青少年心理韧性量表的编制和效度验证 [J]. 心理学报，2008，40（8）：902－912.

等""矮人三分"，有一种自我贬低的习惯倾向，这可能是导致选手在自信心和成就动机自我调节能力上不足的重要原因。

（二）不同性别技能竞赛选手心理技能水平的差异分析与讨论

采用独立样本 t 检验，考察技能竞赛选手心理技能水平的性别差异。从表 8-4 可以看出，男生在心理技能 4 个因子以及总分上的水平要稍好于女生，但独立样本 t 检验的结果表明男生和女生的心理技能水平无统计学意义上的显著差异（$p > 0.05$），男生和女生的心理技能水平大致相当。

表 8-4　技能竞赛选手心理技能水平的性别差异分析

	$M \pm SD$ 男（$N = 271$）	$M \pm SD$ 女（$N = 84$）	t	p
团队合作	20.948 ± 3.385	21.631 ± 2.849	−1.673	0.095
自信心	14.472 ± 3.345	14.333 ± 3.451	0.330	0.741
注意集中	14.664 ± 2.964	14.452 ± 3.032	0.569	0.570
成就动机	10.668 ± 2.493	10.321 ± 2.207	1.142	0.254
心理准备	16.173 ± 2.565	16.191 ± 2.476	−0.054	0.957
积极认知	11.845 ± 1.994	11.441 ± 2.026	1.618	0.106
MS 总分	88.771 ± 12.385	88.369 ± 10.580	0.269	0.788

总的来说，不同性别的技能竞赛选手在心理技能总分以及各因子上的得分差异均不显著。实际上，关于心理技能的性别差异的研究结果并不一致，如有研究发现，足球运动员在团队合作上女生要显著优于男生，在心理准备上男生则要显著优于女生[1]；但也有研究发现男女运动员的心理技能没有显著差异[2]。这可能跟所使用的测量工具不同以及具体比赛项目的对选手特定心理技能的要求不同有关。

（三）不同年龄技能竞赛选手心理技能水平的差异分析与讨论

采用独立样本 t 检验，考察技能竞赛选手心理技能水平的年龄差异。

---

[1] 柏延洋. 我国部分地区 U-15、U-17 青少年足球运动员心理技能调查研究［D］. 北京体育大学，2006.

[2] Pashabadi A，Shahbazi M，Hoseini S M，et al. The Comparison of mental skills in elite and sub-elite male and female volleyball players［J］. Procedia-Social and Behavioral Sciences，2011，30：1538-1540.

由表 8 - 5 可知，18 周岁以上选手的心理技能水平要优于 18 周岁以下的选手。具体来说，除积极认知这一因子外（$p > 0.05$），不同年龄阶段的技能竞赛选手在心理技能总分、团队合作、自信心、注意集中、成就动机以及心理准备方面存在非常显著的差异（$p < 0.01$）。

表 8 - 5　技能竞赛选手心理技能水平的年龄差异分析

	$M \pm SD$ 18 周岁及以上	$M \pm SD$ 18 周岁以下	t	p
团队合作	21.641 ± 3.360	20.743 ± 3.171	2.561	0.011
自信心	14.883 ± 3.065	14.133 ± 3.532	2.126	0.034
注意集中	15.166 ± 2.646	14.233 ± 3.136	3.023	0.003
成就动机	10.993 ± 2.396	10.305 ± 2.419	2.646	0.009
心理准备	16.821 ± 2.311	15.733 ± 2.602	4.048	0.000
积极认知	11.959 ± 2.054	11.605 ± 1.964	1.637	0.102
MS 总分	91.462 ± 11.763	86.752 ± 11.757	3.709	0.000

总体来看，18 周岁以上的选手的心理技能水平要优于 18 周岁以下的选手。虽然人们一直都在强调心理技能必须通过专门的练习才能习得，但随着年龄的增长、阅历的增加、经验的积累，似乎即便没有专门的训练，选手也有可能在不断自我调节的过程中摸索出有效的心理调节的方法，这在对优秀技能竞赛选手的访谈中也有所体现。如有的选手在操作技能练习的过程中，在没有经过专门表象训练的情况下，会自觉在头脑里反复想象自己一步一步进行技能操作的情景，并认为这对自己操作技能水平的提升很有帮助。当然，这并不意味着教育工作者只能被动等待选手心理技能的自然发生发展，恰恰相反，教育工作者应该积极创造条件，为技能竞赛选手创设心理技能发展的"最近发展区"。

（四）不同等级选手心理技能水平的差异分析

采用单因素方差分析对不同等级选手的心理技能进行比较，F 检验的结果表明（见表 8 - 6）：不同等级的选手在自信心、成就动机、心理准备以及心理技能总分上均存在显著差异（$p < 0.05$），在注意集中上存在非常显著的差异（$p < 0.01$），需要进行事后检验。事后检验的结果表明：在心

理技能总分、自信心以及注意集中方面上，优秀选手和良好选手均要显著优于一般选手（$p<0.05$）；在成就动机方面，良好选手要显著优于一般选手（$p<0.05$）；在心理准备方面，优秀选手要显著优于良好选手和一般选手（$p<0.05$）。

表 8-6　技能竞赛选手心理技能水平在不同技能水平选手间的差异分析

	平方和	自由度	均方	F	事后检验
团队合作	3.170	2	1.585	0.147	
自信心	92.952	2	46.476	4.175*	1>3*；2>3*
注意集中	83.689	2	41.844	4.822**	1>3*；2>3*
成就动机	41.952	2	20.976	3.605*	2>3*
心理准备	48.667	2	24.334	3.829*	1>2*；1>3*
积极认知	22.698	2	11.349	2.849	
MS 总分	1177.776	2	588.888	4.184*	1>3*；2>3*

注：设定优秀选手为1，良好选手为2，一般选手为3。

总体来看，比赛成绩较好的选手心理技能水平也较高，但有两点值得注意：一是除了在心理准备上优秀选手显著优于良好选手（$p<0.05$），在心理技能的其他方面二者并无显著差异，这说明良好的心理准备可能是这部分选手优于其他选手的一项关键心理技能。二是一般选手主要在自信心、注意集中、成就动机三个因子的得分上显著低于良好选手，提升这三个方面的心理技能水平，可能是提升一般选手心理技能的关键。

三、结论

（1）技能竞赛选手的心理技能水平总体良好，各因子的得分由高到低依次为团队合作、心理准备、注意集中、自信心、积极认知、成就动机；

（2）男生和女生的心理技能水平差异不大；

（3）18周岁以上选手的心理技能水平相对较高；

（4）比赛成绩较好的选手心理技能水平也相对较高。

第三节　职校技能竞赛选手心理训练策略

基于职校心理教育的背景，结合技能竞赛选手心理技能的特点，本研究将技能竞赛选手心理训练作为一个尚待建设的系统工程，提出训练的五大策略：把握训练的现代理念，坚持训练的基本原则，明确训练的阶段目标，遵循训练的基本程序，选择适切的训练方法。

一、把握心理训练的现代理念

开展技能竞赛选手心理训练，主要基于积极心理学、人本主义心理学以及建构主义心理学的三大理念。

（一）积极心理学的理念

由美国当代著名心理学家塞林格曼发起的积极心理学是"致力于研究人的发展潜力和美德等积极品质的一门科学"。积极心理学把研究重点放在人自身的积极因素方面，主张心理学要以人固有的美德作为出发点，倡导用一种积极的眼光对人的心理现象做出新的解读，以激发人内在的积极力量，最大限度地挖掘人的潜力。同时，积极心理学也不回避人的心理问题，而是提出了有别于传统心理学的新观点："预防工作中所取得的巨大进步是来自个体内部系统地塑造各项能力，而不是修正缺陷。预防的大部分任务将是建造一门有关人类力量的科学，其使命是去弄清如何在青年人身上培养出这些品质。"

在积极心理学理念的指导下，技能竞赛心理技能训练不仅要及时消解学生的心理问题，更应致力于培养学生自主心理调控的意识，提高学生自主心理调控的能力，使心理技能成为学生心理发展的"助推器"。

（二）人本主义心理学的理念

被誉为"第三势力"的人本主义心理学是 20 世纪五六十年代在美国兴起的一股心理学思潮，主要代表人物是马斯洛和罗杰斯。人本主义心理学反对行为主义的环境决定论以及精神分析的生物还原论，在自然人性论的基础上，突破了自然科学的实验方法，从现象学的角度对正常人、健康人的高级心理进行了开创性的研究，主张心理学应该致力于研究人的本性、潜能、价值、经验、创造力等。人本主义心理学将人性的尊重与关怀上升到了一个新的高度，把人的尊严和自由置于核心位置，将人性的发展视为心理学最重要的使命，这些观点对现代教育理念和教育实践产生了深远影响。

基于人本主义心理学的理念，技能竞赛选手心理技能的训练，必须要坚定以人为本、以人为贵、以人为重的教育人性化理念，从学生的心理需求出发，重视学生的全面发展和终生发展，将学生作为发展过程中的人而不是攫取利益的工具。

（三）建构主义心理学的理念

建构主义是当代心理学理论从行为主义发展到认知主义以后的进一步发展，主要受到杜威的经验性学习理论、维果斯基的文化历史发展理论以及皮亚杰的认知发展理论的影响。尽管建构主义的理论体系繁杂而庞大，但是建构主义者一般认为，世界是客观存在的，而对世界的理解和解释却由于主体经验背景的不同而不同，因而是多元的。个体对外部世界的理解离不开原有的经验或心理结构，是在主客体相互作用的基础上通过双向建构生成的，具有主体性、社会性以及情境性等特征。建构主义视学生为学习的中心，鼓励学生基于自己的生活经验和背景对知识进行主动探索、对意义进行主动建构，视教育者为学习的帮助者和促进者，并强调情境设置在学习过程中的重要作用。

在建构主义理念的指导下，技能竞赛选手心理技能的训练就是要肯定学生的自主性、差异性、能动性，强调学生心理生成和发展的自主建构，为每一个学生提供心理技能自主建构的机会和条件，让每个学生的心理技能都得以自主发展。

二、坚持心理训练的基本原则

技能竞赛选手心理训练是一项系统工程，主要把握系统性、针对性、重复性以及合作性四大原则。

（一）系统性原则

心理技能是一个复杂的操作系统，心理技能的训练是一个复杂的系统工程，必须遵循系统性原则，包括训练方法的系统性、训练时间的系统性以及训练内容的系统性。

1. 训练方法的系统性

根据理论基础的不同，训练方法可分为行为主义的方法，如放松训练、生物反馈训练和系统脱敏训练等；认知主义的方法，如表象训练、认知训练等；运动心理训练专用的方法，如模拟训练等。根据训练的复杂程度，心理技能训练又可分为单一的训练方法，如渐进放松训练法、生物反馈法；成套的训练方法，如系统脱敏训练、应激接种训练等。训练方法的系统性，就是针对具体情况，灵活选择并优化组合训练的方法，从多个角度或层面入手，快速有效提升选手的心理技能。

2. 训练时间的系统性

从训练的时间周期来看，心理技能训练可以分为长期训练，即在日常心理教育活动中开展适当的心理技能训练；中期训练，即在操作技能训练的周期中开展心理技能训练；短期心理技能训练，即临赛前针对特定的比赛任务而进行的心理技能训练。训练时间的系统性，就是要坚持这三个阶段的连贯性，针对心理技能形成和发展的特点，进行长期连续的训练。

3. 训练内容的系统性

从内容来看，心理技能的训练包括一般心理技能训练与专项心理技能训练。一般心理技能训练，是指培养和发展竞赛中普遍需要的心理技能，如团队合作、自信心、注意集中、心理准备、成就动机、积极认知、紧张焦虑控制等。专项心理技能训练，指专门针对某一特定比赛项目所需掌握的心理技能。训练内容的系统性就是要将二者有机结合起来，全面提升选手的心理技能。

（二）针对性原则

1. 针对学生心理发展的阶段特点

表面看来技能竞赛中职组选手的年龄较为接近，但是从心理发展的特点来看，十五六岁的选手和十八九岁的选手实际上处于心理发展的不同阶段，具有不同的特点。从宏观来看，按照心理发展阶段的一般划分，前者处于青少年期的末段，后者处于成年早期，这两个年龄阶段的群体对心理的发展的需求是不一样的。从心理技能的实际水平来看，根据上一节所述的调查结果，18 周岁以上和以下的选手心理技能水平有着显著的差异。因此，开展心理技能的训练，必须要充分考虑学生所处的年龄阶段，在训练内容、方式方法等方面都要有针对性地进行科学设计。

2. 针对学生现实的心理需求

满足学生现实的心理需求是心理训练的出发点，同时也是激发学生训练热情的必要条件。这就要求在实施心理训练前，要及时把握学生的心理需求，详细了解学生训练和比赛过程中心理的各种发展变化，进而根据学生共性和个性的心理特点分类别、有针对性地制订心理训练的方案和内容，做到标准化心理训练与个性化心理训练有机结合。唯有如此，学生才能认同心理训练并自觉自愿地去学习心理技能，进而主动积极地去练习并运用心理技能。

3. 针对特定的专业比赛项目

技能竞赛的比赛项目众多，不同的项目在比赛内容、程序、环境、计分规则等方面存在诸多差异，这些差异对学生的心理有不同的要求，上一节调查的结果也体现了这一点。因此，心理训练要充分考虑不同项目的特点，精心设计训练的内容。如会计专业中的点钞比赛，从技能的特点来看一种封闭的、连续的、相对精细的操作技能，要求选手在规定时间内做到又快又准，而一旦选手出现过度的躯体紧张或是瞬间的注意分散，都可能对比赛发挥造成破坏性的影响。由于此类项目对选手情绪控制和注意集中的能力提出了较高的要求，训练中应当有针对性地强化选手放松、注意集中、注意分散后的再集中等心理技能。

（三）重复性原则

和其他技能的发展一样，心理技能从掌握到熟练运用是一个长期的过程，指望一教就会、一会就用、一用就灵，取得立竿见影的神奇效果是不切实际的，长期的重复练习乃至适当的过度练习是习得心理技能不可或缺的重要条件。这其中，要注意提高学生对心理技能作用的认识，尤其要重视通过学习方式的变化调动学生学习的兴趣，维持必要的学习动机，使学生能够像学习掌握操作技能一样，坚持对心理技能进行反复的练习与实践，以期达到心理技能运用的自动化。

（四）合作性原则

技能教练是心理训练中容易被忽视的环节，实际上，教练在心理训练中起着非常重要的作用，心理训练需要心理教师和技能教练在训练过程中展开密切的专业协作。心理教师在制订训练计划和实施心理训练的过程中需要向教练了解某一专项职业技能的特点、训练中学生的心理状态、比赛的特点等，积极听取教练的意见和建议；教练不仅要认可心理训练，向心理教师提供必要的帮助，而且要主动参与到心理训练中去，认真学习心理训练的基本理论和操作方法，并科学运用于技能训练的过程中。只有双方密切联系、沟通交流、优势互补，才能真正提高心理训练的针对性和实效性。

三、明确心理训练的阶段目标

短期来看，技能竞赛心理训练的目标是帮助选手调整心理状态，在竞赛中取得好成绩；长远来看，则是促进心理技能的迁移运用，从根本上提升学生的心理素质，促进学生的心理发展。立足于实现这两个目标，结合技能竞赛训练备战的时间周期，理想的心理训练应包括四个阶段：一般心理训练—结合技能的心理训练—应对竞赛情境的心理训练—赛后的心理训练。四个阶段相应的具体目标为：形成基本心理技能—保持积极的训练状态—做好比赛的心理准备—赛后心理的平复调整。

1. 集训前的训练——基本心理技能的习得

之所以在集训前就开展基本心理技能的训练，一方面，是由于心理技能从掌握直至自动化地运用是一个较为漫长的过程，仅仅依靠集训期短时间的强化训练很难达到理想的效果；另一方面，从教育公平的角度来看，技能大赛的成果应惠及每一位职校生，这就要求心理训练不应只针对参赛选手，更应作为职校心理教育的一部分让每一位职校生从中获益。因此，集训前的心理训练主要是面向全体职校生，在职校日常心理教育活动中渗透心理技能的内容，如放松、表象、自我谈话、目标设置等心理技术。该阶段训练的主要目的是让学生了解心理技能的有关知识，熟悉心理技能的操作程序，引导学生在日常学习生活中对心理技能自主练习、勤加运用。实现该目标可以为潜在的参赛学生的心理技能训练打下良好的基础，更有助于提升全体学生的心理素质。

2. 集训期的训练——积极训练状态的保持

每次集训的时间跨度因比赛项目、比赛级别的不同而异，一般为两至三个月的时间。该阶段是操作技能训练的强化期，是操作技能水平快速提高的关键期，其特点是时间紧、任务重、压力大，训练成绩与心理状态交互影响的效应明显。因此，心理训练的主要目标是帮助学生保持良好的训练状态，为技能水平快速有效的提高奠定良好的心理基础。心理教师和教练一方面要密切关注学生的心理波动，做好心理咨询等疏导工作，预防焦虑、倦怠等心理问题的发生；另一方面在学生已掌握的心理技能的基础上，强化学生对各项心理技能的运用，指导学生进行有效的自主调节，如：通过合理的目标设置，增强学生对训练成绩的控制感以及自我效能感，强化学生的自信心；通过表象演练，促进学生建立和巩固专业技能的动作图式，提高训练效率，等等。

3. 临赛前的训练——良好比赛状态的获得

临赛前，学生的技能水平基本定型，技能的训练逐步让位于身心的调整，心理训练的目标就是帮助职校生获得良好的比赛状态，即"镇静的、有战斗性的、有信心的，相信自己的技术和能力，情绪状态应表现为神经过程兴奋性水平适中，有顽强的意志和坚定的取胜志向、良好的抗干扰能力与自我控制能力以及高度集中的注意力"。在该阶段，要重视对学生参赛动机的调整，防止学生的动机水平过高、对比赛成绩的期望值过高、对自我的要求过严等所引起的过度紧张、焦虑甚至是对比赛的恐惧心理，避免造成学生赛前体能、精力的过度损耗。另外，要指导学生做好个性化的应对比赛的准备，包括心理上的和战术策略上的，对可能出现的困难或是逆境准备好相应的预案，由此提高学生对比赛的控制感和自信心，形成良好的比赛状态。

4. 比赛后的训练——及时的心理平复调整

赛后心理训练常被人们所忽视，认为该阶段的心理训练无关紧要，其实这是一种认识上的误区。如在访谈中一名国赛二等奖的选手谈到，没能拿到冠军他很失落，觉得对不起教练的辛勤付出，也愧对家长的期望，当赛后教练带着他和队友们来到天津的海堤上散步放松时，看着夺冠队友的兴奋喜悦，他说："我当时真想一头跳下去！"尽管这位选手最终并没有这样做，然而这样的念头值得警惕。实际上，赛后无论成功或失败，选手都会产生特殊的情绪体验，这种体验会对今后的训练、比赛乃至生活产生深远的影响。因此心理教师以及教练应和学生一起对比赛表现和比赛结果进行客观而又积极的分析，使学生能全面合理地看待比赛的过程和结果。尤其要密切关注比赛失利学生，避免心理危机的发生，防止他们自我意象骤然变化做出过激行为。

四、遵循心理训练的基本程序

心理训练有不同的实践取向，如以方案为中心或是问题解决为中心，但是无论开展何种类型的心理训练，都无法脱离一些关键的步骤，这些步骤是达成理想训练效果所不可或缺的。

1. 步骤一：解释说明

尽管心理教育在职校的普遍开展使职校生对心理学有了一定程度的了解，但一提到心理学，很多学生仍会错误地将心理训练与心理疾病、心理变态画上等号，而这种偏见可能会导致学生对心理训练的排斥，影响训练的顺利进行。因此，心理教师开展心理训练的第一步就是要向学生说明自己的身份和角色，阐明开展心理训练的目的和作用、对训练的大概设想、对学生的基本要求等，避免学生可能出现的误解和排斥，为后续工作的顺利开展奠定良好的基础。

2. 步骤二：收集信息

在该阶段，心理教师要深入到学生的日常训练和比赛中去，通过细致的观察、深入的交流（包括与教练）、纸笔测验等方式方法，从质和量两个方面对学生的心理需求、心理特点等情况进行详尽的了解，体验学生经历的心理过程，洞悉学生的心理状态。深入技能竞赛训练一线收集信息的过程，既有助于心理教师直观地感受训练的氛围，准确把握训练中学生的心理状态，提升心理训练的针对性；同时也有助于心理教师获得学生对自己身份的认同和信任，从而建立良好的合作关系，为顺利实施心理训练奠定良好的基础。

3. 步骤三：评估问题

评估问题是为了确定究竟需要提高学生哪些方面的心理技能。心理教师要根据收集到的信息，综合分析选手心理素质尤其是自主心理调控能力方面的不足，对已经出现的问题进行归类，预判可能会出现的问题，并和教练一起分析导致问题的原因。如果问题与操作技能训练的方法、时间、强度等外因有关，则主要由教练负责相应的调整与改进；如果是学生自身心理素质某一方面的不足所引发的问题，则主要由心理教师负责开展针对性的训练。对问题的评估需要心理教师和教练加强沟通，密切合作，做到细致准确。

4. 步骤四：制定方案

科学的训练方案是实施心理训练的指南，同时也是训练效果的有力保证。完整的心理训练方案应包括对象、目标、内容、方法、程序等基本要素。心理教师应遵照心理技能形成和发展的三个阶段——教育、习得和练习——由浅入深、由易到难、由基础到复杂地安排训练的内容，尤其要注意训练内容的针对性和训练方法的适宜性，重点突出学生对心理技能的实践运用。另外，在制订方案时对训练中可能影响训练进程的困难要有预估，在训练时间的安排上要有一定的弹性，为可能出现的新问题预留训练时间。

5. 步骤五：实施训练

实施训练也就是执行训练方案。在这一过程中，一是要在坚决执行训练方案的同时，根据各方面的实际情况，如学生的反馈、客观训练条件的变化等适时地灵活调整训练的内容、方法以及程序等；二是要做好训练记录，同时尽可能让学生做好训练日志，以便积累训练经验累积训练素材，方便今后进一步修改完善训练方案。有条件的学校还可以制作心理技能手册，帮助学生在学习过程中加强对心理技能的理解，同时也有助于学生将心理技能运用到日常技能训练的实践中。

6. 步骤六：评估效果

心理训练效果的评估主要有两种取向，客观的以及主观的。客观化的评估指标无非两种，一种是心理指标，即采用标准化的心理量表进行测量；另一种是比赛成绩。尽管技能竞赛心理训练的直接目的是为了提升比赛成绩，需要注意的是，比赛成绩受到多种因素影响，如技能水平、外部环境等，以比赛成绩作为心理训练效果主要的甚至是唯一评价的标准是不恰当的；另外，即便以比赛成绩为参考标准，也应着眼于学生在比赛中的发挥是否接近甚至超过了平时的训练水平，而不是考察选手在比赛中所取得的名次。主观化的评价有两种，一是受训学生训练前后心理体验的主观报告，二是教练或是心理教师对学生受训前后训练比赛行为变化的观察。应该说，全面系统的评估应该是量化和质化的结合，是比赛成绩和心理发展的综合考量。

五、选择适切的心理训练方法

开展心理训练面临的一个重要现实情况是：绝大部分的技能竞赛选手的心理是健康的，少有临床意义上的心理疾病，他们需要掌握的是一些心理技术和策略以应对训练和比赛对他们提出的特殊要求；但也不排除少部分学生面临发展性的心理问题的困扰，需要一定的心理干预。因此，以心理技能训练为核心，辅以适当的心理干预，是开展技能竞赛选手心理训练应有的选择。

（一）心理技能训练的方法

团队合作、自信心、注意集中、心理准备、成就动机、积极认知、紧张焦虑控制等心理技能，大多由基本心理技术的组合运用发展而来，因此，培养学生的心理技能离不开四项基本心理技术的训练，即放松训练、目标设置训练、自我谈话训练以及表象演练。

（1）放松。放松训练是一种以暗示语集中注意，调节呼吸，使肌肉得到充分放松，从而调节中枢神经系统兴奋性的方法，主要包括渐进放松、自身放松、三线放松、松弛反应等。各种放松技术的共同点是：注意力高度集中于自我暗示语或他人暗示语、深沉的腹式呼吸、全身肌肉完全放松。每种放松方法都有一套系统的训练程序，看上去比较复杂，但如果坚持练习并能运用自如，对学生紧张焦虑的调控、积聚比赛的心理能量具有较好的效果。该方法不仅可以降低中枢神经系统的兴奋性，避免情绪紧张引起的心理能量的过度损耗，而且是开展其他心理技术训练的基础。因此在技能竞赛心理训练过程中，要格外重视该训练方法的运用。

（2）目标设置。目标设置的作用体现在两个方面：一是目标作为表现的标准被视为直接的动机策略，影响动机的方向和强度，并以注意和努力的形式来管控行为，激发、引导和组织人的活动，是人们行为的重要推动力量；二是作为活动中的认知驱力，如提升自信心和成就动机，做好比赛的心理准备等，合理的团队目标还可以增强团队的凝聚力。一般认为，有难度的目标要比容易的目标、具体的目标要比模糊的目标或者没有目标更能引起更高水平的表现❶。目标设置应根据具体情况有区别地进行，具体来说，训练中的目标设置应以结果为导向，而比赛中的目标设置应该以技术为导向。

以结果为导向的目标设置注重的是操作技能所能达到的水平，应尽可能用硬性的、可量化的指标来衡量，比如说时间、分数、名次等。越是明确细致的目标，越有利于引导学生在训练中努力拼搏。设置此类目标时应注意以下几点：一是目标的层次性或阶段性。可按照技能形成的不同阶段对技能水平的不同要求，由低到高、由易到难分层设置。多重目标的设置既适应了学生在不同环境和不同状态时可能表现的水平差异，也承认不可预测的现实因素对学生的影响，有助于增加学生对目标的认同感，减轻他们的心理负担，增强自我效能感。特别是对高焦虑的学生，更应制订多级目标，使他们的成就动机维持在适宜的水平。二是最高目标可以在一定程度上高出学生一般应该达到的水平。古语有云："取其上者得其中，取其

❶ Vealey, R. S. . Mental skills training in sport. In G. Tennenbaum & R. C. Eklund （Ed. ）, Handbook of sport psychology ［M］. New York：Wiley, 2007：287 – 309.

中者得其下。"训练中较高的最终目标有助于学生努力将自己的潜能充分挖掘出来。三是将目标公开化。公开的目标有利于学生为了避免自尊心受到伤害而更加努力，既是对学生奋发进取的引领，也是对学生持续行动的有效激励，实际上是一种特殊的"心理契约"。四是及时提供目标完成情况的反馈，引导学生根据实际情况对目标进行调整和改进。

在比赛中，结果导向的目标设置可能会给学生带来过度的压力，使学生患得患失、紧张和焦虑，因此，比赛中应引导学生设置以技术为导向的目标。立足于如何将平时训练中的水平全面、充分地在比赛中表现出来，教师主要是要指导学生关注技术操作的正确性、精确性、规范性，而与此无关的荣誉、成败、对手、环境、裁判等因素应全部忽略。

需要强调的是，只有得到学生真心认可的目标才是有效的目标，才能真正成为学生努力的动力。因此，目标设置训练中教师应注意调动学生的主动性和积极性，引导学生分析目标实现的可能性，启发学生思考实现目标的策略、手段和途径，发挥学生在目标设置中的主观能动性。

（3）自我谈话。自我谈话是心理技能训练基本方法中的一种，恰当的自我谈话是与任务有关的、积极的和有针对性的。自我谈话具有认知功能和动机功能。认知功能有助于学生操作技能的学习和掌握；动机功能包括动机唤醒、掌控和驱动，有助于学生控制唤醒水平、降低焦虑、集中注意力、保持信心等。自我谈话不受时间、环境的限制，在技能训练和比赛的全过程学生都可以使用自我谈话以改善心理活动、提高行为效率。由于消极思维习惯的影响，一些学生在面临问题和困境时往往容易产生自动化的消极自我谈话。在训练的过程中，教师要善于启发学生换个角度来看问题，引导学生发现自己的不合理信念，培养学生积极的自我谈话；要协助学生自主设计针对不同情境和问题的自我谈话的内容，通过及时提醒以及学生的自我强化，使学生真正掌握并灵活运用自我谈话。

（4）表象演练。表象演练是在放松的基础上，在暗示语的指导下，在头脑中反复想象某种动作或情境，从而提高操作技能和情绪控制能力的一种方法。表象演练有助于建立和巩固正确操作技能的动力定型，加深技能记忆、加快技能的熟练化；赛前对成功表象的体验还有助于加强心理准备，提升自信心，想象平静宜人的画面有助于缓解紧张焦虑，形成良好的比赛状态。如在技能学习中，可以采用如下程序指导学生进行练习：先放松，在默念动作概念的同时，要求学生想象教师操作的过程，仔细回想动作的细节，然后开始操作练习。操作完成后，将自己的实践与先前的想象进行比较，并听取教师的指导，及时纠正错误。在短暂休息后，再次进行练习。

（二）积极心理干预的方法

从理论上来看，绝大多数心理干预技术都可以运用于技能竞赛心理训练。但鉴于技能竞赛训练时间紧迫、心理教师精力有限等客观条件的限制，不是所有的心理干预技术都适用于技能竞赛心理训练，寻找一种耗时短、效率高的干预技术就显得尤为重要，而焦点解决短期心理咨询就是这样的一种较为实用的心理干预方法。

焦点解决短期心理咨询（Solution – focused Brief Counseling，SFBC）是一种以寻找解决问题的方法为核心的短期心理咨询技术。该技术不需要溯及过往，把每次咨询都看成是最后一次，周期短、耗时少；强调"怎么做"可以使问题发生改变，而不是"为什么"会造成当前的问题；侧重的是构建解决问题的方法，而不是探寻造成问题的原因；从问题的正向意义出发，尤其重视挖掘来访者的成功经验在解决新问题中的作用。该方法简单有效，易于掌握，非常适用于技能竞赛情境，其主要的咨询技术举例如下。

（1）奇迹式问句（Miracle Question）。当学生对自身想要达到的目标不是特别清晰，尤其是遇到比较复杂的问题时，可以通过奇迹式问句引导学生提出更为细致、具体的可操作性的目标。如"如果有一天，当你一觉醒来时奇迹发生了，问题解决了，此时你如何知道奇迹发生了？事情又会有哪些不同？"

（2）评量式问句（Scaling Question）。评量式问句可以用来引导学生关注以往面对相似问题时的解决方法和经验。所谓的评量式问句，就是划分等级，等级为 0～10。如当学生认为自己的训练状态很差，对比赛失去信心时可以进行如下提问："如果 0 代表最糟糕的情况，10 代表最完美的情况，那么你现在处在哪个等级？如果处于0，那么是什么让情况没有变得更糟？如果处于5，那么你是怎么做到的？如果你想上升一个等级，那么你觉得你需要做出哪些改变？"

（3）应对式问句（Coping Question）。学生对自身的一些细小同时又是积极的改变往往不会主动意识到，此时可以通过应对式问句唤起学生对自身潜能的关注。比如当学生由于种种原因试图放弃训练时，可以进行以下提问："今天你是如何按时到达训练场的？你是如何熬过最难受的时候的？你是如何打消放弃的念头的？你是怎么做到的？"

（4）关系导向问句（Relationship Oriented Question）。SFBC非常重视个人生活系统对其自身产生的重要影响，让学生的重要他人的观点进入学生思考自身问题解决的架构，可以有助于学生调整、修缮以及落实解决方法。如当学生受到训练中人际关系的困扰时，可以进行一下提问："如果问题解决了，那么你的同学会对你有什么不一样的看法？教练会怎样看待你？他们会最先注意到你哪些方面发生了改变？"

（5）追踪式问句（Following Question）。咨询结束时，可以用追踪式问句增强学生改变行动的动力。如"今天结束以后你做的第一件事是什么？你决定怎样使自己保持下去？如果需要对和你拥有同样困扰的人讲几句对他们有帮助的话，你会怎么说？"

当然，SFBC的技术不止上述几种，还包括改变式问句、例外式问句等。总的来看，有效利用这种技术不仅有利于选手心理问题及时有效的解决，更重要的是该方法有利于培养选手的心理技能。如"评量式问句"中渗透着心理技能中的目标设置，"关系导向问句"对启发选手团队合作的意识、培养选手团队合作的能力有很好的启发。

总的来看，研究技能竞赛选手的种种不良心态，帮助其做好心理调节，从而为技能训练和比赛奠定良好的心理基础固然重要，这也是开展技能竞赛心理训练的出发点；但如果技能竞赛心理训练仅仅是为了让参赛选手取得理想的比赛成绩，难免有"锦标主义""精英教育"之嫌，似乎又回到了"工具主义""功利主义"的老路上，站在了现代教育理念的对立面。立足于现代心理教育发展的要求，思考如何通过心理训练使学生学会心理自助，提升其心理技能，探索将技能竞赛训练和比赛的经历转化为学生心理成长潜能实现的过程，是今后一个阶段职业学校需要深入探究的重要课题。

本章小结

当前职校技能竞赛选手在认知、情绪、动机等方面存在不同程度的问题，亟须心理训练的介入。借鉴运动员心理技能训练开展技能竞赛选手心理训练，是一种值得尝试的有益途径。心理技能是熟练运用心理技术或方法调节、控制自身心理过程和心理状态形成的心理操作系统。心理技能训练是有目的有计划地对受训者的心理过程和个性心理施加影响的过程。训练的技术主要有四种：表象、目标设置、自我谈话以及身体放松，训练过程需要遵循严格的程序。采用自编的《技能竞赛选手心理技能问卷》对技能竞赛选手心理技能水平进行测查后发现：江苏省技能竞赛选手的心理技能水平总体良好；男生和女生的心理技能水平差异不大；18周岁以上选手的心理技能水平相对较高；比赛成绩较好的选手心理技能水平也相对较高。基于职校心理教育的背景，结合技能竞赛选手心理技能的特点，本章提出心理训练的五大策略：把握训练的现代理念，坚持训练的基本原则，明确训练的阶段目标，遵循训练的基本程序，选择适切的训练方法。

（本章作者　复旦大学　黄亮）

职校技能竞赛选手应激应对的研究

自 2008 年教育部正式提出建立职业教育技能竞赛制度以来，全国职业技能竞赛逐步深入开展，江苏作为全国职业教育强省，针对技能竞赛出台多项激励政策，技能竞赛逐步成为教育行政部门、职业院校、教师、学生、家长都高度关注、协同参与的一项重要活动。在训练和比赛过程中，学生选手往往承载着各方面的期望，能否摆正心态、应对压力是影响最后比赛成绩高低的关键因素[1]。以往技能竞赛的相关研究多提出直接通过心理训练以促使选手在竞赛中更好地发挥实力，这对于竞赛选手来说无疑是一项很好的训练课程。有调查表明：70.9% 的参赛选手心理压力较大[2]，选手能否在竞赛情境下调整好应激应对态度和策略选择对竞赛成绩的影响至关重要。在竞赛应激状态下，选手会采取何种应激应对策略，且何种应对策略更有助于比赛水平的稳定发挥，优秀与一般选手所采取的应激应对策略又有何不同。这对于进一步补充完善对竞赛选手的训练，乃至普及至职业院校学生的日常教学培养中，具有十分重要的意义。当前尚未有适用

❶ Campbell - Sills, L., Forde, D. R., & Stein, M. B. Demographic and childhood environmental predictors of resilience in a community sample [J]. Journal of Psychiatric Research, 2009, 43 (12): 1007 - 1012.

❷ 王娟娟. 职业技能竞赛对中等职业教育生态的影响研究 [D]. 南京师范大学, 2013.

于测量技能竞赛选手应激应对的工具，故而本研究欲借鉴以往研究，初步编制技能竞赛选手应激应对问卷，并进行调查研究，从而了解技能竞赛选手应激应对的特征，通过对优秀竞赛选手应激应对特征的分析，帮助竞赛选手有效地做好心理调适，从而为技能竞赛选手参加比赛提供科学有力的心理证据。

第一节　应激应对研究概述

一、应激应对的概念

"应激"（Stress）这一术语是由知名心理学家沃特·坎农（Water Cannon）引入社会学领域，指一些让人感觉紧张的事件或环境刺激。在我国，应激又被译作"压力"或"紧张"。应对概念的提出建立于应激的基础上，"应对"（Coping）也被称为应付，它历经了"被视为个体的某种适应过程""被视为一种行为"到"是评价应激的意义，调控应激环境，缓解由应激引发的情绪反应的一系列认知活动和行为"的演变，较为深刻的是Matheny（1986）的应对概念，他认为"应对是个体为了避免、消除或减弱应激源带来的痛苦而采取的努力，这种努力既存在健康与不健康的，也存在有意识与无意识的"。

国内学者在定义应对方面也有诸多理解。肖计划这样定义应对："个体在应激环境或事件中，对该环境或事件做出认知评价以及继认知评价之后为平衡自身精神状态所采取的措施"❶。姜乾金（1999）认为应对是运用的各种适应性的认知和行为活动，黄希庭指出，应对本质上是个人在压力状态下的自我调节努力❷，是为了减轻失败和挫折的负面影响而做出的认

---

❶ 肖计划. 应付与应付方式［J］. 中国心理卫生杂志，1992，6（4）：181－183.
❷ 黄希庭. 压力、应对与幸福进取者［J］. 西南师范大学学报（人文社会科学版），2006，32（3）：1－6.

知和行为方面的努力❶。钟伯光认为，应激应对是指个体为了管理那些被自己评价为有压力的、超出了个人资源的外部和/成或内部要求而做出的各种认知和行为努力❷。借鉴钟伯光的定义，本章节中的应激应对，指在技能竞赛应激情境下，个体为了管理那些被自己评价为有压力的、超出了个人资源的外部和/或内部要求而做出的各种认知和行为努力。

二、应激应对的理论

应对研究经过不断地整合，逐渐形成了应对的特质论、过程论、情境—特质论三种理论。

（一）应对的特质论

应对的特质论（Trait Theory of Coping）认为应对是人格特质的体现。它强调个体在应激情境下具有较为稳定的认知和适应性行为❸。这些稳定的认知和行为是个体在应激情境中的选择倾向，是个体"应对风格"的体现。应对风格有积极的和消极的。积极应对，即直面型的应对风格（Confrontive Coping Style），消极应对，即回避型应对风格（Avoidant Coping Style）。积极应对包括解决问题、求助；消极应对包括自责、逃避、幻想和合理化。特质论从个体应对的内在动因出发解释应对机制，有一定的意义和价值，但它忽略了人的主观能动性，这也使学者们开始深入思考应对的机制究竟为何。

（二）应对的过程论

应对的过程论（Process Theory of Coping）是由 Lazarus 和 Folkman 提出的。它是指当个体在刺激源的刺激下，感到情境对自己具有挑战性时，所做出的充分评价及采取应对行为的努力。过程论研究取向更强调个体的应对策略会随情境的变化而变化，不同情景下获得的心理体验会使得个体采

---

❶ 陈红，黄希庭，郭成. 中学生人格特征与应对方式的相关研究［J］. 心理科学，2002，5（25）：520－522，637.

❷ 钟伯光，姒刚彦，李庆珠，等. "中国运动员应激应对量表"的编制及检验［J］. 中国运动医学杂志，2004，23（4）：356－362.

❸ 罗时娟. 不同应对方式中的中职生心理健康状况比较研究［D］. 云南师范大学，2014.

取与所在情境匹配的应对行为；同一情景下不同阶段个体获得的心理体验不同，应对行为也相应表现出不同。应对的过程论具有明显的认知导向，它还强调人对情境的认知和感受。从应对的功能来看，应对过程论将应对区分为问题指向的应对和情绪指向的应对两类。前者以解决问题为主，后者重情绪的调节。应对是个体与环境相互作用的动态过程，它较为详细地阐释了个体差异与情境变化过程中不同应对的选择，相比于特质论更为全面。不足之处是，过程论不能做到不同个体在同一应激情境下应对选择的横向比较，也不能做到同一个体在不同应激情境下应对选择的纵向比较。

（三）应对的情境—特质论

主流观点认为，应对应该兼具特质性和过程性，过程论和特质论应该相互补充。应对的情境—特质论主要研究不同应激情境下个体特征差异与不同应对间的关系，在综合人格特质与情境理论的基础上，将个体的个性特征、应激情境、时间等各因素置于一个动态过程中，综合考虑其对应对的影响，通过研究应激情境的特征从而发现个体应对的一般规律❶。

三、应激应对的测量

应对的测量主要采用心理生理测量和表情测量、行为观察、自我报告三种形式。心理生理测量法和表情测量法通过间接方式进行测量。行为观察法则通过观察个体在应激情境下的所做所为推测应对方式，但由于行为指标较难选取，该种方法较少有学者使用。最常用的应对测量方法当属自我报告法，它具体包括日记记录法、问卷法、关键事件分析法、生态瞬时评估法，其中，问卷法运用得最为广泛。

通过问卷法进行应对的测量，国内外应对问卷也呈现一些特点。

从理论模型来看，应对量表的编制主要包括两类：一类是将应对看作一个过程，主要探究根据情境的需要选择应对的特点，这种问卷称为情境—特质应对量表。最具代表性的是 Lazarus 和 Folkman（1984）编制的应付量表（The Ways of Coping Checklist）；Stone 和 Neale（1984）编制了日

---

❶ 罗时娟. 不同应对方式中的中职生心理健康状况比较研究［D］. 云南师范大学，2014.

常应对问卷（Daily Coping Inventory，DCI）；Endler 和 Parker（1990）编制了多维应对问卷（Multimensional Coping Questionaire，MCQ），包括任务导向、情绪导向和回避策略三个维度；另一类是根据个体在应激环境中应对选择的倾向性和稳定性编制的人格倾向性应对量表，例如 Carver 等（1989）编制的应对问卷（the Cope），包括任务、情绪、回避、认知策略四个维度，共 53 个题项。该问卷被广泛应用于各种药物依赖、老年化、脊髓损伤等的评估；Zuuren 等（1999）编制 HDDQ 量表。

国内应对问卷的适用对象具有一般性和特殊性。具有一般性的应对问卷有：姜乾金等（1998）编制的特质应对方式问卷；梁宝勇等（1999）编制的 20 个项目的应激情境应付方式量表；还有一些，针对教育、医学、体育等具体领域。教育领域，肖计划（1996）结合汉语言特点和中国人的处世习惯编制了应付方式问卷，包含解决问题、自责、求助、幻想、忍耐、合理化 6 个维度；解亚宁等人（1998）中国化的简易应对方式量表，包含积极应对和消极应对 2 个维度；黄希庭以中学生为对象编制的本土化应对方式量表；韦有华（1996）修订国外 Cope 量表，制成的适用于大学生应对方式量表。医学领域，主要采用医学类应对方式量表，包括面对、回避、屈服 3 个维度❶❷。体育领域，钟伯光（2004）基于中国儒家道家文化并结合以往研究，形成了包含集中解决问题的应对、集中处理情绪的应对、回避应对与超越应对的中国运动员应激应对量表。

四、应激应对的相关研究

当前关于应激应对的研究涉及多方面，多实证研究：探讨与疾病、人格、幸福感、心理健康等相关，少理论研究；多量化研究，少质性研究。通过查阅文献发现，Wood 等人（2007）调查了 236 名学生，结果显示，应对与幸福感显著相关。韩瑢瑢（2015）对城镇化老人的研究表明，城镇

---

❶ 陈俐，王丽英，杨敏，等. 手术患者应激应对方式量表的初步编制 [J]. 解放军护理杂志，2004，21（2）：8-9.
❷ 李莉. 联合干预对烧伤患者的瘢痕增生及应激应对方式的影响 [D]. 河北联合大学，2014.

化老年人的主观幸福感与消极应对之间存在显著负相关。王鲁慧等人（2011）以高护新生为对象进行研究，高护新生心理健康状态与生活事件、应对、人格有关，自责式应对、生活事件和人格的神经质（N）是影响其心理健康的主要因素。

应激应对的研究对象涉及多类人群，主要是学生、运动员、病人，还有警务人员、军人、教师、科技人员等❶❷❸❹。研究对象越来越丰富、细化，表明当前研究者越来越关注少数特殊人群的心理应激应对现状。

通过对近五年职校生应对的文献整理发现，关于职校生应对方式的研究呈显著增长趋势。其中，高职生应对方式的研究较多，中职生应对方式的研究相对较少。研究方法较多地采用问卷法，且多是应对方式与生活事件、家庭、人格特质、心理健康等相关关系的实证研究，如张妍等人（2010）通过调查600名职校生发现，学习压力、人际交往、健康等生活事件对职校生产生影响较大，乐观的是，大部分职校生都能正确应对这些负性生活事件；文代君和康琴（2012）在探讨心理防御机制与应对方式的关系后发现，成熟的防御机制与问题解决、求助显著正相关，不成熟的防御机制与退避、发泄和幻想显著正相关；高英楠和彭焱（2011）解释了中职生的应对方式与父母的教养方式间明显的相关关系，认为母亲过多干涉、过分保护与消极应对存在显著负相关；赵东俭等人（2011）调查显示中职生自尊、应对方式与心理健康密切相关，且具有一定独立的预测作用。对职校生应对的质性研究较少。张翠萍（2013）以实习后期的大专护生为研究对象，通过质性研究的方法探讨了护生实习后期心理压力源及应对。质性研究方法近几年在心理学领域中得到应用和发展，可由于该方法对研究者本身的较高要求，其发展相对较为缓慢，但其发展潜力却不容

---

❶ 杜琼.科技人员工作应激及其对健康状况影响的研究 [D].福建医科大学，2002.

❷ 李权超，谢玉茹，于泱，等.多样化军事任务中军人心理应激的应对与管理 [J].现代医院，2010，10（11）：102－103.

❸ 商临萍.临床护理教师心理应激应对及教学行为的调查研究 [D].山西医科大学，2006.

❹ 王燕.警察工作应激的应对归因方式及对策 [J].山西大同大学学报（社会科学版），2009，23（5）：19－21.

小觑。

关于竞赛应激应对研究，刘溪和梁宝勇（2008）采用多导生理仪探究了心算应激对不同人格特质和应对风格的大学生心率（HR）、心率变异性（HRV）及皮肤电反应（GSR）的影响，在具体应激情境中探讨了集中解决问题的应对和集中处理情绪的应对两种应对风格。国内鲜少有做竞赛应激情境下选手应对机制的研究，且多是针对一系列心理、生理等问题而提出的一些具体的应对措施，这对本研究应对特征的研究很有参考价值，不同的是，本研究旨在通过量化研究的方式，深入探究选手的应激应对特点，从而也为一些学校制订针对选手的心理训练方案提供参考。

第二节　职校技能竞赛选手应激应对的现状分析

一、研究目的与方法

1. 研究目的

目前学界关于应对的研究丰富，但关于特定情境的应激应对的研究比较少。其中，应激应对的研究方面，运动员比赛应激应对的研究相对成熟，而职业技能竞赛选手应激应对的研究比较少。作为职业教育界的一大盛事，职业技能竞赛选手在比赛的应激状态下会采取什么应对，优秀选手更倾向于何种应激应对。本研究欲通过在已有运动员应激应对量表的基础上通过访谈进行技能竞赛选手应激应对问卷的初步编制，并进行应用研究，以期为学校技能竞赛心理辅导策略的制订提供一些方向，帮助竞赛选手在技能大赛中更好地发挥，收获更好的成绩。

2. 研究对象

本研究采用方便取样法，研究对象是江苏省职业学校中参加过市级及市级以上职业院校技能大赛的选手。通过问卷星平台发布问卷并委托学校相关老师组织学生到机房参加测验。研究对象分布于常州、苏州、无锡、扬州、南通、盐城、淮安7个城市的12所学校，共回收问卷436份，剔除无效问卷76份，得到有效问卷360份，有效回收率82.57%（见表9-1）。

表9-1 被试基本情况 (N=360)

	类别	人数（人）
性别	男	196
	女	164
获奖情况	优秀	65
	一般	295

研究对象涉及果蔬嫁接、建筑 CAD、数控车加工技术、汽车维修基本技能、化工设备维修、珠算、酒店服务、艺术设计八大类别 50 个比赛项目。选手获奖情况的分类，参照江苏省获得省级技能大赛一等奖或国家级技能大赛二等奖以上选手直接免试读本科的政策，将获省赛一等奖及以上的选手视为优秀，获得省赛二等奖及以下的视为一般。

3. 研究工具

自编《技能竞赛选手应激应对问卷》。该问卷共 12 道题，包括集中解决问题的应对、集中处理情绪与回避应对、超越应对 3 个因子。问卷信度 0.854，各因子与总问卷的相关在 0.766～0.847，具有良好的结构效度。

二、研究结果与讨论

（一）技能竞赛选手应激应对总体状况分析与讨论

从表9-2可知，江苏省职校技能竞赛选手应激应对平均值为 3.944，各因子以及总分的平均值均大于中值 3，显示了较好的总体水平。其中，集中解决问题的应对水平最高，处理情绪与回避应对水平最低。

表9-2 应激应对描述性统计 (N=360)

	M	SD
集中解决问题的应对	4.004	0.681
处理情绪与回避应对	3.833	0.693
超越应对	3.994	0.718
应激应对	3.944	0.618

总体来说，技能竞赛选手应对策略使用的次序是集中解决问题的应对、超越应对、处理情绪与回避应对，处理情绪与回避应对策略的使用明

显较少。竞赛过程中，选手更倾向于直接应对需要解决的问题。一方面，说明技能竞赛选手在儒道的传统文化熏陶下，采取的应对策略也具有浓浓的儒道文化特色；另一方面，研究对象是参加或参加过市级及以上技能竞赛选手，其本身便是各个职业学校综合能力的佼佼者，更倾向于直接应对需要解决的问题。

（二）不同性别技能竞赛选手应激应对差异分析与讨论

采用独立样本 t 检验，探索技能竞赛选手应激应对的性别差异。从表 9 – 3 中可以看出，技能竞赛选手应激应对及其各维度在性别上均存在显著的差异（$p < 0.05$），且男生应激应对及集中解决问题的应对、超越应对、处理情绪与回避应对维度得分均显著高于女生。

表 9 – 3　技能竞赛选手应激应对的性别差异（$N = 360$）

	男（$n = 196$）	女（$n = 164$）	t	p
	$M \pm SD$	$M \pm SD$		
集中解决问题的应对	4.149 ± 0.671	3.831 ± 0.654	4.537	0.000
处理情绪与回避应对	3.907 ± 0.707	3.744 ± 0.667	2.237	0.026
超越应对	4.133 ± 0.710	3.827 ± 0.694	4.106	0.000
应激应对	4.063 ± 0.612	3.801 ± 0.596	4.097	0.000

在竞赛应激情境下，男生更倾向于使用集中解决问题的应对、超越应对策略。一方面，超越应对是典型的儒家道家式应对，景怀斌（2006）研究表明，儒家式应对强调挫折利于人的成长、困苦的内在乐观性和人的责任性，这与基于儒家自我磨炼与道家自我超越理念的超越应对一致。❶ "男主外、女主内"的思想观念深入人心，出现了男人是家庭的顶梁柱，承担家庭主要生计的社会现象，责任心是评价一个男性的重要社会标准，故而男生在超越应对方式的选择较女生更多。另一方面，职校生更多地采用问题解决、寻求帮助等积极应对方式与指向问题的解决方式，也得到了以往

❶　景怀斌. 儒家式应对思想及其对心理健康的影响［J］. 心理学报，2006，38（1）：126 – 134.

研究者的证实❶❷。

（三）不同获奖状况技能竞赛选手应激应对差异分析

采用独立样本 t 检验，探索技能竞赛选手应激应对在获奖情况上的差异。从上表结果可知，选手是否优秀在应激应对及集中解决问题的应对、超越应对、处理情绪和回避应对上存在显著差异（$p < 0.01$），但采用处理情绪和回避应对的频率较其他应对低（见表 9 - 4）。

表 9 - 4　技能竞赛选手应激应对的获奖情况差异（$N = 360$）

	优秀（$n = 65$）	一般（$n = 295$）	t	p
	$M \pm SD$	$M \pm SD$		
集中解决问题的应对	4.354 ± 0.663	3.927 ± 0.662	4.706	0.000
处理情绪与回避应对	4.089 ± 0.733	3.776 ± 0.672	3.341	0.001
超越应对	4.277 ± 0.628	3.931 ± 0.723	3.571	0.000
应激应对	4.240 ± 0.591	3.878 ± 0.606	4.378	0.000

在竞赛的应激情境下，优秀选手较一般选手能更多地运用集中解决问题的应对、超越应对。优秀选手采取这些应对策略的频率较一般选手更高。黄亮（2015）研究指出，比赛成绩较好的选手心理技能水平较高，可见优秀的选手在竞赛前做好了充分的心理准备以应对赛场上的突发状况，并能积极有效地应对。另外，优秀选手和一般选手采取处理情绪与回避应对策略的频率相对其他应对策略较少，但优秀选手仍比一般选手相对较多的采取处理情绪与回避应对策略。需要说明的是，文中的回避应对是一种间接应对，而不是逃避、情绪宣泄等消极应对。相反，笔者认为采取回避应对在一定程度上更能体现一个选手的能力，"试图忘记不愉快的经历""比赛后不去想象有压力的情境"更明显地体现出选手调控情绪的能力。

---

❶　陈卓. 中等职业技术学校学生压力、应对方式与心理健康关系的研究 [D]. 东北师范大学，2008.

❷　欧秀莲. 中职生应对方式与心理健康状况的相关分析 [J]. 福建教育学院学报，2015（5）：119 - 121.

第三节　职校培养技能竞赛选手的积极策略

从研究结果出发，结合以往的相关研究，从积极心理学角度，提出一些建议，供职校培养技能竞赛选手参考。

一、合理认知

在心理咨询实践中发现，不少来访者为不合理信念所困，从而影响个人的日常生活。本研究结果也证实，技能竞赛选手的合理积极的认知更有助于其在竞赛情境中积极主动地应对问题。帮助选手树立合理的认知，可以借鉴理性情绪疗法（REBT），其模型是"ABCDE"。A 表示刺激性事件，B 表示对事件 A 的看法和信念，C 表示情绪结果，D 表示对信念 B 的辩驳，E 表示新的情绪结果。ABC 理论认为不是由于事件 A 本身导致的情绪和行为结果 C，而是由于个体对事件 A 的不合理信念 B 导致的情绪和行为结果 C。比如，一位选手比赛过程中遇到阻碍，心想："为什么修了几处后机器还不能正常运行呢？"其实不是机器本身的问题，而是选手对待这件事的看法在影响着情绪和行为结果，出现焦虑情绪，导致思维短路，排查不出故障。ABC 过程重在让选手意识到自己存在的不合理信念，DE 过程是修通阶段，对不合理信念找证据进行驳斥，形成合理的信念，产生新的情绪和行为结果。比如，"机器本身应该都一样，别人能排查出故障，我也能"，保持平静的心情，更有动力和信心去完成任务。将合理情绪疗法的"ABCDE"模型应用到对选手的培养中，让选手学会更加理性地看待自己的情绪和行为，采取合适的应对方式妥善地处理竞赛过程中遇到的问题和困难，学会自助，同时也具有一定的发展性和教育意义。虽然学习该方法可能比较吃力，但若能灵活地运用情绪 ABCDE，于选手来说是终身受益的一件事。

二、目标设置

目标设置❶通常有两个作用，一是作为表现的标准被视为直接动机，影响动机的方向和强度，并以注意和努力的形式来管控行为，激发、引导和组织人的活动，是人们行为的重要推动力量。二是作为活动中的认知驱力，如提升信心和动机。目标有难有易，有具体也有模糊。相关指导老师应教会选手进行合理的目标设置。目标设置训练有三步，第一步，要根据自己能力设定目标，从自身实际出发；第二步，目标要满足能实现的、具体的、近期目标三个要求；第三步，制订目标。通过目标训练三步法设置适合自己的目标，随后在实现目标的过程中，设立自我纵向比较目标，强调之前自己与现在自己的比较，有助于训练中内部动机的维持和提高。在训练中，指导教师定期协助检查学生的目标完成情况。如此循序渐进地训练，提升学生的目标设置能力，进而增强学生的自信心和自我评估能力，提升心理素质。

三、情绪管理

情绪状态在比赛过程中尤其重要，可以说，较高水平的比赛，决定胜负的都是心态。情绪管理是选手能在比赛中正常甚至超常发挥的有效途径。培养选手情绪管理能力，通过模拟训练法、放松训练、自我暗示等方法的学习和运用以较好地调节情绪，使得在赛前和竞赛中能保持愉悦和稳定的情绪。模拟训练，就是利用现代科学技术手段创设出的虚幻情景或某些特别条件进行训练，注重对操作技能和反应敏捷的培训，把参加者置于模拟的现实工作环境中，让参加者反复操作装置，解决实际工作中可能出现的各种问题。❷ 在赛前训练中，指导教师通过现代科学技术手段创设出裁判、对手、观众、场地和工具等多种因素，引发选手对荣誉和奖励的渴

---

❶ 曾彦莹. 中职生的心理弹性、社会支持与心理控制源的相关研究［J］. 中小学德育，2014（6）：75 – 79.

❷ 百度百科"模拟训练法"［EB/OL］. https：//baike. baidu. com/item/模拟训练法/4027302？fr = aladdin. 2018.

望，诱发出选手的紧张情绪，此时，选手通过练习过的放松训练，将个体注意力高度集中于自我暗示语或他人暗示语，伴随深沉的腹式呼吸，从而达到全身肌肉完全放松，使选手专注于操作，以促进选手正常发挥。放松训练，主要包括渐进放松、自身放松等方法。选手可选择适合自我的放松方法，如若能坚持练习并能在前期训练和比赛过程中运用自如，有利于紧张焦虑情绪的调适。

本章小结

职校技能竞赛选手在竞赛情境下的应激应对机制对比赛成绩有重要影响。本章研究在竞赛情境下竞赛选手的应激应对情况，探讨竞赛选手的应激应对机制，以及有效应激应对更有助于其在竞赛中的稳定发挥。采用自编应激应对问卷，对 360 名参加过技能竞赛市级选拔赛的选手进行问卷调查。研究结果显示，技能竞赛选手应激应对策略依次是集中解决问题的应对、超越应对、处理情绪与回避应对。集中解决问题的应对、超越应对、处理情绪与回避应对在性别、获奖情况上均存在显著差异。男生较女生更倾向于使用集中解决问题的应对、超越应对、处理情绪与回避应对；优秀选手较一般选手能更多地运用应激应对。基于此，职业学校应通过多种途径培养选手合理化认知，设置目标，管理情绪的能力。

（本章作者　苏州工业园区唯亭学校　姚莹）

职校生网络成瘾现象的研究

随着科技的迅速发展，网络已融入职校生的方方面面，在生活、工作、学习等方面都已经无法离开网络，但由于他们还处于身心发展的青春期，心理素质等方面尚不成熟，因此在面对网络时他们很容易网络成瘾。本章将职校生作为研究群体，对网络成瘾与应对方式和生活满意度进行相关性研究。

第一节　网络成瘾研究概述

一、网络成瘾研究文献

（一）网络成瘾的定义

成瘾指的是个体长期滥用某种物质或进行某种活动并达到无法自拔的状态，常见的成瘾行为有药物成瘾、酒精成瘾、赌博成瘾等，网络成瘾则是伴随着互联网的发展而出现的一种成瘾行为。目前国内外对于网络成瘾还没有一个确切的定义，学术界提出了如下概念，如病理性网络使用（Pathological Internet Use，PIU）、网络行为依赖（Internet Behavior Dependence，IBD）、高互联网依赖（High Internet Dependency，HID）、问题性网络使用（Problematic Internet Use，PIU）、网络成瘾症（Internet Addiction Disorder，IAD）等，其中网络成瘾的使用最为广泛。

网络成瘾的研究是伴随互联网兴起而不断深入的，到目前也就 20 多年的时间。最早提出网络成瘾的是美国精神病学家 Ivan Goldberg。美国匹兹堡大学的杨博士（Dr. Kimberly Young）（1998）提出以病理性赌博为模型依据的网络成瘾模型，并通过自己编制的网瘾诊断标准认为个体的网瘾行为是由于其控制冲动方面产生了问题而导致的，同时杨博士将网络成瘾者界定为：网络使用者并不是出于学习或工作的原因而长时间使用网络，平均每周在线时间在 38 小时以上，并最终引起一系列不良的后果，如学生学习成绩下降、职员工作表现退步等❶。

我国学者陈侠（2003）等认为，网络成瘾指的是个体毫无节制地对网络使用，并从而导致的一种长期性的着迷状态，且无法抗拒对网络再度使用的欲望，并在今后使用网络的过程中会自觉或不自觉地延长网络使用时间，心理与生理上产生了由上网所带来的快感，对网络的依赖性也不断增强❷。欧居湖（2003）将网络成瘾定义为个体无法控制自己使用网络的冲动，而长期沉溺于网络之中，并使其生理和心理功能受损。个体因为有难以克制再度使用网络的欲望，进而重复使用网络而导致一种着迷的状态，并在心理与生理上对上网所带来的满足感产生极大的依赖❸。

本章采用杨博士的定义，认为网络成瘾指的是在没有药物的作用下，个体对互联网使用冲动失控，并且反复地、无节制地使用网络，从而产生一种类似于药物依赖和赌博成瘾的强迫行为，并导致个体健康受损、情绪失调以及适应不良等身心问题。

（二）网络成瘾的症状及类型

目前学术界对于网络成瘾的症状及类型还没有一致性的结论，但在症

---

❶ Young K S. & Rogers R. C. The relationship between depression and Internet Addiction［M］. Cyber Psychology & Behavior，1998；79 – 82.

❷ 陈侠，黄希庭，白纲. 关于网络成瘾的心理学研究［J］. 心理科学进展，2003，11（3）：355 – 359.

❸ 欧居湖. 青少年学生网络成瘾问题研究［D］. 西南师范大学，2003.

状描述上有一些共同特征，网络成瘾的症状通常有以下方面的表现：①对网络使用有强烈的愿望；②不能很好地把握上网时间，自控能力下降；③个体在主观上有缩减上网时间的意愿，但实际上却无法实现，不由自主地就会使用网络；④个体所需要的上网时间不断增加，实际中的上网时间要比以前的更长；⑤在上网时才能体验到满足感，由于无法上网而使自己在生理和心理上产生不适感，并且这种不适感只有通过上网才能解决；⑥个体在减少或停止上网后会出现情绪烦躁、失眠、精神萎靡等症状；⑦严重时会出现心理和行为障碍，如产生对网络的心理依赖，减少或不参加社交活动并导致人际关系紧张，将个人生活方式完全按照网络虚拟环境进行并因而影响社会功能[1]。

Armstrong（2001）认为，网络成瘾者主要是存在冲动控制上的问题，成瘾者无法克制自己的上网行为，从而迷恋网络，主要包括以下类型：①网络色情成瘾，指沉溺于网络色情视频、图片和网络色情文学等；②网络关系成瘾，指沉迷于上网聊天和社交网站，通过网络结交朋友；③网络强迫行为，指无法控制自己进行某些网络行为的冲动，比如网络购物等；④信息收集成瘾，指对于网络上感兴趣的信息无论是否有用都会全部收集起来；⑤游戏成瘾，指沉溺于网络游戏，将玩游戏视为主要工作[2]。

Caplan（2002）认为，网络成瘾是由于个体对网络产生了极大的依赖性，无法有效控制自己对网络的使用，因而网络成瘾的症状主要表现为对网络的过度使用，并因此对自身的工作、学习、社会交往等方面造成不良影响和损害[3]。

潘琼和肖水源（2002）将网络成瘾的症状概括为以下方面：①耐受性症状，即个体只有不断上网才能感受到满足感；②戒断症状，即由于上网时间的减少或停止上网而使个体出现注意力不集中、焦虑、烦躁等症状；

---

[1] 胡佩诚. 临床心理学［M］. 北京：北京大学医学部出版社，2009：121-122.

[2] Armstrong Lynette. Rotential determinants of heavier Internet usage Internation［J］，Jonmal of Human Computer Studies，2000（4）：44-52.

[3] Caplan S E. Problematic Internet use and psychological well-being，development of a theory-based cognitive-behavioral measurement instrument［J］. Computer in Human Behavior，2002（18）：553-575.

③产生行为障碍，即正常的生活方式发生改变，社交活动减少等；④产生认知偏差，即无法以正确的思维方式思考事件，对他人和事物的评价产生歪曲❶。

（三）网络成瘾的诊断工具及标准

对于网络成瘾的诊断工具，目前国内外尚无统一的量表，杨博士根据《美国精神疾病分类与诊断手册》（DSM－Ⅳ）中对病理性赌博的诊断标准进行了修订，在此基础上编制了网络成瘾的测量工具，并得到广泛的应用，但这一量表还存在信效度上的缺陷，尚需进一步的修订❷。

台湾大学陈淑惠教授 2001 年依据《美国精神疾病分类与诊断手册》（DSM－Ⅳ）的物质成瘾的诊断标准及临床个案的例证，以大学生为研究对象，编制出较为完整的中文版网络成瘾量表（CIAS），有较好的信效度。该量表分为耐受度、强迫上网症状、网络戒断症状、时间管理和人际健康受损五个维度，这五个维度主要体现过度使用网络、冲动控制障碍以及上网带来的负面影响三个方面❸。

目前学术界对于网络成瘾尚无一个统一的诊断标准。在网络成瘾的研究中，如何对网络成瘾进行临床上的界定是研究者所要面对的重要问题，网络成瘾诊断标准的准确性和有效性直接影响对网络成瘾者的预测、诊断、干预和治疗。总的来说，网络成瘾诊断标准的确立主要考虑以下六个因素：①上网的时间，这是判断个体是否网络成瘾的自然标准；②网上的行为，个体在网络上所进行的活动对于判断其是否网络成瘾有间接的意义；③个体的心理指标，这是指个体的上网行为是否对个体的情绪状态和认知方式产生了改变；④生活事件指标，通过判断个体近期的各方面状况，如婚姻关系如何，工作上是否顺利等，可以间接地反映网络是否对个体产生不良影响；⑤直接指标，由于过度使用网络而造成的正常生活恶化

---

❶ 潘琼，肖水源. 病理性互联网使用研究进展 [J]. 中国临床心理学杂志, 2002, 10 (3): 237 - 239.

❷ Young K S. Internet addiction: the emergence of a new clinical disorder [J]. Cyber Psychology & Behavior, 1996, 1 (3): 237 - 244.

❸ 陈淑惠. 中文网络成瘾量表之编制与心理计量特性研究 [J]. 中华心理学刊, 2003, 45 (3): 279 - 294.

是判断网络成瘾的直接指标，也可以作为网络成瘾的临床诊断基准；⑥典型指标，主要表现在个体的主要社会生活都来自网络空间，而与现实生活产生了脱节❶。

（四）网络成瘾的理论解释模型

美国匹兹堡大学杨博士提出网络成瘾的 ACE 模型，即匿名性（Anonymity），指网络用户可以在网络使用过程中隐藏自己的真实身份；便利性（Convenience），指网络用户只需使用电脑就可进行网络活动，使用极其方便；逃避现实（Escape），指网络用户在现实中所遇到的任何事情都可在网络中寻求安慰或者发泄。这是网络导致上网者网络成瘾的特点，也正是由于这些特点而促使网络成瘾现象迅速发展❷。

加拿大的心理学家 Davis 在 2001 年提出"认知—行为"模型用来解释病理性互联网使用（PIU）的成因。该模型认为，PIU 最早出现认知症状并导致了情感症状和行为症状的出现，即网络本身并不会对个体产生消极影响，而是在原有的心理问题基础上产生了网络心理问题，其中非适应性的认知是 PIU 形成的充分条件，同时 PIU 还会受到生活事件（压力源等）和个体不良倾向（个体易患因素等）的影响，这是 PIU 形成的必要条件。同时该模型还把 PIU 看作一个动态的发展过程，由病原、发展与结果三部分构成，其中非适应性认知起到重要作用❸。

Grohol 提出阶段模型理论，认为网络成瘾并不是一下就产生的，而是经历了一个阶段性的过程。该模型共分为三个阶段：第一阶段是网络使用者在使用互联网过程中被其所吸引，并且开始迷恋网络，甚至沉溺于其中；第二阶段是这些迷恋网络的人有所觉醒，并且开始控制自己的上网行为，回避会导致自身网络成瘾的行为；第三阶段是这些网络使用者能很好地平衡网络活动与其他活动，使自己的生活处于正常状态❹。Grohol 认为

---

❶ 姚树桥. 医学心理学（第五版）[M]. 北京：人民卫生出版社，2007：129 - 130.

❷ 梅松丽. 大学生网络成瘾的机制研究 [D]. 吉林大学，2008.

❸ Davis R A. A cognitive - behavioral model of pathological internet use（PIU）[J]. Computers in Human Behavior, 2001, 17（2）：187 - 195.

❹ Grohol J. Too much time online：Internet addiction or healthy social interactions [J]. Cyber Psychology & Behavior, 1999（2）：395 - 401.

网络使用者到最后都会到达第三个阶段，只不过由于个体差异而导致到达这一阶段所花费的时间不同，那些网络成瘾者只不过是被困在第一或第二阶段，还没有到达至第三阶段，因此还会对网络有迷恋。

我国学者刘树娟和张智君等（2004）提出"社会—心理—生理"模型，该模型强调环境因素对网络成瘾的影响，认为网络成瘾并不是由某种单个因素所决定的，而是受到社会、心理和生理等多方面因素共同影响的，其中既有家庭和社会环境的因素，也有个体的人格因素等❶。因此，网络成瘾是一个极其复杂的现象，研究网络成瘾应该从多方面进行考虑。张峰和沈模卫等（2006）提出"社会—心理健康关系"模型，认为由于个体使用网络的动机不同，而使网络对个体产生不同的影响，进而导致不同的行为模式，以获取信息为目的的网络使用动机有助于心理健康的发展，以获取人际情感为目的的网络使用动机则会阻碍心理健康的发展❷。

（五）网络成瘾的成因

1. 网络本身的特点

由于网络本身所存在的特性，比如虚拟性、便捷性、匿名性、可操作性等，从而使网络使用者很容易就被网络所吸引，严重的甚至迷失于网络世界中。

John Suler（1999）认为，由于网络空间的特点而使网络使用者在使用网络时会沉溺于其中，主要是因为感知经验方面是有限的、个人的身份存在匿名性、网络空间中的地位都是平等的、不会受到空间上的制约、网络空间中的信息可以长久保存、能够与他人快速建立关系并获得体验感等，正是因为这些特征才能吸引网络使用者不断上网❸。网络空间虽然是一个虚拟的情景，但人们也能从中获得各种各样的情感体验，这使网络使用者能通过网络空间将自己的人际关系等进行延伸，以获得更多的满足感。

---

❶ 刘树娟，张智君. 网络成瘾的社会、心理、生理模型及研究展望［J］. 应用心理学，2004，10（2）：48 - 54.

❷ 张峰，沈模卫，徐梅，等. 互联网使用动机、行为与其心理健康的模型构建［J］. 心理学报，2006，38（3）：407 - 413.

❸ Suler J. To get what you need：healthy and pathological internet use［J］. Cyber Psychology & Behavior，1999，2（5）：385 - 393.

周荣和周倩（1997）认为，网络是一种传播中介，作为网络使用者会在网络的使用过程中产生沟通上的愉悦感，而这些愉悦感又会促使网络使用者过度使用网络，从而导致网络成瘾。他们认为使用网络而产生沟通上的愉悦感主要包括五方面：①匿名快感，即因为网络匿名性所产生的愉悦感；②人际互动快感，即通过网络与他人进行交流互动所产生的愉悦感；③行为快感，即个体在使用网络过程中所体会到的愉悦感；④文本互动快感，即通过网络文字等形式而产生的愉悦感；⑤逃避快感，即在网络中可以逃避现实中所遇到的不愉快的事情，可以忘掉烦恼而只进行愉快的事情。通过研究证实了个体的网络成瘾分数与这五种"沟通愉悦感"的总分成正相关，并且"逃避愉悦感"和"人际互动愉悦感"和网络成瘾存在显著的正相关❶。网络作为一种中介媒体，可以将其他行为也包含进来，比如网络赌博成瘾、网络游戏成瘾、网络色情成瘾等，并且通过网络可以更加容易接触到这些内容，网络在其中充当了一个通道的作用，而且更加便捷和快速。

网络的匿名性会使网络使用者在使用网络的过程中无须考虑更多的责任等，因为在使用网络的过程中并不会将自己的真实身份透露给他人，无须考虑太多现实中的制约因素，可以随心所欲的扮演各种网络角色，进行各种网络活动，因此也就很容易网络成瘾。网络的虚拟性使网络使用者可以获得各种情感体验，而很多是在现实中所体验不到的，在网络中个体很容易通过各种途径获得满足感，而且不会受到现实中的约束及规范，因此网络使用者很容易沉浸在这种虚拟的世界中。

2. 网络使用者的个体特征

由于每个网络使用者在人格特质、网络使用动机等方面都不相同，因此每个个体的网络使用行为也就不一样，许多研究者从网络使用者的角度对网络成瘾的原因进行研究和讨论，目前尚无一个统一的结论，但大多数研究都发现个体的人格倾向与网络成瘾之间存在较高的相关性。

---

❶ 周荣，周倩. 网络上网现象、网络使用行为与传播快感经验之相关性初探［J］. 台北中华传播学会1997年会会刊，1997（1）：24-25.

Griffirths（1998）认为，大部分的网络成瘾者都不善于交际，社会圈子很小，而且缺乏自信心，他们的性格比较内向，不善言辞，也正因此而喜欢通过网络发展社会关系、与他人进行沟通或者进行他们喜欢的网络活动，由于他们长时间地使用网络而使其不断加深对网络的依赖，最后很容易网络成瘾❶。

郭永芬（2011）通过对初中生进行焦虑测验发现，焦虑水平达到中度和重度的个体更容易网络成瘾，即高焦虑水平与网络成瘾存在正相关，同时学生对学校的恐怖焦虑对网络成瘾有较好的预测作用，部分初中生极易通过使用网络来缓解自己的焦虑❷。

崔丽娟（2006）的研究发现，网络成瘾中学生虽然在社会交往方面与正常中学生没有太大差别，也无不良表现，但在攻击性方面有显著差异，而且更易怒、更易产生敌意❸。张宏如（2003）采用大五人格模型研究了人格特质与网络成瘾之间的关系，发现在开放性、宜人性、尽责性和稳定性方面都与整体有较显著的差异，发现个体越是喜欢挑战、怀疑而非按原则办事就越容易网络成瘾❹。

3. 环境的影响

除了网络本身的特点和个体的人格特质以外，个体所处的环境也会对其网络成瘾产生影响。李宁和梁宁建（2007）的研究发现，学生网络成瘾是以认知偏差为基础的，而学校里的生活和学习方式又与这种认知有关，学生越不适应学校的环境就越容易网络成瘾❺。王玉梅（2007）等的研究

---

❶ Griffiths M. Internet addiction：Does it really exist? In：J Gackenbach ed. Psychology and the internet：Intrapersonal, interpersonal, and transpersonal implications［M］. San Diego：Academic Press, 1998：61 - 75.

❷ 郭永芬. 初中生网络成瘾与应对方式、时间管理、焦虑情绪关系的研究［D］. 华东师范大学，2011.

❸ 崔丽娟，赵鑫，吴明证，等. 网络成瘾对青少年的社会性发展影响研究［J］. 心理科学，2006，29（1）：34 - 36.

❹ 张宏如. 网络成瘾大学生动机与人格特质［J］. 健康心理学杂志，2003，11（5）：398 - 400.

❺ 李宁，梁宁建. 大学生网络成瘾者非适应性认知研究［J］. 心理科学，2007，30（1）：65 - 68.

发现，个体所处的家庭关系越和睦就越不容易网络成瘾，而存在缺陷的家庭中的个体就比较容易产生网络成瘾行为❶。

二、应对方式研究综述

（一）应对方式的概念

随着社会的快速发展，人们所承受的压力也在不断增加，越来越多的心理学家开始进行应对方式的研究。应对指个体针对某人或某事采取各种方法应对复杂局面。国外学者 Folkman 和 Lazarus（1986）认为，应对指当个体判断其与环境的交互作用可能会为自己带来负担，同时这种负担又超出自己的资源时，为了处理这种交互作用的内部和外部需求而采取的认知上和行为上的努力。应对方式又称应对策略或应对风格，指个体在面对挫折或压力时所采用的认知和行为方式，即个体在面对来自社会和他人的各种稳定或者不稳定的应激源时，为了使其中的消极影响降低到最低而做出的认知和行为的努力过程，也是个体的稳定因素和情境因素交互作用的结果❷。

肖计划等（1992）认为，应对是一种包含多种策略的、复杂的、多维的态度和行为过程，因而应对方式是个体在应激环境或事件中，对该环境或事件做出认知评估以及继认知评估后为了平衡自身的精神状态所采取的相关行为措施。他认为应对方式首先必须对压力情境有一定的认识，而这种认识便是态度，不同的个体会产生不同的态度，这些不同的态度足以引起压力情境对个体所产生的影响在程度和时间上的差异。在此基础上，个体会对压力情境做出不同的具体行为，可以积极地去解决问题，也可以消极地逃避问题，从而影响到压力情景的后果，这些认知、态度以及行为上的不同就构成了个体面对压力情境时所采取应对方式的差异。应对方式也是心理应激与压力影响个体心理健康的重要调节变量或中介变量，对个体

---

❶ 王玉梅，董成章．青少年"网瘾"的家庭原因及对策［J］．基础教育参考，2007（1）：51－53.

❷ Folkman S. & Lazarus R S. Dynamics of a stressful encounter: cognitive appraisal, coping and counter outcomes ［J］. Journal of Personality and Social Psychology, 1986, 50（5）: 902－1003.

的心理健康起着非常重要的作用❶。文代君与康琴（2012）的研究发现中职生的应对方式总体并不乐观，并且和黄希庭 2000 年的调查结果相比，发现中职生在发泄、忍耐的应对方式使用上要比普通中学生高，但是在问题解决的应对方式上却明显较低❷。

（二）应对方式的分类

根据心理发展成熟度的不同，肖计划将应对方式分为成熟型、不成熟型和混合型。成熟型的个体在生活中能较多地采取积极的行为方式，不成熟型的个体常常在生活中表现出一种不稳定的情绪及行为，混合型的个体则较多使用合理化的应对方式。

根据应对方式内部构成的不同，国外主要有三种不同的观点理解应对方式，即素质观点、情境观点及综合性观点。素质观点来源于自我精神分析模式，是一种潜意识的认知机制（但存在行为成分）。该素质观点假定人们在处理冲突时能较为稳定地偏爱某种自己所特有的心理防御机制和情绪调节方式，因而研究者能够更多地采用访谈法和问卷法对个体的素质性应对策略进行评估；情境观点来自 Lazarus 和 Folkman 等的应激认知评价模式，他们认为应对方式是对特殊的应激情境的一种反应，而非某一种稳定的人格特征，应对方式对潜在威胁的认知评估是生活中的应激源与个人应对反应的中间环节，并且随着个体与环境的需要及其认知评估的变化而发生改变，研究者主要是对来访者采用自我报告的方法，对其采取的应对方式进行评估；综合性观点是将前两种观点融合在一起，该理论认为前两种观点在描述应对过程中应该相互补充。素质观点认为个体有自身通常所偏好的应对方式，并以此改变应激性情境对个体的影响；情境观点则认为个体之所以做出应对某种行为，是受到外界的刺激所引起的，同时也是反映了个体应对特殊事件时努力的情况；鉴于以上两种观点，国外有学者将这两种观点融合在一起，强调这两种观点的共同点都是个体在与变化的应激

---

❶ 肖计划，许秀峰，李晶．青少年学生的应付方式与精神健康水平的相关研究［J］．中国心理卫生杂志，1996，4（1）：53 – 55.

❷ 文代君，康琴．对中职生心理防御机制与应对方式特点的调查［J］．职教论坛，2012（17）：117 – 121.

性因素相互作用的过程中所做出的应对努力，包括环境系统、个人系统、生活危机与个人变化、个人的认知评价和应对反应、健康等，并且这些概念中的所有通路都不是单向的，而是双向的通路，因而反映了在应对方式的每个部分之间都存在着互动作用❶。

石林等（2006）认为，应对方式是心理应激过程中的一种重要中介调节因素，心理应激反应的性质与强度受到个体的应对方式影响，并进而调节应激和应激结果之间的关系。他将应对方式分为四种不同的风格，即灵活应对型，指能够以正确恰当的思维方式进行决策；问题应对型，指以问题为中心进行决策；情绪应对型，指不能很好地控制情绪而使决策受到情绪的影响；异常应对型，指在面对压力时不能冷静地对待而使决策受到影响❷。

（三）应对方式与网络成瘾的关系

关于职校生应对方式与网络成瘾关系的研究主要是对应对方式与心理健康、网络成瘾的关系研究，应对方式与网络成瘾有密切的关系，同时应对方式作为应激与健康的中介机制，对心理健康有重要的影响，个体所采取的应对方式越是积极有效，就越能促进其心理的健康发展，其网络成瘾的可能性也就越小或者是网络成瘾程度越低。王恩界等（2012）以中职生为研究样本，发现网络成瘾程度不同的学生在退避、自责、幻想及合理化等应对方式的使用上有显著的差异，并且随着这些应对方式程度的增加，学生的网络成瘾程度也会加深，说明中职生的不成熟型和混合型应对方式和网络成瘾存在显著相关❸。秦秋霞和于海涛（2006）对高中生的应对方式与网络成瘾的关系研究也发现，不同网络成瘾程度的个体在自责、幻想、退避的应对方式上有显著差异，并通过回归分析发现幻想和退避能够

---

❶ Folkman S. & Moskowitz J T. Positive affect and the other side of coping [J]. American Psychologist, 2000, 55: 647 – 654.

❷ 石林，王志云，任海燕. 不同应对个体的幸福感研究——应对风格问卷的修改与应用 [J]. 心理发展与教育, 2006 (4): 109 – 114.

❸ 王恩界，张晓明，花其珍. 中职生网络成瘾与应对方式的关系研究 [J]. 中国健康心理学杂志, 2012 (1): 74 – 76.

进入回归方程，因此幻想和退避的应对方式能够对网络成瘾起到预测作用❶。

三、生活满意度研究

（一）生活满意度的概念

对于生活满意度的概念，国内外学术界虽然没有一个统一的定义，但大都认为生活满意度指个人基于自己的选择标准，对自己大部分时间或某一时期内的生活状况总体性的主观评价，同时也可以作为衡量某一社会中人们生活质量的重要参数。Diener（1994）认为生活满意度是主观幸福感的一部分，属于其认知部分，是对主观幸福感进行评估的主要指标❷。姚本先等（2011）认为，生活满意度是个体对自己的生活质量处于何种水平所做出的一种评价。生活满意度主要可以分为两类：第一类是一般生活满意度和特殊生活满意度，一般生活满意度是对个人的生活质量做出的总体评价，特殊生活满意度是对不同生活领域的生活质量做出的具体评价；第二类是领域生活满意度和整体生活满意度，领域生活满意度是对个体产生重要影响的生活领域如家庭、学校所做出的具体评价，整体生活满意度是个体在整体领域判断上对其生活质量所做出的总体评价❸。

（二）生活满意度的理论模型

Robert（2003）提出内部平衡模型，认为在生活满意度中存在一个内部平衡装置在运行并起作用，它使人们的生活满意度保持在一个相对稳定的范围内，他结合之前的研究证明，当生活满意度用 0 到 100 的范围来进行测量时，西方人的平均分为 72.5～77.5，通过这个数据的一致性证明了生活满意度是在其内部平衡装置控制之下的。他还指出在 1980—1990 年10 年间他所研究对象的生活满意度并没发生太大变化，该结果也为他的内

❶　秦秋霞，于海涛. 高中生应对方式与网络成瘾的关系研究［J］. 西昌学院学报（社会科学版），2006，18（1）：81 - 83.

❷　Ed Diener. Traits can be powerful，but are not enough：lessons from subject well - being［J］. Journal of Research in Personality，1996，30：389 - 399.

❸　姚本先，石升起，方双虎. 生活满意度研究现状与展望［J］. 学术界，2011，159（8）：218 - 227.

部平衡模型提供了依据❶。

Daniel（2005）提出发展曲线模型，之前的研究证明生活满意度随年龄的变化而变化，但如何变化却没有一个公认的结论，因此他通过研究证明了生活满意度在一个人大约 65 岁时会达到最高点，然后便呈下降趋势，即生活满意度与年龄之间呈一个倒 U 型曲线的关系，不过在变化率上存在个体差异，并非所有人都是按照一个相同的比率变化❷。

Andrew 和 Yannis（2002）提出心向点模型，认为个体的生活满意度是随事件、环境等因素的变化而变化的，但随着时间的推移，个体的生活满意度又会回到之前的水平上，这很可能是由于个体所具有的人格和气质所决定的，由于人格和气质的稳定性较强，并且对生活满意度的长期水平起重要影响作用，因此生活满意度在变化后总能回到最初的水平❸。

（三）生活满意度的影响因素

Huebner（2000）的研究发现积极的环境对学生的生活满意度起积极的作用，家庭、学校和社会环境的状况越好，学生所体验到的生活满意度也就越高❹。Gilman 和 Huebner（2003）的研究发现，青少年的生活满意度会随着环境的改变而下降，但随着时间的推移又会逐渐上升，因此环境变化对青少年的生活满意度起非常重要的影响。同时，性别和年级等人口学变量对学生的生活满意度并没有太大的影响，青少年的生活满意度和自尊之间的关系最为密切，自尊是预测其生活满意度的重要指标，同时生活满意度也受乐观程度的影响，个体越乐观，其生活满意度越高，其次为自

❶ Robert A. Cummins. Normative Life Satisfaction: Measurement Issues and a Homeostatic Model [J]. Social Indicators Research, 2003, 64: 225 –256.

❷ Daniel K. Mroczek & Avron Spiro. Change in life satisfaction during adulthood: Findings from the veterans affairs normative aging study [J]. Journal of Personality and Social Psychology, 2005 (1): 3 –5.

❸ Andrew E. Clark & Yannis Georgellis. Unemployment alters the set – point for life satisfaction [J]. Running Head: Unemployment, 2002 (2): 5 –13.

❹ Huebner E S & Drane W & Valois R F. Levels and demographic correlates of adolescent life satisfaction reports [J]. International School Psychology, 2000, 21 (3): 281 –292.

由等❶。田丽丽和郑雪（2007）的研究表明中学生的五种人格因素和其生活满意度之间存在密切的关系，认为它们与生活满意度呈正负相关❷。杨艳玲（2008）的研究发现来自农村的学生比来自城市的学生的生活满意度低，高年级学生的学习满意度比低年级学生低❸。严标宾和郑雪（2007）进行了生活满意度的跨文化研究，发现美国学生的生活满意度最高，其次是我国内地和香港地区。另外，在学生生活满意度与主观幸福感关系的文化效应检验中发现不同国家的学生在一般和具体领域生活满意度水平存在较大差异❹。

（四）生活满意度与网络成瘾的关系

夏燕和陈家麟（2008）以扬州地区职校生为样本，讨论了生活满意度和网络成瘾之间的关系，结果显示，有一定比例的职校生存在网络成瘾，职校生的生活满意度与网络成瘾之间存在负相关，网络成瘾总分与生活满意度的各因子（友谊、家庭、学校、环境、自由和学业）存在极其显著的负相关❺。张中平等（2008）的研究结果发现职校生的网络成瘾程度越严重，其生活满意度得分就越低，职校生的生活满意度和网络成瘾存在一定的相关性❻。余祖伟等（2010）通过对广州地区中学生进行问卷调查发现，网络成瘾组学生的生活满意度得分明显低于非网络成瘾组的学生，表明中学生的网络成瘾与生活满意度有显著相关，并对网络成瘾起到一定的预测作用❼。

❶ Gilman R & Huebner E S. Areview of life satisfaction research with children and adolescents ［J］. School Psychology Quarterly，2003，2：107－116.

❷ 田丽丽，郑雪. 中学生五种人格因素与多维生活满意度的关系［J］. 中国心理卫生杂志，2007，21（3）：165－168.

❸ 杨艳玲. 大学生生活满意度影响因素研究［J］. 科技创新导报，2008，16（6）：189－191.

❹ 严标宾，郑雪. 大学生生活满意度与主观幸福感关系的文化效应检验［J］. 心理科学，2007，30（6）：1337－1341.

❺ 夏燕，陈家麟. 职校生网络成瘾与生活满意度关系研究［J］. 高等职业教育（天津职业大学学报），2008，17（5）：86－89.

❻ 张中平，徐慧兰，刘志晖. 娄底市职业学校学生病理性网络使用及其影响因素研究［J］. 卫生职业教育，2008，26（16）：100－102.

❼ 余祖伟，孙配贞，张仕华，等. 中学生学校生活满意度与网络游戏成瘾的关系研究［J］. 成都中医药大学学报（教育科学版），2010，12（4）：67－69.

第二节　职校生网络成瘾现象的现状分析

通过对现有的研究进行分析，可以发现网络成瘾不单是由某个因素造成的，而很可能是由环境因素和个体的心理因素共同作用的结果。职校生在处理使用网络与学习、生活等方面的关系时会面对许多矛盾，会以自己所特有的应对方式处理矛盾和压力，不同的应对方式产生不同的结果，从而影响个体的健康发展。生活满意度是个体基于自己的标准对其生活质量的评价，不同网络成瘾倾向的学生其生活满意度也可能不同。

一、职校生网络成瘾现状

（一）职校生网络成瘾总体状况

本研究采用雷雳及杨洋的"青少年病理性互联网使用量表"对职校生的网络成瘾倾向进行调查，结果表明，存在网络成瘾倾向的职校生人数占总人数的9.3%，说明职校生的网络成瘾程度处于一般水平，这与夏燕和陈家麟（2008）的研究中网络成瘾组的职校生人数占总人数的10.5%相符。黄兴龙（2007）的研究中职校生网络成瘾群体占总人数的17.5%，表明职校生网络成瘾程度处于一般水平❶。

通过对职业学校教师的问卷调查可以发现，超过90%的教师认为学生对网络的兴趣超过了其他活动，有80%的教师认为现在的学生使用网络过度。绝大部分教师在描述学生使用网络的状况时都认为学生使用网络过度、影响学习和生活、使用网络是学生最大的兴趣爱好等，由此可以看出，职校生过度使用网络的情况较为严重，还有部分学生网络成瘾。

（二）职校生网络成瘾状况在性别、年级上的差异

本研究的结果表明，在职校生群体中，男生在网络成瘾量表各维度的得分显著高于女生，并且男生和女生在突显性上存在显著的差异（$p < 0.05$），在社交抚慰上存在非常显著的差异（$p < 0.01$），在消极后果

---

❶　黄兴龙. 对职校学生网络成瘾的调查研究［J］. 职业教育研究，2007（4）：56－57.

上存在极其显著的差异（$p < 0.001$），说明男生的网络成瘾倾向更严重。这和夏燕和陈家麟（2008）的研究中男生的网络成瘾总分和大部分维度上的得分高于女生、黄兴龙（2007）的研究中男生网络成瘾比例高于女生的结果相一致。这可能与男性与女性的性格、兴趣等不同有关，女生的自控力可能相对较强且兴趣爱好更加广泛，而男生的自制力则较差且更喜欢玩网络游戏，因此不同性别的职校生在网络成瘾倾向上存在显著差异。

研究表明，一年级学生在网络成瘾量表的耐受性、社交抚慰和消极后果上高于二年级学生，但在凸显性、强迫性上网和心境改变上，二年级学生的得分高于一年级学生，并且在社交抚慰和消极后果存在非常显著的差异（$p < 0.01$），说明二年级学生的网络成瘾倾向高于一年级学生，这与顾海根（2007）的研究、吴玉霞（2009）的研究中表明高年级学生网络成瘾倾向高于低年级学生的结果相一致❶❷。原因可能是高年级学生更加适应学校的生活从而能更自由地支配自己的事情，而低年级学生还没完全熟悉学校的生活，也就更倾向于服从学校的规章制度，因此不同年级的职校生在网络成瘾倾向上存在差异。

二、职校生应对方式的特点分析

本研究采用肖计划和许秀峰编制的"应对方式问卷"，结果表明，网络成瘾群体和网络成瘾边缘群体在解决方式上的得分低于正常群体，在求助维度上高于正常群体，而在自责、幻想、退避和合理化上明显高于正常群体，网络成瘾群体、网络成瘾边缘群体与正常群体在解决问题上存在非常显著的差异（$p < 0.01$），在自责和合理化上存在极其显著的差异（$p < 0.001$），说明网络成瘾程度越严重的职校生在应对方式上越消极，即消极应对方式与网络成瘾呈正相关，这与张伟东等（2011）的研究中表明高职

---

❶ 顾海根. 上海市大学生网络成瘾调查报告［J］. 心理科学，2007，30（6）：1482 – 1483.
❷ 吴玉霞. 探究大学生网络成瘾与心理控制源的关系［J］. 山西农业大学学报（社会科学版），2009，8（3）：329 – 332.

生消极应对方式与网络成瘾存在显著正相关相一致❶。

本研究对职校生在性别差异上进行分析，研究结果表明，女性在应对方式问卷各维度上的得分均高于男性，并且男性和女性在自责和求助上存在显著的差异（$p < 0.05$），在幻想上存在非常显著的差异（$p < 0.01$），在退避上存在极其显著的差异（$p < 0.001$），在解决问题和合理化上无显著差异，说明女生比男生更倾向于使用幻想和退避的应对方式，这可能是因为女性在面对各种压力和挫折时，更希望自己解决而不愿与他人分享自己的想法，因此常会通过幻想和逃避处理问题，这一结果与郭永芬（2011）的研究结果相符❷。

本研究对职校生在年级差异上进行分析，研究结果表明，一年级学生在解决问题上的得分高于二年级学生，在其他维度上二年级学生的得分高于一年级学生，并且一年级和二年级在解决问题上存在显著的差异（$p < 0.05$），在自责和退避上存在非常显著的差异（$p < 0.01$），在求助、幻想、合理化上无显著差异，说明二年级学生更倾向于使用自责和退避的应对方式，这可能是因为随着年龄的增加，学生将面临更大的压力，既有来自学业上的也有来自生活上的，因此高年级学生更容易采取自责和退避的方式面对现实问题，这与郭永芬（2011）的研究结果相符。

三、职校生生活满意度的特点分析

本研究采用张兴贵与何立国编制的"青少年学生生活满意度量表"，结果表明，网络成瘾群体和网络成瘾边缘群体在生活满意度量表各维度上的得分都低于正常群体，网络成瘾群体、网络成瘾边缘群体和正常群体在学业满意度和自由满意度上与正常群体存在显著的差异（$p < 0.05$），在家庭满意度、学校满意度和环境满意度上存在极其显著的差异（$p < 0.001$），这与余祖伟等（2010）的研究中网络使用正常的学生的生活满意度高于网

---

❶ 张伟东，洪骏，沈莉萍. 高职生自我和谐影响应对方式、网络成瘾的实证研究 [J]. 浙江外国语学院学报，2011（3）：43–47.

❷ 郭永芬. 初中生网络成瘾与应对方式、时间管理、焦虑情绪关系的研究 [D]. 华东师范大学，2011.

络游戏成瘾的学生相一致❶。

本研究对职校生在性别差异上进行了分析，研究结果表明，女性在友谊满意度、家庭满意度和环境满意度上的得分高于男性，男性在学业满意度、自由满意度和学校满意度上的得分高于女性，并且男性和女性在家庭满意度上存在非常显著的差异（$p < 0.01$），在其他维度上无显著差异，说明女生比男生有更高的家庭满意度，这可能是由于女生比男生更能融入家庭，与父母有更加融洽的关系，因此有较高的家庭满意度，而男生由于其个性更加自我、更崇尚无束缚的自由，因而其家庭满意度较低，而自由满意度等方面则较高。

本研究对职校生在年级差异上进行了分析，研究结果表明，一年级学生在青少年学生生活满意度量表各维度的得分均高于二年级学生，并且一年级和二年级学生在自由满意度上存在显著的差异（$p < 0.05$），在学业满意度、学校满意度和环境满意度上存在极其显著的差异（$p < 0.001$），在家庭满意度上无显著差异，说明一年级学生的生活满意度明显高于二年级学生，这可能是因为随着年级的增加，二年级学生要面对更多的现实问题和压力，既有学习上的也有生活上的，因此他们的生活满意度低于一年级学生。

四、职校生网络成瘾与应对方式、生活满意度的关系分析

本研究结果表明，职校生的网络成瘾与应对方式呈现显著的负相关，即职校生的应对方式水平越低，其网络成瘾倾向越严重。以网络成瘾为因变量，以应对方式的各维度为预测变量进行回归分析，可以发现其中的解决问题、幻想和退避三个变量对网络成瘾的回归显著，可以联合解释网络成瘾 12.3% 的变异量，并且解决问题（Beta = − 0.157）的预测力最佳，可单独解释变异量的 15.7%，其标准化回归系数为负数，说明解决问题水平越高越有可能降低网络成瘾倾向，预测力其次是幻想（Beta = 0.137）和

---

❶ 余祖伟，孙配贞，张仕华，等. 中学生学校生活满意度与网络游戏成瘾的关系研究［J］. 成都中医药大学学报（教育科学版），2010，12（4）：67−69.

退避（Beta =0.101），分别可单独解释变异量的 13.7% 和 10.1%，两者的标准化回归系数均为正数，说明幻想和退避的水平越高越有可能提高网络成瘾倾向。王恩界和张晓明（2012）的研究表明，13~20 岁的青少年其网络成瘾程度与消极的应对方式存在显著的正相关，与积极的应对方式不存在相关，但积极的应对方式可以通过消极的应对方式对青少年的网络成瘾起到影响作用❶。秦秋霞和于海涛（2006）通过回归分析发现应对方式中的幻想和退避对青少年的网络成瘾有较好的预测力，与本研究的结果一致❷。

职校生的网络成瘾与生活满意度存在非常显著的负相关，即职校生的生活满意度水平越低，其网络成瘾倾向越严重。而职校生的应对方式与生活满意度之间不存在显著相关。以网络成瘾为因变量，以生活满意度的各维度为预测变量进行回归分析，可以发现其中的家庭满意度和学校满意度两个变量对网络成瘾的回归显著，可以联合解释网络成瘾 9.7% 的变异量，并且家庭满意度（Beta = -0.237）的预测力最佳，可单独解释变异量的 23.7%，其次是学校满意度（Beta = -0.145），可单独解释变异量的 14.5%，两者的标准化回归系数均为负数，说明家庭满意度和学校满意度水平越高越有可能会降低网络成瘾倾向。夏燕和陈家麟（2008）对职校生的生活满意度和网络成瘾关系进行研究，发现生活满意度和网络成瘾存在显著的负相关，并且生活满意度总分起到显著的预测作用，这与本研究相符❸。余祖伟等（2009）的研究表明生活满意度与网络成瘾有显著相关，而且学校满意度对网络成瘾有较好的预测力，这与本研究相符❹。

---

❶ 王恩界，张晓明，花其珍. 中职生网络成瘾与应对方式的关系研究［J］. 中国健康心理学杂志，2012（1）：74 - 76.

❷ 秦秋霞，于海涛. 高中生应对方式与网络成瘾的关系研究［J］. 西昌学院学报（社会科学版），2006，18（1）：81 - 83.

❸ 黄兴龙. 对职校学生网络成瘾的调查研究［J］. 职业教育研究，2007（4）：56 - 57.

❹ 余祖伟，孙配贞，张仕华，等. 中学生学校生活满意度与网络游戏成瘾的关系研究［J］. 成都中医药大学学报（教育科学版），2010，12（4）：67 - 69.

五、职校生网络成瘾的心理分析

(一) 自我意识和认知发展方面

本研究采用肖计划和许秀峰编制的应对方式问卷，该问卷将个体的应对方式分为成熟型、不成熟型和混合型，其中不成熟型的个体较多使用退避、自责和幻想等应对方式，并反映出其情绪和行为缺乏稳定性。本研究表明，网络成瘾倾向越高的职校生，其退避、自责和幻想等应对方式得分也越高，而解决问题应对方式得分也越低，这说明网络成瘾学生较多地采取不成熟的应对方式来应付困难和挫折，而较少使用成熟型的应对方式，这说明职校生的心理发展还不成熟，他们的认知水平还处在发展过程中。

职校生正处在生理和心理的快速成长期，他们对于自我也越来越关注，最突出的表现就是迫切地想要了解自己，其自我意识也就越来越强烈。他们十分想知道别人对自己的看法，想弄清楚自己属于什么类型的人，希望他人能够关注和喜欢自己等，这些自我意识每天都会出现在学生的脑海中。在自我意识中，自我认识是基础，核心是自我体验，每个个体都有对自我的认识和评价，并会在此基础上产生不同的情绪体验，有优越感、自卑感、愉快、焦虑等，个体将这种认识和体验结合在一起时，就能建立起对自我的完整认识。职校生在建立对自我的完整认识过程中，最主要的关注点来自他人对自己的评价，当他们能够在学校和社会中得到他人的认可时，就会体验到愉悦和成就感等，此时对于他们建立完整的自我概念有积极的作用。但是在现实生活中，职校生面对学习、生活等来自各方面的压力，他们在实际中所体验到更多的是单调无趣、他人对自己的否定等，因此他们获得他人积极肯定和评价的机会是有限的，他们很少能真正体验到成就感，反而更多的是某些方面的挫败感，尤其是那些学业成绩较差的学生或是老师不喜欢的学生。职校生内心深处十分渴望获得他人认可，而实际中却又很难满足这种心理需求，这种落差就很容易让他们去寻找其他途径满足自己的这种心理需求，从而获得对自我的肯定。通过网络这种虚拟的空间，学生很容易就能体验到成就感、价值感、愉悦等，虽然这只是在网络世界中获得的，但它给学生所提供的各种心理感受却是实实在在的，网络成瘾的学生或许在现实中无法得到认同和肯定，但这种缺失却能在网络中得到弥补，因而他们迷恋网络或许就是其自我意识的强烈需求。

除了自我意识方面，职校生的认知也在迅速发展，他们不再是处于抽象思维的初级阶段，而是能更加深入地运用推理、假设等，而且思维活动量也大幅提高，其思维的批判性也有了进一步的发展，此时，他们处于一个喜欢独立思考、怀疑、批判的阶段。而网络世界中又有各种各样的新思想和新事物，职校生通过网络能够找到各种富有新异性和挑战性的东西，不仅满足了其心理需求，也提高了他们的认知水平。但由于职校生的认知发展还不成熟，具有片面性，辩证思维和知识经验尚不成熟，这使其看待事物常常会片面化，喜欢的就肯定，不喜欢的就否定，因此在网络中一旦喜欢上某样东西就十分容易迷恋，并且难以自拔。职校生在面对网络时会遇到各种各样的情况，但是他们处理相关问题的应对方式是不成熟的，因而很容易采用消极的应对方式处理网络给他们带来的疑惑，如果一直无法以正确的应对方式处理这些问题，就很有可能会网络成瘾。

(二) 情绪方面

由于职校生认知等方面的发展尚不成熟，看待事物时很容易片面化，因此他们的情绪就会随着事物的变化而产生强烈的两极性，有时十分温和而有时又会变得十分暴躁，同时他们的情绪还有很强的偏执性。职校生的独立意识不断增强，他们渴望拥有更多的独立性，但实际中他们的这种独立性常常会受到来自各方面的阻挠，此时就会产生强烈的对立情绪，但他们又没有比较合适的方式进行宣泄，因此职校生就会通过网络宣泄自己的负面情绪。职校生在没有其他好的宣泄情绪对象时，网络反而成为一种不错的方式，它让学生把所有积极的、消极的情绪全部倾吐出来，让学生感到网络是他们最好的倾诉对象，如果长期借助网络宣泄情绪、倾吐想法就很容易对网络产生依赖，将网络视作唯一的倾诉途径，也容易因此沉溺于网络之中。

职校生在遇到不顺心的事情时，往往很难找到知心的朋友将自己的真实想法表达出来，也难以找到某种正确的方式宣泄自己的负面情绪，而网络恰恰是他们平时使用最频繁、最便捷的社交工具，在网络上发表自己的观点、发泄自己的情绪都可以随心所欲，不会受到太多的约束。虽然他们通过网络达到了宣泄情绪的目的，但很容易对这种形式产生依赖，久而久之就会将网络视为自己发泄情绪、表达想法的最佳方式，反而容易网络成瘾。因此，职业学校如果忽视了学生情绪方面的问题，或是没有采取有效措施帮助学生解决此类问题，那么学生就很可能借助网络来解决，并在此过程中由于不当使用而产生网络心理问题，甚至网络成瘾。

（三）人际交往方面

随着年龄的增加，职校生逐渐想摆脱对父母的依赖，渴望获得更加广泛的交往，他们常常会与父母产生各种冲突，无论是重要的事情或是很小的琐事，而父母很多时候又不能很好地处理这个阶段所产生的问题，因此父母和子女就会由于缺乏有效沟通而产生隔阂，双方也就产生了一定的距离，此时职校生就会寻求其他人来倾诉心中的烦恼、焦虑等，而身边的同学则是他们首先考虑的对象。在学校里，同学间的穿着打扮、说话方式和兴趣爱好等都是相互影响的，尤其是好友之间的喜好更容易被相互接受，而网络中充满了学生所感兴趣的东西，通过网络一起关注某个话题，或是一起追某个网络小说和电视剧，这样不仅能与好友发展友谊，还能满足自己对人际交往的渴望。但有些职校生在现实生活中难以结交到志同道合的朋友，他们与父母、同学、老师等的关系都不佳，而在心中又十分渴望与他人结交，因此便会在网络世界中寻求人际交往。

由于网络的虚拟性，他们可以在网络中扮演各种角色，只要他们渴望和喜欢，而且在网络中所选择的角色是无须承担责任和面对压力的，即使受到打击或是失败，也可以通过改变角色或是回避等方式摆脱现有的处境。网络中的互动方式多种多样，聊天软件、社交网站、网络游戏、论坛等，这些都为学生发展人际交往提供了平台，通过网络发展人际交往可以降低现实生活中所承受的压力，并能在网络中找到与自己志趣相投的人，因为有了共同的话题，反而给学生一种找到心灵归属感，让他们能够在网络中倾诉内心的烦恼、交流自己的情感。但网络毕竟是虚拟的，长期沉浸在网络的人际关系中会使其与现实生活中的家人、同学的关系更加疏远，使其交际能力不断下降，同时网络中的人际关系也会使学生模糊现实和网络的区别，不仅打破了现实和虚拟角色的平衡，也让其陷入网络的人际网中无法自拔，从而导致网络成瘾。

（四）生活满意度方面

生活满意度是衡量主观幸福感的重要认知指标，它以外界的刺激为基础，以认知评价为中介，并通过主观体验表现出来，它能很好地预测和影响个体的生活目标与行为取向。本研究发现，网络成瘾倾向越高的职校生，其生活满意度就较低，并且生活满意度中的变量能较好地预测网络成瘾倾向，这说明了网络成瘾职校生的生活满意度水平并不高，网络并没有给他们带来真正的快乐和满足。网络对职校生的方方面面都产生了巨大的影响，几乎可以说能带给他们想要的一切，那些沉溺于网络的学生能够通过网络游戏获得快乐，通过社交网站结交新朋友，通过论坛畅所欲言，通过网络电视打发时间。但网络带给他们的这种满足感只不过是表面上的，一旦离开网络世界，一切体验到的快乐和满足都会随之减弱甚至消失，因为当他们回到现实中时，他们所要面对的是各种问题以及生活的压力与责任，这些都是他们所无法逃避的，但他们又无法马上解决。因此当这些学生回到现实生活中时，他们根本不可能有较高的生活满意度，因为他们确实不快乐。网络成瘾的学生无法在实际生活中感受到较高的生活满意度，而网络世界却能让他们体验到这种较高的满足感，即使是虚拟的，他们也乐意沉浸于其中，因为网络中的他们能体验到较高的生活满意度。因此，职业学校不仅要着眼于学生的学业和技能培训，更应该将提高职校生的生活满意度水平作为一项重要工作，只有学生的生活满意度真正提高了，才能真正解决网络成瘾问题。

第三节　职校应对网络成瘾现象的积极教育策略

对于网络成瘾的职校生，如何帮助他们解决该问题是职业学校面临的一个难题，学校通常都是采取强制性或惩罚性的手段处理网络成瘾问题，但效果并不理想，处理不当甚至还会在学校和学生之间产生隔阂，因此，改变职业学校传统的教育理念就显得格外重要。职业学校不应该仅从消极的一面去看待网络和网络成瘾学生，而应该从积极心理学的视角出发，树立积极的教育理念，以积极的教育手段处理学生的网络成瘾问题，并提高他们的生活满意度，培养他们积极的应对方式，只有这样才能有助于解决网络成瘾问题。

一、积极心理学概述

2000 年，马丁·塞利格曼在《积极心理学导论》一文中正式提出"积极心理学"这一概念。他认为传统的心理学研究方向主要是以干预和解决人的心理障碍和心理疾病为主的病理学，但这并没有真正解决人们的心理问题，也没有使大部分人们的心理变得更加积极乐观，反而是现实生活让人们感受到来自各方面的巨大压力，人们的幸福感也没有随着物质的极大丰富而上升，因此塞利格曼博士创立积极心理学，他希望心理学能够将人们的注意力转向对于人的积极力量与积极潜能的研究和利用方面。当今积极心理学的研究重点主要是集中于主观层面上的积极情绪体验、个人层面上的积极人格特质和群体层面上的积极组织系统。积极的情绪体验指当个体的需要得到满足后所产生的愉悦感和快乐感等主观体验，是人的一种自我觉察和感受状态，人们对不同事物的态度会产生不同的感受，只有积极的情绪体验才能让人们获得幸福；积极的人格特质指个体积极的个性特点，积极人格与积极潜能是能相互促进的，挖掘个体潜能有助于积极人格特质的塑造，积极的人格也能帮助个体采取更有效的方式解决生活中的各种问题，并且其具有适应整体性的功能，是积极心理学建立的基础；积极的组织系统，积极的情绪体验和人格特质都需要良好的环境，每个个体和其经验都是通过环境得以体现的，并在很大程度上受其影响，人们的各种积极经验也是在环境中获得的，因此积极的组织系统就是要构建这种良好的环境，既包括国家环境这种大系统，也包括社区、家庭等小系统。

积极心理学的三项使命是治疗人们的心理和精神疾病、使人们的生活更加充实、发现并培养有天赋和非凡才能的人❶。积极心理学认为人的主观幸福感与积极体验能使人的能力得到拓展，并有助于消除消极情绪，同时积极心理学还强调人们的美德和力量，通过培养和发展美德和力量能够让人们生活得更有价值。在心理治疗上，积极心理学认为心理治疗并不是将个体受到伤害的部分修复，而是要培养其正向力量，治疗师会以患者的冲突为核心，根据不同的个人状况和冲突内容对患者进行治疗，治疗师也要帮助患者学会有效的自助办法，同时积极心理学还要帮助人们发掘其积极的潜能并能有效发挥。积极心理学还提出了积极预防的思想，它认为修复个体的心理缺陷并不能真正保证其心理问题就得到了完美的解决且不会重现，因此需要对人们给予积极的关注并培养积极的品质，只有有效的预防才能使其心理问题不再出现。

二、以积极心理学的视角看待网络成瘾

（一）建立积极的心理认知方式

通常人们提到网络成瘾，总是会用一种批判的眼光来看待，尤其是提到职校生网络成瘾时，更是认为他们是由于自身不喜欢学习、自控力差和辨别力较弱等原因而迷恋上网络的。职业学校在处理学生网络成瘾问题时，常常以简单的惩罚手段来处理存在的问题，但这并不能从根本上解决学生的网络成瘾问题，因为这些惩罚性的措施只不过是表面上的，并没有真正涉及学生的心理，是不可能满足学生心理需求的。因而，在解决职校生网络成瘾问题时应该转换视角，不应该只着眼于消极的一面，而要以积极心理学的视角和积极的思维方式来看待职校生的网络成瘾问题，运用积极的观点来研究职校生的网络成瘾现象，着重对他们的积极品质、美德等进行发掘和培养，并加强和巩固他们的积极力量与幸福感。

以积极心理学的视角解决职校生的网络成瘾问题，首先，要了解职校生的心理特点，由于职校生的心理尚不成熟，他们的自控力和是非辨别力都比较弱，在接触网络后很容易就被网络上的各类信息所吸引，他们的兴

---

❶ 张倩，郑涌. 美国积极心理学介评 ［J］. 心理学探新，2003，23（3）：6－10.

趣点就会迅速转移到网络上，这就很容易产生对网络的迷恋，同时网络上的很多不良信息也在误导学生，而学生又很容易不假思索地盲目接受；其次，在面对职校生网络成瘾问题时必须遵循他们的心理发展规律及教育规律，并充分挖掘他们的优势，促进他们的潜能开发，同时借助快乐、兴趣、个性力量、感激等积极的主观体验来激发职校生成长的动力和内在的激情，并培养他们积极的个人特质，增加他们的幸福感。只有树立积极的理念才可能真正解决职校生的网络成瘾问题❶。

（二）利用网络的优势消解网络成瘾

网络本身是不存在好坏之分的，只不过由于个体不当的使用而产生了网络心理问题，而其中的网络成瘾是对个体影响最大，也是成因最复杂的。很多学生都因为网络成瘾而荒废学业、意志消沉、精神颓废，严重的甚至违法犯罪，因此职业学校很容易简单地将学生的网络成瘾问题归咎于网络所产生的负面影响，而不去深究其中深层次的原因。面对学生的网络成瘾问题时，学校所采取的措施是十分简单的，掐掉学生的网线或是在教学区屏蔽网络信号以使其无法上网，对于长期沉溺于网络的学生则会给予批评、处分等惩罚。本研究通过对 51 名职业学校教师问卷调查发现，大部分教师在面对学生过度上网采取的措施多为"上课时禁用手机""班会教育"等，在所采取措施的效果方面，46 名教师认为"无效果"或"效果不明显"，2 名教师认为"有一定效果"，3 名教师"说不准"，这可以明显地反映出学校所采取的措施效果并不好，这些措施只不过是表面上的，不可能从根本上解决职校生的网络成瘾问题。

对网络成瘾学生进行惩罚和说教并不能真正解决问题，只有借助网络的积极力量才可能帮学生打开心结并解决网络成瘾问题。网络为学生的发展提供了一个便捷且拥有丰富学习资源的平台，他们可以通过网络学习各类学科知识，拓展自己的知识面，学校的教学手段也可以采用数字化的手段，并利用网络平台给学生授课，不仅丰富了教学方式，也点燃了学生的学习兴趣，让学生不会感到课堂上是单调乏味的。学生的课余生活很大程

---

❶ 崔景贵. 职校生心理健康教育模式研究［M］. 北京：知识产权出版社，2013：95－114.

度上都和网络紧密相关，他们可以通过网络了解到当下的新闻，可以看电影、电视剧，可以玩游戏，可以与他人在网上进行交流，因此，学校也可以通过建立学校论坛、开设心理咨询服务等形式让学生加入，通过网络的方式让学校和学生建立联系，不仅充实了学生的课余生活，帮助学生解决他们在学习生活、恋爱、成长等方面的疑惑，也让学校有更多的机会了解学生的真实想法和需求。因此面对网络成瘾的学生时，学校可以充分利用网络的优势对学生加以正确的引导，这样不仅能让学生充分享受网络所带来的积极作用，使网络成瘾学生的兴趣点从网络中转移到现实生活中，减少网络成瘾所带来的负面影响，也能改进学校的教育方式，提高学校的教育效果，拉近学校与学生的心理距离❶。

三、解决网络成瘾的积极教育策略

（一）教师应秉承积极的教育理念

面对网络成瘾的学生，职业学校教师应该坚持积极的正面引导，要以欣赏和全面的眼光看待他们，并发现他们身上的积极品质和力量。虽然部分学生不当使用网络而网络成瘾，不仅对其自身产生了消极影响，也给学校和家长带来了苦恼，但不应该就因此而将网络视为影响职校生成长的消极因素，甚至采取强制措施或惩罚性手段限制其上网，这不仅解决不了问题，反而会起反作用。对于网络成瘾的学生不应该简单让使其和网络隔绝，因为网络已经深入到学生生活的方方面面，而且网络对学生所能产生的积极影响是主要方面，作为教师应该树立起积极的教育理念，看待网络、学生和相关的网络心理问题都应该用积极的视角，通过挖掘出更多的网络优质资源为学生提供服务，让学生从网络中获益，促进学生的全面发展，同时要关注网瘾学生的发展性需求，培养其健全的人格，提高其心理素质。教师不能因为有学生网络成瘾就在处理有关问题时对网络产生偏见，认为网络存在消极性并会对学生产生不良影响，而应该全面、客观地看待学生的网络成瘾现象，让学生真正了解网络的用途，帮助其通过网络

---

❶ 雷雳. 青少年网络心理解析 [M]. 北京：开明出版社，2012：251-254.

更好地学习知识、拓展视野、成熟自我，使其能积极应对各种网络问题。教师只有秉承积极的教育理念才能在处理学生网络成瘾问题时保持全面、客观的标准，不仅有助于解决网络成瘾问题，也有助于职校生的心理发展❶。

（二）培养学生的兴趣爱好和激发改变现状的动机

职业学校首要关心的就是学生的职业技能水平和就业问题，课程学习和专业技能训练就成为学生的核心工作，而其他方面则居于次要地位，学生很容易对这种学习生活产生疲劳和厌倦，而网络就很容易成为学生摆脱消极情绪和状态的途径，并沉迷网络而难以自拔。因此，学校应该开展丰富的课余生活，广泛培养学生的各种兴趣爱好，学生只有在现实生活中有了感兴趣的东西，才能将关注点聚焦于兴趣上，有了积极的兴趣爱好才能让学生的业余生活丰富起来，也才能提高他们的生活满意度，而不至于将网络视为自己最好的伙伴。

对于网络成瘾的学生，他们主要的兴趣点在网络上，但并没有因为沉溺于网络而使自己的生活满意度提高，反而会处于下降的状态，但他们又没有动力做出相应的改变，因此，学校就必须激发网瘾学生改变现状的动机。职业学校通过开展一些课余活动和社会实践，以此将网瘾学生的业余生活从网络中抽离出来，同时要创设积极的情感体验，让其切身感受到成功、幸福和快乐等。学生只有真正感受到各种积极的情感才会产生改变现状的动机，希望在网络之外收获各种真实的体验，才有可能真正摆脱网瘾。

（三）树立预防网络成瘾重于治疗的理念

本研究认为，虽然职校生由于心理等方面的不成熟而会不当使用网络，部分学生甚至会网络成瘾，但网络本身对其心理等方面的影响并非都是消极的，更多是积极的影响。同时，身为"95后"的职校生已经具备了一定的自控力和辨别力，看待各类事物有自己所特有的想法和思维方式，因此在对待网络成瘾学生时，传统的管理方式和教育观念未必真正适用于

---

❶ 崔景贵. 职校生心理教育论纲 ［M］. 北京：科学出版社，2013：103－120.

他们，学校应该对他们的心理特点与行为方式有新的认识，在解决学生网络成瘾方面需要融入更加积极的教育思路，关键是学校应该将工作重点放在网络成瘾的预防方面，这对于伴随网络成长起来的"95后"职校生有重要意义。

对于已经存在网络成瘾的学生，学校应该给予其积极的关注和特定的帮助，以使其能摆脱网瘾的纠缠，同时这也是一个漫长的过程，而对于大部分学生使用网络而言，学校应该树立防重于治的理念，不能仅仅将着眼点放在网瘾学生的矫治上，而应该重点预防正常学生出现网络成瘾倾向的可能性，通过采取相应措施使其能正确使用网络并远离网瘾。学校应该为学生提供各种条件充实其业余生活，培养积极的兴趣爱好，提升他们的心理素质，发展他们的积极品质，增加他们的幸福感，学生只有具备了良好的心理素质，有积极的人生目标，才不会出现网络成瘾的问题。因此，学校只有树立预防为主的理念，并将预防网络成瘾的工作渗透进学生的日常学习和生活中，才能让网瘾真正远离学生。

（四）建立专门的网络成瘾干预小组

职业学校应该针对学生的网络成瘾问题，建立一个专门的网络成瘾干预小组，通过这个干预小组对网络成瘾学生开展矫正工作。针对各个班级中的网络成瘾学生，只靠班主任或辅导员对其进行矫正，其效果是很难得到保障的，甚至会由于处理措施不当而对学生产生其他消极影响，因为单个教师在能力、时间、精力等方面都是有限的，不一定了解和掌握处理网络成瘾学生的正确方法，也不可能把大量的时间都花费在解决学生的网络成瘾问题上，并缩短课程的教学工作，因此成立一个专门的网络成瘾干预小组就十分必要。通过建立专门的网络成瘾干预小组可以将学校的心理教师、班主任、任课教师和相关领导组织在一起，专门就学生的网络成瘾问题展开工作，为各班班主任或辅导员提供处理相关问题的培训及帮助，同时还可以聘请有关网络成瘾问题的专家，为学校解决相关问题提供智力支持，借助心理专业人士的力量对网络成瘾学生进行疏导和矫治❶。通过建立专门的网络成瘾干预小组不仅能克服学校在处理相关问题上存在的非专业性和滞后性，还能提高解决学生网络成瘾问题的效果，使各班级教师能借助干预小组的力量处理问题，避免了不当的处理对学生产生消极影响。

本章小结

本章以职校生为研究对象，通过调查了解职校生网络使用现状与网络成瘾状况，探讨网络成瘾与应对方式和生活满意度之间的关系，分析网络成瘾学生的心理状况，并提出应对网络成瘾现象的积极策略：以积极心理学的视角看待网络成瘾问题。职业学校要秉承积极教育理念，利用网络的优势消解网络所产生的负面影响，建立专门的网络成瘾干预小组对网瘾学生进行矫正，培养他们的兴趣爱好，让其在现实生活中体验到乐趣和较高的生活满意度。

（本章作者　常高新集团有限公司　江宵宇）

---

❶ 吴增强，张建国．青少年网络成瘾预防与干预［M］．上海：上海教育出版社，2007：149.

职校生心理资本团体辅导的研究

国务院《关于加快发展现代职业教育的决定》（国发〔2014〕19号）中提出要"加快发展现代职业教育体系建设，深化产教融合、校企合作，培养数以亿计的高素质劳动者和技术技能人才"❶。当下，职业学校教育不仅要加强专业内涵建设，更为重要的是开发职校生心理资本，提升心理素质，挖掘心理潜能，促进职校生积极健康成长，为我国经济社会发展提供高素质技术技能人才保障。结合过往研究来看，科学的团体辅导活动有助于职校生心理资本的开发。

第一节　心理资本研究概述

心理资本指个体在成长和发展过程中表现出来的一种积极心理状态，是超越人力资本和社会资本的一种核心心理要素，是促进个人成长和绩效提升的心理资源，包括自我效能、乐观、希望、韧性四大基本要素。

一、心理资本的概念

随着经济、社会快速发展的需要，心理资本（Psychological Capital）

❶　国务院. 关于加快发展现代职业教育的决定［Z］. 2014 – 05 – 02.

作为继经济资本、人力资本和社会资本后的第四大资本出现。和其他三种资本相比，心理资本更加关注通过提高个人在组织中的状态增加组织整体效益。自心理资本出现以来，国内外逐渐形成了对心理资本研究的热潮，但国内外学者对心理资本的概念一直没有形成统一观点，截至目前，对心理资本概念的研究大致可以分为三种取向。

（1）特质论取向，这种取向将心理资本看作一种稳定的积极心理特质。

（2）状态论取向，这种观点认为心理资本是一种积极的心理状态。认为心理资本像能力一样可以被测量和开发，它是可以提高个体工作效率的一种积极心理状态，包括效能、希望、乐观和韧性四个部分。Avolio 等人（2004）则将心理资本看成是能够提高工作效率的积极心理状态的集合❶。

（3）综合论取向，这种观点综合了前两种取向的观点，认为心理资本是一种"类状态"（State – like）的心理素质，既具有特质相对稳定的特点，又有状态的特征，即具有可以改变的开放性，可以通过一定的手段对其进行开发。相对于其他两种取向来说，综合论具有更大的科学性和说服力。目前对心理资本概念的研究越来越趋向于综合论取向。

对心理资本的界定本章认同综合论观点，认为心理资本是积极组织行为的产物，指个体在成长中的类状态的积极心理力量，具体表现在：有信心接受有挑战的任务，并愿意付出必要的努力以获得成功（自我效能）；对现在和将来的成功能够进行积极的归因（乐观）；坚持既定的目标，为了能够成功，在必要时能够主动调整实现目标的方法（希望）；当被问题和逆境所困扰时，为了成功，可以坚持不懈、迅速恢复状态甚至实现超越（韧性)❷。

二、心理资本的相关研究

（一）心理资本的现状研究

为了解心理资本在各个社会群体中的总体状况，研究者们分别结合实

---

❶ Avolio, B. J., Gardner, W. L., Walumbwa, F. O., Luthans, F., May, D. R. Unlocking the mask: A look at the process by which authentic leaders impact follower attitudes and behaviors [J]. The Leadership Quarterly, 2004 (15): 801 – 823.

❷ Luthans, F., Avolio, B. The "point" of positive organizational behavior [J]. Journal of Organizational Behavior, 2009, 30 (2): 291 – 307.

际情况选用相应工具对此问题进行了调查。赵正艳等人（2009）在对322名北京工业大学教师心理资本的调查中发现，该校教师心理资本水平较高，男女教师之间没有显著差异，但教师的受教育程度对他们的心理资本有显著影响，学士的心理资本显著低于硕士和博士❶。企业员工的心理资本水平受年龄、工种、收入评价、受教育程度等因素影响。

随着研究的深入，越来越多的研究者将研究对象转向了学生群体。在对大学生心理资本的研究中发现，"90后"大学生心理资本处于中等水平，且女大学生心理资本水平显著高于男生，学生韧性水平随年级增加而降低，家庭收入对学生的韧性和希望水平也有显著的影响❷。不同年级的高中生心理资本没有显著差异，且男生心理资本水平显著优于女生，独生子女的希望水平也显著优于非独生子女❸。高职生的心理资本水平中等，年级和性别均能显著影响他们的心理资本❹。性别对留守初中生的心理资本水平没有显著影响，初一和初二学生的心理资本则显著优于初三学生❺。小学生的心理资本水平也不错，但是受地区、家庭收入、是否参加过夏令营及父母的期望值等因素的影响❻。

同样属于学生群体，职校生相较大学生群体而言心理资本的研究较少，对其进行的实证研究更加缺乏，张阿敏曾对职校生的心理资本进行调查，但并未详细分析现状，而是将其作为生活事件和问题行为的调节变量进行研究。

（二）心理资本的影响因素

心理资本作为一种积极的心理能量，对心理资本的研究与应用，可以

---

❶ 赵正艳，臧维. BG 大学教师心理资本调查研究［J］. 经济论坛，2009（7）：106 – 110.

❷ 张凡迪. "90 后"大学生积极心理资本现状［J］. 沈阳大学学报（社会科学版），2015，17（1）：106 – 109.

❸ 董振华. 高中生心理资本、学习倦怠及应付方式的关系研究［D］. 南京师范大学，2011.

❹ 郭琴琴. 高职生积极心理资本和主观幸福感的关系研究［J］. 漯河职业技术学院学报，2014，13（6）：30 – 31.

❺ 冯志远，徐明津，黄霞妮，等. 留守初中生学校气氛、心理资本与学业成就的关系研究［J］. 中国儿童保健杂志，2015，23（12）：1246 – 1248, 1252.

❻ 李效鹏，马迎华，宋娟. 北京昌平区四—六年级小学生心理资本现状及影响因素分析［J］. 中国学校卫生，2015，36（12）：1836 – 1839.

提升人的效率等积极状态，但于此之前我们不仅需要了解什么是心理资本，还要明白哪些因素会影响心理资本，才能在实践中对其进行合理控制。熊猛和叶一舵（2014）将心理资本的影响因素分为个体特征和组织环境变量，其中组织环境变量是影响心理资本的重要因素。

1. 个体特征变量对心理资本的影响

人口学变量、人格特质和自我强化均属于个体特征变量范畴[1]。性别对心理资本是否存在影响目前尚且存在一些争议。受教育程度对心理资本有显著的影响，一般来说被试受教育程度越高，心理资本水平也相对较高。青少年随着年龄的增长心理资本水平也随之提升。但在职场中低龄教师较高龄教师更加有韧性[2]。人格特质对心理资本有显著影响，魏德祥（2012）在对体育教师心理资本研究中发现，人格特质对心理资本有正向预测作用[3]。控制点也是心理资本的影响因素之一，内控型员工的心理资本水平显著优于外控型[4]。个体心理资本同样也受自我强化的积极影响[5]。

2. 组织环境变量对心理资本的影响

组织环境变量内容较为丰富，组织支持、工作挑战性、父母教养方式等多个变量都属于组织环境变量，其中组织支持显著影响心理资本水平。尹小龙等人（2012）的研究证实工作挑战性对心理资本也有显著的影响作用[6]。领导风格的两种类型（真实型、变革型）同样显著影响心理资本。研究还发现，教养方式与心理资本显著相关，大学生心理资本水平受父母情感温暖理解的正向预测作用，且可以被父母惩罚严厉和拒绝否认负向

---

[1]　熊猛，叶一舵. 心理资本：理论、测量、影响因素及作用 [J]. 华东师范大学学报（教育科学版），2014（3）：84-92.

[2]　张西超，胡婧，宋继东，等. 小学教师心理资本与主观幸福感的关系：职业压力的中介作用 [J]. 心理发展与教育，2014（2）：200-207.

[3]　魏德祥. 我国中学体育教师心理资本的理论与实证研究 [D]. 福建师范大学，2012.

[4]　惠青山. 中国职工心理资本内容结构及其与态度行为变量关系实证研究 [D]. 暨南大学，2009.

[5]　唐强. 企业员工心理资本结构维度及其因果关系的初步验证 [D]. 浙江大学，2008.

[6]　尹小龙，邹琼，刘祎，等. 中国企业青年职工心理资本的因果关系验证 [J]. 科技管理研究，2012（6）：109-113.

预测❶。

当然，心理资本的影响因素并不仅限于这两类，许多因素对心理资本有调节或中介影响作用，有时还存在几种因素交互影响心理资本的情况等，比较复杂，需要我们进一步探究。

（三）心理资本的结构

不同的研究者对心理资本的结构有不同的观点，不同的研究结果往往也存在很大区别。总的来说，对心理资本结构划分可以分为二维结构、三维结构、四维结构和多维结构几种结构观点。

1. 心理资本的二维结构观

二维结构的最初提出者是 Goldsmith 等人，他们在对心理资本的研究中认为心理资本由两个组成部分，分别是控制点和自尊，控制点分为内控和外控，自尊则包括健康、善良、价值观、社会能力和外貌等多个组成部分❷。柯江林等人通过对本土心理资本构念陈述句的收集与归类将本土心理资本分为事务型心理资本和人际型心理资本❸。这是国内最典型的两维结构观点。

2. 心理资本的三维结构观

三维结构认为心理资本由三个因素组成。Luthans 等人结合实证调查结果、已有文献及个人经验推导出心理资本由希望、乐观和韧性三个维度组成的结论❹。中国学者唐强（2008）在研究中则将心理资本分为希望、乐观和回复力三个维度❺。

3. 心理资本的四维结构观

四维结构的观点大多认为心理资本包括自我效能、希望、乐观和韧性

---

❶ 王鹏军. 父母教养方式、心理资本与大学生学业成就的关系 ［D］. 山东师范大学，2012.

❷ Goldsmith, A. H., Veum, J. R., Darity, W.. The impact of psychological and human capital on wages ［J］. Economic Inquiry, 1997（XXXV）：815 – 829.

❸ 柯江林，孙健敏，李永瑞. 心理资本：本土量表的开发及中西比较 ［J］. 心理学报，2009，41（9）：875 – 888.

❹ Luthans, F., Youssef, C. M.. Human, social, and now oositive psychological capital management：Investing in people for competitive advantage ［J］. Organizational Dynamics, 2004, 33（2）：143 – 160.

❺ 唐强. 企业员工心理资本结构维度及其因果关系的初步验证 ［D］. 浙江大学，2008.

四个维度，大量国内外学者后续的实证研究也证实了这一理论。

4. 心理资本的多维结构观

Letcher 等人将心理资本与人格特质等同，认为大五人格的五个维度就是心理资本的维度❶。肖雯和李林英（2010）则认为，心理资本包括自我效能、乐观、韧性、感恩和兴趣五个维度❷。周利霞（2012）的研究得出心理资本分为愿景、自信、合作、乐观、韧性和感恩六个维度的结论❸。

三、心理资本的干预研究

心理资本作为一种"类状态"的心理素质，不但具有相对稳定性，还有可改变的开放性，对心理资本进行干预是完全可行的。2006 年，Luthans 等人在心理资本概念的基础上提出心理资本开发的"微干预模型"，此模型从心理资本四个维度入手，对自我效能、希望、乐观和坚韧性的开发提出一套完整而又可操作的方法，并证实"微干预模型"不仅对个人的心理资本有很好的提升作用，对企业中团体心理资本也有很好的效果❹。

为了进一步探究心理资本干预模型的有效性，Luthans 等人通过网络对 364 名在职人员进行了心理资本开发的实验研究。研究结果表明，心理资本具有可开发性，也证实了心理资本"微干预模型"的有效性❺。我国研究者针对心理资本开发也做了一些分析、探讨及实验研究。温磊和七十三（2009）在"微干预模型"基础上，以团体辅导为手段对企业员工的心理资本进行干预。研究发现，实验组前后测心理资本水平有显著提高，对照

---

❶ Letcher, L. , Niehoff, B. . Psychological capital and wages: A behavioral economic approach. Paper submitted to be considered for presentation at the midwest academy of management [J] . Minneapolis, 2004: 18 – 24.

❷ 肖雯，李林英. 大学生心理资本问卷的初步编制 [J] . 中国临床心理学杂志，2010，18 (6)：691 – 694.

❸ 周利霞. 大学生心理资本问卷编制及其相关因素研究 [D] . 上海师范大学，2012.

❹ Luthans, F. , Avey, J. B. , Avolio, B. J. , et al. Psychological capital development: toward a micro – intervention [J] . Journal of Organizational Behaviour, 2006, 27 (3): 387 – 393.

❺ Luthans, F. , Avey, J. B. , Patera, J. L. . Experimental analysis of a web – based training intervention to develop positive psychological capital [J] . Academy of Management Learning & Education, 2008, 7 (2): 209 – 221.

组则没有显著变化，证明团体辅导能够有效提高企业员工的心理资本水平❶。同样在大学生中进行的团体辅导心理资本干预实验也得到了类似结果，都显著提高了他们的心理资本❷。朱万晶（2009）认为企业心理资本开发和干预应该从个体心理资本（微观层面）和团体心理资本（企业宏观层面）两个层面进行，微观层面主要开发员工自信、希望、乐观、情商和坚韧性等积极品质，宏观则从企业入手，开发自信企业、希望企业、乐观领导、真实领导及企业韧性，为我国企业心理资本开发与干预研究提供了一个新的思路❸。于兆良（2011）对此也有类似的看法，他在对团队心理资本的研究中认为，团队心理资本包括个人层面和团体层面两个维度，个体层面和团体层面心理资本各由四个部分组成，并绘制了相应结构流程图（见图 11 - 1），分析了心理资本提升企业竞争力作用路径，并且对团体心理资本开发提出了建议❹。邱圣晖（2009）在对高校图书管理员心理资本的研究中，提出通过进行心理资本干预减少他们的职业倦怠情况，并从个人和组织两个角度提出对心理资本干预的对策❺。

部分研究者对大学生心理资本开发策略进行了分析。魏荣（2011）提出用分层梯度开发的方法对大学生潜在心理资本进行培育❻。陈旭（2013）从教育体系、教育环境和自我提升实践三个角度提出提升大学生心理资本的策略❼。除此之外，郝丽风、常硕峰、宋争辉、刘万军等人也都对大学生心理资本的开发策略提出了自己的看法。

虽然目前针对职校生心理资本开发的研究较少，但是部分研究者先后

---

❶ 温磊，七十三. 企业员工心理资本干预的实验研究［J］. 中国健康心理学杂志，2009，17（6）：672 - 675.

❷ 方必基. 青少年学生心理资本结构、特点、相关因素及团体干预研究［D］. 福建师范大学，2012.

❸ 朱万晶. 心理资本在企业管理中应用分析［J］. 现代商贸工业，2009（24）：44 - 45.

❹ 于兆良，孙武斌. 团队心理资本的开发与管理［J］. 科技管理研究，2011（2）：157 - 160.

❺ 邱圣晖. 高校图书馆员的职业倦怠与心理资本干预［J］. 湖南医科大学学报（社会科学版），2009，11（3）：84 - 85.

❻ 魏荣. 大学生潜在心理资本的作用机制与培育路径——基于理工科高校大学生的调查［J］. 教育研究，2011（9）：87 - 93.

❼ 陈旭. 大学生心理资本提升策略研究［D］. 大连理工大学，2013.

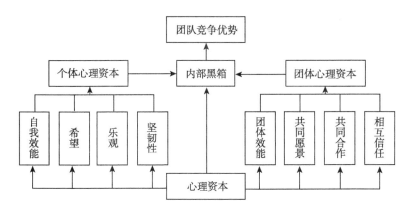

图 11 -1　心理资本的结构流程

对高中生、高职生等与职校生相关的群体进行了一些心理资本开发的策略分析。郝利敏（2011）在对"90 后"高职生心理资本状况进行调查后，依据调查结果，从心理资本维度出发探讨了心理资本的开发策略❶。

总的来看，虽然部分研究者对心理资本开发采用了实证研究，但总体较少，更多的研究者通过理论分析对不同的群体提出了心理资本的开发策略，这些方法大多较为宏观且没有具体的操作步骤。同时由于没有经过实践的检验，这些方法的有效性还值得商榷。因此，对职校生心理资本的开发和干预还需要进一步用实证研究的方法进行探索、检验。

第二节　职校生心理资本的现状分析

职校生心理资本的有效开发，首要任务是了解他们的心理资本现状。在过往研究中，高校生、高中生等群体心理资本研究较多，职校生的心理资本实证调查仍有一定的不足。因而，对职校生心理资本的现状进行调查是现代职业教育心理学必须进行的重要任务之一。

一、职校生心理资本的研究过程

选用南开大学副教授张阔等人编制的积极心理资本问卷（PPQ）和中

---

❶　郝利敏．"90 后"高职生心理资本调查分析及开发策略［D］．浙江工业大学，2011．

科院心理研究所王极盛编制的中学生心理健康量表（MSSMHS）对常州武进中等专业学校、常州艺术高等职业学校、江苏省高邮中等专业学校、江苏省阜宁中等专业学校、江苏省海安中等专业学校、江苏省江阴中等专业学校、江苏省昆山第一中等专业学校、江苏省徐州经贸高等职业学校、江苏省宜兴张渚中等专业学校和江苏省张家港中等专业学校 10 所江苏省内职业学校，2727 名三年制职校生心理资本和心理健康水平进行调查，剔除 132 份无效问卷后获得有效问卷 2595 份，采用 SPSS17.0 进行数据处理。

二、职校生心理资本的研究现状

（一）职校生心理资本水平现状

张阔等人编制的积极心理资本问卷根据项目平均分判定学生心理资本水平的高低，但无确切的常模，一般分数越高心理资本水平越高。将其分值分为 0~3 分、3.01~5 分和 5.01~7 分三组，发现 68.1% 的职校生心理资本职校生心理资本水平处于中等水平，2.1% 的职校生心理资本水平显著偏低，总体而言，职校生心理资本水平良好，但绝大部分的学生仍有很大的进步空间，具体分布情况如表 11-1 所示。

表 11-1　职校生心理资本水平表

	自我效能（%）	韧性（%）	希望（%）	乐观（%）	心理资本（%）
$M \pm SD$	4.655 ± 1.054	4.213 ± 0.835	4.824 ± 0.918	4.814 ± 1.084	4.612 ± 0.746
0~3 分	6.6	6.9	4.0	6.3	2.1
3.01~5 分	58.4	77.7	54.5	51.2	68.1
5.01~7 分	35.1	15.4	41.6	42.6	29.9

（二）职校生心理资本的影响因素

研究发现，性别、年级、专业、学生家庭所在地及学业水平对职校生的心理资本及其因子都有不同程度的影响。

1. 性别对职校生心理资本水平的影响

对职校生心理资本在性别的差异检验可以发现，性别和对自我效能因子有显著影响。男生的自我效能感显著高于女生，城镇学生显著优于农村学生。无论是在家庭教育还是学校教育中，对男女生的角色期待都是不同的，男生被看作生活的强者，他们要勇敢、坚强、不能示弱、退缩，而女生则被允许柔弱、哭泣，这可能是导致男女生自我效能感出现差异的重要原因❶。

2. 年级对职校生心理资本水平的影响

对不同年级职校生心理资本水平进行检验时发现，在自我效能、希望、乐观和心理资本上，一年级学生的水平都显著低于三年级学生，自我效能、乐观和心理资本上，一年级学生水平也显著低于二年级学生，同时二年级学生的乐观水平显著低于三年级学生。一年级学生由于刚进入职业学校对自己的前途还比较茫然，且面临繁重的、与之前不同的学业压力，因而自我效能感、希望和乐观水平都比较低。随着对新环境的熟悉与了解、专业学习的进步、专业技能的掌握，学生了解了自己未来的发展方向，因而对自己的自信逐步增加，对未来变得乐观，充满希望，自我效能、乐观、希望等水平也会逐步提高。

3. 专业对职校生心理资本水平的影响

不同专业职校生的自我效能、希望和乐观水平也有很大的不同，韧性的区别则不显著。且理工生与艺术生的自我效能、希望和乐观水平没有显著差异，同时他们都显著优于文科生。理工科学生在学校中大多学习技术性知识，实践操作能力较强，社会需求量大，就业难度小，因而他们大多对自己充满自信，对未来充满希望，能够乐观看待自己将来的发展。艺术类学生大多性格开朗，且专业具有特长性，常会受到他人的羡慕，就业弹性也比较大，因此他们大多乐观、自信。文科生限于专业问题，虽然招聘岗位不少，但就职工资相对较低，对未来有较强的迷茫感，不够自信。

4. 学生家庭所在地对职校生心理资本水平的影响

学生家庭所在地对职校生的自我效能感也有显著影响，城镇学生的自我效能要优于农村学生。一般来说，城镇出生的职校生从小就享有良好的生活条件和教育资源，而农村职校生从小经济条件较差，所以较城镇学生

---

❶　付立菲，张阔. 大学生积极心理资本与学习倦怠状况的关系［J］. 中国健康心理学杂志，2010，18（11）：1356－1359.

容易有自卑感，因而城镇学生的自我效能感要好一些。

5. 学业水平对职校生心理资本水平的影响

学习成绩也是职校生心理资本水平产生差异的重要因素之一，学生的学习成绩越优异，他们的自我效能、希望、乐观水平就越高。目前职业教育在教育方式、教学评价等方面并没有与普通教育完全区分开来，考试成绩依旧是学生评价的重要指标，在这种形势下"唯分数论"依旧非常有市场。学习成绩好的学生被认为是优秀的，可以得到许多师长们的赞赏，因而自我效能水平高，对自己的未来充满希望，心态也比较乐观。相较而言，成绩落后的学生常被贴上"差生"的标签，容易出现习得性无助感，对自己失去信心，自暴自弃，失去对未来的希望感，消极应对校园生活。

（三）职校生心理健康水平现状

使用王极盛的"中学生心理健康量表"测试职校生的心理健康状况发现，有58.7%的学生心理是健康的，31.5%的学生有轻度心理健康问题，9.2%有中度心理健康问题，0.7%的学生有较严重的心理健康问题。说明当前的职校生总体良好，但仍有相当一部分学生有不同程度的心理问题，其中有轻度心理问题的学生较多，较严重的和非常严重的学生比较少。由于社会对职业学校的偏见，许多职校生有较强的自卑感，职业学校和普通中学截然不同的教学内容也让许多学生感到难以适应，学习压力加上就业压力，使本就处于身心发展转折时期的他们或多或少地出现了一些心理问题❶。

（四）职校生心理资本与心理健康相关关系

对职校生心理资本与心理健康相关关系分析发现，心理资本与心理健康之间有非常显著的相关关系，且自我效能、乐观和希望与心理健康之间呈负相关关系，韧性与心理健康呈正相关。心理健康分值越低，心理健康水平就越好，可知自我效能、乐观和希望水平越高心理健康水平越好，韧性水平越高心理健康水平越低。在前人对其他被试群体心理资本和心理健康关系的研究中，心理资本的四个因子对心理健康均有积极的影响。这可

---

❶ 教育部. 中等职业学校学生心理健康教育指导纲要［Z］. 2004 – 07 – 05.

能与职校生这个特定的研究对象有关，职校生大多处于青春期，有较强的自我中心感和叛逆心，他们的韧性可能不仅表现在对一些正确的事情上，往往对一些错误的理念或事情也会固执己见、我行我素，使职校生的韧性与心理健康分数出现正相关，与过往对其他群体的研究结果产生偏差。但随着学生年龄的增加和心理的成熟，这种偏差可能也会慢慢改变。进一步的原因还需要在后续研究中继续挖掘。

职校生的心理资本和心理健康之间的显著相关关系表明，为了促进职校生的积极健康发展，深入挖掘其潜能，对职校生心理资本进行积极干预至关重要。根据职校生心理资本现状及其心理发展特点，并结合过往研究来看，科学的团体辅导对职校生的心理资本发展有积极的促进作用。

第三节　提升职校生心理资本的团体辅导方案

一、职校生心理资本团体辅导的阶段

团体的运作是一个复杂的过程，团体成员从生疏到彼此熟悉，从相互分离到相互合作是一个渐进的发展过程，团体的形成与发展一般分为四个阶段，即团体的创始、凝聚、探索、结束阶段，不同的阶段有不同的任务和内容。

（一）团体的创始阶段

团体创始阶段小组成员初入团体，有陌生感，对团体也不甚了解，由此会产生很多疑惑与焦虑。因此其任务是澄清目标，通过活动让小组成员消除陌生感，逐步认识和了解团体成员，从而建立信任感。工作重点是组建小组，增进了解与信任。

（二）团体的凝聚阶段

随着活动的深入，成员互动更加频繁，小组自然"领袖"的产生及成员"真实"自我的出现，由此产生如抗拒、冲突等不利于团体发展的行为。团体辅导的工作重点是为成员提供鼓励，增进成员的互动，解决成员的冲突与抗拒行为，建立坦诚而互相信赖的团体气氛。

（三）团体的探索阶段

团体成员之间彼此熟悉，产生认同感和信赖感，对团体产生归属感，成员可以在众人面前放开自我、尽情自由表达。这一阶段的任务是在充满信任、理解、真诚的团体气氛下，协助成员从自我的探索和他人的反馈中尝试改变自己的行为，并设法使成员集中注意力，向着团体目标和个人目标做出有益改变。

（四）团体的结束阶段

这一阶段的主要任务是让成员面对即将分离的事实，协助成员整理、归纳在团体中学到的东西，增强自信，将学习到的东西应用于日常生活中去，促使态度与行为进一步改变。

二、职校生心理资本的团体辅导方案

（一）职校生心理资本团体辅导的目标

1. 总体目标

促进学生对自我的认识，学会用积极眼光看问题，形成合理的信念，积极归因，自我接纳，树立自信心。

2. 具体目标

（1）学生在遇到问题时能够形成积极、合理的信念，从而产生积极行为，乐观积极地看待事物；

（2）帮助学生积极地认识自己，遇到问题能够合理归因，从而自我接纳，树立自信心。

（二）主题一：有缘相识

1. 活动目的

了解团体活动目的和宗旨；引发成员的兴趣；促进成员初步相识并初步了解；建立团体规范。

2. 活动材料

团体誓言签名纸；每位学生 A4 纸一张以及彩色画笔。

3. 活动步骤

步骤 1：熟悉团体（15 分钟）

（1）负责人介绍小组目的、规则；

（2）成员自我介绍，轮流发言；

（3）在团体誓言上签名。

步骤2：合力吹气球（15分钟）

（1）报数分组，分为5组，每组4人；

（2）各小组发气球若干个，游戏开始后，一名同学A手持气球放在另一名同学B嘴边，B同学负责把气球吹大，中间B不可以碰触气球，气球吹好后A同学将气球扎紧并放置在C、D两位同学背中间，C和D同学努力将气球压爆，中间不可以用手接触，哪组最先压爆三个气球为胜。

步骤3：团体期待绘画（30分钟）

每人一张纸和彩笔，每位组员用一幅画或者一个图形来代表参加团体的心情，体会自己在团体中想实现的三个目标或者三个期待。

步骤4：心有千千结（15分钟）

所有同学手拉着手围成一圈，指导者要求学生们记住自己左右手分别抓着的是谁的手，记清后所有学生离开自己现在所在的位置，同时左右的人要和原先不同。此时让学生们按现在的位置左右手牵着最开始牵着的手，形成一个大大的结，让他们开动脑筋如何解开这个结，恢复最开始的样子。

步骤5：体验分享（10分钟）

（1）让同学们围成一圈，提出哪个活动对你印象深刻，你从活动中体验到了什么等问题，同学们自由发言；

（2）一句话评价本次活动感受；

（3）握手或拥抱分别。

（三）主题二：相识相知

1. 活动目的

进一步引起成员兴趣；初步引发成员对自我的思考、自我发现；促进成员间的进一步了解。

2. 活动材料

报纸、彩笔、A4纸。

3. 活动步骤

步骤 1：大西瓜，小西瓜（5 分钟）

游戏规则：带队者说"大西瓜"，成员用手比画出"小西瓜"的样子，说"小西瓜"，成员则比画出"大西瓜"的样子。带队者无规律说出"大西瓜"和"小西瓜"，成员根据指令做动作。

步骤 2：小小动物园（30 分钟）

（1）准备各种动物的图片；

（2）全体成员围坐成一圈，将动物图片放在场地中央；

（3）开始，选择能够代表自己一个优点的动物图片；

（4）然后互相交谈，分享，选择这个动物的原因。

步骤 3：扑克分组（5 分钟）

按照所分小组，事先准备好需要的扑克牌，团体成员抽取扑克牌，分成两组。

步骤 4：我的自画像（30 分钟）

（1）组长为每一组组员预备好图画纸以及颜色齐全的颜色笔，然后请组员在纸上画出任何可以代表自己的事物；

（2）小组轮流发言，分享自画像的内容；

（3）小组互相提问，对每幅自画像深入讨论；

（4）分享画自画像的感觉。

目的：透过自我素描，协助小组成员强化对个人的认识。

步骤 5：体验分享（10 分钟）

（1）让同学们围成一圈，提出哪个活动让你印象深刻，你从活动中体验到了什么等，同学们自由发言；

（2）一句话评价本次活动感受；

（3）握手或拥抱分别。

（四）主题三：闪闪发光的我

1. 活动目的

帮助学生总结自己过往的成功经历，挖掘学生的优点，促进他们积极认识自我，提升自信心。

2. 活动材料

纸笔。

3. 活动步骤

步骤1：找家（15分钟）

（1）全体成员围圈手拉着手，体验大家在一起的感觉；

（2）成员按顺时针方向转动，领导者说"三口之家"，成员立即按照要求三人组成一组并迅速蹲下，其余少于或多于三人的小组立即被淘汰，以此类推；

（3）分享；

（4）以找家形式分组。

步骤2：成功的我（15分钟）

（1）各小组围坐成一圈，每个同学轮流回忆自己已取得的成就，并在小组内讲述（优秀作文、获奖、参加志愿者活动，好人好事被称赞等）；

（2）小组分享。分享自己取得成就的过程，谈谈今后的努力目标。

步骤3：棒棒的我（30分钟）

（1）小组成员每人分得纸笔各一份，每人在纸上写出自己的20个优点（可以是个性、特长或者外貌等）；

（2）写完后在小组内传阅；

（3）每位成员轮流发言，"我是一个怎样独特的人，我有哪些方面的优点"，小组成员应认真听他人的陈述，可以点头给予肯定，不得随意嘲笑。

步骤4：优点轰炸（20分钟）

（1）各小组成员围坐成一圈；

（2）领导者说明活动目的是互相给予优点的回馈，以了解别人眼中的自己，同时增进每个人对自我的了解；

（3）每位同学轮流接受轰炸，每人接受轰炸时间最少一分钟；

（4）轰炸内容必须具体，以具体事例说明，夸一夸被轰炸人的优点。被轰炸的人只能听，不能说话或有任何动作表示；

（5）轰炸时，轰炸者和被轰炸者必须注视对方；

（6）每位成员都轰炸过别人，也被轰炸过后，全组分享活动体会。

讨论：被大家指出优点时有何感受？是否有一些优点是自己以前没有意识到的？是否加强了对自身优点、长处的认识？指出别人的优点时你有何感受？

步骤5：体验分享（10分钟）

（1）让同学们围成一圈，提出哪个活动对你印象深刻，你从活动中体验到了什么等问题，同学们自由发言；

（2）一句话评价本次活动感受；

（3）握手或拥抱分别。

（五）主题四：发现最美的自己

1. 活动目的

协助成员客观地认识自己；自我接纳探索成员自信不足的原因；学会积极归因，成员相互鼓励，树立自信。

2. 活动材料

纸笔、绳子。

3. 活动步骤

步骤1：雨中变奏曲（15分钟）

（1）让学生用身体的任何部分碰撞发出两种以上的声音，然后让同学们用最擅长的方式发出声音（不许用口）；

（2）手指相互敲击的声音当作小雨的声音，双手敲击大腿作为中雨的声音，大力鼓掌作为大雨的声音，狂风骤雨的声音是大力跺脚；

（3）练习后，教师随机说出相应的雨，学生们则用身体发出相应的声音。

步骤2：分组（10分钟）

游戏规则：事先准备好写有组号的纸条，放在纸盒内，小组成员轮流抽取，根据组号分组。

步骤3：成败大探究（40分钟）

（1）发给每位成员一张纸和一支笔。要求成员认真思考5分钟，然后将自己在学习和生活中遇到的成功和失败的事情列举出来；

（2）成员对自己所列举的事例进行原因分析；

（3）讨论：是什么使我们对事情做出这样的归因？这个归因属于哪种归因（努力、个人能力、任务难度、运气——"内因、外因，稳定、不稳定，可控、不可控"）这个归因对自己产生的影响是什么（积极、消极）；

（4）讨论各人的归因是否合理，若不合理，怎样归因最合适；

（5）各小组分享感受，指导者总结发言。

步骤4：牵手结（10分钟）

各小组分得一段绳子，指导者首先向成员们展示如何用一根普通的绳子打结，然后各小组人员中间两人各抓住绳子一端，其余人分别左右手牵手，形成一个长长的"人绳"，这时要求成员想办法用这"绳子"打一个结。

步骤5：归因练习（15分钟）

故事分享1：小明的学习成绩优秀，在班级中学习一直名列前茅，一次考试小明发挥失常，考试分数不理想，小明如何归因是比较积极的，怎样归因会对小明产生消极影响。

故事分享2：晨晨学习很努力，但他的英语依旧很不好，每次考试都会因为英语成绩太差而导致考试名次过低，但一次英语小测验中他的阅读理解题意外全对了，如果你是晨晨会如何归因？晨晨怎样归因比较积极？

步骤6：体验分享（10分钟）

（1）让同学们围成一圈，提出哪个活动对你印象深刻，你从活动中体验到了什么等问题，同学们自由发言；

（2）一句话评价本次活动感受。

（六）主题五：认知大转盘

1. 活动目的

帮学生学会从发展的角度看问题，改变不合理认知。

2. 活动材料

纸笔、绳子。

3. 活动步骤

步骤1：抓手指（5分钟）

（1）全体同学围成一个圈，每位同学伸出右手，掌心向下；再伸出左手，食指向上。将左手顶住左边同学的右掌心，而右掌心与左边同学食指尖相接触；

（2）指导者念出一段指导语，文中间隔出现"情绪"二字，当指导者说"情绪"二字时，学生便用自己的右手去抓旁边同学的左手食指，而自己左手的食指则争取快速逃脱，不让他人的右掌抓住。

说起"情绪"，我们就想起了许多有关的词语，"怒发冲冠""勃然大怒"，是形容一个人愤怒情绪的；"眉开眼笑""喜笑颜开""喜上眉梢"，是表示一个人的情绪如何快乐的；"惊慌失措""惶恐不安"，则反映了一个人的情绪一定非常紧张；如果书中出现了"悲痛欲绝"这个词，说明那个人正在极度伤心之中；"热泪盈眶"这个词，看似写悲，其实写喜；"破涕为笑"这个词，描写的就是我们小孩子情绪的变化了。

步骤2：半杯水的故事（10分钟）

（1）拿出半杯水，让同学们说说对半杯水的看法，是只有半杯水？还是还有半杯水？

（2）讨论一下说出两种不同的说法时心情是如何的？

（3）带队者为大家讲授调节情绪的开关在自己手里，对合理情绪疗法稍作解释。

步骤3：情绪ABC（30分钟）

目的：使成员认识并理解情绪ABC理论，了解不良情绪产生的根源；帮助团体成员明确自身存在的不合理信念，协助团体成员学会通过调节认知调控自己的情绪。

讨论：（1）近一周内你遇到了哪些不顺心的事？为什么这件事情会让你觉得不高兴？

（2）谈一谈你在遇到这件事情后是怎么想的？产生了怎样的情绪？

（3）小组讨论如何换一个角度看待遇到的问题，这时又会是怎样的情绪？

由上一讨论所得的启示引入情绪 ABC 理论。由团体领导者详细介绍情绪 ABC 理论及不合理信念的特征：①绝对化要求;②过分化概括；③糟糕至极。

步骤4：合理认知练习（30 分钟）

事件1：晚上一个人在家中，突然窗户发出咔哒咔哒的声音。

讨论：你会产生怎样的信念，这个信念让你产生了什么情绪？

事件2：女朋友没接我电话。

事件3：我放在宿舍的 100 元钱找不到了。

事件4：明天就要考试了，今天我的运气很好。

步骤5：体验分享（10 分钟）

（1）让同学们围成一圈，提出哪个活动对你印象深刻，你从活动中体验到了什么等，同学们自由发言;

（2）一句话评价本次活动感受;

（3）握手或拥抱分别。

（七）主题六：笑迎未来

1. 活动目的

相互支持和鼓励，获得离开团体后生活的信心；整理自己在团体中的收获和感受；让小组在融洽的气氛中结束。

2. 活动材料

废旧报纸。

3. 活动步骤

步骤1：小组雕塑（20 分钟）

步骤2：同舟共济（10 分钟）

（1）为每组发一张报纸，使全体成员都能站在上面;

（2）成员站在上面，一起合力将报纸对折。任何成员的身体不能接触到地面，否则该组的游戏结束。将报纸不断折叠，最后报纸面积最小的组获胜。

步骤3：心得寄语（30 分钟）

（1）事先准备好贺卡，每个人写上对团体成员的祝福;

（2）每个人随机抽取贺卡，大声念出来。

步骤4：分享告别（10分钟）

（1）回忆。将以前几次的团体活动照片打印出来，制作成集，一起浏览。组内成员一起回顾旅途，讲述我最难忘的人与事；

（2）分享变化。谈谈自己在团里有哪些改变？谈谈对其他成员的认识？分享自己有哪些成长？谈谈自己深刻的朋友；

（3）拥抱分别。

本章小结

培养适应社会需求的高素质劳动者是现代职业教育的历史使命。本章通过对2595名职校生心理资本及心理健康水平的调查发现，绝大多数职校生心理资本处于中等水平，他们的心理健康水平总体偏低，同时职校生的心理资本与心理健康有非常显著的相关关系。为促进职校生的积极发展，充分挖掘职校生的潜能，职业学校要以改革创新为动力，深入推进积极职业教育，通过积极的团体心理辅导，加强职校生心理资本的系统开发与积极引导，增加他们对自我的认识，学会用积极眼光看问题，形成合理的信念，积极归因，自我接纳，树立自信心，成为人格健康健全、心理资本厚实的高素质技术技能人才。

（本章作者　南京晓庄学院　杨治菁）

职校生生涯心理辅导的研究

当工业革命兴起，人类从农业文明走向工业文明，从农业社会跨入工业社会，人类的生存方式发生了巨大变化，如劳动分工越加精细、劳动节奏越发同步、劳动活动愈益组织化和生产规模化等，社会进入相对稳定阶段，人们只需依存某个组织、获得一份工作，就可以安心地为组织工作，向自然和社会索取所需要的一切，过着简单的生活。然而，随着经济全球化、新技术革命和知识经济兴起，社会日益变得复杂和不稳定。现代社会中人们信奉的科学和理性、向自然肆意索取的做法受到质疑，科学和理性不能决定一切的后现代理念兴起，相信人与自然要和谐共存的生态文明出现，人类社会也进入后现代社会，人类生存方式再次发生巨大变化，如组织界限不再鲜明，工作不再始终如一。在此境况下，人们的职业生涯变得日益复杂，人们的职业心理遭受着空前的冲击，需要不断地调整和适应。新时代的职校生正处在这种复杂的变化中，在自身做出努力，以适应多变、复杂的职业生涯环境的同时，社会和学校也需做出相应改变，为其提供有针对性的支持。本章以分析职业心理学对现代社会职业和工作世界新变化的回应为基础，阐述当代职业生涯心理辅导的价值追求、目标、实现方法，以及新时代促进职校生生涯发展的职业教育策略。

第一节 职业生涯建构研究概述

一、职业形式和工作世界的变化

20世纪末21世纪初，全球化、信息技术和知识经济的迅猛发展为人类社会带来了持续不断的冲击，社会复杂性和变化性大增。在人类生存的核心——职业和工作世界中，出现了大量人们难以预期的新变化。

一是新职业形式的出现速度和旧职业岗位的消亡速度越来越快。伴随着社会转型和技术创新，一些旧职业岗位无法满足社会需求，被迅速淘汰，或因技术发展而被机器取代。新材料、新技术、新设备、新工艺的不断涌现，特别是信息技术和人工智能的发展，不断催生新的职业形式。

二是新的职业难以清晰界定。随着社会发展，很多职业所需要的技能和技术要求越来越高，越来越综合化，产生了很多综合性的、跨界的职业岗位，人们也很难对这些职业进行清晰界定。一些新技术、新材料、新工艺、新设备的出现，往往也涉及多个领域，使得职业间的界限变得模糊不清。

三是组织界限易变或模糊，无法再为人们提供稳定的工作承诺。社会愈益发展，经济活动就越活跃，如企业发展的集团化，企业并购和股权变更等金融活动，使企业的产生和消亡、企业的重组等越来越快，越来越多，这导致人们过去能够稳定依赖的组织易变，组织界限模糊，无法再为人们提供稳定的工作承诺。

四是雇佣方式和雇佣关系变化大。在激烈竞争的外部环境影响下，组织也更愿意选择雇用那些灵活性、适应性更强的员工。现代社会中那种稳定、安全的传统雇佣关系被短期的、灵活的雇佣方式打破，人们不得不选择从事不稳定的、短期的工作，不得不多职、兼职，不得不在各种工作岗位和角色间不停地转换。组织的变化和职业流动性的增强，导致后现代社会出现了所谓的无边界生涯、混沌生涯等。与此同时，面对复杂、易变的外部环境，人们也可以依据自身的职业发展目标和意愿选择不同的雇主和岗位，甚至出现慢就业、缓就业、不就业等现象。

二、职业心理学的时代回应

现代工业社会中，个体职业生涯发展和工作对组织的依赖性、雇佣关系的相对稳定性，决定了人们只需要简单地选择一份工作，做出职业抉择即可。因此，在传统的职业心理学中，人—职匹配理论在 20 世纪初叶占住了主导地位。

此后，为了解决个体如何发展自身的职业生涯问题，在 20 世纪中期，生涯发展阶段理论出现并盛行，认为个体生涯发展可以清晰地划分为不同的阶段，每个阶段都有不同的生涯发展任务，人们可以依序线性地发展，以便对自身的职业生涯做出规划。然而，当个体职业生涯发展的外部环境发生强烈变化后，当人们无法在复杂易变的环境中依赖稳定的组织承诺和雇佣关系时，就必须发挥自己的主观能动性去推动自身的职业生涯发展，并使自己能在一生的工作变化中不失去自我和社会同一性。传统的职业心理学理论，无论是人—职匹配理论，还是生涯发展阶段理论，都无法应对此时出现的新情况。因为这两种理论模型都强调职业和组织环境的清晰性、稳定性和承诺，而不是易变性、流动性、模糊性，如人—职匹配理论必须以职业能清晰界定且稳定为前提。

当传统的职业心理学理论模型无力应对 21 世纪后现代社会职业生涯新问题的挑战时，其自身就需要做出变革，对当代问题做出新的回应。研究者们基于各自的哲学观和学术背景对此做出了不同的回应，产生了各种职业心理学理论，如职业生涯系统框架理论、职业生涯混沌理论、职业生涯建构理论等。这些理论大多持有职业生涯建构观，其中，职业生涯建构理论无疑是最典型、最具有时代特征的理论。该理论直接以建构主义这一后现代哲学观为基础，同时吸收了人—职匹配理论、职业成熟度理论等现代职业心理学理论的合理观点而形成。其创建者认为，新时代的组织特性、雇佣关系和职业形式的变化，是个体从依据社会规范的自我组织（Self - organized）向依据职业成长规划的自我延伸（Self - extend）的进步体现，也展现了个体的职业生涯建构过程。❶ 即个体如何综合考虑自己的过去经历、当前的经验以及未来的抱负，构建自身的职业发展过程；职业生涯发展就是个体围绕职业生涯这一人生主题而展开的内涵丰富的主观建构过程。这种主观建构过程，就犹如以个体自身为主角、以职业生涯发展为线索而演绎出的某个人生主题故事。在故事中，个体的内心世界与外部环境不断互动、调整，以达到某种相对适应状态。因此，在这种理论看来，个体职业生涯发展不是简单地做出客观选择，或按照某个现成的固定模板来发展，而是个体参考自身特质和内心世界，在与外部环境的互动中主动建构出来的相对适应状态，其实质就是一个追求主观自我与外部世界相互适应的动态建构过程，不同的人当然也就有不同的建构内容和建构结果。

第二节　职业生涯心理辅导的积极建构

在后现代职业心理学理论思想的指导下，新时期的职业生涯心理辅导在价值追求和目标发生了新的变化，即转向积极建构而不是消极被动的问题解决，在辅导方法上也不再过于依赖量化的测量，而转向了叙事的辅导方法。

一、职业生涯心理辅导的价值追求和目标

新理论指导下的职业生涯心理辅导在价值追求和目标上的积极转向，主要体现在以下几个方面。

（一）从病理模式转向增益模式

传统的职业生涯心理辅导主要在于帮助个体面对职业生活中的挑战，重点是个体的职业选择、职业发展以及由此产生的相关情绪、情感、认知、态度、行为等问题。其通行的做法就是使用各种量表来诊断个体问题所在，辨明是哪些因素导致个体问题的出现，有什么合适的选择。而当代

---

❶ Savickas, M. L. Career construction：A developmental theory of vocational Behavior ［M］//In D. Brown （Ed.）, Career choice and development. San Francisco, CA, US：John Wiley & Sons, 2002：149 – 205.

职业生涯环境是以不稳定、易变性为特征，上述做法无疑无法面对新时代的挑战。当代职业心理辅导在一些旨在回应新时代挑战的职业心理学理论的指导下，吸收了积极心理学的思想，开始采取增益模式。

1. 改变了对问题的看法，不再以问题为中心

新时期的职业生涯心理辅导转变了对问题的看法，不再围绕个体问题展开各种诊断，以问题解决为中心，也不再把个体问题视为要解决的、消极的存在。职业生涯混沌理论认为，个体职业生涯存在复杂性、变化性、不舒适性等问题都是正常的，职业生涯心理辅导就是要帮助个体认识到理想生涯或完美生涯是不存在的。而生涯建构理论则是将问题当作发展的契机，是个体反思过去经历、整合各种资源和未来期望、构建职业生涯发展过程、赋予职业生涯意义的过程。

2. 树立反映增益模式的预防观

Di Fabio 认为，当前的职业生涯心理辅导应该树立能反映积极心理学增益模式的预防观，重视丰富能促进个体积极发展的各种资源，加强各种保护性因素的建设，增加带来积极结果的可能性，最终目标是要给个体带来力量和能力。[1] 职业生涯建构理论的核心子系统就是其生涯适应力理论，它关注的是个体从学校到工作、从一个工作到另一个工作、从一种职业到另一种职业的转换和适应过程。职业生涯心理辅导的核心目标是提高个体的职业生涯适应力，引导个体主动运用其特定的动机、态度、信念、能力，形成合适的应对策略和行为，并运用这些策略和行为将职业自我概念和工作角色整合起来，形成职业生涯适应力，包括：关心职业前景、有较强的职业未来掌控力、对可能自我和未来情境有积极探索的好奇心、具有较强的实现自我期望的信心。

（二）从职业生涯发展到终身成长与发展

在知识经济时代，人们的生活广泛受到全球化和信息技术的塑造和改变，因此，人们必须认识到，职业生涯问题仅仅是使我们如何生活得更好

---

[1] Di Fabio, A. Career counselling and positive psychology. In the century: New constructs and measures for evaluating the effectiveness of intervention [J]. Journal of Counsellogy, 2014 (60): 193 - 213.

的众多关注点之一，比如，人们在思考自己的能力、期待、抱负时，如何平衡工作与家庭活动及其互动变得重要起来；对于那些临时工、自由职业者、兼职者、打零工等外围工作者来说，如何管理不同的生活领域就显得至关重要。Savickas 认为，这些不同生活领域的相互联系性带来的重要变化，使得我们不能再自信地说"职业生涯发展""职业指导"，我们应将其设想为个体的"人生轨迹"，是个体积极规划和建构他们自己的人生，包括其工作生涯。在个体的人生轨迹中，重要的不是选择而是建构，尤其是自我建构。❶ 因此，职业生涯心理辅导或干预的目标，应是通过人生规划促进个体积极的终身成长和发展。所谓积极的终身成长和发展，是指个体基于自身的力量、潜能等发展，使其获得并维持最佳的生活质量和健康状态，获得成功的终身发展。这种职业生涯心理辅导要帮助个体确定哪些知识和技能是其一生中最重要的，获取这些知识和技能的方法有哪些，谁能提供这种帮助，在哪里能获得，什么时间获得最佳，而不仅仅帮助个体应对当前的职业生涯变化和发展问题。同时，这种职业生涯心理辅导应重视整体性、情境性、预防性，旨在增强个体的职业生涯适应力、叙事能力、积极性、目的性和同一性。

（三）从静态的特质因素转向动态的积极人格

传统的职业心理学研究往往将重点放在寻找稳定的人格特质和能力因素，并赋予个体和职业以相应特征，然后对照这些特征诊断出人—职最佳匹配。辅导家们经常要借助客观的测量来发现这些特质因素，但借助这些特质因素和方法并不足以描述活生生的人这一实体，因为他们生活在多种情境中，并且与这些情境交换作用、不断适应。各种不同的职业认同应视为个体生涯故事中产生的不断变化的模式，而不是静态的、抽象的、过于简单化的特质。因此，职业生涯心理辅导应转向由个体所在的生态系统塑造的复杂的动态实体，转向个体动态的积极人格。如生涯建构论认为，职业人格涉及个体与职业生涯相关的能力、兴趣、需要、价值观，是个体在

---

❶ Savickas, M. L., Nota, L. & Duarte, M. E. Life designing: A paradigm for career construction in the 21st century [J]. Journal of Vocational Behavior, 2009 (75): 239 – 250.

与家庭、学校、环境的互动中形成的，并在各种活动或工作中表现出来，它是动态变化的，更应被视为适应的策略而非现实的状态或特点，可将职业人格和职业兴趣都视为反映新兴的社会建构意义的现象。主观上具备积极面对适应的心理准备或意愿，是个体获取适应性资源和结果的重要前因；主动性的人格代表了一种不受情境阻力约束、自发寻求突破的内在动力和行为倾向，因而是个体生涯适应力最显著的预测指标之一。

（四）从职业生涯发展转向个体美好人生、意义和幸福

积极心理学将幸福感严格区分为享乐主义的幸福感和实现论的幸福感。前者是通过获得愉悦、避免痛苦而产生的幸福感，后者则是依据个人潜能充分发挥程度，通过获得自我实现感和意义而产生的幸福感。前者包含情感成分（高积极情感，低消极情感）和认知成分（对生活的满意），是个体因为对生活有积极的情感体验和经历而感受到的幸福，后者与马斯洛的自我实现的人、罗杰斯的充分发挥潜能的人的理念密切相关，是因迎接挑战、实现人生目标和成长而感觉到的幸福。但无论哪种幸福感都是个体主观感受到的，具有主观性，都与个体的职业和工作密切相关。因为职业和工作为人们提供了建设积极的社会关系、培养同一感和意义、做出社会贡献的机会，起着意义、个体实现、充实感、幸福和满足的起源作用。因此，当前的职业生涯心理辅导应将职业生涯建构与个体的美好人生、意义和幸福感联系起来。职业生涯建构论就整合了四种个体一生中都在发展的职业行为因素，这四种因素为促进个体幸福人生实现提供了环境，即结构、策略、故事和风格。第一个因素象征着塑造生活结构的一系列工作和其他角色。第二个因素包括处理发展任务、转换和变化的各种适应性应对策略。第三个因素包含各种叙事故事，这些故事暗含界定个体一生的动机模式和主题。第四个因素是指个体的风格特征或特质，如能力、兴趣、人格等塑造自我概念的因素。这些因素天然指向促进幸福感获得，职业生涯心理辅导要帮助个体讲述他的职业生涯故事，将其职业自我概念与工作角色联系起来，为个体提供满意感和实现感；指出如何通过职业变得更完整；找到如何积极主动地以某种程度上有意义的、使人满意的方式，将工作融入生活中。

二、为积极建构而辅导：职业生涯心理辅导的叙事方法

如何通过职业心理辅导，促进个体积极建构其职业生涯，获得积极发展、美好人生、意义和幸福呢？持有职业生涯建构观的理论通常主张采用叙事方法。

在生涯心理辅导中，叙事或讲故事可以帮助个体理解作为讲述者的自己，能够将他们的经验和存在以故事的方式概念化、言语化。这种方法不同于传统的客观观察或客观的职业生涯测量。它在故事讲述中将个体的职业生涯重新概念化，故事包含了个体的需要、兴趣、价值观产生的背景，而不是将这些视为个体拥有的孤立的静态特质。当个体讲述他们对自己和世界的主观认知时，他们也是在利用自己的语言和意义系统，帮助辅导者整体理解个体如何、为何建构其职业生涯，建构什么样的职业生涯。

职业生涯建构论将其理论的三个密不可分的子系统（职业人格、职业生涯适应力和人生主题）通过叙事分为建构了什么、如何建构、为什么建构。某种程度上，个体建构什么是基于他们的人生主题（为什么）和他们的适应能力（如何）。职业生涯适应是关于个体如何将其故事自我贯彻进工作角色，将其内心需要与外部机会协调起来。因为自我是故事性的，个体不必将其贯彻进人生某个特定时间的工作角色中。然而个体必须不断建构和适应对每个新经验的期待。生涯建构论还认为，个体创造和建构其职业生涯是由其行动机激发的。这种动机不仅包括对安全、食物和爱的需要，还包括感觉很重要的精神需求。人生主题就直接表明，个体在建构其职业生涯时，他们正在解决问题，走向自我完整，为安全性、力量或爱而奋斗。叙事有助于反映这三个领域的细微差别，而不必将它们截然分开。这是对个体职业行为的一种整体的理解。在实际应用中，辅导者通常采用职业生涯风格访谈方法，以向来访者提问一系列相同的问题为开端，引出来访者自定义的故事，以此了解来访者的人生主题、职业人格和生涯适应力。

采用叙事方法时，辅导者不应将来访者讲述的故事视为决定未来的因素，而应当作有价值的和塑造未来的积极尝试，因为来访者讲故事时往往

要重新回忆过去，并构建一个可能的未来。来访者讲述的往往也是他们需要听到的故事，他们在故事中获得连接其故事和职业认同的能力，寻找能够支持其当前的目标和激发行动的线索。来访者讲故事不是报告其历史事实，而是重构过去，以支持当前的选择，奠定未来的行动基础，因此，来访者的叙事有可能虚构过去，以保持其面对心理社会变化时个体认知的连续性和一致性。

第三节 促进职校生生涯发展的积极教育策略

在生涯理论发展早期，多数学者把生涯定义为工作中的职业或职位。但随着社会环境的变化发展，以及生涯理论的发展，生涯概念的内涵和外延也在不断变化。它不仅包含个体工作中所经历的所有职业和职位，也包含生活事件、休闲活动等。舒伯（Super）就认为，生涯统合了人一生中依序发展的各种职业和生活角色，是由对工作的投入而创造出独特的自我发展形式。建构倾向的生涯理论更是认为，生涯发展是自我积极建构的过程。

从生涯概念的发展来看，可以认为生涯是贯穿整个人生的过程，是每个人独特的生命旅程，是个体自我价值的实现，尤其是随着社会发展，人们对职业的要求不再局限于维持生计，而是更加关注自我价值的实现、主观幸福感以及工作和生活的质量以及二者之间的平衡。因此，对于职校生而言，更应该采取积极的职业教育策略，来促进其生涯发展。

一、加强职校生生涯能力建设，促进其生涯发展

面对不断变化的、复杂的职业生涯环境，职业教育应采取各种措施，大力推动职校生的生涯能力建设，以增强其生涯适应力，促进其生涯发展。

（一）发展综合职业能力

综合职业能力是人们从事某一职业或某些相近职业所必备的基本能力，是个体在职业环境中科学工作和学习的基础。职业能力具有内在性、

通用性、基础性和可迁移性，它包括专业能力、一般能力和社会能力。专业能力是职校生就业的保证，而一般能力和社会能力则是个体应对不断变化的职业环境的基础，其中社会能力更是个体作为一个社会人承担多种社会角色的需要。

人—职匹配是促进个体生涯发展的基本原则，但是随着个体的成长和发展，人的兴趣、爱好、能力和价值观都是在不断变化的，而且个体所处的职业环境也在不断变化。人和特定岗位的匹配不但缩小了个体发展的可能性，而且束缚了个体的终身生涯发展。特别是在职业环境日趋无边界化的背景下，"组织对个人的技能要求不再是单一的特殊技能，而是具有广泛迁移价值、在多种岗位都能发挥作用的技能……" ❶ 因此，培养个体面向职业群的综合职业能力，既满足个体的入职需要，又满足其适应多种领域、多种职业发展，为个体提供多种发展可能性的需要，是个体生涯发展对职业教育提出的基本要求。

（二）注重发展学生可持续发展能力

生涯发展不是狭隘的在某些职业或岗位上的升迁，而是以事业为中心的各种生活事件、生活角色的创造性的、和谐的、可持续的发展。在职业教育中培养专业技能和能力是最基本的目标，但是随着职业环境的不断变化和个体生涯发展的不断推进，这些基本能力和技能需要重组、更新。《关于美国 2000 年的报告》中，提出五种个体需要的维持生涯持续发展的能力，即确定、组织、规划和分配资源的能力，与他人工作和合作的能力，获取和使用信息的能力，系统能力，运用多种技术工作的能力。如果职业教育只是为了使学生适应特定岗位，而培养某些技能，"当这种岗位消失后，个体那种固有的机械性并没有消失，那么随着岗位的消失，他们就只有下岗或失业了。这种缺乏创新意识和创造能力的个体，无法实现自身的可持续发展，更谈不上自我实现。" ❷ 因此，培养职校生可持续发展能

---

❶ 吕萍，刘华利．无边界职业生涯背景下的高校职业生涯育模式［J］．现代教育管理，2009（9）：117－119．

❷ 赵欣，卜安康．由技能为本走向生命的发展：从人的可持续发展角度看未来职业教育的创新趋势［J］．职业技术教育，2003（19）：5－8．

力，是职业教育为个体生涯发展负责的基本表现。

（三）关注人格发展

人格是个体在社会环境中，在思维、情绪和行为方面表现出的稳定而独特的心理品质。健全的人格表现为，有较强的自我意识和自我认同感；有良好的适应能力，能够迅速适应变化的环境；有正确的人生观和价值观，对生活有积极、乐观的态度。健全的人格是个体获得职业成就、职业满足感的内在条件和个体生涯发展的原动力，同时还对生涯决策、职业成就、职业环境的选择、职业满意度和职业幸福感等产生影响。在我国，职校生自身"失败"的教育体验，以及外部环境的诸多不利因素，使他们更容易产生失望、逃避、消极的人格特质，而且，如果"通过教育的塑造，人变成追求物质利益的人，掌握生产技术成为受教育的全部目的"，那么"人越是受教育，他就越被技术和专业所束缚，越失去作为一个完整人的精神属性"[1]。因此，职业教育要厘清其价值取向，其首要目标应是培养具有完整人格的人。职业教育不但要使"无业者有业"，还要使"有业者乐业"，为个体"更有尊严"地生活创造条件。

二、提升职业教育吸引力，满足职校生生涯发展需要

要加强新时期职校生生涯能力建设，推动职校生生涯发展，就应转变职业教育观念，提升职业教育吸引力，使职业教育从消极走向积极。

（一）使职业教育成为一种大职业教育

杜威、黄炎培等人都曾阐述过关于大职业教育的问题。在现代社会背景下，从促进个体生涯发展的角度来看，其内涵有所变化。首先，职业教育的教育对象要面向所有有职业教育需求的社会公民。其次，职业教育要满足个体的多样化、个性化需求，即职业教育的类型、层次要多样化，教育内容、教学方式、课程结构、评价方式等灵活多样。最后，职业教育要面向职业群，培养学生综合职业能力。使职业教育成为面向全体公民，面向所有行业，面向个体未来发展的"大职业教育"，可采取以下方式：鼓

励企业、行业办学，大力支持社会力量办学，增加全体公民接受教育的机会；开发模块化课程，实行选修制度，满足学生的个性化和多样化需求；发挥各类教育中的职业性特征，促进专业教育与学术教育、普通教育与职业教育在教育目标和课程内容上的融合。

（二）使职业教育成为一种终身教育

职校生在求学中升学机会少、难度大、层次低，就业之后，接受职后培训机会少，可持续发展后劲不足，个体生涯发展严重受到限制，选择职业学校就似乎选择了人生的穷途末路。因此，要使职业教育成为一种终身教育而非终结性教育，使学生看到，即便他们的生涯起点较低，但他们未来的生涯发展仍有很多选择空间，这才能增强职业教育对个体的吸引力。具体措施有：建设职业教育和普通教育、高等教育、成人继续教育的沟通机制。既包括横向的通融与互认，也包括纵向的沟通与交流，为个体增加更多的选择路径；由国家和企业共同承担职校生入职以后的培训费用，鼓励社会资本参与教育投资，使技术工作者有更多的接受培训的机会；建设灵活多样的课程实施体系，开发网络课程资源，为转岗培训和在职培训的青年提供多种可选择的学习方式，以在生活、工作和学习之间达到平衡。

（三）使职业教育成为一种生涯教育

生涯教育是一种培养个体就业、创业意识和自我职业探索、规划能力的教育活动。在职业学校开展生涯教育是美国以及欧洲各国增强职业教育对个体吸引力普遍采取的一种策略，有些国家甚至以法律的形式保证和监督生涯教育的实施。生涯教育帮助学生正确地认识自我，探索自我潜能，了解职业世界。学习生涯决策及规划的方法，可以使学生认识到生涯发展的复杂性和自我能动性在生涯发展中的作用，能对自我进行合理的定位，清楚未来的发展方向，并能增强学习的动力和计划性。在我国，严峻的就业形势，职校生较低的社会认可度以及职校生在一定程度上存在的自我认知偏差，使得系统地开展生涯教育显得更为重要。

生涯教育的基本策略有：开设生涯课程，建立专门辅导机构，为学生提供全程生涯辅导，学习生涯规划的理念及方法，在不同的学年，有针对性地确定辅导内容和任务；生涯理论学习与生涯实践相结合，在实践中认识自我，了解职业世界，开发自我潜能；对优秀的在校职校生、行业先进个人加强宣传力度，为职校生树立生涯榜样；鼓励学校生涯辅导机构面向毕业生提供生涯辅导服务，帮助他们学习适应职业环境、缓解职业压力。

（四）使职业教育成为一种人格教育

完整人格是维持个体可持续发展内在原动力。职校生正处于个体人格同一性形成的关键期，这一时期个体形成的自我意识、对自我的接纳和认同将影响个体对职业的认同感。因此，关注个体人格发展，培养具有健全人格的个体，正是教育的根本价值所在。使职业教育成为一种人格教育，为个体的可持续发展负责，为个体完美而幸福的生活负责，这正是职业教育区别于注重技能培养的短期培训的根本之所在。只有充分发挥职业教育为个体职业生涯发展提供服务的优势，才能增加职业教育较之于短期培训的吸引力。具体措施可有：伦理道德教育与职业伦理教育相结合，针对不同专业强化职业伦理教育，并在专业课的教学和实践过程中渗透职业精神；以培养学生的职业素养为支点，在专业课教学和实训中发挥技术所包含的精神因素；重视文化课程教学，调整文化课服务于专业的价值定位，发展文化在培养完整的"社会人"中的作用；开展心理健康教育和咨询，使个体不断认识自我，接纳自我；开展丰富多彩的校园活动，促进个体非智力因素的发展。

本章小结

在工业社会时代，人们可以依赖组织获得稳定的工作，但随着全球化、新技术革命和知识经济兴起，这种状况发生了改变。人们依赖的组织不再稳定，人们的职业和工作发生了新变化，如职业形式变化快，工作易变，工作的价值也不再仅仅是维持生计。传统的职业心理学或生涯理论难以应对这些新变化带给人们的职业心理冲击。建构取向的职业心理学理论对这种新变化做出了积极回应，认为人们的生涯发展是其自我建构的过程。这种主观建构犹如以个体自身为主角、以职业生涯发展为线索而演绎出的某个人生主题故事。这种观点导致了职业生涯心理辅导发生了价值追求和目标的转向，即强调职业生涯的积极建构；在辅导方法上，则强调采用叙事的方法来引导人们积极建构其生涯故事。处在这种复杂、不稳定的生涯环境中，职校生生涯心理辅导同样需要以这种新取向的理论为指导，引导学生积极建构其生涯。为促进职校生的生涯发展，需要通过各种职业教育措施，进一步加强职校生的生涯能力建设；通过提升职业教育的吸引力，满足职校生的生涯积极发展。

（本章作者　东南大学　姜飞月　刘静）

第十三章

高职生职业人格特征的研究

近年来，高职学生的就业率不断上升，与大学生的"就业难"呈现截然相反的趋势。据《2014 中国高等职业教育质量年度报告》显示，2013届高职毕业生就业率达到 90.9%，与前两年 90.4% 和 89.6% 的指标相比稳中有升。❶ 同时，《2014 年教育蓝皮书》显示，高职高专院校初次就业率最高，为 78.1%，高于 211（包括 985）重点大学的 75.5%。❷ 然而，如此高的就业率并不意味相等程度的就业满意度，许多高职生在职业决策过程中，由于对自己缺乏客观的认识，扎堆于经济发达地区或追求过高岗位的工作，又因发达地区用工饱和及部分岗位对人才要求较高，导致许多高职生没能找到自己理想的工作，而从事一些门槛较低且并不符合自己心意的工作，出现职业决策困难（Career Decision – making Difficulties，CDD）。也就是说，学生未能对希望从事的职业做出决定。研究者普遍认为，学生的职业人格特质对职业决策困难具有很大的影响。目前发现在高职生中广泛存在职业决策困难的问题。如不能妥善解决职业决策困难，个体可能会选择一个较低的职位或者干脆放弃寻找工作。而如果个体对自己所做的决

---

❶ 李术蕊. 创新发展高等职业教育——《2014 中国高等职业教育质量年度报告》发布 [J]. 中国职业技术教育，2014（25）：37 – 44.

❷ 教育蓝皮书：高职高专院校初次就业率最高 [J]. 企业研究，2014（11）：7.

定后悔的话，会带来心理上的影响，比如产生对自我价值的怀疑，严重的甚至会导致不敢正视现实、面对未来。

在国外，越来越多的心理学工作者开始关注职业人格对职业决策困难的影响。2002 年，Albion 和 Fogarty 证实，情绪越稳定的人在职业决策前后遇到的困难就越少。❶ 2009 年国外研究者发现，越外向的人所报告的职业决策困难程度越低。❷ 职业人格作为一种综合性的职业心理品质，大量研究已经证明，职业人格在一定程度上决定人们在面对相同的情境时做出不同的行为反应。因此，对不同职业人格特质的高职生进行研究，有助于他们减少职业决策困难，更有效的择业和就业，提升就业品质，提高职业满意度，成就职业梦想，实现职业理想和人生价值。

第一节　职业人格特征研究概述

人格是个体一种稳定的心理特征，心理学对人格、职业人格的研究由来已久，而且在理论和应用方面都取得了很大的成就。

一、人格与职业人格的内涵

（一）人格的内涵

一般来说，人格是个人的性格、气质、智力和体格的相对稳定而持久的组织，它决定着个人适应环境的独特性。心理学中常说的"人格"一词是由 Personality 直接转换过来的，但是究其根源，还是从拉丁文 Persona 一词引申过来的。Persona 在古希腊中是"面具"的意思，是指在舞台上演员可以佩戴面具表现的相应的角色，观众们也可以通过面具预测到演员即将展示的行为模式。人格就犹如这个面具，透过它，人们可以了解到一个人内在最本质的特征。

---

❶ Albion M J, Fogarty G J. Factors influencing career decision making in adolescents and adults [J] . Journal of Career Assessment, 2002, 10 (1): 91–126.

❷ Di Fabio A, Palazzeschi L. Emotional intelligence, personality traits and career decision difficulties [J] . International Journal for Educational and Vocational Guidance, 2009, 9 (2): 135–146.

不过，到目前为止，对人格的定义从未停止过。阿尔伯特在他的著作《人格》一书中就整理出将近 50 条对于"人格"这个定义的表述。同时，他把这些定义归纳成 6 类：集合式定义、整合式和完形式定义、层次性定义、适应性定义、个别性定义以及代表性定义。综合以上这 6 类的定义，将人格定义为个体在社会生活的适应过程中，对己、对人、对事、对物做出反应时，其自身所显示出来的异与别人的独特心理品质。

国外学者认为，人格是个体在行为上的内部倾向，它表现为个体适应环境时在能力、情绪、需要、动机、兴趣、态度、价值观、气质、性格、体质等方面的结合，是具有动力一致性和连续性的自我，是个体在社会化过程中形成的给人以特色的心身组织，对人的其他心理成分有持续的影响。人格具有多层次结构的开放系统，由能力、情绪、需要、动机、价值观、气质、性格等多个要素构成人格的内部系统。人格的形成和发展受个人生物系统、环境系统、行为活动系统等多方面的制约，彼此之间是密切联系的。也就是说，人格是一个由各要素相互联系、相互作用的整体，人格系统是一个具有多层次结构的开放系统。

（二）职业人格

从职业角度表现出来的人格，即为职业人格。它是个体在遗传素质的基础上，通过后天环境（包括职业环境）的相互作用而形成的相对稳定和独特的心理行为模式。国内外的许多研究表明，人格特质会直接或间接影响到个体的工作风格、效率、人际关系等，甚至会影响到智力和创造力的发挥，对个体的职业行为会产生非常重要的影响。近年来，高职院校学生数量不断增加，向社会输送的高职毕业生人数也越来越多。因此对于高职生的职业心理问题成为目前学者们关注一个的重要课题。但是，国内对于高职生职业人格的研究相对较少。高职生相较于其他大学生群体，他们目前所学的专业和今后从事职业的匹配度、切合度很高。人格作为一种综合性的心理品质，不仅与个体的心理行为有直接关系，而且对个体的社会适应能力有显著的影响。因此，加强对高职生职业人格特征以及与其他变量的影响机制的研究就显得十分有必要。

二、人格与职业人格的理论

在对人格、职业人格的长期探究中，研究者们从各自对人格理解不同的角度出发，提出了相应的人格和职业人格的理论。

(一) 人格理论

1937 年美国著名心理学家奥尔波特发表其名著《人格：心理学家的解释》，标志着人格心理学的诞生。从此，国内外不少学者提出了有关人格的理论观点。其中，奥尔波特对于人格的探讨是较具代表性和权威性的。他提出人格是个体内在心理物理系统中的动力组织，决定了人对环境适应的独特性。国内学者对人格的问题也做了深入的探讨，如陈仲庚等人认为，人格是个体在行为上的内在倾向性，它表现一个人在不断变化中的全体和综合，是具有动力一致性和连续性的持久自我。郑雪将人格定义为个体在先天生物遗传素质的基础上，通过与后天环境的相互作用而形成起来的相对稳定和独特的心理行为模式。❶ 黄希庭则在综合了国内外名家见解的基础上，将人格看成为一个人的才智、情绪、愿望、价值观和习惯的行为方式的有机整合，它赋予个人适应环境的独特模式，这种知、情、意、行的复杂组织是遗传与环境的交互作用的结果，包含着一个受过去影响以及对现在和将来的建构。❷ 黄希庭的观点最为全面，包含了人格的独特性、稳定性、动力性、综合性。

1. 奥尔波特的人格特质论

第一个人格特质理论的提出者是美国心理学家高尔顿·威拉德·奥尔波特 (G. W. Allport)。他和同事对描述人格特征的 17953 个形容词进行了研究并逐渐减少到数目较小的一些特质名称上，并将特质定义为：具有使许多刺激在机能上等值，并发动等值形式的（意义恒定的）适应和表现行为的神经心理结构。因此，对奥尔波特而言，个体的人格是包括各种特质的动力组织，这些特质决定了个体适应的独特性。奥尔波特还将人格结构

---

❶ 郑雪. 人格心理学 [M]. 北京：高等教育出版社，2004：5.
❷ 黄希庭. 人格心理学 [M]. 杭州：浙江教育出版社，2002：8.

中的特质分为个人特质和共同特质。个人特质又可以进一步分为中心特质、核心特质和次要特质。

2. 卡特尔的人格特质论

美国心理测量学家雷蒙德·卡特尔（R. B. Cattell）接受了奥尔波特关于人格特质的概念，并在此基础上对特质概念进行了进一步的发展。他运用因素分析的方法把人格特质区分为表面特质和根源特质。表面特质是由一些互相联系的特性形成的；根源特质是相对稳定和持久的特性，通过因素分析可以发现根源特质是一些单一的因素，是人格的基本成分。最终卡特尔经过 20 多年的艰苦工作，提出了人格的 16 种根源特质。根据这 16 种根源特质，他编制了 16 种人格因素测验（16PF）。

除了卡特尔以外，还有许多心理学家对人格特质进行了研究。这些研究均采用因素分析的方法来发现各种人格特质，继而确定人格的维度。

（二）职业人格理论

1. 人格类型论

职业人格理论（Vocational Personality Theory）由美国心理学家和就业指导专家约翰·霍兰德（J. L. Holland）提出。霍兰德认为，个体的人格类型与环境呈补偿性适应，在相互适应过程中发现自我，并且决定个体在环境中的行为。如果行为在环境中得到足够的强化或满足，个体将保留这种行为；反之则会去改变环境，或者改变自己。个体倾向于寻求人格与工作环境的契合，如果一个人找到了与自身人格类型相匹配的职业，则不仅容易对这类职业发生兴趣，而且会做出好的成绩，感到满足、幸福。

霍兰德通过长期的观察，提出了著名的 6 种人格类型：社会型、企业型、常规型、现实型、研究型、艺术型。

（1）社会型的共同特征是：喜欢与人交往、不断结交新的朋友、善言谈、愿意教导别人。关心社会问题、渴望发挥自己的社会作用。寻求广泛的人际关系，比较看重社会义务和社会道德。适合的典型职业是：喜欢要求与人打交道的工作，能够不断结交新的朋友，从事提供信息、启迪、帮助、培训、开发或治疗等事务，并具备相应能力。如教育工作者（教师、教育行政人员），社会工作者（咨询人员、公关人员）。

（2）企业型的共同特征是：追求权力、权威和物质财富，具有领导才能。喜欢竞争、敢冒风险、有野心、抱负。为人务实，习惯以利益得失、权利、地位、金钱等来衡量做事的价值，做事有较强的目的性。适合的典型职业是：喜欢要求具备经营、管理、劝服、监督和领导才能，以实现机构、政治、社会及经济目标的工作，并具备相应的能力。如项目经理、销售人员、营销管理人员、政府官员、企业领导、法官、律师。

（3）常规型的共同特点是：尊重权威和规章制度，喜欢按计划办事，细心、有条理，习惯接受他人的指挥和领导，自己不谋求领导职务。喜欢关注实际和细节情况，通常较为谨慎和保守，缺乏创造性，不喜欢冒险和竞争，富有自我牺牲精神。适合的典型职业是：喜欢要求注意细节、精确度、有系统有条理，具有记录、归档、据特定要求或程序组织数据和文字信息的职业，并具备相应能力。如秘书、办公室人员、记事员、会计、行政助理、图书馆管理员、出纳员、打字员、投资分析员。

（4）现实型的共同特点是：愿意使用工具从事操作性工作，动手能力强，做事手脚灵活，动作协调。偏好于具体任务，不善言辞，做事保守，较为谦虚。缺乏社交能力，通常喜欢独立做事。适合的典型职业：喜欢使用工具、机器，需要基本操作技能的工作。对要求具备机械方面才能、体力或从事与物件、机器、工具、运动器材、植物、动物相关的职业有兴趣，并具备相应能力。如技术性职业（计算机硬件人员、摄影师、制图员、机械装配工），技能性职业（木匠、厨师、技工、修理工、农民、一般劳动）。

（5）研究型的共同特点是：思想家而非实干家，抽象思维能力强，求知欲强，肯动脑，善思考，不愿动手。喜欢独立的和富有创造性的工作。知识渊博，有学识才能，不善于领导他人。考虑问题理性，做事喜欢精确，喜欢逻辑分析和推理，不断探讨未知的领域。适合的典型职业是：喜欢智力的、抽象的、分析的、独立的定向任务，要求具备智力或分析才能，并将其用于观察、估测、衡量、形成理论、最终解决问题的工作，并具备相应的能力。如科学研究人员、教师、工程师、电脑编程人员、医生、系统分析员。

（6）艺术型的共同特点是：有创造力，乐于创造新颖、与众不同的成果，渴望表现自己的个性，实现自身的价值。做事理想化，追求完美，不重实际。具有一定的艺术才能和个性。善于表达、怀旧、心态较为复杂。适合的典型职业：喜欢的工作要求具备艺术修养、创造力、表达能力和直觉，并将其用于语言、行为、声音、颜色和形式的审美、思索和感受，具备相应的能力。不善于事务性工作。如艺术方面（演员、导演、艺术设计师、雕刻家、建筑师、摄影家、广告制作人），音乐方面（歌唱家、作曲家、乐队指挥），文学方面（小说家、诗人、剧作家）。

然而，大多数人并非只有一种性向，如一个人的性向中很可能是同时包含着社会性向、实际性向和调研性向这三种。霍兰德认为，这些性向越相似，相容性越强，则一个人在选择职业时面临的内在冲突和犹豫就会越少。为了帮助描述这种情况，霍兰德建议将这六种性向分别放在一个正六三角形的每一角。

高职生的职业满意度与流动倾向性，取决于他们的人格特点与职业环境的匹配程度。当人格和职业相匹配时，会产生最高的满意度和最低的流动率。例如，社会型的高职生应该从事社会型的工作，社会型的工作对现实型的人则可能不合适。这一理论模型的关键在于：一是学生之间在人格方面存在本质差异，二是高职生具有不同的类型，三是当工作环境与人格类型协调一致时，会产生更高的工作满意度和更低的离职可能性。

霍兰德的类型理论提供了一个重要的生涯辅导理念：把个人特质和适合这种特质工作联合起来。生涯辅导（简单地说就是职业辅导）强调生涯探索，对自我能力，兴趣，价值以及工作世界的探索，霍兰德巧妙的拉近了自我与工作世界的距离。借助霍兰德的职业性向测验的协助，高职生可以迅速地，有系统地，而且有所依据地在一个特定的职业群里进行探索活动。值得提及的是，人格类型论提供和个人兴趣相近而内容互有关联的一群职业，而不是仅仅冒险地去建议个人选择一种特殊的职业或工作。另外，在职业生涯咨询（职业指导），霍兰德的职业性向论也可以引导高职生走向一个主动、积极的行动方向，进行动态探索。得到自己的测验结果和有关的职业群名称，高职生可以"起而行"地探查和自己将来有可能选择的职业的各种事务，包括工作内容、资薪收入、工作所需条件等。

2. 人格取向论

国内也有部分学者研究职业人格，他们对职业人格的看法存在多种不同的取向。

兴趣论认为职业人格是个体基于对职业的兴趣而表现出来的行为倾向性。职业人格就是一个人因为对某种职业感兴趣，就会对该种职业活动表现出肯定的态度，在这个过程中积极的思考、主动的探索、深入的研究，表现出对工作正面向上的投入。❶

适应论认为职业人格是个体适应某职业形成的人格。职业人格是一个人为适应社会职业所需要的稳定的态度，以及与之相适应的行为方式的独特结合。相较于兴趣论的积极主动，适应论就显得比较被动。❷❸

生成论认为职业人格是在职业实践中生成的人格。其中代表性的观点认为，职业人格是指在某种职业环境中形成或得到强化，并与任职者的职业表现和成就密切相关的人格特征。这种看法比较中性，对人格的理解也较为全面。

3. 大五人格理论

大五人格作为当今学界内最具影响力的人格模型，这一概念在前人的基础上经过大量的研究，确定了五种人格特质，即从五个维度来划分人格的基本特征：神经性（Neuroticism），外向性（Extraversion），开放性（Openness to Experience），宜人性（Agreeableness）和严谨性（Conscientiousness）。这就是为大家普遍接受的"大五人格"理论。

三、人格与职业人格的测量

（一）人格的结构和测量

人格作为心理学研究的一个重点，其结构也是多种多样。精神分析学派的弗洛伊德把人格分成"本我""自我"和"超我"，其中"自我"处

---

❶ 时延斌. 基于霍兰德职业性向分析的保险代理人招聘研究［D］. 山东大学，2008.

❷ 董吉贺. 教师职业人格：价值与养成［J］. 中国科技信息，2007（18）：260，262.

❸ 赵永贞. 职业院校学生的职业人格教育探索［J］. 消费导刊，2009（10）：177.

于"本我"和"超我"中间，起到协调二者关系的作用。荣格作为弗洛伊德的学生，在弗洛伊德的基础上又提出了人格结构包括意识、个人无意识以及集体无意识。卡特尔把人格结构分为个别特质与共同特质、表面特质与根源特质、体质特质和环境特质、能力特质、气质特质和动力特质四种结构。而在众多结构中比较有名的莫过于大五人格模型了，大五人格理论把人的人格分成外倾性、宜人性、严谨性、神经质以及开放性，覆盖了人类领域的主要心理方面，具有广泛性和代表性。

而对于人格的测量更是多种多样，主要包括量表类测验、投射测验以及作业法这三大类方法。量表类测验中艾森克人格问卷（EPQ）、卡特尔16 项人格测试（16PF）、明尼苏达多项人格调查表（MMPI）以及大五人格测试都是运用比较广泛的量表。国内研究者常采用的大五人格简式量表就是根据大五人格测试改编而来的。在投射测验中，荣格的文字联想测验、罗夏墨迹测验和主题统觉测验都是我们比较熟知的测验方法，具体测量方法就不再赘述。而内田—克雷佩林心理测验则是作业法的典型代表，被广泛应用于教育教学、医疗事务、司法系统、组织管理等许多领域。

（二）职业人格的测量

有关职业人格测量工具的种类也很多，目前较为流行的职业人格测评工具有大五人格量表（NEO – FFI）、霍兰德职业兴趣测试（Holland's Vocational Interest Test）、斯特朗—坎贝尔兴趣调查表（SCII）、MBTI 职业性格测试（Myers – Briggs Type Indicator，MBTI）、爱德华个人偏好调查（Edwards Personality Preference Schedule，EPPS）、艾森克个性问卷（Eysenck Personality Questionnaire，EPQ）、卡特尔 16 种人格因素测验（Sixteen Personality Factor Questionaire，16PF）。其中，Costa 和 McCrae 的 NEO – PI 是应用较广泛的人格测量工具之一，在职业心理领域应用最广的也是大五人格量表。研究者常使用大五人格量表对各类群体的职业人格特征进行研究。由于篇幅有限，在此重点介绍 MBTI 职业性格测试和大五人格测验。

MBTI 职业性格测试的理论基础是著名心理学家卡尔·荣格先生关于心理类型的划分，后经一对母女 Katharine Cook Briggs 与 Isabel Briggs Myers 研究并加以发展。在诸多人格评估工具中，MBTI 职业性格测试脱颖而出：

它已被翻译为 30 多种语言，并被广泛应用于职场、教育机构及咨询中。包括四个维度，八个因子，即个体能量的流动方向：外倾偏好（Extraversion，E）与内倾（Introversion，I）偏好。个体获取信息的感知方式：感觉偏好（Sensing，S）与直觉（Intuition，N）偏好。个体处理信息的决策方式：思考偏好（Thinking，T）与情感（Feeling，F）偏好。个体与周围世界的接触方式：判断（Judging，J）偏好与知觉（Perceiving，P）偏好。四个维度，两两组合，共有 16 种类型。以各个维度的字母表示类型如下：ESFP、ISFP、ENFJ、ENFP、ESTP、ISTP、INFJ、INFP、ESFJ、ISFJ、ENTP、IN-TP、ESTJ、ISTJ、ENTJ、INTJ。该量表经过不断的修订，已有 10 余个版本，最新的 MBTI STEP III 由 222 题组成，在增强个体差异解释力的同时，也增加了它的使用难度，在实施测评时更需要专业性的训练。

大五人格测验（NEO – Pl – R）由 McCrea 和 Costa 编制而成。他们自 20 世纪 80 年代以来对五因素模型进行了广泛和深入的研究，他们根据对 16PF 的因素分析和自己的理论构想编制了测验大五人格因素的 NEO – PI 人格量表，❶ 后又进行修订形成了 NEO –Pl –R，并已成为当前公认的大五人格特质的标准化测验量表。NEO –Pl –R 由神经质（Nervousness）、外向性（Extraversion）、开放性（Openness）、宜人性（Agreeable）、严谨性（Conscientiousness）这 5 个维度构成。每个维度水平的分量表又区分了 6 个测量特质水平的子维度，每个子维度包括 8 个项目，每个维度分量表包括 48 个项目，全量表总共 240 个项目。

从大五人格研究至今，大五人格结构模型（外倾性、宜人性、严谨性、神经质、开放性）在实践中得到了充分的验证，并被证明具有跨语言、跨评定者以及跨文化的稳定性。其优势就在于对于不同个体人格特征共性的准确把握。

当前国际上用来测量"大五"人格特征的心理测验主要有三种类型：即句子式的"大五"人格测验（以 Costa 和 McCrae 编制的 NEO –PI –R 和

---

❶ Costa PT, McCrae RR. NEO – PI – R professional manual. Revised NEO Personality Inventory（NEO – PIR）and NEO Five Factor Inventory（NEO – FFI）[M]. Odessa, FL: Psychological Assessment Resources, 1992.

NEO –FFI 为典型代表）、形容词式的"大五"人格测验（以 Goldberg 编制的 TDA 为典型代表）和短语式的"大五"人格测验（以 John 等编制的 BFI 为代表）。我国自编的"大五"人格测验都是采用句子陈述方式，即周晖等编制的人格五因素问卷和王孟成等编制的 CBF – PI。

《中国大五人格问卷简版》，是王孟成等人在对由 John 等编制的 BFI (Big Five Invertory)、美国心理学家 Costa 和 McCrae 编制的 NEO – PI – R 中文版以及王孟成等编制的中国大五人格问卷充分研究基础上挑选合适条目后编制的。完整版与简版问卷都各有所长短，完整版本的问卷可以收集到更为详尽的信息，简版问卷则能减少被试疲惫感，从而降低测量误差。该问卷所参考的材料都具有较高的信效度，在此基础上经检验的《大五人格简版问卷》也同样具备此特质。

第二节　高职生职业人格特征的现状分析

高职生的职业人格在某种程度上将会对他们今后工作的适应性有很大的影响作用。那么，高职生的职业人格的特征究竟如何呢？在这里，我们采用大五人格量表对高职生的职业人格特征进行调查，以期对高职院校的职业素质教育、职业生涯规划指导、培养合格人才提供职业心理学依据。

一、研究方法

（一）研究对象

本研究采用整群方便取样，在常州机电学院、常州轻工学院等高职院校发放问卷 450 份，回收有效问卷 417 份，有效率为 92.7%。其中男生 244 人，女生 173 人；一年级 212 人，二年级 180，三年级 25 人；文科类 189 人，理科类 149 人，工科类 79 人；独生子女 228 人，非独生子女 189 人；农村 255 人，城镇 162 人。

（二）研究工具

本研究使用中科院以中国人为样本修订的大五人格量表（NEO – PI）。该量表中将人格分为五个维度：神经质（Neuroticism）、外向性（Extraversion）、开放性（Openness）、宜人性（Agreeableness）、严谨性（Conscientiousness）。神经质维度得高分者比得低分者更容易因为日常生活的压力而感到心烦意乱；得低分者多表现自我调适良好，不易于出现极端反应。外向性维度得分高者，表示爱交际，表现得精力充沛、乐观、友好和自信；得分低着，表示偏向于含蓄、自主与稳健。开放性维度指的是对经验持开放、探求态度，而不仅仅是一种人际意义上的开放。得分高者表示不墨守成规、独立思考；得分低者多数比较传统，喜欢熟悉的事物多过喜欢新事物。宜人性维度得高分的人，表示乐于助人、可靠、富有同情，注重合作而不是竞争；得分低的人则多抱敌意，为人多疑，喜欢为了自己的利益和信念而争斗。严谨性维度指的是人们如何自律。得分高的人做事有计划，有条理，并能持之；得分低的人马虎大意，容易见异思迁，不可靠。每个维度12个题目，共60题。量表采用5点李克特量表计分，要求填答者按照与题项描述的符合程度从"1＝非常不同意"，到"5＝非常同意"进行打分。

（三）施测程序

主试以统一指导语进行团体施测，当场作答、当场回收问卷。

（四）统计处理

采用SPSS 21.0统计软件对数据进行管理和统计分析。具体对数据进行了描述性统计分析、独立样本 t 检验、单因素方差分析等。

二、研究结果

（一）高职生职业人格特征的总体状况

对高职生职业人格的总体状况进行描述性统计分析，结果如表13-1所示。

表13-1　高职生职业人格在各维度上的描述性统计结果（$M \pm SD$）

维度	神经质	外向性	开放性	宜人性	严谨性
（$M \pm SD$）	3.25±0.64	3.44±0.56	3.35±0.61	3.30±0.60	3.49±0.57

由表13-1可知，高职生职业人格在5个维度上的得分，均高于中间

值3分。各维度的得分情况由高到低依次为：严谨性＞外向性＞开放性＞宜人性＞神经质。

（二）高职生职业人格特征的年级特点

1. 高职生职业人格的年级分布图

由高职生职业人格特征的发展趋势可知（见图13－1），三个年级中，大二的人格发展最好，其各个维度的得分最高。在严谨性、神经质、外向性、开放性方面均是大一学生的得分低于大三学生，而在神经质方面大一学生的得分要高于大三学生。换言之，人格各维度的发展趋势为，大一到大二呈上升趋势，大二到大三呈下降趋势。

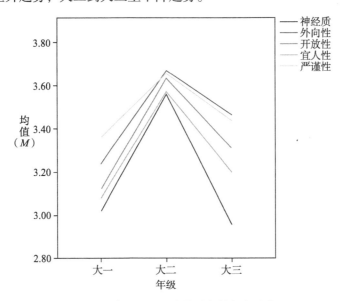

图13－1 高职生职业人格特征的年级分布图

2. 高职生职业人格的年级差异比较

对高职生职业人格的年级差异进行基本的描述性统计分析以及事后多重比较，其结果如表13－2所示。

表13－2 不同年级高职生职业人格的描述性

$(M \pm SD)$ 及多重比较（LSD）的结果

	大一（a）	大二（b）	大三（c）	F	差异显著组
神经质	3.02 ± 0.53	3.56 ± 0.64	2.96 ± 0.57	45.46**	a－b** b－c**

	大一（a）	大二（b）	大三（c）	F	差异显著组
外向性	3.24±0.47	3.67±0.56	3.46±0.61	33.27**	a-b** a-c*
开放性	3.12±0.51	3.63±0.61	3.31±0.52	41.23**	a-b** b-c**
宜人性	3.08±0.49	3.57±0.62	3.20±0.52	39.05**	a-b** b-c**
严谨性	3.36±0.52	3.66±0.59	3.43±0.51	14.17**	a-b**

注：* 为 $p<0.05$，** 为 $p<0.01$，*** 为 $p<0.001$。下同。

由表 13-2 可知，高职生的职业人格在各维度上的得分存在非常显著的年级差异（$p<0.01$）。同时，事后检验结果表明，在神经质、开放性和宜人性 3 个维度上，大二学生的得分要极其显著地高于大一和大三学生（$p<0.01$），大一和大三学生之间不存在显著的年级差异；在外向性维度上，大二学生极其显著地高于大一学生（$p<0.01$），大三高于大一学生（$p<0.05$），大二和大三学生之间年级差异则不显著；在严谨性维度上，大二学生的得分极其显著高于大一学生（$p<0.01$），大一、大二与大三学生之间均无显著差异。

（三）高职生职业人格的性别差异比较

对高职生职业人格的性别差异进行独立样本 t 检验，结果如表 13-3 所示。

表 13-3　高职生职业人格的性别差异比较

	男	女	t
神经质	3.30±0.67	3.18±0.59	1.90
外向性	3.46±0.59	3.40±0.52	1.12
开放性	3.40±0.63	3.29±0.56	1.87
宜人性	3.34±0.63	3.23±0.55	1.93
严谨性	3.51±0.58	3.48±0.55	0.49

由表 13-3 不难看出，高职生职业人格在各个维度上，男生的得分均高于女生，但没有统计学意义。

（四）高职生职业人格的学科差异比较

对高职生职业人格的学科差异进行 F 检验及事后多重比较，结果如表

13 - 4 所示。

表 13 - 4　不同专业高职生职业人格的描述性

（$M \pm SD$）及多重比较（LSD）的结果

	文（a）	理（b）	工（c）	F	差异显著组
神经质	3.17 ± 0.60	3.35 ± 0.69	3.24 ± 0.61	3.29 *	a - b*
外向性	3.33 ± 0.56	3.56 ± 0.58	3.46 ± 0.48	7.31 **	a - b**
开放性	3.28 ± 0.58	3.46 ± 0.64	3.32 ± 0.60	3.78 *	a - b**
宜人性	3.22 ± 0.58	3.42 ± 0.65	3.24 ± 0.55	5.01 **	a - b** b - c*
严谨性	3.40 ± 0.59	3.60 ± 0.55	3.51 ± 0.52	5.05 **	a - b**

表 13 - 4 的结果表明：不同学科高职生的职业人格在外向性、宜人性、严谨性这 3 个维度上具有极其显著的差异（$p < 0.01$），在神经质和开放性这 2 个维度上具有显著差异（$p < 0.05$）。经事后检验发现，在外向性、开放性、严谨性维度上，理科学生的得分要极其显著高于文科学生（$p < 0.01$），理、工科学生之间以及文、工科学生之间不存在显著差异；在神经质维度上，理科学生的得分要显著高于文科学生（$p < 0.05$），理、工科学生之间以及文、工科学生之间不存在显著差异；在宜人性维度上，理科学生的得分要极其显著高于文科学生（$p < 0.01$）、显著地高于工科学生（$p < 0.05$），文科和工科学生之间不存在显著差异。

三、分析与讨论

（一）高职生职业人格特征的总体状况分析

本研究发现，高职生的职业人格发展情况，总体上处于中等偏上水平，在各维度上的得分都略高于 3 分。其中，高职生在严谨性维度上的得分最高。这是因为高职生虽然还未参加工作，但由于他们所学专业与其将来就业职位的切合度很高，高职院校的学校方式更接近于半大学、半工厂的模式，相较其他普通高校学生学习的高理论性而言，高职生的操作性更强。因此，从某种意义上说，高职生是一个"半职业化人"，他们经常有实践操作的练习机会和场所，特别是在车床等实践工作时，需要极强的专注性和责任心，否则差之毫厘，失之千里，所做的零件就可能报废。而高职生的职业人格在神经质维度上得分最低，这可能是因为高职生绝大多数是高考的落榜者，由于无法上大学、不想早早工作、希望学一门手艺，将来也许可以更好就业，而无奈地选择就读高职，他们选择的职业也只是从众多不喜欢的专业中挑一个相对较满意的。很多时候，他们觉得烦恼、忧伤。而且一直以来，人们总是把高职生看成是学习基础差或是对学习不感兴趣，只是混日子混文凭的学生。高职院校的教师很多时候也是以这样的眼光看待他们，在教学和管理中对高职生的积极品质关注不够。

（二）高职生职业人格的年级特点分析

高职生职业人格的年级特点在神经质、外向性、开放性、宜人性、严谨性这五个维度水平上均存在显著差异，均呈现"低—高—低"的发展趋势。也就是说，在这五个维度水平的得分上大二年级均高于大一和大三学生。

根据表 13-2 的结果，在外向性水平的得分上大三高于大一学生，并且大二学生明显高于大一学生；在其他四个维度的得分上大二学生均明显高于大一学生。究其原因，可能是大一年级的学生在刚进入学校时由于要面临适应新的环境，如新的学习方式、新的地域文化、新的人际关系等，这一切都需要高职生去探索、适应和解决，这致使大一的高职生的职业人格在各维度上的得分都比较低。大二的高职生的职业人格各维度的分数均是最高。因为经过一年的学习、生活，逐渐地适应了，他们对学校、老师、同学都比较熟悉。与大一时期的陌生和忙乱相比，这一时期的他们在人际关系上显得更和谐、能投入更多的精力到学习和操作实践中，对许多事情也开始敢想敢做，这可能是他们在宜人性、外向性、严谨性、开放性维度上的得分变高的原因。与此同时，他们在规划自己的职业人生时，诸如"要不要专升本？""将来究竟做什么工作？"等问题困扰着他们，联想到找工作会受到自己学历的限制而容易陷入倒苦恼之中。因此，造成大二的高职生在神经质维度上的得分升高。大三学生随着年级、年龄的增长，心理水平的不断发展，导致其心理成熟度逐渐提高，在遇到事情之后相对于大二的学生在处理问题的方式上更加冷静。但容易形成固定思维，从而导致思维缺乏灵活性。此外，由于大三年级学生面临毕业、就业等问题，通常会出现焦虑情绪，从而在一定程度上也会影响到人际交往导致人际关系较为紧张。

（三）高职生职业人格的性别特点分析

表 13-3 的结果表明，高职生职业人格的性别在神经质、外向性、开放性、宜人性、严谨性这五个维度上均不存在显著差异。这与以往的研究结果不尽相同。许多研究发现，男女在职业人格上具有显著差异，而在具体维度表现上又有争议。比如，同样是对大五人格量表进行应用分析，一则研究发现，女性在神经质、开放性和宜人性分量表的得分明显高于男性，男性则在严谨性分量表的得分高于女性，在外向性上不存在显著性别差异，与本研究结果不一致。❶ 然而，有学者与美国的常模研究均表明，女性在神经质、开放性和外向性分量表的得分明显高于男性；男性则在严谨性分量表的得分高于女性，在严谨性上不存在显著差异。❷

本研究虽从数值上大体看出男生在职业人格各维度上的得分皆高于女生，但不具有统计学意义，即高职生的职业人格总分及各维度均不存在显著的性别差异。这可能与传统的"重男轻女"观念渐趋瓦解，家庭和社会环境共同形成的性别角色刻板观念也慢慢消逝，家长、学校、社会按照相同的人格期望标准培养每一位高职生的做法有密切的关系。

（四）高职生职业人格的学科特点分析

从表 13-4 可以看出，高职生的职业人格在神经质、外向性、开放性、宜人性、严谨性这五个维度水平上均存在显著的专业差异。在神经质维度的得分方面，理科高于文科，这与以往的研究结论不相一致，❸ 这种情况可能是由于抽样误差导致的。而其他四个维度方面，理科均明显高于文科；且在宜人性维度方面，理科高于工科。

原因可能有以下两个方面：一方面，三个不同学科的高职生在校期间

---

❶ 戴晓阳，姚树桥，蔡太生，杨坚. NEO 个性问卷修订本在中国的应用研究 [J]. 中国心理卫生杂志，2004（3）：171-174，170.

❷ 姚若松，梁乐瑶. 大五人格量表简化版（NEO-FFI）在大学生人群的应用分析 [J]. 中国临床心理学杂志，2010，18（4）：457-459.

❸ 栾贻福，周晶. 高职生职业决策困难的影响因素及应对措施分析 [J]. 当代教育论坛（综合研究），2010（6）：58-59.

所接受的专业内容和性质相差较大，文科生主要学习社会人文科学方面的知识，缺乏精确的定量和实证性训练，内容大多有较强的社会历史性和社会现实性，因此文科生好思考但主观性较强，进而容易产生悲观情绪；理工科学生则主要学习自然科学，具有较高的稳定性、精密性和规则性，因此理工科学生的人格趋向理智、精细、守则；而与理科生相比，工科生所学专业更讲求实践操作能力，因此与人交往明显少于理科生。另一方面，高职生在入学前人格特征各异，导致具有不同职业人格特征的高职生对专业的兴趣不同，因此在选择专业时具有一定的倾向性。

四、研究结论

通过以上对高职生职业人格的调查与分析，我们得出高职生职业人格特质的四点结论。

第一，高职生的职业人格特征在神经质、外向性、开放性、宜人性、严谨性五个维度上的得分均为中等偏上。其中，严谨性水平最高，神经质水平最低。

第二，高职生职业人格的发展是一个逐渐变化的过程，从大一到大三呈波浪式的发展趋势，大二高职生职业人格的发展状况最好。

第三，高职生职业人格特征的性别差异不显著。

第四，高职生职业人格特征的学科差异显著，理科生在各维度上的得分高于其他学科。

第三节　高职生职业人格教育的积极策略

积极心理学认为，应该从积极的角度关注人格的发展，让个体通过自己的自由选择去克服现实生活的限制并发展和完善自我，以拥有更良好的社会道德和社会适应能力，建构起完善的社会支持系统，能更轻松地应对社会压力、逆境和损失。对高职生实施积极人格教育，培养他们积极的人格特质，确立"尊重、激励、共情"的教育原则和"悦纳、积极、发展"的教育策略。这就要求教育者确立以人为本的教育理念，拥有同理心，能体现师生双方在人格上的平等；能用尊重和激励引导高职生悦纳自我，达到共情。❶ 积极人格教育有利于走出消极模式下师生间的心理对抗困境，达到情感和谐，促进价值认同，实现高职生认知、情感和行为的积极统一。

第一，教育者要确立积极的教育理念。积极的教育理念是培养高职生积极人格特质的理论基础。积极的人格教育，转换了教育者的视角。也就是说高职院校的教育管理者要积极落实科学发展观，一切以高职学生为本位，以学生的终身发展和可持续发展为目标。积极人格教育是以积极的教育塑来造积极人格，以积极的策略去促进学生的积极发展。因为积极人格教育可以深刻地影响高职生的生存观、发展观、价值观和世界观，形成与毕生发展需求相适应的积极人格，使高职生在价值理念上表现为理性自尊和积极发展，在行为方式上表现为积极应对和幸福体验。

第二，采取科学的教育策略。这是促进高职生积极发展的重要保证。积极人格教育是悦纳共情，而不是简单说教；是深度合作，而不是情感对抗；是主动引导，而不是被动惩戒；是尊重激励，而不是批评指责。积极人格教育强调人的责任，强调"此时此地"，从现象学角度看个体，强调人的成长。

第三，提高教师的职业人格魅力。教师的人格魅力对学生具有很大的影响，教师在传授知识的过程中，也将以其个人魅力和道德情操潜移默化地引导和激励学生。一个具有健康人格的教师，表现出一身正气，表现出对工作的热爱，在工作中不断地去开拓进取，在孜孜以求中有自我实现的体验和快乐。有宽广的胸怀，能够接纳各种各样的学生，对学生有满腔热忱。也有着良好的道德情操，遵纪守法、坚持原则、言行一致、为人师表。更具有平等、民主的精神，善于团结人。有健康的心理素质，有效调节自我。身教重于言教，榜样的力量是无穷的。教师的优良品质，有助于学生形成健康的人格品质。

---

❶　王道荣. 基于可持续发展的高职生积极人格特质的培养研究［J］. 当代职业教育，2013 (4)：73－75，52.

第四，引导高职生自我意识觉醒。有些高职生对自己的评价过低，他们往往看不到自己的优点，感到事事不如人，处处低人一等，对自己缺乏信心。高职学生并没有完全的成熟，职业人格仍然在发展阶段当中，并没有定型，一直在不断变化当中，会受到各种各样的因素影响，这也是在高职教育当中将职业人格培养纳入其中的重要原因之一。这就要求高职生既要注重校园内的学习，还要积极参加校外的实践活动。社会实践可以使高职生走出校门，广泛接触社会，从而正确认识社会、认识自我，找到个人与社会的结合点，增强对社会、对国家、对人民的责任感。在社会实践中，高职生作为了活动的主体，他们的积极性会被调动起来，这就容易产生创造的火花，表现出创造的举动，有利于形成创造性人格。同时，也将学会合作，学会关心、尊重他人，从而在社会实践中容易养成坚韧、顽强、忍耐等优良人格品质。

第五，高职院校要创设良好的环境条件。高职院校应该将学生健康和谐的人格塑造作为职业教育过程中的出发点和落脚点，从积极心理学的角度多关注高职生人格中积极的方面，努力挖掘他们珍贵的心理品质，善于以欣赏的眼光看待他们，并及时对他们良好的表现给予肯定和鼓励，以培养他们健全的职业人格。由于职业人格具有强烈的行业性与角色性，职业人格教育活动只有与具体的职场生活相联系，学生的职业情感、信念和能力才得到巩固和发展。因此，学校尽可能地多为学生设计情境性课程，比如在车间进行实地授课、练习，模拟工作环境。让学生体会合作、彼此尊重、平等、责任等的实际内涵，从而形成较为稳定的职业人格素质和良好的职业道德行为。

第六，学校、社会、家庭三方形成教育合力。学校教育自然对高职生的人格发展有着特殊责任和意义，但人格教育绝非是学校包办的。学校进行人格教育时，不仅要在学校内部形成齐抓共管的合力局面，而且也要依赖于社会教育、家庭教育各自功能的发挥和三者的密切配合，达成统一的教育标准，才能收到良好的效果。学生的职业人格是不断发展的，在整个发展的过程中会受到教师、学校、家庭和社会的影响。也就是说，社会观念、价值取向以及父母的教养方式、父母与孩子的关系等都对学生产生不同的影响。所以，家庭和社会也有义务帮助学校对学生进行职业人格教育。我们在探讨对高职学生进行健全职业人格教育时，教师、学校、家庭和社会不应该割裂开来看，而应该把它们整合起来当作一个生态系统，形成一个良好的社会支持系统。只有这样，才能更好地促进高职生职业人格的健康发展。如果学校、家庭、社会教育的标准不一，取向不协调，则会使高职生面临种种矛盾和冲突，诸如心理冲突、自我同一性混乱等，影响到他们的心理健康，进而影响到他们健全的职业人格的形成和发展。因而，必须建立以学校教育为主体，家庭教育为基础，社会教育为延伸的人格教育体系，实现人格教育整体化、系统化、一体化。这就要求学校在重视教学投入、改善办学条件的同时，也把健康人格教育延伸到家庭和社会，发挥家庭和社会在学生健康人格教育中的作用，促进高职生的人格健康发展。

总之，高职院校在人才培养过程中，主要是为了能够为社会市场输送专业性人才，满足各个行业领域对于各类应用型人才的整体需求。而在现代化社会的不断推进和发展当中，人才自身的职业人格非常重要。因此，在高职教育当中，要从积极心理学的角度出发，重视学生自身职业人格的培养和发展，让学生能够在学习以及参与实践活动的过程中，树立正确的人生观，强化其自身的职业道德素质。高职生的职业人格教育是一个复杂的系统工程，涉及受教育者内部和外部的诸多因素。其中，教育者的教育理念和高职生的自我意识觉醒水平起着决定作用。家庭教育、社会环境和学校教育等外部因素与高职生积极人格特质的发展有着很大的相关。

本章小结

为了对高职院校加强高职生职业心理素质教育及职业生涯规划指导提供心理学依据，本章采用中科院修订《大五人格量表》（NEO - PI）对 417 名高职生的职业人格特征进行调查分析。结果发现：一是高职生的职业人格特征在神经质、外向性、开放性、宜人性、严谨性这五个因子上的得分均为中等偏上。其中，严谨性程度最高，神经质水平最低。二是高职生职业人格的发展是一个逐渐变化的过程，从大一到大三呈波浪式的发展趋势，大二高职生职业人格的发展状况最好。三是高职生职业人格特征的性别差异不显著。四是高职生职业人格特征的学科差异显著，理科高职生在大五人格的五个因子上的得分均高于其他学科的高职生。教育者的教育理念和高职生的自我意识觉醒水平对高职生的职业人格教育起着决定作用，家庭教育、社会环境和学校教育等外部因素与高职生积极人格特质的发展有着很大的相关。基于此，应该形成学校、社会、家庭三方合力对高职生进行健全职业人格的教育系统。

（本章作者　江苏理工学院　胡维芳；常州市新北区新桥镇　蒋超）

高职生职业决策困难的研究

职业决策作为个体做出职业选择的过程，是个体职业生涯规划的前期阶段，对个体职业生涯规划是否成功起着重大的决定作用。职业决策困难作为职业决策的重要组成部分，是个体能否进行正确、良好的职业决策的重要影响因素。如何在职业决策理论的指导下提升职校生的心理健康水平，在职校生心理健康教育工作的开展下降低职业决策困难，构建起以职业为导向的职校生心理健康教育模式是职校心理健康教育工作的新视点，也是本研究关注和探讨的核心问题。

第一节　职业决策困难研究概述

一、职业决策困难的内涵

职业决策困难一直是职业决策领域备受关注的焦点，关于职业决策困难的定义，国内外学者因关注点的不同而存在缺乏论（Krumboltz[1]

---

　[1]　Krumboltz, J. D. , Mitchell, A. M. , & Jones, G. B. A social learning theory of career selection [J] . The Counseling Psychologist. , 1976, 6 (1): 71 –81.

（1976））、决定论（彭永新和龙立荣❶）、过程论（Gati 和 Osipow❷（1996））等诸多观点。

综合多方观点，本研究认为职业决策困难应从决策准备至决策结束整过程上进行总体把握，职业决策困难是个体在做职业决策过程中可能遇到的各种难题，是从准备到最终决策过程中，个体可能遇见的各种问题，分为在决策过程开始前的困难和在决策过程中的困难，主要从两个方面影响决策者行为：阻碍个人做出决策或所做的决策不是最优决策。

Gati, Krausz, Osipow❸（1996）依据标准化职业决策模型，提出了一个理想的职业决策者模型，即最好的决策就是最有助于个人目标实现的那个决策。Gati 将职业决策困难分成三个维度十大方面：缺乏准备（缺乏动机、犹豫不决、错误的信念、缺乏职业决策过程的知识）；缺乏信息（缺乏自我的信息、缺乏职业的信息、缺乏获得信息的方式）；不一致的信息（不可靠的信息、内部冲突、外部冲突），并基于此编制了《职业决策困难问卷》（Career Decision - making Difficulties Questionnaire，CDDQ）。

二、职业决策困难的理论研究与测量

不同学者从不同侧重点出发，根据不同理论划分职业决策困难的特点与维度，并基于此编制了不同的量表对职业决策困难进行测量。有代表性的理论与相应的测量工具有如下几种。

Holland 认为职业决策困难是由职业认同困难、缺乏关于工作或训练的信息、环境或个人障碍引起的，并基于此与 Daiger 和 Power 于 1980 年共同编制了《我的职业情境量表》（My Vocational Situation Scale，MVS），该量表用来评估职业决策困难。MVS 由职业认同量表；职业信息量表；障碍量表，三个分量表组成。其中职业认同量表含有 18 个项目，用来测量个人对

---

❶ 龙立荣，彭永新. 国外职业决策困难研究及其启示 ［J］. 人类工效学，2000，6（4）：35 - 39.

❷ Gati, I., Krausz, M., & S. H. Osipow. A taxonomy of difficulties in career decision making ［J］. Journal of Counseling Psychology, 1996, 43（4）：510 - 526.

❸ Gati, I., Krausz, M., & S. H. Osipow. A taxonomy of difficulties in career decision making ［J］. Journal of Counseling Psychology, 1996, 43（4）：510 - 526.

职业有关属性的清晰度和稳定性；职业信息量表包含 4 个项目，用来测量需要获得职业信息的需求程度；障碍量表包含 4 个项目，用来测量需要克服达到职业目标的障碍状况。MVS 具有较高信效度，在个人测验与团体测验中都有广泛应用。

Taylar & Betz 以 Crites 的职业成熟度理论与 Bandura 的自我效能理论为理论基础，于 1983 年编制了《职业决策自我效能量表》（*Career Decision – making Self – efficacy Scale*，CDMSE）。CDMSE 侧重于职业成熟理论中职业选择能力部分的测量，分为：准确的自我评价；收集职业信息；挑选目标；制定未来的规划；问题解决，五个分量表。每一部分包含 10 个项目，共 50 个项目，从完全没有信心到完全有信心，采用 0 ~ 9 的 10 点计分法，得分与成功进行职业决策的信心呈正相关。该量表具有良好的信度与同时性效度。我国学者龙立荣和彭永新对 CDMSE 进行了修订，并进行了大学生职业决策自我效能（2001）和高中生专业决策自我效能（2003）的本土化研究。

Gati 和 Osipow 从信息加工的观点出发，将职业决策分为职业决策过程开始前，和职业决策过程中，并将职业决策困难定位于职业决策的全过程。职业决策困难分为决策过程开始前的缺乏准备，和决策过程中的缺乏信息、不一致信息，三大类，其中缺乏准备是由于：缺乏动机；犹豫不决；不合理信念；缺乏决策过程知识，缺乏信息是由于缺乏关于自我的知识；缺乏关于职业的知识；缺乏获取信息的方式三个方面的信息，不一致信息是由于不可靠信息；内部冲突；外部冲突。以这一理论模型为基础，Gati 和 Osipow1996 年合作编制了《职业决策困难调查表》（*Career Decision – making Difficulties Questionnaire*，CDDQ），这一量表先后被修订为中学生版（Gati & Saka）、网络版（Gati & Saka，2001）和 30 题的简版（Gati，Saka & Krausz，2001）。

Saka 等（2007）综合 Gati 等（1996）提出的职业决策困难模型，以及诸多学者（Cohen，1995；Meldahl & Muchinsky，1997；Gati & Tal，2007 等）对情绪、人格因素的关注，建立起一个新的职业决策困难模型，模型包括 3 大类 11 小类，消极观念：a. 决策过程方面；b. 工作环境方面；

c. 控制能力方面；焦虑：a. 决策过程方面；b. 不确定方面；c. 选择方面；自我认同困难：a. 特质焦虑；b. 自尊；c. 认同不明确；d. 依恋冲突与分离。在此模型基础上，形成新的《职业决策困难量表》（*Emotional and Personality Related Aspects of Career Indecision*，EPCT）。

三、职业决策困难的影响因素及干预研究

（一）职业决策困难影响因素的研究

1. 人口统计学因素

在已有的关于职业决策困难与个体因素关系的研究中，人口统计学方面的影响被大多数研究者所关注，并在多数研究中得到证实，性别（Hijazi，Tatar & Gati，2004；李西营，2006）[1]、年级是个体职业决策困难典型的影响因素。Gati 和 Saka （2001）[2] 的研究显示在外部冲突、内部冲突、不合理的信念和总分上，男生报告的困难要远远大于女生；在信息不一致上，女生报告的困难显著大于男生，在外部冲突上，随着年级（年龄）的升高报告的职业决策困难降低。Wei – Cheng （2004）[3] 的研究表明大学生比高中生报告了更少的职业决策困难。而李西营 （2006）[4] 认为大学生职业决策困难的程度随着年级的上升而呈直线下降趋势，大三是职业决策发展的关键期。

2. 家庭因素

Mau （2001）[5] 认为在职业决策中更多强调家庭愿望而不是个体愿望的个体比其他的个体报告更多的困难。李西营 （2006）[6] 研究表明家庭经

---

[1] 李西营. 大学生职业决策困难的特点及其影响因素研究 [D]. 西南大学，2006.

[2] Gati I, & Saka N. High school students' Career – related Decision – making Difficulties [J]. Journal of Counseling and Development，2001，79 （3）：331 –340.

[3] Wei – Cheng, J. Mau. Cultural Dimensions of Career Decision – Making Difficulties [J]. The Career Development Quarterly，2004 （53）：67 –77.

[4] 李西营. 大学生职业决策困难的特点及其影响因素研究 [D]. 西南大学，2006.

[5] Mau, W. C. Assessing Career Decision – Making Difficulties：A cross – Cultural Study [J]. Journal of Career Assessment，2001 （9）：353 –364.

[6] 李西营. 大学生职业决策困难的特点及其影响因素研究 [D]. 西南大学，2006.

济条件高的个体更少出现职业决策困难。吕建英（2010）❶ 研究表明职业决策困难和父母教养方式相关，那些得到父母温暖和理解的学生会进行更积极的自我探索，职业决策困难程度也会较低。

3. 核心自我价值

Judge 等人（2007）认为核心自我价值的内涵能够被 4 个关键性的代表要素所概括：a. 自尊；b. 自我效能感；c. 消极认知与归因方式的倾向；d. 内外控倾向。❷ 目前国内外的研究主要集中于自尊和自我效能感两因素上：

（1）自我效能感。自我效能感与职业决策困难的相关关系得到了大量研究的证实，也是我国目前职业决策困难实证研究中较集中探索的因素。刘长江，郝芳，李纾（2006）❸ 的研究得出，职业决策困难与职业决策效能存在相关。王文建（2009）❹ 的研究表明年级差异、决策风格和职业决策自我效能是职业决策困难的影响因素。范晶晶（2010）❺ 的研究得出硕士研究生的职业自我效能和职业决策困难存在显著负相关，且职业自我效能的部分因子和特征变量中的部分因子对职业决策困难及其各因子有预测作用。姚丽贤（2011）❻ 研究得出：特质焦虑、职业决策自我效能、职业探索分别对职业决策困难存在非常显著的相关关系。国外在自我效能感因素上的探索成果也非常丰富，Amir、Tami、Gati、Itamar❼ 研究了 299 个即

---

❶ 吕英健. 大学毕业生职业决策困难与父母教养方式的关系 [J]. 河南大学学报（社会科学版），2010，50（3）：142－146.

❷ Annamaria Di Fabio, Letizia Palazzeschi, and Reuven Bar－O. The role of personality traits, core self－evaluation, and emotional intelligence in career decision－making difficulties [J]. Journal of employment counseling, 2012（49）：119.

❸ 刘长江，郝芳，李纾. 大学生职业决策困难及其与效能的关系 [J]. 中国临床心理学杂志，2006，14（5）：501－503.

❹ 王文建. 大学生决策风格、职业决策自我效能与职业决策困难的关系研究 [D]. 华中科技大学，2009.

❺ 范晶晶. 硕士研究生职业决策困难与职业自我效能感关系 [D]. 哈尔滨工程大学，2010.

❻ 姚丽贤. 特质焦虑、职业决策自我效能与职业探索对大学生职业决策困难的影响研究 [D]. 曲阜师范大学，2011.

❼ Amir, Tami, Gati, Itamar. Facets of career decision－making difficulties [J]. British Journal of Guidance and Counselling, 2006, 34（4）：483－503.

将进入大学的高中生，研究表明：在 10 种职业决策困难中，不同的困难在他们中的发展是不平衡的，各个维度的职业决策困难和职业决策自我效能感呈显著的负相关。Taylor 和 Popma（1990）的研究表明，在影响职业决策困难的各种因素中，职业决策自我效能感是唯一显著的预测变量；同时 Betz 和 Voyten（1997）也得出了相似的结论，他们认为职业决策自我效能作为一个中介变量，其他各种变量是通过这个中介对职业决策困难发生作用的。

（2）自尊。章娟（2011）[1] 的研究表明大学生职业自我概念各维度与职业决策困难各维度之间存在不同程度的相关；大学生职业自我概念中的社会自我维度和心理自我维度可以很好地预测职业决策困难。李志勇、无明证、陶伶、何雪莲（2012）[2] 对大学生自尊、无法忍受不确定性、职业决策困难与就业焦虑关系进行了研究，研究结果表明：自尊以无法忍受不确定为部分中介影响着职业决策困难和就业焦虑。

4. 人格因素

周洁（2005）[3] 对大学生职业决策困难与人格的关系进行了研究，外向性、开放性和责任感与职业决策困难存在显著负相关；神经质与职业决策困难存在显著正相关，外向性对缺乏信息有负向预测作用；宜人性对缺乏准备、缺乏信息有负向预测作用；神经质对缺乏准备、缺乏信息和不一致信息具有正向预测作用；开放性对缺乏信息有负向预测作用；责任感对缺乏准备和缺乏信息有负向预测作用。王超（2010）[4]，王淼（2010）[5]，朱静敏（2011）[6] 对大学生职业决策风格、职业决策自我效能感和职业决

---

[1] 章娟. 大学生职业自我概念与职业决策困难的关系研究 [D]. 南京师范大学，2011.

[2] 李志勇，无明证，陶伶，何雪莲. 大学生自尊、无法忍受不确定性、职业决策困难与就业焦虑的关系 [J]. 中国临床心理学杂志，2012，20（4）：564－566

[3] 周洁. 大学生职业决策困难及其与人格的关系研究 [D]. 广西师范大学，2005.

[4] 王超. 大学生的决策风格、自我管理策略、求职清晰度与职业决策困难的关系 [D]. 山东师范大学，2010.

[5] 王淼. 大学生职业决策风格、职业决策自我效能和职业决策困难的关系 [D]. 河南大学，2010.

[6] 朱静敏. 大学生家庭功能、决策风格与职业决策困难的研究 [D]. 河北师范大学，2010.

策困难的关系进行了研究，得出六种大学生职业决策风格中类型的五种都与职业决策自我效能感、职业决策困难维度存在显著相关。Annamaria Di Fabio，Letizia Palazzeschi 和 Reuven Bar－O（2012）检验了232名意大利学生的个性特征、核心自我评价与情商在职业决策困难中的作用，发现情商与个性特征和核心自我评价两因素相比在预测职业决策困难上是更显著的预测变量。

5. 文化因素

国内外有关职业决策困难文化因素的研究主要集中在东西方文化差异比较研究、跨文化适应性研究与种族差异研究三个角度。显著的东西方文化差异已经在不同的职业决策困难相关因素中被证实，例如，职业决策风格与自我效能感（Mau，2000）、职业成熟度（Hardin et al.，2001）、性别差异（Dingyuan Zhou & Angeli Santos，2007）等；目前有关跨文化适应的研究还较少，Hardin 等（2001）证实文化适应对与职业生涯相关的因素有重要的影响，Dingyuan Zhou & Angeli Santos（2007）考察了处在英国文化中的中国学生文化适应程度差异对职业决策困难的影响；种族差异研究开展的较早也较丰富，Lent，Brown，Hacketty（1994）的研究表明对职业相关的障碍和职业决策困难的感知在妇女和少数民族的职业发展中扮演了重要的角色。Mau 对职业决策困难的种族差异因素进行了深入的探讨，Mau（2000）研究指出，在非洲国家，女性被认为有更低的社会地位，并且经常占据低层次的决策等级，因此在进行她们自己的职业决策时更容易产生不适感。在一项研究中，Mau（2001）发现我国台湾地区大学生比美国大学生感知到更多的职业决策困难。他还发现职业决策困难组学生的职业决策困难的结果因学生的民族的不同而不同。Wei－Cheng J. Mau（2004）研究结果显示亚裔美国人比其他群体学生感知到更明显的职业决策困难，而美国白人学生感知到最少的困难。亚裔美国学生在职业决策过程前比白人学生和拉美裔学生报告更多的困难，在决策进行中比白人和非洲裔美国人报告更多的困难。

（二）职业决策困难的干预研究

国内的干预研究中，多采用团体辅导的方法，左丹（2009）❶，沈雪萍（2005）❷ 先后采用了团体辅导对大学生职业决策困难进行了干预，认为团体辅导对职业决策困难的干预效果良好，能够提高大学生职业生涯决策技能。国外最有代表性的职业决策困难的干预研究是 Gati（2001）和 Mau & Jepsen（1992）使用计算机辅助职业指导系统（Computer – assisted Carreer Guidance Systems，CACGSs），有效地降低了个体的职业决策困难，特别是信息缺乏方面的困难。

纵观目前职业决策困难领域的研究，对高等职业教育学生的关注度偏低，而随着中国市场化经济的发展，职业教育已经成为我国高等教育的重要组成部分，高职生与所有高等教育学生共同面临就业问题，高职生能否做出合适的职业决策也必将影响我国高等教育的就业水平与高等教育的整体发展态势。由此可见，高职生领域开展职业决策困难研究的重要意义。

第二节　高职生职业决策困难的现状分析

目前国内外对职业决策困难问题的研究多集中在大学本科生这一群体，与大学本科生同样面临着职业决策问题的高职生群体并未得到同样的研究关注。国内有关高职生职业决策困难的研究明显少于本科生的研究。为了改善职业决策困难领域对高职生群体的忽视，本研究对已有的高职生职业决策困难的研究现状进行了梳理，并从个人与社会两个层面对高职生职业决策困难现状进行分析。

一、高职生职业决策困难的研究现状

国内外对于高职生职业决策困难的理论研究较少，2010 年栾贻福、周

---

❶ 左丹．大学生职业决策困难及干预研究［D］．西北师范大学，2009.
❷ 沈雪萍．大学生职业决策困难的测量及干预研究［D］．南京师范大学，2005.

晶❶进行的理论研究中，对导致高职生职业决策困难的因素进行了分析，并提出了解决措施。对高职生职业决策困难的实证研究主要采用问卷调查的方法，对高职生职业决策困难的现状及其可能影响因素进行调查：

陈宝红（2009）❷采用了三个量表（吴兰花自编的《大学生专业承诺量表》、李亚珍自编的《大学生生涯自我效能量表》及杜睿、龙立荣开发的《大学生职业决策困难量表》）对高职生的专业承诺、职业自我效能和职业决策困难的现状及其关系进行研究，并得出结论：专业承诺、职业自我效能与职业决策困难两两存在及其显著的正相关，专业承诺、职业自我效能中的部分因子对职业决策困难有预测作用，职业自我效能在专业承诺对职业决策困难的影响起中介作用。

刘宏宇、冯静（2011）❸采用自我效能感量表和职业决策困难量表对随机抽取的 675 名在校高职学生进行了多角度的测查和分析，研究结果显示：高职生在职业决策上主要存在对职业准备不充分、缺少规划性，并且会因为不能有效处理决策过程带来的负面情感而影响决策行动，不能有效地了解社会大环境并对它的未来发展做出预测，对职业和决策的认识存在一定的偏差，不懂得如何有效地获取信息，自我效能感和职业决策困难中缺乏准备、信息探索困难、冲突矛盾三个因子呈显著负相关。

施霞、许雅玫（2012）❹的研究表明：高职生职业决策困难得分低于平均水平，职业决策困难问卷三个分量表的得分及总分在性别、是否接受过职业指导、专业与兴趣是否一致方面存在显著差异，个体内部和谐水平越低，在职业决策过程中所遇到的缺乏准备、缺乏信息、不一致信息的水平越高，职业决策时所遇到的困难就会越大。

---

❶ 栾贻福，周晶. 高职生职业决策困难的影响因素及应对措施分析［J］. 当代教育论坛，2010（6）：58－59.

❷ 陈宝红. 高职生专业承诺、职业自我效能与职业决策困难的关系［D］. 山东师范大学，2009.

❸ Liu Hongyu，Feng Jing. Empirical stusy on vocational students' self－efficacy affecting career decision－making difficult［A］. 2011 2nd International Conference on Management Science and Engineering Advances in Artificial Intelligence，2011（6）：76－79.

❹ 施霞，许雅玫. 高职生职业决策困难及自我和谐关系的研究［J］. 职业教育研究，2012（11）：87－88.

二、已有研究不足

高职生职业决策困难的研究存在以下几个问题亟待解决。

1. 理论基础片面发展

职业决策困难的理论性研究是要解决"职业决策困难形成的原因是什么？"这一根本性问题。特质因素论强调个体的个性心理特征与职业是否匹配、Super 的生涯发展阶段论强调个体是否能在特定的阶段完成特定的任务，Crites 强调职业选择过程中能力与态度的成熟，Saka 强调情绪与人格特征差异对职业决策的影响。可见，理论的被接纳程度并不与理论的全面性成正比，每一理论都有自己的切入点与侧重点，都只讨论职业决策过程中的某一部分因素的影响作用，对职业决策困难是指的了解还停留在部分与表面阶段，探究职业决策困难的实质，形成全面统一的理论根基是职业决策困难研究进一步发展的基础。

2. 研究方法单一

目前职业决策困难的研究主要有两条，一是根据职业咨询的临床经验编制测量工具；二是从理论出发，根据所建立的职业模型编制测量工具。两者都是对职业决策款维度的探讨，都是验证某种维度是否确实影响着个体的职业决策困难。但是研究的目的不应止于"是什么"与"为什么"，找到帮助个体解决职业决策困难的办法，才是研究的根本目的，干预性研究的薄弱是当前职业决策困难研究的重要缺口。

3. 研究群体局限

研究的目标人群范围狭窄，且不同目标群体影响决策的选择没有针对性。目前国内外有关职业决策、职业决策困难的研究集中在大学生这一群体。高职生相对于大学生面对更大的就业压力，但职业决策困难的研究者并未对这一日益壮大的群体投入更多的研究精力。已有的极少数的研究对所考查的相关因素并未根据高职生的特点进行有针对性的选取，与对大学生群体的研究并没有根本性的差别。

综上所述，本研究根据高等职业教育发展的现状以及已有研究中存在的问题，选取个人层面的成就动机、社会层面的社会支持两个因素来考查其对高职生职业决策困难的影响机制，对高职生成就动机、社会支持与职业决策困难的关系进行深入的探讨。

三、研究方法

（一）研究目的

本研究主要考查高职生职业决策困难现状，重点考查三年制高职生与五年制高职生的职业决策困难上是否存在差异，探讨成就动机、社会支持、高职生职业决策困难的现状及其相互关系，考察社会支持这一变量能否在成就动机与职业决策困难之间起到中介作用，以期对高职生就业指导等工作提出合理建议。

（二）研究内容

采用文献法对已有研究进行文献梳理，基于研究目的及已有文献的支持，本研究从两个方面进行：

第一，采用问卷法对高职生群体的职业决策困难、成就动机、社会支持的现状进行了考察，并在学制、专业、性别的不同维度上进行了差异分析。重点考查了三年制高职生与五年制高职生在职业决策困难水平及结构上的差异。

第二，对职业决策困难、成就动机、社会支持三者的关系进行了相关及回归分析，并用结构方程模型检验了社会支持在成就动机与职业决策困难之间的中介效应。

（三）研究对象和工具

本研究采用 Osipow & Gati（1996）编制，由田秀兰（2001）[1] 进行了中文版修订的《职业决策困难问卷》（*Career Deeision - Making Difficulties Questionnaire*，CDDQ）、肖水源（1986）编制的《社会支持评定量表》、T. Gjesnle & Kmjgaro（1970）编制，由叶仁敏和 Hagtvet. K. A（1988）译制修订的《成就动机量表》（*Achievement Motivation Scale*，AMS）共三个量表

---

[1]　Siu Lan Shelley Tien. Career decision - making difficulties perceived by college studentsin Taiwan [J]．Bulletin of Educational psychology，2001，33（1）：87 - 98．

为研究工具，以常州工程职业技术学院（三年制高职）中一、二、三年级学生，江苏城市职业学院（武进电大，五年制高职）中四、五年级学生，为研究对象，共发放问卷 500 份，回收问卷 487 份（回收率为 97.4%），剔除无效问卷 49 份，实得有效问卷 438 份（有效率 90%）。

（四）研究假设

假设一：高职生职业决策困难处于中等水平；三年制高职生与五年制高职生职业决策困难存在水平与结构上的差异；职业决策困难也存在专业与性别的差异。

假设二：高职生的社会支持、成就动机水平均较低，并且存在学制、专业、性别上的差异。

假设三：成就动机、社会支持与职业决策困难之间存在显著负相关。

假设四：成就动机通过影响社会支持间接地影响职业决策困难，社会支持在成就动机与职业决策困难之间有中介效应。假设中介效应模型图如图 14 – 1 所示。

图 14 – 1　高职生成就动机、社会支持与职业决策困难的关系模型

四、研究结果

（一）高职生职业决策困难概况

采用《职业决策困难问卷》对 438 名高职生进行调查，高职生在职业决策困难各维度上得分及总分如表 14 – 1 所示：

表 14 – 1　高职生职业决策困难总均分与各因子均分（$n = 438$）

因子	M	SD
A 尚未准备就绪	4.80	1.20
A1 缺乏动机	4.97	1.74

因子	M	SD
A2 犹豫不决	4.88	1.60
A3 错误信念	4.77	1.72
A4 不清楚决策步骤	4.57	1.84
B 信息不足	5.03	1.45
B1 对自己认识不足	4.92	1.60
B2 职业资料不足	5.25	1.75
B3 不知如何获取资料	5.00	1.82
C 信息不一致	5.03	1.18
C1 资料来源不可靠	5.08	1.44
C2 内在冲突	5.02	1.24
C3 外在冲突	4.97	2.00
CDDQ 总分	4.96	1.08

从表 14-1 中可知：高职生职业决策困难总均分为 4.96，各因子的得分基本在 5 分上下浮动。说明高职生的职业决策困难处在中等水平；分量表 B 信息不足、C 信息不一致的分量表均分得分略高于 A 尚未准备就绪量表，B 量表中，职业资料不足因子的得分最高，表示高职生由职业信息不足而导致的职业决策困难可能较严重。

为了对高职生职业决策困难有更深入的了解，采用独立样本 t 检验，从学制、性别、专业三个变量的不同水平上，对高职生职业决策困难的差异进行了分析：

对学制的差异检验表明：三年制高职生在信息不足（$t = -2.824$，$p < 0.01$）、对自己认识不足（$t = -2.364$，$p < 0.01$）、职业资料不足（$t = -3.348$，$p < 0.01$）上得分均显著低于五年制高职生，在职业决策困难总分上，三年制高职生得分与五年制高职生得分的差异达到边缘显著（$t = -1.941$，$p < 0.05$）。而在职业决策困难其他维度上，并未表现出学制上的差异。

对性别的差异检验表明：在高职院校中，男生在信息不足（$t = -2.855$，$p < 0.01$）、对自己认识不足（$t = -2.640$，$p < 0.01$）、职业资料不足（$t =$

-2.802，$p < 0.01$）上得分显著低于女生，在职业决策困难总分（$t = -1.803$）上，男生得分也低于女生，但未达到显著性水平。在职业决策困难其他维度上，未表现出性别的差异。

对专业的差异检验表明：高职生的职业决策困难在专业上差异不显著。

（二）高职生成就动机概况

采用《成就动机量表》对 438 名高职生进行调查，将所得高职生成就动机数据与理论中值进行比较发现高职生的成就动机略低。

对高职生的成就动机、追求成功的动机、避免失败的动机从学制、性别、专业三个变量不同水平进行了差异 t 检验，发现三年制高职生的成就动机略高于五年制，差异不显著（$t = 0.394$）；在追求成功的动机与成就动机总分上男生略高于女生（$t = 0.713$），在避免失败的动机上男生略低于女生未达到显著性水平（$t = -0.292$）；不同专业高职生的成就动机差异不显著（$t = 0.179$）。

（三）高职生社会支持概况

采用《社会支持评定量表》对 438 名高职生进行调查，高职生社会支持的总体情况及各维度得分情况与理论中值进行比较发现：高职生社会支持各因子得分均处于中等水平，主观支持的得分较高。采用独立样本 t 检验对高职生社会支持总分及各因子从学制、性别、专业的不同水平上进行了分析：

对学制的差异检验表明：在客观支持上三年制得分略低于五年制（$t = -0.933$），而在社会支持总分（$t = 0.662$）、主观支持（$t = 1.221$）、对支持的利用度（$t = 1.098$）上三年制得分均高于五年制，差异不显著。

对性别的差异检验表明：高职生的客观支持分在性别上存在显著差异（$t = 2.170$，$p < 0.01$）男生得分显著高于女生。

对专业的差异检验表明：对支持的利用度在专业上存在显著差异（$t = 2.168$，$p < 0.05$）文科得分显著高于理科得分。

（四）高职生成就动机、社会支持与职业决策困难的相关分析

1. 高职生成就动机与职业决策困难的相关分析

对高职生成就动机与职业决策困难进行相关分析表明：高职生成就动机与职业决策困难呈显著的负相关（$r = -0.100$，$p < 0.05$）；成就动机与犹豫不决存在显著负相关（$r = -0.142$，$p < 0.01$）、与内在冲突存在显著负相关（$r = -0.096$，$p < 0.05$）；成就动机中避免失败的动机与犹豫不决呈显著正相关（$r = 0.124$，$p < 0.01$）。

2. 高职生社会支持与职业决策困难的相关分析

对高职生社会支持与职业决策困难进行相关分析结果表明：①社会支持总分与职业决策困难总分呈显著负相关（$r = -0.137$，$p < 0.01$）；②客观支持与职业决策困难呈显著负相关（$r = -0.125$，$p < 0.01$）、主观支持与职业决策困难呈显著负相关（$r = -0.096$，$p < 0.05$）、对支持的利用度与职业决策困难呈显著负相关（$r = -0.099$，$p < 0.05$）；③社会支持总分与犹豫不决呈显著负相关（$r = -0.131$，$p < 0.01$）、与不清楚决策步骤呈显著负相关（$r = -0.136$，$p < 0.01$）、与对自己认识不足呈显著负相关（$r = -0.135$，$p < 0.01$）、与职业资料不足呈显著负相关（$r = -0.120$，$p < 0.05$）、与资料来源不可靠呈显著负相关（$r = -0.102$，$p < 0.05$）、与分量表 A 尚未准备就绪成显著负相关（$r = -0.124$，$p < 0.01$）、与分量表 B 呈显著负相关（$r = -0.141$，$p < 0.01$）；④客观支持与犹豫不决呈显著负相关（$r = -0.111$，$p < 0.05$）、与对自己认识不足呈显著负相关（$r = -0.113$，$p < 0.05$）与职业资料不足呈显著负相关（$r = -0.138$，$p < 0.01$）、与资料来源不可靠呈显著负相关（$r = -0.127$，$p < 0.01$）、与分量表 B 信息不足呈显著负相关（$r = -0.133$，$p < 0.01$）、与分量表 C 信息不一致呈显著负相关（$r = -0.094$，$p < 0.05$）；⑤主观支持与犹豫不决呈显著负相关（$r = -0.111$，$p < 0.05$）、与不清楚决策步骤呈显著负相关（$r = -0.125$，$p < 0.01$）、与对自己认识不足呈显著负相关（$r = -0.100$，$p < 0.01$）、与分量表 A 尚未准备就绪呈显著负相关（$r = -0.114$，$p < 0.05$）、与分量表 B 信息不足呈显著负相关（$r = -0.101$，$p < 0.05$）；⑥对支持的利用度与对自己认识不足呈显著负相关（$r = -0.100$，$p <$

0.05）。

在高职生社会支持各维度与职业决策困难各维度的相关分析虽未全部呈现显著的负相关，但各维度之间均存在一定程度的负相关。

3. 高职生成就动机与社会支持的相关分析

对高职生成就动机与社会支持进行相关分析结果表明：①成就动机与社会支持总分呈显著正相关（$r = 0.189$, $p < 0.01$）；②成就动机与客观支持呈显著正相关（$r = 0.100$, $p < 0.05$）、与主观支持呈显著正相关（$r = 0.157$, $p < 0.01$）、与对支持的利用度呈显著正相关（$r = 0.183$, $p < 0.01$）；③追求成功的动机与客观支持呈显著正相关（$r = 0.268$, $p < 0.01$）、与主观支持呈显著正相关（$r = 0.170$, $p < 0.01$）、与对支持的利用度呈显著正相关（$r = 0.357$, $p < 0.01$）、与社会支持总分呈显著正相关（$r = 0.325$, $p < 0.01$）；④避免失败的动机与客观支持呈显著正相关（$r = 0.119$, $p < 0.05$）、与对支持的利用度呈显著正相关（$r = 0.098$, $p < 0.05$）。

（五）高职生成就动机、社会支持与职业决策困难的回归分析

为检验成就动机与社会支持总分及其各维度的分数能在多大程度上解释职业决策困难的变异，本研究以上面进行的相关分析为依据，对高职生成就动机、社会支持与职业决策困难进行了回归分析。

以社会支持中客观支持、主观支持、对支持的利用度，成就动机中追求成功的动机、避免失败的动机为自变量，以职业决策困难为因变量，运用逐步回归（Stepwise）分析方法来探讨他们之间的关系，结果如表 14-2 所示。

表 14-2　高职生成就动机、社会支持对职业决策困难的逐步回归

模型	Beta	R^2	ΔR^2	F
1（constant）		0.016	0.013	6.872**
客观支持分	-0.125			
2（constant）		0.027	0.022	5.950**
客观支持分	-0.137			
避免失败动机	0.106			

注：职业决策困难 constant = 5.098。

由表 14 - 2 的数据可知，客观支持与避免失败两个维度进入回归方程，回归方程可以表示为：职业决策困难 = - 0.137 × 客观支持 + 0.106 × 避免失败动机 + 5.098，回归方程显著（$F = 5.950$，$p = 0.003$），客观支持和避免失败的动机对职业决策困难存在一定的预测作用，其联合解释率为 2.70%，即两个维度能联合预测职业决策困难 2.70% 的变异量。

（六）社会支持在成就动机与职业决策困难之间的中介效应分析

以往有关职业决策困难的研究中，多数研究者认同：职业决策困难受到进行职业决策个体的内在因素、个体所处的社会环境因素共同影响。默里（Murry，H. A）将成就动机定义为：克服障碍，锻炼力量，最好最快地努力从事困难工作的推动力。从定义中可以看出，成就动机是影响个体职业行为的重要的影响因素，职业决策困难作为可能导致职业行为失利的重要因素，必然受到成就动机的影响。社会支持是个体对所处环境是否能提供给自己有力支持的感知。职业决策困难不仅受到个人动机的影响，同时也与个体对环境的感知有紧密联系。本研究认为个体的社会支持是个体成就动机与职业决策困难的中介。

本研究使用温忠麟[1]等提出的中介效应检验程序对社会支持能否在成就动机与职业决策困难之间具有中介作用进行检验。

使用 AMOS 17.0 对成就动机、社会支持与职业决策困难进行回归系数检验，表 14 - 3 列出了路径系数依次检验情况，其中所有变量已经过标准化。X 表示成就动机，M 表示社会支持，Y 表示职业决策困难。

表 14 - 3　路径系数检验

路径	路径系数	p
X→M	a = 0.529	0.041
M→Y	b = - 0.238	0.009
X→Y	c' = 0.080	0.406

由表 14 - 3 中数据可以看出，c' = 0.080 回归系数未达到显著性水

---

[1] 温忠麟，张雷，侯杰泰，等. 中介效应检验程序及其应用 [J]. 心理学报，2004，37 (5)：614 - 620.

平，因此 M 在 X 与 Y 之间起到完全中介作用。为了使变量间关系更加直观与清晰，本研究根据上述回归分析建立了结构方程模型，如图 14 – 2 所示。模型的拟合指标如表 14 – 4 所示。

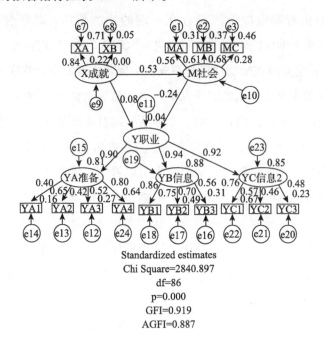

图 14 – 2　各变量影响高职生职业决策困难的结构方程模型

表 14 – 4　中介效应模型的拟合指标

拟合指标	χ^2/df	RMSEA	GFI	AGFI	NFI	CFI
数值	3.31	0.073	0.919	0.887	0.848	0.888

模型的拟合指标有具体的评量标准：χ^2/df 越小越好，当 χ^2/df 在2.0 ~ 5.0 时，模型可接受，当 χ^2/df 接近 2.0 时，即认为拟合模型拟合较好；RMSEA 值小于 0.1 则表示拟合良好，小于 0.05 表示拟合非常好；GFI、AGFI、NFI、CFI 越接近 1 表示拟合越好，0.80 以上可认为拟合良好，0.9 以上表示拟合非常好。所以通过表 14 – 4 数据显示，本结构方程模型是可以接受的。路径模型中各变量间效应值（见表 14 – 5）。

表 14-5 路径模型中各变量间效应值分析

路径	直接效应	间接效应	总效应
成就动机→职业决策困难	0.080	-0.126	-0.006
社会支持→职业决策困难	-0.238	0.000	-0.112

综上所述，本研究从成就动机通过影响社会支持来影响职业决策困难的角度，检验了成就动机、社会支持对职业决策困难作用的机制，建立起如图 14-2 所示的结构模型。具体来讲，高职生个体的成就动机会影响其对社会支持的寻求与利用，高成就动机的高职生在面临职业决策时，为了获得职业决策甚至未来职业的成功，而向周围环境获取更多的社会支持，从而提高了自己的社会支持水平，让自己从各方面都能得到周围环境提供的支持、指导，由此降低了自己在面对职业决策时的困难；而低成就动机的高职生在面临职业决策时，对成功没有太大的要求，所以对社会支持的获取没有那么强烈，导致个体的社会支持水平低，不能充分地利用周围环境可能提供给个体的资源，从而面临更多的职业决策困难。

五、结论

（1）高职生职业决策困难、社会支持均处于中等水平，成就动机偏低。

（2）高职生在信息不足、职业资料不足、对自己认识不足三个因子上，三年制高职生得分显著低于五年制高职生、男生得分显著低于女生；职业决策困难总分在学制、专业性别上均无显著差异。

（3）高职生成就动机总分及各因子在不同学制、专业、性别上均无显著差异。

（4）高职生社会支持总分在不同学制、专业、性别上均无显著差异；客观支持维度上存在性别差异显著，男生高于女生；对支持的利用度上专业差异显著，文科高于理科。

（5）成就动机、社会支持与职业决策困难两两存在显著的相关关系：成就动机与社会支持分别与职业决策困难呈显著的负相关，成就动机与社会支持呈显著的正相关。

（6）成就动机中的避免失败的动机、社会支持中的客观支持，两个因子对职业决策困难有预测作用。

（7）社会支持在成就动机对职业决策困难的影响中起中介作用。

第三节　高职生职业决策困难干预的积极策略

一、激发成就动机、提高社会支持水平

高职生成就动机的养成需要高职生个体的努力，更需要高职教育工作者在日常教学过程中的激发。

首先，从高职生个体角度来讲：让自己尝试多种任务，在不同的任务中体验成就感，建立起对学习、工作的稳定兴趣，把努力完成一项任务带来的成功体验变成对自己的激励，将外在动机转化成内在的动机；为自己设立适当的任务目标，在每项任务中都体验成功的实现，激发自己对成功的追求，降低自己避免失败的动机。

其次，从高职教育工作者角度来讲：成就动机的水平随着成就目标难度增加而增加，但是当难度增加到一定程度，个体的成就动机水平则随着难度的增加而逐渐下降，无论在学习目标的设置还是在成就目标的设置上，高职院校教师都要引导学生建立适当的目标，既不能对学生的能力寄予不切实际的期望，也不能贬低学生的能力，让学生通过适当的目标体验成功的实现，从而得到成就感，避免因任务的过易或过难而造成成就动机水平的降低；可以开展成就动机训练，让学生在游戏或其他活动中体验到成就动机，并迁移到学习或择业情境中去，让高职生在真正的学习、工作情境中感受成就动机的重要作用。

个体社会支持水平取决于两方面重要的因素：其一是个体能否获得支持，其二是个体能否感知到自己获得的支持，并充分利用所获得支持。高职生可以通过建立积极的社会支持网络，来提高自己获得社会支持的可能性；通过认识社会支持的重要作用来提升自己对社会支持的利用度。朋友、同学、家长、学校乃至企业用人单位，都可以成为高职生社会支持网

络中的一部分。个人在进入社会后首次进行的职业决策对个体今后的职业生涯发展有重要的影响，环境中的重要他人都可以为高职生提供客观的、物质的帮助和主观的、情感上的支持，要学会向一切可能提供支持的团体或个人寻求帮助，建立起个人的积极的社会支持网络，在应对职业决策的压力所带来的焦虑、抑郁，在面对众多职业选择而迷茫、失落时，强大、有效的社会支持能够起到缓冲的作用，减少由此而带来的不良心理体验，帮助高职生更快更好地解决职业决策困难，做出正确的职业决策。

二、建立健全分学制、有针对性的职业指导机制

本研究指出，高职生由职业信息不足而导致的职业决策困难可能较严重；在信息不足、职业资料不足、对自己认识不足因子上三年制高职生得分显著低于五年制高职生、男生得分显著低于女生；高职生的客观支持分在性别上存在显著差异，男生得分显著高于女生；对支持的利用度在专业上存在显著差异，文科得分显著高于理科得分。由此可以看出：不同学制的高职生存在职业决策困难水平与结构上的差异；高职生的社会支持水平存在结构及水平上的差异。

在职业指导过程中要重视差异的存在，一概而论的职业指导很难对高职生的职业决策产生正确的指导作用。高职院校要重视对职业信息的提供，更要重视根据学制、性别、专业而有差别地进行职业信息利用上的引导，要加强五年制高职生对自我、职业信息的认识程度；加强女生对职业信息获取的重视；加强理科生对所拥有的职业信息支持的利用度。

高职生的职业决策困难不但存在群体内的差异，与本科生相比也存在结构上的特殊性，目前高职生的职业指导机制大多照搬普通高等院校的教育模式。因此，高职院校职业指导要因时间、地点、受众的不同而形成个性化、人性化、有针对性的职业指导机制。

三、促进高等职业院校心理教育向积极范式转变

职业学校心理教育是指职校教育者从职校生的心理实际和社会发展的需要出发，在心理学、教育学、社会学和医学等多学科理论指导下，运用

多种手段和途径，有目的、有计划地培养学生良好的心理素质，提高他们的心理机能，充分发挥其心理潜能，进而促进学生整体素质提高与个性发展的过程❶。

当前，在职业教育的传统观念中，职校生更多被视为升学考试失利的学业不良人群，无论是在传统的知识性教育还是在心理教育中，职校生总被教师看成是能力不足的个体。学业不良是因为他们头脑不聪明，同伴关系紧张是因为他们情商太低，找不到工作是因为他们能力太差。一些消极化的标签都被赋予了职校生，这种消极化的评价决定了心理教育者在教育过程中对职校生持否定化的态度，职校生在某种程度上被当作能力缺失的个体，而改变的力量来自外在。在这种消极范式的影响下，高等职业教育很难真正地帮助高职生建立起高水平的成就动机，高职生也无法从内在构建起正确的自我认知，从而影响高职生顺利地做出职业决策。

职校生心理教育中的积极取向是相对于消极取向而言的，崔景贵（2006）指出，积极包含三个方面的意蕴：积极是对前期集中于心理问题研究的病理式心理教育的反动和变革；倡导心理教育要深入系统地研究科学促进人的心理发展，关注人性的积极方面；强调用积极理性的方式对人类存在的心理问题做出适当的解释，并从中获得积极意义❷。

针对职校生相对于普高学生具有更强烈消极自卑心理的特征，以及目前职校心理教育中存在的消极取向，心理教育工作要真正做到由消极转向积极，首先，要从宏观上将着眼于职校生个体病症的消极心理治疗范式，转变为注重个体现实能力开发、面向全体职校生的积极心理治疗范式，改变以往以心理测量、心理诊断、心理治疗为线索的单一心理教育模式，建构以预防性的心理健康知识讲座、治疗性的个体心理咨询、发展性的团体心理辅导三位一体的心理教育体系。其次，从微观上摒弃错误消极的标签，将职校生看成有现实能力的积极个体，社会上对职校生的消极看法在某种程度上是未经考察的社会偏见，职校生心理教育工作要自觉抵制这种

---

❶ 崔景贵. 职校生心理发展与职业学校心理教育［J］. 职业技术教育，2004，25（31）：64-66.

❷ 崔景贵. 积极型心理教育的信念、目标与建构［J］. 当代教育论坛，2006（7）：33-35.

偏见，要能够发现职校生身上的创造力、勇敢、乐观等诸多现实能力，将职校生看成是拥有现实能力来完善个人身心发展的真正意义上的"人"；改变将学生的"问题行为"当作疾病的传统做法，学会给学生的"问题行为"赋予积极含义，如职校生打架行为，表明学生具有伸张正义、敢于表达自己想法的能力，待调节的只是这种能力的水平；帮助职校生认识到现实能力、发展的潜能都来自于他自身，发现自身积极的人格特质，引导职校生适度地使用自身所拥有的现实能力，树立迎接未来各种困境的信心。

四、增加对高等职业教育的扶持力度

从研究结论中可以看出，社会支持在成就动机对职业决策困难的影响机制中起到重要的中介作用，国家教育政策的扶持是对高等职业教育最高一层的社会支持来源。2014年3月25日，教育部在京召开2014年度职业教育与继续教育工作会议。会议指出，要充分调动社会力量，吸引更多的资源向职业教育汇聚，要让职业教育为国家和社会源源不断地创造人才红利。

我国是人口大国，每年有大量的适龄青年并未能够接受普通高等教育，高等职业教育成了这部分青年增加就业能力的依靠，随着我国工业化进程的不断加速，二、三产业的发展也急需大量的有知识、懂技术的高素质技能型人才。而过去历年的高等职业年度报告中，我们都能发现，国家财政、地方政府对高等职业教育的投入力度远远地低于普通高等教育。作为社会支持的最高一层，国家政策的扶持不但能够给予高职生客观物质上支持，更能够让高职生感受到被重视，在精神和物质上都能够给高职生强大的支持。国家政策要为高等职业教育提供更多的优质教育资源，让高等职业教育具备培养高素质人才的能力，以满足国家各项事业发展的需求。

本章小结

本研究关注职业决策困难对高职生的影响机制，采用《职业决策困难问卷》《社会支持评定量表》《成就动机量表》，对438名高职生进行有效调查，考察了高职生成就动机、社会支持、职业决策困难三个变量的现状，从学制、专业、性别角度考察了高职生在这三个变量上的差异，并探讨了高职生成就动机、社会支持与职业决策困难三者间的关系，对社会支持在成就动机对职业决策困难影响中的中介效应进行检验。研究得出以下结论：①高职生职业决策困难、社会支持均处于中等水平，成就动机偏低。②高职生在信息不足、职业资料不足、对自己认识不足三个因子上，三年制高职生得分显著低于五年制高职生、男生得分显著低于女生；职业决策困难总分在学制、专业性别上均无显著差异。③高职生成就动机总分及各因子在不同学制、专业、性别上均无显著差异。④高职生社会支持总分在不同学制、专业、性别上均无显著差异；客观支持维度上存在性别差异显著，男生高于女生；对支持的利用度上专业差异显著，文科高于理科。⑤成就动机、社会支持与职业决策困难两两存在显著的相关关系：成就动机与社会支持分别与职业决策困难呈显著的负相关，成就动机与社会支持呈显著的正相关。⑥成就动机中的避免失败的动机、社会支持中的客观支持，两个因子对职业决策困难有预测作用。⑦社会支持在成就动机对职业决策困难的影响中起中介作用。根据研究结论，提出以下建议：高职生个体要激发个人的成就动机、提高对社会支持的利用水平；高职院校要建立健全分学制、有针对性的职业指导机制；促进高等职业院校心理教育向积极范式转变；国家政策层面要向高等职业教育提供更多的教育资源。

（本章作者　吉林省法律援助中心　杨琛）

高职生职业适应性的研究

　　高等职业教育的培养目标是培养具备某一特定职业或职业群所需综合职业能力的、为生产和管理第一线服务的应用型、技术型人才，这就需要从业者首先要具备的基本素质是对职业生活的适应能力。因此这一特点决定了高职院校要以提高职业适应性为出发点来培养学生。本章主要从实证研究的角度入手，研究高职院校学生职业适应性的特点及提升对策，以进一步提高高等职业教育人才培养的质量，因而本研究有十分重要的理论价值和现实意义。

　　本研究以在校高职院校学生职业适应性为着眼点，在一定程度上将丰富我国大学生群体适应性方面的研究成果。本研究从职业心理学、职业教育学、管理学等多学科视角来综合探究高职院校学生的职业适应性及其影响因素，对于促进高职院校学生的职业生涯成长将起积极的推动作用，对高职院校开展职业生涯规划教育将提供科学的理论指导。本研究注重审视高等职业教育与工作世界的关系，科学研究高职院校学生的职业发展和职业适应，有助于我们从学生职业成长的角度对学校教育制度进行检视，对于引导高等职业教育宏观发展和进一步提高高等职业教育人才培养的质量，具有一定的理论指导价值。

　　从学校和社会角度看，本研究力图发现高职院校学生在职业适应方面存在的问题，探索提高其职业适应性的对策，提高职业院校学生就业能力，满足用人单位的需求。同时还有利于提高学校就业率，提升就业质量，促进社会的和谐与稳定。从人力资源管理角度看，对职业适应的研究在一定程度上深化研究"人—职匹配"，并以此为原则，在高职院校学生的职业生涯初期即进行职业素质培养及相应的职业指导，有利于缩短进入工作后的职业适应期，提高人力资源配置水平和使用效益。从学生个人角度看，研究高职院校学生职业适应性，有助于其尽早了解自己的职业适应性水平，及时发现自身的不足，提高职业综合素质，以便更好地适应职业生涯，实现"人职"和谐，为个体未来的职业发展奠定基础。

第一节　职业适应性研究概述

职业适应性的形成与发展是个体社会化的一项基本任务，是每个准备走上工作岗位、进入社会生活领域的职业人必须解决好的一个重要问题。❶不仅如此，对于每一个试图进入新领域或者新岗位的职业人来说，职业适应性的高低已经成为他们各项基本素质中的一项核心内容，在某种程度上不仅决定了他们就业的成功率，而且对于其职业生涯发展、劳动力市场的稳定、社会的和谐发展都具有十分深远的影响。一个人从进入职业生涯到完全适应职业生活，要经过对职业实践、职业规范、职业环境、职业文化等的观察、认知、领悟、模仿、认同、内化等一系列的学习和实践过程，才能达到对职业生活的能动适应。❷国外关于职业适应性的研究开展得比较早，主要对乡、城迁移者的适应过程、周期以及影响职业适应因素等进行深入研究，取得了比较丰富的成果。国内关于职业适应性问题的研究则开展得比较晚。本章主要就我国近年来有关职业适应性的内涵及其构成要素的探讨进行描述分析，对不同群体职业适应的理论研究和实践探索进行归纳总结，指出我国关于职业适应研究的特点和不足，在此基础上对该领

❶　贾晓波．论大学生职业适应性发展现状与就业能力培养［J］．天津师范大学学报（社会科学版），2005（3）：68－73.

❷　郭平．当代青年的职业适应［J］．中国青年研究，2006（7）：78－80.

域的研究进行展望，以期为后续的相关研究提供借鉴。

一、职业适应性的内涵及其构成要素

社会转型和体制转轨促使我国社会阶层全面分化，促使社会职业类型不断分化，同时也促使各种职业技术和职业规范变得更加专业化和复杂化。在这种背景下，人们的职业适应性问题日益凸显。方俐洛认为，职业适应是指个人与某一特定的职业环境进行互动、调整以达到和谐的过程。职业适应水平则是个人某一时点上职业适应的程度。❶ 人的社会化理论认为，职业适应是一种劳动者的社会化，是个人继续社会化过程中很重要的一个环节。其适应水平受到包括劳动者预期社会化等内容的社会化因素的影响。❷ 以职业性向理论为基础，有研究者认为，职业的适应性应从人和职业两个方面来看：一方面对人而言，是指人的个性特征对其所从事职业的适宜程度；另一方面对职业活动而言，是指某一类型的职业活动特点对人的个性特征及其发展水平的要求。所谓职业的适应性，就是指两者在经济和社会的活动过程中达到相互协调和有机统一。❸ 从人力资源管理的角度分析，职业适应性是指一个人从事某项工作必须具备的生理、心理素质特征，它是先天因素和后天环境相互作用的基础上形成和发展起来的。❹ 从心理学的角度分析，职业适应性可以理解为个体的职业素养及其发展水平与所选职业或所任职务对从业者的要求的一致性程度。职业适应性是一个涉及内容较为广泛的概念。职业活动特有的内容可以对从业者提出多方面的要求，因此，可以从多方面，也可以从多维度综合评价个体的职业适应性。❺

研究者的视角不同，对于职业适应性的定义就有各自不同的理解，因此其构成要素也就不尽相同。国内学者倾向于把职业适应划分为某几个维

---

❶ 方俐洛. 职业心理与成功求职 [M]. 北京：机械工业出版社，2001：31 – 42.

❷ 袁方，姚裕群，陈宇. 劳动社会学 [M]. 北京：中国劳动出版社，1992：31 – 43.

❸ 田燕秋. 论职业的适应性 [J]. 农业部北京农垦干部管理学院学报，1999（3）：50 – 53.

❹ 吴超. 人力资源管理中的职业适应性问题 [J]. 丹东师专学报，2002（4）：73 – 74.

❺ 黄强. 职业适宜性形成过程的心理学问题 [J]. 现代技能开发，1994（10）：34 – 37.

度或成分，通过对各个维度的考察分析总体的职业适应性情况。胡仕勇等认为，从劳动社会化的角度，衡量职业适应性状况应从以下两方面来考虑：第一是否掌握了一个职业角色所必需的知识和技能；第二是否了解了工作环境的内涵，这其中包括工作制度和规范的学习与遵守以及对工作环境中人际关系的处理等。❶ 范成杰在对城市居民的职业适应性水平的研究中，将职业适应分解成以下三个方面的内容：职业能力适应、人际适应和心理适应。❷ 吴玉峰等从技能、人际关系及心理感受三个层面对中学青年教师的职业适应水平分别进行描述分析。❸ 邓碧会等从学习及技能适应性、人际适应性、职业心态适应性、职业选择适应性和职业环境适应性五个方面对大学生职业适应性现状进行分析研究。❹ 廖丽娜等人将职业适应性分为职业角色适应、人际适应、学习和技能适应、职业认知适应、职业环境适应等对高职生的职业适应性进行定量研究。❺ 王茂福则从职业技能适应和职业心理适应等两方面对农民工的职业适应进行研究。❻ 赵晓歌等将职业适应性操作化为职业能力适应、人际适应和心理适应三个维度对青年农民工的职业适应进行实证研究。❼ 郭黎岩等对中小学流动教师职业适应性进行研究时，将其分为环境认同、变化应对、工作胜任、人际交往四个因素进行探讨。❽

我们认为，应围绕着适应、适应性的基本定义来探讨职业适应性的内涵。职业适应性究其实质来说，是一种职业能力，它是个体与某一特定职

❶ 胡仕勇，吴中宇，曹晓斌. 国有企业青年职工职业适应性研究：以杭州市为例 [J]. 青年研究，2003 (8)：9 - 15.

❷ 范成杰. 城市居民个人背景与职业适应性研究 [J]. 市场与人口分析，2005 (5)：13 - 18.

❸ 吴玉峰，晁国庆，曹述蓉. 中学青年教师职业适应性的实证研究 [J]. 广西青年干部管理学院学报，2006 (2)：18 - 19.

❹ 邓碧会，邓维，李兢. 大学生职业适应性状况及相关对策的实证研究 [J]. 重庆大学学报 (社会科学版)，2008 (4)：59 - 63.

❺ 廖丽娜，唐柏林. 高职生职业适应性状况和培养对策研究 [J]. 长春工业大学学报 (高教研究版)，2010 (3)：103 - 106.

❻ 王茂福. 农民工职业适应水平实证分析 [J]. 城市问题，2010 (8)：70 - 74.

❼ 赵晓歌，张敏. 青年农民工职业适应性的实证研究 [J]. 学理论，2010 (11)：72 - 73.

❽ 郭黎岩，李淼. 中小学流动教师的职业适应与社会支持关系研究 [J]. 教师教育研究，2010 (3)：56 - 60.

业环境交互作用的产物，职业适应性具有层次结构性。它是指个体与某一特定的职业环境进行互动，对自身的职业角色、能力、态度、价值观及人际关系进行评估并不断做出调整以达到和谐的过程。因此，我们认为职业适应性的构成要素应包括职业环境适应、职业角色适应、职业技能适应、职业人际适应、职业心态适应等。

二、关于不同人群职业适应性的研究

我国学者职业适应性研究主要集中于迁移者、城市居民、新生代农民工与失地农民、大学生和教师等群体。

（一）迁移者

我国学者对于迁移者的研究主要集中在社会适应方面，如风笑天进行的实证研究涉及移民到安置地后在经济、生产、生活、环境、心理等方面的适应状况，调查结果表明，移民在安置地的人际交往状况、特别是异质人际交往（与当地居民的交往）状况，对增强和提高移民的社会适应具有最为重要的促进作用。❶ 周银珍等通过实证研究得出的结论认为，移民的社会适应是全方位的适应，真正地融入当地，既需要住房、土地、移民政策等基础保障，又需要便利的居住环境，另外，也不能忽视社区融入中的情感需求或心理需求。❷ 其中关于移民职业适应只占很少的一部分内容。

（二）城市居民

关于城市居民的职业适应性研究有代表性的学者是范成杰，他通过实证研究发现，城市居民的职业综合适应水平较高，与城市居民职业适应水平密切相关的因素主要有本人的政治面貌、勤奋与否、职称水平（中级、高级）、母亲职务以及社会网络规模，该研究在阐释城市居民阶层背景因素、竞争能力因素、社会支持网因素对其职业适应水平的影响关系时认

---

❶　风笑天. 安置方式、人际交往与移民适应——江苏、浙江 343 户三峡农村移民的比较研究 [J]. 社会，2008（2）：152–161.
❷　周银珍，张岩冰. 三峡库区外迁农村移民的社会适应性调查与分析 [J]. 三峡论坛，2010（6）：38–43.

为，城市居民的竞争能力对其职业适应性的影响更强一些。❶

有关城市居民职业适应性研究主要集中在青年群体身上。研究者风笑天在中国第一代独生子女开始进入职业领域的大背景下，采用自编问卷进行实证调查，结果表明，青年总体的职业适应状况较好，独生子女青年与非独生子女青年在职业适应方面不存在显著性差异。与青年职业适应状况密切相关的因素主要有青年参加工作时间的长短、青年与同事关系的好坏、青年文化程度的高低以及部分职业类型的性质，而是否独生子女则与青年职业适应的状况无关。❷ 胡仕勇等研究者则以青年的劳动社会化为主要线索，用定量研究方法对国有企业青年职工职业方面的适应状况进行探讨，结果认为，国有企业青年职工在职业适应性上存在不同程度的困难，在适应角色内容（职业技能，职业规范以及与同事之间的人际关系）上，人际关系的适应较为困难。年龄、文化程度、所受教育的背景、个性、工作态度、接受和适应新事物的能力、在该岗位时间、产前培训情况、工种的复杂性等因素影响国有企业青年职工的职业适应程度，其中所受教育背景以及接受和适应新事物能力的影响程度对青年职工的适应性有更大的影响力。❸

（三）新生代农民工与失地农民

关于农民的职业适应性研究主要包括农民工和失地农民两类群体。

王茂福等研究者以人的社会化理论假设为出发点，通过对武汉市 566 名从事餐饮服务农民工的调查，发现城市农民工的职业适应水平较高；农民工继续社会化因素较之基本社会化结果因素，对农民工的职业适应水平具有更大的影响；但是只有同时考虑农民工的继续社会化因素和基本社会

---

❶ 范成杰. 城市居民个人背景与职业适应性研究［J］. 市场与人口分析，2005（5）：13 - 18.

❷ 风笑天，王小璐. 城市青年的职业适应：独生子女与非独生子女的比较研究［J］. 江苏社会科学，2003（4）：18 - 23.

❸ 胡仕勇，吴中宇，曹晓斌. 国有企业青年职工职业适应性研究：以杭州市为例［J］. 青年研究，2003（8）：9 - 15.

化结果因素，才能更合理、更有效地解释农民工的职业适应水平。❶ 童宗斌通过在江苏和安徽两省的田野调查，侧重从工作场域的视角考察个体在与结构互动中的适应状况，主要涵盖了新生代农民工在具体工作场所工作过程中的职业技能和工作规范、关系交往、心理感受三个方面的适应内容。从具体案例来看，新生代农民工对具体的职业技能和操作规范适应得比较快，自我评价和认同度也比较高。在关系交往和心理适应方面，新生代农民工呈现出了更多的差异性，并未呈现出较为一致的自信和较高的自我认同。❷ 赵晓歌等人通过对河南省某地 258 名青年农民工的调查研究，揭示青年农民工的职业能力适应、职业人际适应和职业心理适应状况，并依照这三方面的综合水平考察青年农民工的职业适应性，再结合我国现状探讨提高青年农民工职业适应性的对策。❸

李凤兰等人从社会学的角度对城市化进程中失地农民职业适应问题进行探讨，认为失地农民职业适应包括职业技能适应、职业规范适应、职业人际适应和职业心理适应四个维度。现代教育不足、社会保障缺失和社会排斥是影响失地农民职业适应的主要因素。因此，应为失地农民创造良好的就业环境，提供职业技能培训和以劳动法为主的法律培训，并建立健全失地农民社会保障制度。❹ 权英等人认为，失地农民是城市化进程中出现的新的弱势群体，职业适应是解决失地农民市民化的关键。但由于失地农民自身素质普遍偏低，社会保障制度不完善以及相关就业政策不合理的原因，失地农民在职业选择适应、职业技能适应、职业人际适应、职业心理适应等方面不能满足新职业的需要，难以适应新的就业岗位。因此在不断提高失地农民的自身素质的同时，确立反社会排斥的制度和政策，为失地

❶ 王茂福，徐艳. 农民的职业适应与继续社会化研究［J］. 华中科技大学学报（社会科学版），2010（1）：110－116.

❷ 童宗斌. 职业生涯与工作适应：新生代农民工的城市实践［J］. 中国青年研究，2011（1）：10－14.

❸ 赵晓歌，张敏. 青年农民工职业适应性的实证研究［J］. 学理论，2010（11）：72－73.

❹ 李凤兰，李飞. 城市化进程中失地农民职业适应的社会学分析［J］. 改革与战略，2009（1）：34－36.

农民职业适应创造良好的条件。❶

（四）大学生

研究者以大学生职业适应性为研究内容的成果较丰富。就大学生职业适应性整体水平来说不高，相对而言，大学生学习和人际适应性相对较高，而职业选择和环境适应性的水平相对较低；大学生职业适应性水平存在性别差异、年级差异、角色差异、专业差异。❷ 就大学生职业适应障碍来说，大学毕业生不良职业心态则包括对学生角色的依赖心理、职业角色中的依赖心理、眼高手低的自傲心理、消极退缩的自卑心理、见异思迁的浮躁心理等，建议大学生要建立正确的职业观，转换角色，尽快适应新的职业生活。❸ 调查表明，当前大学生存在择业意识的形成相对滞后、职业适应水平偏低等问题。❹ 而对大学生职业适应性障碍的自我认知的问卷调查结果显示，大学生认为在职业适应方面的障碍最有可能来自工作本身的不适应、对职场人际关系的不适应、心态调整上的不适应。工作本身的不适应、价值观的不融合、对客观条件的不适应、业务能力的缺乏是影响大学生职业适应性的重要因素。❺ 因此，研究者如张廼英等基于职业适应性分析，就高校毕业生就业保障进行研究，构建高校毕业生就业适应性与就业保障之间的关系模型。❻ 针对当前大学生职业适应性方面存在的问题，应构建起基于职业适应性的就业能力培养模式，其中最重要的是构建起课程设置、职业指导、素质提升、社会实践四大体系。❼

---

❶ 权英，吴鲁智. 失地农民职业适应现状与就业能力培养对策探析 [J]. 知识经济，2009（14）：77－78.

❷ 邓碧会，邓维，李兢. 大学生职业适应性状况及相关对策的实证研究 [J]. 重庆大学学报（社会科学版），2008（4）：59－63.

❸ 周春开. 论高校毕业生的职业适应 [J]. 教育与职业，2003（5）：46－48.

❹ 贾晓波. 论大学生职业适应性发展现状与就业能力培养 [J]. 天津师范大学学报（社会科学版），2005（3）：68－73.

❺ 李志，邓维，李兢. 大学生职业适应性障碍的自我认知研究 [J]. 青年探索，2008（4）：70－73.

❻ 张廼英. 基于适应性分析的高校毕业生就业保障研究——以上海市为例 [J]. 经济论坛，2010（7）：18－20.

❼ 贺芳. 基于职业适应性的大学生就业能力培养模式初探 [J]. 出国与就业（就业版），2011（20）：25－26.

张宏如则进行了大学生职业适应的归因性研究，认为职业价值观对职业适应性产生重要影响，职业价值观通过中介变量间接对职业适应性产生显著增益作用，直接影响职业适应性的路径主要有三条：职业兴趣、能力发挥和成就声望。● 也有学者认为，高校毕业生职业适应性水平受到职业竞争力、社会支持网和家庭阶层背景等的影响。为了提升高校毕业生职业适应性水平应切实提升其自身核心职业竞争力；积极构建与拓展高校毕业生的社会支持网络；营造公平的就业环境，逐步形成以自致性因素为主的劳动力市场的分层与流动机制，消除家庭阶层背景等先赋性因素的消极影响。❷

（五）教师

研究者关于教师职业适应性的研究主要集中在教师心理素质与职业适应性的关系、新入职教师职业适应性和流动教师职业适应性三个方面。

有研究者认为，学校在全面落实素质教育的过程中要将教师的职业适应和社会适应作为建设教师队伍的先决条件。而教师学会自我认知，学会自我心理调节，建立和谐的人际关系，塑造健全的人格特征，才能适应职业发展的需求，以不断的创新精神推动教育健康发展。❸ 随着社会的变迁，教师只有了解自己所处的角色情景，具备良好的心理素质和职业适应能力，才能成为一名合格的教育工作者。❹

对于新入职的教师来说，在走上工作岗位之后，不可避免地要面临职业适应的问题。新教师的职业适应是其完成教育教学工作任务的前提，要学会从生理、心理、人际关系、职业技能等方面适应教师职业的要求。❺ 为此，有研究者在指出新教师职业适应性存在的问题的基础上，从操作层面出发，设计新教师职业适应性心理辅导活动，帮助其认同教师角色，机智处理与家长、学生的冲突，增强人际交往、组织管理、协调沟通等多种

---

❶ 张宏如. 大学生职业适应的归因性研究 [J]. 中国青年政治学院学报，2008（6）：1-5.
❷ 罗竖元，毛璐. 现阶段提升高校毕业生职业适应性水平的路径选择——基于职业竞争力、社会支持网和家庭阶层背景的分析视角 [J]. 广西社会科学，2011（2）：153-156.
❸ 于阳. 教师的心理素质与职业适应 [J]. 中国成人教育，2005（10）：20-21.
❹ 蒋钧. 浅论教师的职业适应 [J]. 宁夏教育，2008（9）：28-29.
❺ 韩金玲. 新教师职业适应问题对策研究 [J]. 潍坊学院学报，2009（5）：140-142.

能力，学会合理处理生活与工作的关系，理解教师职业发展阶梯，坚定教师信念，做好生涯规划。❶

郭黎岩等采用自编的流动教师职业适应问卷和修订的教师社会支持问卷，探讨了教师交流制度背景下沈阳中小学流动教师的职业适应、社会支持及其关系。研究认为，流动教师交流初期的社会支持与职业适应有较强的正相关，同事支持、校长支持能够正向预测教师的职业适应情况，同事支持的预测力最佳，学生支持对变化应对有负向预测作用。❷

我国在职业适应性方面的研究取得了一定的成果，但是相对于国外研究来说，国内研究显得比较零散，甚至可以说并没有严格意义上关于职业适应的系统研究。主要表现在：①理论性不强。很多研究只是对某一职业人群的职业适应存在的问题进行定性描述分析，自说自话，难于自圆其说。由于对"职业适应性"的内涵把握不全面，研究中的操作定义也五花八门，各行其说，研究结果难于服众。②研究对象不够丰富。职业适应性问题是所有职业群体都可能会遭遇的。目前，职业适应性研究对象主要集中在迁移者、城市居民、新生代农民工或失地农民、大学生和教师等职业人群，我们认为这是远远不够的。③研究方法不够多样。由于缺乏相关的理论支撑，定性研究更多的是经验之谈，先分析某一职业人群职业适应性存在的问题，在讨论产生问题的原因，再总结应对的策略。定量研究更多的是，首先给定职业适应性的操作定义，其次分解为若干因子，自编调查问卷施测，得出调查结果，最后分析讨论。这样做看似规范，实则不然。问题表现在以下几方面：一是问卷质量难以达到定量研究的要求；二是大多数研究取样的随机性难以保证，样本容量也不一定能达到定量研究的要求，样本的代表性受到质疑；三是大多数研究把职业适应性当成孤立的问题加以研究。必须着重指出的是，当下的学人由于各种原因，或多或少地表现出浮躁的心态，很难采用田野调查方法深入到职业人群中间，真正体会各个职业的艰辛，了解不同职业人群的心态，难以取得令人信服的研究

❶ 张冬梅. 新教师职业适应心理辅导设计 [J]. 教学与管理，2011（10）：10-20.
❷ 郭黎岩，李淼. 中小学流动教师的职业适应与社会支持关系研究 [J]. 教师教育研究，2010（3）：56-60.

结果。④研究工具不够权威。目前，我国学者自行研究开发的关于职业适应性的量表极其罕见。已有的研究多以某一具体职业为标准，从微观角度来研究该职业应具备的能力和素质特征，缺乏从宏观角度对职业适应性的研究，所用来测量适应性的指标不统一，缺乏可比性，研究成果"碎片化"严重，缺乏系统性。⑤研究视角不够广阔。职业适应性具有层次性，当下学人都更倾向于从单一的视角入手对其进行研究，因而是远远不够的。

三、研究展望

（一）理论基础研究有待加强，以指导培养职业适应性的具体实践

我国关于职业适应性研究最大的问题在于理论性不强。因此，迫切需要解决的问题是，要从理论的角度加强对职业适应性的研究，厘清职业适应性概念的内涵和外延，并从社会学、心理学、管理学、教育学等学科中找寻相关联的理论养分。比如，伏吉特教授等人基于适应性的就业能力理论就特别强调个体适应性因素，并认为它是个人就业能力中最重要的组成部分。适应性是指根据环境需求改变行为、感受和思维方式的意愿和能力。适应性的组成维度之一是预见性，具有预见性的个体更有能力影响环境使其发生改变，更容易取得成功。个体的适应性与自我定位、抓住机遇的能力、控制感、自我效能感、信息寻求等因素都存在紧密的联系。❶ 心理动力学理论、特性—因素论、职业性向理论、职业发展阶段理论、职业成熟度理论、个性工作适应理论、阶层背景理论、竞争能力假设、社会支持网假设、人的社会化理论等，都值得深入探究，以指导职业适应性研究，指导职业适应性培养的具体实践。

（二）职业适应性研究对象应涉及各个阶层的职业人群，实现"人职匹配"，建设和谐职业心理

职业适应性研究对象不够丰富是我们不得不关注的问题。只有将职业

---

❶ 高艳，乔志宏，张建英．基于适应性的就业能力研究及启示［J］．山西大学学报（哲学社会科学版），2010（3）：70-74.

适应性研究对象扩展至各个阶层的职业人群，并从职前、职中、职后等不同时期加以研究，以发展的眼光来探索不同职业人群的职业适应性存在的问题，探寻其原因，寻求有效解决问题的办法和策略，才能真正实现"人职匹配"，建设和谐的职业心理，进而建设和谐社会。

（三）研究方法要定性与定量相结合，既有质性研究，又有量化统计，不断提高研究的水准

过往关于职业适应性的研究方法不够多样。我们认为，在开展职业适应性研究时，要真正做到定性与定量相结合。既要开展质的研究，大力推广田野调查，通过有针对性的抽样选择特定的个案进行研究，对被访者工作史加以挖掘，进行理论的构建或对问题进行解释；又要重视量的研究，通过对足够容量的样本进行调查研究，探索被试在职业适应性方面的共同性与差异性，提升定量研究的品质。在研究职业适应性时，不要将其看成是职业人群的、孤立的职业素质，而要和其他因素，如人格特质、职业认同、人力资本和社会资本等因素结合起来分析，建立数学模型，不断提高研究的水准。

（四）在建立本土化的理论基础上，开发适合于不同人群的职业适应性问卷，保证研究工具的科学性

研究工具不够权威是进行职业适应性定量研究最集中的、最明显的缺陷。因为缺乏比较统一的职业适应性评价标准和测量量表，各种零散的测量问卷和测评方法难以得到认可与推广。因此，我们要在深入研究本土化的职业适应性理论的基础上，从宏观的视角出发，开发适合不同职业人群的职业适应性量表，以保证研究工具的科学性。

（五）研究视角要多元化，从社会学、心理学、教育学、管理学等学科出发，多维度、立体交叉地开展研究

过往关于职业适应性的研究，视角不够广阔是显而易见的问题。今后我们在开展职业适应性研究时，要以社会学、心理学、管理学、教育学等学科理论为依据，多维度、立体交叉地开展"行动研究"，在行动中研究，在研究中行动，研究者要学会多角度提出问题、分析问题、解决问题，更要注重研究成果对培养不同职业群体职业适应性的影响作用。

第二节 高职生职业适应性的现状分析

职业适应性究其实质来说，是一种职业能力，它是个体与某一特定职业环境交互作用的产物，职业适应性具有层次结构性。它是指个体与某一特定的职业环境进行互动，对自身的职业角色、能力、态度、价值观及人际关系进行评估并不断做出调整以达到和谐的过程。职业适应性的构成要素应包括职业环境适应性、职业角色适应性、职业技能适应性、职业人际适应性、职业心态适应性等。职业适应性的形成与发展是个体社会化的一项基本任务，是每个准备走上工作岗位、进入社会生活领域的职业人必须解决好的一个重要问题。❶ 不仅如此，对于每一个试图进入新领域或者新岗位的职业人来说，职业适应性的高低已经成为他们各项基本素质中的一项核心内容，在某种程度上不仅决定了他们就业的成功率，而且对于其职业生涯发展、劳动力市场的稳定、社会的和谐发展都具有十分深远的影响。本研究主要采用问卷调查法，对高职生的职业适应性现状进行调查和分析，并从学校和高职生自身出发，有针对性地提出培养高职生职业适应性的对策。

一、研究方法

（一）研究工具

本研究采用的"职业适应性问卷"包括 48 个问题项目，5 个分量表，分别测量高职生在职业选择适应性、职业心态适应性、职业环境适应性、学习与技能适应性和职业人际适应性方面的表现。经检测，该问卷的克龙巴赫 α 系数范围在 0.8326 ~ 0.8774，总体 α 系数为 0.8367，表明问卷有较高的内部一致性信度，该问卷的内容效度和结构效度良好。问卷采用的是 5 点计分制评估，要求被试对每个评价项目与自身情况的符合程度进行判

---

❶ 贾晓波. 论大学生职业适应性发展现状与就业能力培养 [J]. 天津师范大学学报（社会科学版），2005（3）：68 – 73.

断，统计时从非常不符合到非常符合，依次计分为 1、2、3、4、5 分（反向计分题目依次记为 5、4、3、2、1）。由研究者担任主试，采用集体施测的方式，给予足够的时间请被试答卷。对问卷数据的统计分析采用 SPSS for Win13.0 软件包处理。

（二）研究对象

本研究的被试为江苏省常州市四所高职院校的学生，采用分层随机抽样原则，共发放问卷 500 份，回收 471 份，其中有效问卷 413 份，有效率回收为 82.60%。其中，男生 176 人，女生 237 人；大一 252 人，大二 161 人；文科类学生 86 人，理科类学生 153 人，工科类学生 76 人，艺术类学生 98 人；生源地为城镇的学生 139 人，农村学生 274 人；独生子女 201 人，非独生子女 212 人；没有担任学生干部的 207 人，担任班级学生干部的 107 人，担任学校、学院（系）学生干部的 99 人；没有获得奖学金的 258 人，获得过一次的 101 人，获得过两次的 26 人，获得过三次以上的 28 人。

二、研究结果

（一）高职生职业适应性的基本情况

职业适应性各因子的均数排序如表 15-1 所示。

表 15-1　职业适应性各因子的均数排序

职业适应性因子	M	SD	排序
职业选择适应性	2.7373	0.49409	5
职业心态适应性	3.7285	0.55964	1
职业环境适应性	3.2841	0.51278	4
学习与技能适应性	3.3995	0.64950	3
职业人际适应性	3.5395	0.51833	2

由表 15-1 可发现，高职生职业适应性的总均分为 3.3378，说明高职生的职业适应性处于一般水平，其中职业心态适应性（$M = 3.7285$）得分最高，职业人际适应性（$M = 3.5395$）和学习与技能适应性（$M = 3.3995$）分别位于第二、三位，职业环境适应性（$M = 3.2841$）和职业选择适应性（$M = 2.7373$）相对较差，排在第四、第五位。

（二）不同类型高职生职业适应性的水平差异研究结果

1. 高职生职业适应性的性别差异研究结果（见表 15 – 2）

表 15 – 2　高职生职业适应性性别差异的显著性检验

	男生		女生		t	p
	M	SD	M	SD		
职业选择适应性	2.8627	0.47568	2.6442	0.48781	4.550***	0.000
职业心态适应性	3.7662	0.54497	3.7004	0.56982	1.182	0.238
职业环境适应性	3.3722	0.51323	3.2187	0.50362	3.037**	0.003
学习及技能适应	3.5095	0.60807	3.3179	0.66825	3.035**	0.003
职业人际适应性	3.5814	0.51702	3.5084	0.51819	1.417	0.157

注：$^{*}p<0.05$，$^{**}p<0.01$，$^{***}p<0.001$，下同。

由表 15 – 2 可知，经独立样本 t 检验发现，不同性别的高职生在职业选择适应性、职业环境适应性、学习与技能适应性方面存在显著差异（$p<0.01$），并且男生均高于女生。

2. 高职生职业适应性的年级差异研究结果（见表 15 – 3）

表 15 – 3　高职生职业适应性年级差异的显著性检验

	大一		大二		t	p
	M	SD	M	SD		
职业选择适应性	2.6779	0.48161	2.8302	0.50051	-3.087**	0.002
职业心态适应性	3.6859	0.55056	3.7950	0.56892	-1.938	0.053
职业环境适应性	3.2718	0.51587	3.3033	0.50891	-0.608	0.543
学习与技能适应性	3.3485	0.6318	3.4793	0.67050	-2.003*	0.046
职业人际适应性	3.5020	0.51826	3.5983	0.51455	-1.848	0.605

由表 15 – 3 可知，经独立样本 t 检验发现，不同年级的高职生在职业选择适应性方面存在非常显著性差异（$t=-3.087$，$p<0.01$），另外在学习与技能适应性方面也存在显著差异（$t=-2.003$，$p<0.05$），说明在职业选择和学习技能适应方面，大二比大一学生有了显著提高。

3. 高职生职业适应性的专业差异研究结果（见表 15 - 4）

表 15 - 4　高职生职业适应性专业差异的单因素方差分析结果

因素	专业	均数	标准差	F 值	p
职业选择适应性	文科类	2.6705	0.55364	0.794	0.498
	理科类	2.7473	0.48708		
	工科类	2.7368	0.47004		
	艺术类	2.7806	0.46872		
职业心态适应性	文科类	3.7890	0.57467	1.633	0.181
	理科类	3.7750	0.54965		
	工科类	3.6654	0.56451		
	艺术类	3.6515	0.55274		
职业环境适应性	文科类	3.2442	0.49156	0.575	0.632
	理科类	3.3105	0.53601		
	工科类	3.2412	0.53913		
	艺术类	3.3112	0.47482		
学习及技能适应性	文科类	3.3876	0.70314	0.311	0.817
	理科类	3.4390	0.67015		
	工科类	3.3728	0.67047		
	艺术类	3.3690	0.55056		
人际适应性	文科类	3.5620	0.50426	1.865	0.135
	理科类	3.5959	0.50244		
	工科类	3.4298	0.56127		
	艺术类	3.5170	0.51356		

经单因素方差分析发现，表 15 - 4 中不同因素的 p 值均大于 0.05，说明不同专业的高职生的职业适应性不存在显著性差异。

4. 高职生职业适应性的生源地差异研究结果（见表 15 - 5）

表 15 - 5　高职生职业适应性生源地差异的显著性检验

	城镇		农村		t	p
	M	SD	M	SD		
职业选择适应性	2.7962	0.50919	2.7074	0.2927	1.729	0.085
职业心态适应性	3.7297	0.50979	3.7278	0.3529	0.032	0.975

	城镇		农村		t	p
	M	SD	M	SD		
职业环境适应性	3.3705	0.50602	3.2403	0.3090	2.463 *	0.014
学习与技能适应性	3.4484	0.6174	3.3747	0.4017	1.091	0.276
职业人际适应性	3.5899	0.46896	3.5140	0.3266	1.408	0.160

由表 15-5 可知，经独立样本 t 检验发现，城镇和农村学生在职业环境适应性方面有显著差异（$p < 0.05$），且城镇学生优于农村学生。

5. 高职生职业适应性在独生子女方面的差异研究结果（见表 15-6）

表 15-6　独生与非独生子女的职业适应性差异比较

	独生子女		非独生子女		t	p
	M	SD	M	SD		
职业选择适应性	2.8051	0.47962	2.6730	0.50009	2.739 **	0.006
职业心态适应性	3.7342	0.56893	3.7230	0.55199	0.202	0.840
职业环境适应性	3.3516	0.52143	3.2201	0.49725	2.622 **	0.009
学习与技能适应性	3.4295	0.63891	3.3711	0.65963	0.914	0.361
职业人际适应性	3.5688	0.51245	3.5118	0.52353	1.118	0.264

由表 15-6 可知，经独立样本 t 检验发现，独生子女和非独生子女在职业选择适应性方面（$t = 2.739$，$p < 0.01$）和职业环境适应性方面（$t = 2.622$，$p < 0.01$）存在显著性差异，且独生子女要优于非独生子女。

6. 高职生职业适应性在担任职务情况方面的差异研究结果（见表 15-7）

表 15-7　担任不同职务对职业适应性的影响差异比较

因素	担任职务情况	均数	标准差	F 值	p
职业选择适应性	无	2.6795	0.50413	7.099 **	0.001
	班级学生干部	2.7009	0.48388		
	系（院校）学生干部	2.8973	0.45220		
职业心态适应性	无	3.6591	0.57876	3.508 *	0.031
	班级学生干部	3.7704	0.57671		
	系（院校）学生干部	3.8283	0.48034		

续表

因素	担任职务情况	均数	标准差	F 值	p
职业环境适应性	无	3.2576	0.51558	1.387	0.251
	班级学生干部	3.2664	0.48286		
	系（院校）学生干部	3.3586	0.53577		
学习及技能适应性	无	3.2786	0.67247	10.394 ***	0.000
	班级学生干部	3.4190	0.60152		
	系（院校）学生干部	3.6313	0.58818		
人际适应性	无	3.5016	0.52679	2.988	0.051
	班级学生干部	3.5109	0.49275		
	系（院校）学生干部	3.6498	0.51700		

由表 15 - 7 可知，通过单因素方差分析，是否担任过学生干部在职业选择适应性（$F = 7.099$，$p < 0.01$）、职业心态适应性（$F = 3.508$，$p < 0.05$）、学习与技能适应性（$F = 10.394$，$p < 0.001$）方面有显著差异，经事后检验分析发现，在职业选择适应性方面，担任过系（院校）干部的学生要显著优于其他两种学生，而未担任过干部的学生与班级学生干部之间无显著差异。在职业心态适应性方面，担任过系（院校）干部的学生要显著优于未担任过干部的学生，在学习及技能适应性方面，担任过系（院校）干部的学生要显著优于其他两种学生，而未担任过干部的学生与班级学生干部之间无显著差异。而在职业环境适应性和职业人际适应性方面是否担任学生干部无显著影响。

7. 高职生职业适应性在获得奖学金情况方面的差异研究结果（见表 15 - 8）

表 15 - 8 获得奖学金情况对职业适应性影响差异比较

因素	奖学金获得情况	均数	标准差	F 值	p
职业选择适应性	没有获得过	2.7035	0.48724	5.709 **	0.001
	获得过一次	2.6947	0.47555		
	获得过两次	3.0705	0.55412		
	获得过三次及以上	2.8929	0.44029		

续表

因素	奖学金获得情况	均数	标准差	F 值	p
职业心态适应性	没有获得过	3.6916	0.54950	2.808*	0.039
	获得过一次	3.7157	0.56550		
	获得过两次	3.967	0.62113		
	获得过三次及以上	3.8929	0.51673		
职业环境适应性	没有获得过	3.2636	0.53896	2.766*	0.042
	获得过一次	3.2574	0.44567		
	获得过两次	3.5577	0.49428		
	获得过三次及以上	3.3155	0.45664		
学习及技能适应性	没有获得过	3.3385	0.65189	4.643**	0.003
	获得过一次	3.3977	0.66080		
	获得过两次	3.7308	0.56584		
	获得过三次及以上	3.6607	0.51616		
人际适应性	没有获得过	3.5194	0.52299	2.393	0.068
	获得过一次	3.5050	0.49635		
	获得过两次	3.7756	0.56949		
	获得过三次及以上	3.6310	0.46116		

由表 15-8 可知，通过单因素方差分析，奖学金的获得情况对学生的职业选择适应性（$F = 5.709$，$p < 0.01$）、职业心态适应性（$F = 2.808$，$p < 0.05$）、职业环境适应性（$F = 2.766$，$p < 0.05$）和学习与技能适应性（$F = 4.643$，$p < 0.01$）方面有显著差异，经事后检验分析发现，在职业选择适应性和职业心态适应性方面获得过两次奖学金的学生优于没有获得过奖学金的学生，而在职业环境适应性方面，获得过两次奖学金的学生优于未获得过和获得过一次奖学金的学生，在学习与技能适应性方面，获得过两次奖学金的学生优于未获得过和获得过一次奖学金的学生，获得过三次奖学金的学生优于没有获得奖学金学生，在职业人际适应性方面，获得过两次奖学金的学生优于未获得过和获得过一次奖学金的学生。

三、分析与讨论

（一）高职生职业适应性的总体情况

从调查对象的自评得分中分析得出，高职生总体职业适应均分为 3.3378，说明高职生已经具备了一定的职业适应性，但仍有待进一步提高，各因子均分排名依次为职业心态适应性、职业人际适应性、学习与技能适应性、职业环境适应性、职业选择适应性，五个因子之间均值差异较大，相比较而言，职业心态和职业人际适应性相对较高，而职业选择适应性比较低。

大学生职业适应性问题，已成为学术界关注的焦点。滕玉成、许关众（1999）的实证研究指出，多数大学生在刚参加工作时，认为自己能力不适应职场需要。[1] 贾晓波（2005）的研究表明，大学生存在职业选择意识的形成相对滞后、职业适应水平偏低等问题。[2] 在邓碧会、邓维、李兢的研究中，大学生的职业适应性处于一般水平，学习与技能适应性得分最高，职业人际适应性和职业心态适应性得分位于第二、第三位。职业选择适应性和职业环境适应性得分相对较低，排在第四、第五位，与本研究结果较一致。[3]

高职生职业适应性水平中等，究其原因，首先，可能是当前我国高等职业教育与社会现实存在一定的脱节，集中表现在培养目标与市场需求的不相适应、教育的评价机制还不够完善，对学业水平的考察和评价仍然局限于各种理论考试，而忽视了对职业技能和心态的教育；其次，虽然高职生获得的企业、政府、中介组织以及其他社团组织等机构的支持不断加强，但这种正式支持在高校毕业生就业过程中发挥的作用还很微弱；最后，高职生的职业理想期待与现实环境存在一定差距，因此改善高职院校

---

[1] 滕玉成，徐关众. 大学毕业生职业适应调查分析 [J]. 青年研究，1999（10）：20–24.

[2] 贾晓波. 论大学生职业适应性发展现状与就业能力培养 [J]. 天津师范大学学报（社会科学版），2005（3）：68–73.

[3] 邓碧会，邓维，李兢. 大学生职业适应性状况及相关对策的实证研究 [J]. 重庆大学学报（社会科学版），2008，14（4）：59–63.

职业培养与指导模式，提升高职生职业适应性迫在眉睫。

（二）高职生职业适应性状况的比较分析

1. 高职生职业适应性的性别差异讨论

关于青年人群职业适应性的性别差异的研究并没有统一的结论，风笑天、王小璐（2003）在研究中指出，城市青年的职业适应性与性别无显著相关。❶ 而邓碧会（2008）等人的研究指出男女大学生在总体职业适应性上具有显著性差异，男大学生的职业适应性高于女大学生，主要表现在男大学生的职业环境适应性高于女大学生。❷ 在本研究中不同性别的高职生在职业选择适应性、职业环境适应性、学习与技能适应性方面存在显著差异（$p < 0.01$），并且男生均高于女生。

在职业选择方面男女生的差异可能是因为社会对男女的期望值不同，男生有较高的成就动机，在择业时较为主动积极，已有研究表明，❸ 女生在职业选择自主性和择业自信方面较男生更低。从企业自利角度看，许多用人单位认为女性生育等问题会影响工作，给企业带来经济损失，因此往往不愿招用女性工作人员，一些高强度、高危险性的工作往往需要男性承担，这也是造成女性在择业中处于相对弱势的原因。

在职业环境适应性方面，由于受传统文化的影响，女性在职业环境中处于相对弱势的地位，她们往往将更多的精力投入到家庭方面，这就造成了其在胆量、成就动机、承受力等素质上与男性相比处于相对的弱势。❹ 这在一定程度上影响女大学生对职业环境的认识。因此，女大学生对能否适应职业环境表现出更多的不自信。

在学习与技能适应性方面，由于高中及大学阶段，男生的机械操作能力、空间能力，数学运算能力等在标准化测验上均优于女生，因此在受这

---

❶ 风笑天，王晓璐．城市青年的职业适应：独生子女与非独生子女的比较研究［J］．江苏社会科学，2003（4）：18－23．

❷ 邓碧会，邓维，李兢．大学生职业适应性状况及相关对策的实证研究［J］．重庆大学学报（社会科学版），2008，14（4）：59－63．

❸ 喻永红，李志．当代大学生职业价值观的特点与教育对策研究［J］．教育探索，2003（12）：75－77．

❹ 王凤华．论女大学生职业能力建设［J］．求索，2004（3）：164－165．

些能力影响的学习与技能适应性方面男生必然要优于女生。

2. 高职生职业适应性的年级差异讨论

本研究发现，不同年级的高职生在职业选择适应性方面（$p < 0.01$）和学习与技能适应性方面（$p < 0.05$）均存在显著性差异，说明经过一年的学习，大二的学生比大一学生的职业选择及技能学习有了显著提高。此研究结果与多数前人研究结果一致，如邓碧会（2008）等人的研究表明，高年级大学生的职业适应性显著高于低年级大学生（$p < 0.05$），主要表现在高年级学生在职业选择和职业环境适应性上均高于低年级大学生。[1]

造成不同年级的职业适应性差异的原因主要有：高年级学生的自我意识水平、思维方式、认知能力和社会化程度趋于完善，更加清楚自己的人格特点、能力水平等与不同职业的匹配情况，在学习、工作以及人际关系上都能够根据实际情况适当调整来适应周围环境的变化。这在一定程度上也表明高年级学生更清楚职业对其素质水平的需要，而低年级学生由于距离毕业时间还较长，他们对自己是否适应未来职业的需要关注不够。另外，随着年级的上升，高年级学生面临着比低年级学生更大的就业压力，学习的动力也高于低年级学生。最后，高年级学生获得的就业指导和实践机会要高于低年级，这都在一定程度上培养了高年级大学生的职业适应性。

3. 高职生职业适应性的专业差异讨论

本研究发现，不同专业的高职学生之间的职业适应性无显著差异，这个研究结论与前人不同，在邓碧会（2008）等人的研究中，理工科、文科及艺体生三者无论是在职业适应性上还是各个具体因子方面都具有显著性差异（$p < 0.05$），具体表现为理工科学生高于文科学生，高于艺体类学生。[2] 在职业认知适应、职业角色适应和学习及技能适应方面，理工科学生的适应性都明显高于文科学生。并认为原因主要是理工科类在校接受了

---

[1] 邓碧会，邓维，李兢. 大学生职业适应性状况及相关对策的实证研究 [J]. 重庆大学学报（社会科学版），2008，14（4）：59–63.

[2] 邓碧会，邓维，李兢. 大学生职业适应性状况及相关对策的实证研究 [J]. 重庆大学学报（社会科学版），2008，14（4）：59–63.

相对较多的专业技术训练技术含量高、针对性强。因此相应行业的社会需求较大，而文艺类学生专业素质要求较为单一，技术含量不高，且工作岗位的可替代性较强，因此其竞争力不如理工科学生。

造成本研究与其他研究不同的原因有：首先，从调查对象上看，本研究主要集中于长三角地区的高职生，这一地区的就业机会较多，对各种专业的需求量都比较大，因此，无论理工科还是文艺类的学生都对未来的职业生活表现出一定的自信。其次，一般情况下理工类学生中男生较多，而文艺类学生中女生占多数，随着经济和社会的发展，许多岗位对性别的要求开始淡化，女生在职业社会中开始占据了相当重要的地位，因此体现在专业上就是不同专业之间就业适应相差不大。最后，虽然理工科专业的就业针对性强，但文科生的就业面更加宽广，可以适应许多不同的岗位，因此造成不同专业之间的职业适应性差异不大。

4. 不同生源地高职生职业适应性差异讨论

关于农村和城市的高职生的职业适应性差异研究方面，本研究发现城镇和农村学生在职业环境适应性方面有显著差异（$p < 0.05$），且城镇学生优于农村学生。在人际交往方面，城镇学生交往方式新奇多样，而农村学生的人际交往相对来说较为单一，因此农村学生面临全新的人际环境时，难免会使他们产成自卑心理，在人际交往中容易形成封闭被动的行为模式，进而导致其人际适应能力较差。在职业环境适应性方面不同生源地之间的差异主要是由于我国现行的户籍制度导致城乡经济文化差距拉大、教育资源配置不公平。使得城市户籍的学生在经济条件、文化水平、社会资源等方面都优于农村户籍学生，因此相对于农村学生来说，城镇学生见多识广，有更多的人际交往技巧，因此能够适应各种不同的职业环境。而相对来说，农村的学生朴实单纯，自尊心较强，在复杂的职业环境中有时会不知所措，不如城镇学生灵活多变。

5. 独生与非独生子女的职业适应性差异讨论

在已有的研究中，关于独生与非独生子女的职业适应性差异并没有统一结论。风笑天、王小璐（2003）的研究发现，在职业适应方面，独生子女青年与同龄的非独生子女青年的适应状况没有显著差异。❶ 本研究发现，独生子女在职业适应性的各个因子方面均优于非独生子女，且在职业选择适应性方面和职业环境适应性方面差异显著（$p < 0.01$）。原因可能是由于独生子女从父母那里能获得更多的关爱，有较高的安全感与信任感，此外，独生子女由于没有兄弟姐妹，因此与同伴的交往相对较多，而这种交往模式类似与工作环境中的人际交往。另外独生子女相对于非独生子女可以获得更多社会资源，且家庭压力比较小，获得较好的教育资源和成长环境，在某种程度会缩小现实能力与未来职业的差距，缓减他们的就业选择压力。

6. 担任不同职务对职业适应性的影响差异讨论

本研究则认为在职业选择、职业心态、学习及技能方面两者差异显著。原因主要有：一方面，担任过干部的高职生参加的活动较多，获得锻炼的机会要多于没有担任干部的高职生，因此对自己的人格特征，能力等方面有更好的了解，职业方向的选择比较清晰；另一方面，学生干部有较强的交往愿望和乐群倾向，比较热情、外向，能更积极地参加或组织社团活动，合作与适应的能力较强，因此与同年级的普通学生相比，学生干部在具体事务和社会活动上更加主动、自制力更高，紧张性和压力感更低，更能沉着应付工作中的复杂局面甚至挫折情境。❷

7. 获得奖学金情况对职业适应性影响差异讨论

本研究发现，奖学金的获得情况对职业适应性的影响差异较大，除了职业人际适应性因子方面的差异不显著外，其他因子均达到了显著水平，且通过事后检验发现，获得过两次奖学金的学生职业适应能力最好，显著优于其他学生。究其原因，首先与没有获得过及获得过一次奖学金的学生相比，两次获得奖学金的学生学习能力较强，学习与技能适应性方面较好。与获得过三次奖学金的学生相比，获得过两次奖学金的学生可能较少

❶ 风笑天，王晓璐. 城市青年的职业适应：独生子女与非独生子女的比较研究 [J]. 江苏社会科学，2003（4）：18 - 23.
❷ 王益明，金瑜. 普通大学生、三好学生及学生干部人格特征的比较研究 [J]. 华东师范大学学报（教育科学版），2000（4）：44 - 46.

投入学习活动，有更多的课外活动和人际交往，压力较小，有更多的时间探索自己，因此其职业心态和职业选择性较好，总而言之，获得过中等数量奖学金的学生既有较好的学习和技能获得能力，又有宽广的交际面和实践活动经验，其职业适应性必然优于其他学生。

通过调查研究发现：第一，高职生职业适应性位于一般水平，且各因子间差异显著；第二，高职生职业适应性在专业上不存在显著差异；第三，高职生职业适应性在性别、年级、生源地、是否为独生子女、担任职务情况及奖学金获得情况方面有显著差异。在性别方面，男生优于女生；在年级方面，高年级优于低年级；独生子女优于非独生子女；担任职务情况与职业适应性呈正相关；获得两次奖学金的学生职业适应性最好。

第三节　提升高职生职业适应性的积极教育策略

高职院校招生难，就业难，教育质量不高，上大学回报率太低，已经是客观现实。中国的高职教育正从"规模扩张"向"内涵建设"的发展模式迅速转型，进入了改革和发展的关键期。而高职教育"内涵建设"的关键则是培养和开发高职学生的就业能力，它关系到高职生的前途和命运，关系到高职院校的改革和发展。主要在厘清就业能力内涵和构成要素的基础上，突出适应性在就业能力中的核心价值，分析高职生就业能力的现状，并从政府承担责任、学校坚守本分，企业勇于担当，学生自觉自愿等角度深入探析开发高职生就业能力的策略，以期形成合力，达到提升高职生职业适应性的目的。

一、职业适应性：就业能力的核心要素

（一）就业能力的内涵及其构成要素

20 世纪 90 年代，进入了无边界职业生涯时代，就业能力研究成为学界的热点问题，从不同的角度和学科进行探讨，导致这个概念的模糊和多样化。在进入 21 世纪之后，就业能力研究关注的焦点从劳动者的"可转化的就业能力"转向个人发展计划、终身学习等方面。从国家的层面对就

业能力加以研究，是当下的时代特征。近年来，西方有代表性的主要包括以下几种观点：

Hillage & Pollard（1999）认为，就业能力指的是通过在劳动力市场内的充分流动和可持续的就业实现自我潜能的能力。❶ Forrier & Sels（2003）则把就业能力更严格地定义为"个体在内部和外部劳动力市场获得就业的机会。"❷ Lee Harvey（2003）首先提出就业能力包含终身学习的能力和品质，拓宽了就业能力概念的内涵和外延。他认为就业能力不仅仅是获取工作的能力，而应是一个终身学习的过程。❸ Fugate，Kinicki 和 Ashforth（2004）认为，就业能力是一种嵌入于个人特性中的心理社会建构（psycho - social construct），是工作特有的一种积极适应性，它使雇员能够识别和实现职业机会，促进工作之间、工作内部及组织之间的流动。就业能力维度主要包括四个方面，即职业认同、个人适应性、社会资本和人力资本。❹ Van der Heijde & Van der Heijden（2006）界定就业能力为"通过胜任力的最优使用，持续性地实现、获得和创造就业"，是"工作专门的积极适应性的一种形式，这种适应性能使工人识别和实现职业机会。"具体表现为职业专长、期望与优化、个人灵活性（适应性）、公司意识、平衡。❺ Ronald W McQuaid 和 Colin Lindsay（2005）提出了"全面的就业能力"概念，认为从广义就业能力的视角更能帮助研究者识别影响个人获得工作可能性的全景性因素，就业能力包括三个相互关联的组成部分：以个人就业技能、幸福状态、工作搜寻、适应性等为主的个体因素；由工作文化和资源可及性等构成的个人环境因素；由当地劳动力市场特点、宏观经济需求因

❶ Hillage, J. and Pollard, E. Employability：Developing a framework for policy analysis［M］. RR85，DfEE Publications，London，1999.

❷ Forrier, A. & Sels, L. The concept employability：A complex mosaic［J］. International Journal of Human Resources Development and Management，2003（3）：102 – 124.

❸ 谭铮. 大学生就业能力概念辨析［J］. 江苏高教，2010（4）：81 – 82.

❹ Fugate, Kinicki and Ashforth. Employability：A psycho – social construct, its dimensions and applications［J］. Journal of Vocational Behavior，2004（65）：14 – 38.

❺ Vander Heijde & Van der Heijden. A Competence – based and Multidimensional Operationalization and Measurement of Employability［J］. Human Resource Management，2006，45（3）：449 – 476.

素与政策等构成的外部因素。❶

我国关于就业能力的研究起步比较晚，而且主要是围绕大学生这一特殊群体来展开的。在我国较早对大学生就业能力进行定义的是郑晓明（2002），他认为就业能力是指大学毕业生在校期间通过知识的学习和综合素质的开发而获得的能够实现就业理想、满足社会需求、在社会生活中实现自身价值的本领。❷张丽华（2005）等通过自编问卷调查，认为大学生就业能力主要由思维能力、社会适应能力、自主能力、社会实践能力和应聘能力构成。❸阎大伟（2007）认为，就业能力具体包括功能性能力、可迁移能力、自我管理或适应能力。❹朱新秤（2009）认为，大学生就业能力指的是大学生成功获得工作、保持工作及转换工作时所具有的知识、技能及各种个性特征的集合，其心理结构应包括：职业认同、专业知识与技能、社会资本、个人适应能力。❺李恩平等（2010）认为，大学生就业能力由基础能力、专业能力、个人特质和社会适应能力四个维度构成。❻乔志宏等（2011）主要以 Fugate 的就业能力理论为研究基础，通过实证研究认为，中国大学生的就业能力是一个心理—社会结构，由职业认同、适应性、人力资本和社会资本构成。❼黄新敏等（2012）认为，在无边界职业生涯时代背景下，大学生就业能力是指他们在求职、择职、固职和升职过程中体现出来的一种综合能力，主要由学习能力、可雇用能力、自我管理能力、社会适应能力四个维度构成。❽

---

❶ Mcquad，R. W. and Lindsay，C. The concept of employability［J］. Urban Studies，2005，42（2）：197 – 219.

❷ 郑晓明. "就业能力" 论［J］. 中国青年政治学院学报，2002（3）：91 – 92.

❸ 张丽华，刘晟楠. 大学生就业能力结构及发展特点的实验研究［J］. 航海教育研究，2005（1）：52 – 54.

❹ 阎大伟. 试论大学生就业能力的构成和要素［J］. 青海社会科学，2007（6）：28 – 31.

❺ 朱新秤. 大学生就业能力心理结构探析［J］. 教育研究与实验，2009（3）：85 – 88.

❻ 李恩平，牛冲槐，董国辉. 大学生就业能力结构维度探讨与对策研究［J］. 生产力研究，2010（3）：168 – 170.

❼ 乔志宏，王爽，谢冰清，王祯. 大学生就业能力的结构及其对就业结果的影响［J］. 心理发展与教育，2011（3）：274 – 281.

❽ 黄新敏，吴旭红，黄一岚. 无边界职业生涯时代大学生就业能力探究［J］. 教育发展研究，2012（1）：41 – 45.

（二）适应性：就业能力的核心因素

（1）在无边界职业生涯时代，职业适应性是人们就业能力的核心要素，是人们获得职业机会，适应职业环境，实现职业流动的前提条件。

（2）从职业心理学的角度来讲，作为职业人，无论是个人适应性，还是社会适应性，都应涵盖于职业适应性范畴之内，换句话说，职业适应性主要包括个人适应性和社会适应性两个方面。不过，西方研究者强调个人适应性，中国学人则更强调社会适应性。

（3）我们认为，职业适应性究其实质来说，是一种职业能力，它是个体与某一特定职业环境交互作用的产物，职业适应性具有层次结构性。它是指个体与某一特定的职业环境进行互动，对自身的职业角色、能力、态度、价值观及人际关系进行评估并不断做出调整以达到和谐的过程。因此，我们认为职业适应性的构成要素应包括职业环境适应、职业角色适应、职业技能适应、职业人际适应、职业心态适应等。❶

二、高职生就业能力的现状：职业适应性水平低下

随着高校不断扩招，大学生在精神层面依然是"天之骄子"，在职场方面却是"弱势群体"，就业压力持续升高，就业质量不断下降，就业回报遥遥无期。王静波（2011）等学者认为，不同层次的大学生就业能力及各维度差异显著，重点本科院校大学生就业能力相对较强，一般本科院校大学生次之，高职院校毕业生就业能力最弱。❷ 这也符合教育经济学中的教育筛选假设理论，说明高职教育对就业能力的培养并没有得到企业的认可。高职教育因为规模扩张过快，办学条件无法支撑内涵建设，教学质量明显下降，导致了社会对高职毕业生就业能力认同度低。我们通过进一步地探析发现，高职生的职业适应性水平低下是导致其就业能力不足的根本原因。

---

❶ 谭明，方翰青 . 我国职业适应性研究综述［J］. 中国职业技术教育，2012（18）：34 - 39.

❷ 王静波，王翡翠 . 雇主视角下大学生就业能力状况探析［J］. 现代大学教育，2011（4）：87 - 92.

（一）从职场要求角度来看，高职院校毕业生的个人适应性孱弱

高职毕业生自身的就业"硬实力"与职场要求有较大的差距，充分地体现其个人适应性的严重不足。主要表现为：

（1）职场现实与职业期望的不一致，导致高职生职业心态适应性水平低下。高职生在学习期间对于自己未来职业的薪水、待遇、就业环境等总是充满了期待，但是他们在实习、见习期间渐渐对职场现实有更清楚的认识和了解，两者之间的落差，使很多高职毕业生无所适从，备受打击，势必会导致高职生职业心态消极倦怠、萎靡不振。

（2）岗位要求与职业能力的不相符，映衬出高职生职业技能适应性水平低下。对于用人单位来说，总是对应聘者提出实践经验的要求，希望他们上岗即为熟练工人。但是，现实情况是，高职生实践经验相当缺失，动手能力明显不足。笔者通过调查也发现，高职生本身对这个问题也有比较清楚的认识，他们认为自己"最为欠缺的是专业应用技能"，"对专业实践安排的满意度最低"，"缺乏实践，缺乏处理实际问题能力的培养"是当前高职专业教学中存在的主要问题。这恰恰说明高职生的职业技能适应性水平低下是不争的事实。

（3）职场竞争与职业素养的不匹配，凸显高职生职业角色适应性水平低下。当今社会的职场竞争如工作岗位的竞争，职位晋升的竞争，无处不在，无时不有。我们通过调查也发现，现今的高职生都是"90后"，其中部分人表示"讨厌充满竞争和压力的职场环境"，甚至觉得"社会和职场生活将会是令人失望的"，更有甚者表示"仍愿在家做啃老族，也不愿意出去工作"，充分证明了高职毕业生职业素养及职业心理准备明显不足，难于应对职场竞争，当然也体现出高职生职业角色适应性水平低下的现实状况。

（二）从社会心理素质角度来看，高职院校毕业生的社会适应性薄弱

高职毕业生自身的就业"软技能"与职场要求有较大的差距。目前雇主对毕业生的工作态度、职业道德、职业操守、人际关系处理、乐观向上、勤奋好学、自尊自爱、自信自强、开放宽容等心理品质和就业"软技能"十分重视。有调查显示，用人单位最看重的是员工的团队合作意识、人际沟通能力、责任心和吃苦耐劳精神。❶ 但现实状况是，高职毕业生工作责任感与合作意识差；高职毕业生不注重细节；高职毕业生心理承受能力差；高职毕业生人际关系处理能力差，❷ 有调查显示，中小民营企业对高职毕业生满意度最低三项技能依次为：责任心、职业道德和吃苦精神，❸ 而中小民营企业恰恰又是高职毕业生主要就业去向，高职院校毕业生以职业人际适应性为主要内容的社会适应性水平低下可见一斑了。

三、高职生就业能力开发和提升的着力点：凸显职业适应性的培养

"就业能力将个人特点和个人适应性与劳动力市场的情况和动向连接在一起，就业能力建设也演变成为一种由政府、用人单位和劳动者共同分担的责任。"❹ 我们认为，高职生的就业能力的开发和提升应找准着力点，而这个着力点就是凸显其职业适应性的培养。要培养高职生的职业适应性，政府、企业、学校和学生本身四方面的力量要协同作战，共同努力，各负其责，主动担当，才能达到目标。

（一）政府承担责任：高职生职业适应性培养的前提保障

（1）建立就业能力国家框架，把培养职业适应性上升到国家发展战略层面。目前，很多发达国家都有完善的就业能力政策和就业能力国家框架，把提升职业适应性上升到了国家发展战略层面。美国、澳大利亚、加拿大和英国在政策执行方面都很坚决果断，要求把就业能力框架内容纳入各级教育和培训体系，严格证书管理，将证书的获得与人员职业准入资格联系起来，从战略角度来说，对国民的职业适应性的培养具有非同寻常的意义。英国政府要求将就业能力纳入职业教育课程体系，同时要求高等教

---

❶ 王艳霞，由锋. 高职高专大学生就业能力提升策略［J］. 河北学刊，2011（6）：238 -241.

❷ 姜宇国. 论高职毕业生就业后职业适应性问题和就业能力的培养［J］. 黑龙江高教研究，2010（3）：102 -104.

❸ 邢戈，付景亮. 中小民营企业对高职毕业生就业能力满意度的调查研究［J］. 教育与职业，2010（32）：102 -103.

❹ 郭志文，宋俊虹. 就业能力研究：回顾与展望［J］. 湖北大学学报（哲学社会科学版），2007（11）：86 -91.

育机构在课程设计中涵盖个人适应性和社会适应性的内容，国家就业能力框架已经取得明显实效。❶ 这些做法对我们来说具有强烈的启示作用，只有把培养包括高职生在内的职业人群的职业适应性，放在国家政策关注的显著位置，将就业能力的提升作为国家战略进行统一规划与实施，才能真正促进就业，进一步提高组织的绩效，加速国家的经济增长。

（2）建立国家技能标准，解决高职院校人才培养质量的标准问题。1994 年美国国会成立的国家技能标准委员会（NSSB）督促政府、企业界、教育界和各种劳工组织重视就业能力并制定技能标准，还推动了 1998 年的"劳动力投资法"和"卡尔·D. 帕金斯职业技术教育法"的出台。❷ 这对于我们的启示是，国家应着力牵头组织各种行业协会、企业界、教育界的力量，制定具有强制性的"职业技能标准"，建立各个行业的"行业入职标准"，这对于培养技能型人才的高职院校来说，具有特别重要的意义，能解决人才培养质量的标准问题，从职业适应性培养的角度来说，则能解决高职毕业生"适应什么"的问题。

（3）保证高职院校实践教学所需资金的投入，切实提升高职生的职业技能和专业实践能力。"由于政府提倡工作本位的学习，因此政府特别拨款协助学校与雇主建立伙伴关系，来实行工作本位的训练"，❸ 美国以此来培养学生的职业技能和专业实践能力。目前，我国企业和高职院校或者由于节约人力资源成本，或者因为教育投入本身不足，都不大愿意为学生的实践教学"买单"，这样势必会影响高职生职业技能适应性的培养，进而影响其就业能力的开发和提升，因此，我们可以仿照美国的做法，由政府来担当这一责任，真正把培养高职生的职业适应性，开发和提升高职生的就业能力作为国家战略落到实处。

（4）教育教学评估标准应从注重"就业率"转向职业适应性水平。

---

❶ 刘丽玲. 论中国建立可就业能力国家框架的重要性［J］. 人口与经济，2009（6）：36 – 41.

❷ 罗恩立. 西方就业能力理论的演变轨迹与最新进展［J］. 经济问题探索，2011（11）：112 – 118.

❸ 陈均土. 美国大学生就业能力培养机制及其启示［J］. 教育发展研究，2011（19）：63 – 68.

"以就业为导向"是高职院校重要的办学理念，教育部《高职高专院校人才培养水平评估方案（试行）》中，提到了"就业"这一重要指标，遗憾的是，这一指标考核的观测点主要是"就业率"，将"近3年毕业生当年年底平均就业率"作为高职院校考核评价标准的依据，"近3年毕业生当年就业率≥90%为优秀，≥70%为合格"。为此，各高职院校公布的一次性就业率都不低，教育部、财政部公布的首批全国28所示范性高职院校中，毕业生一次就业率全部在91%以上，其中20所院校超过95%，**❶** 但在高就业率背后，却是高职毕业生及家长挥之不去的"就业难"之隐痛。学生职业适应性水平高低是衡量高职院校办学质量、办学水平、办学效益的重要指标之一，只有不断提升学生职业适应性水平，增强学生的就业能力，"就业率"才有意义和价值。因此，对高职院校的质量评价应从重视就业率转到学生的职业适应性水平上来。

（二）学校严守本分：高职生职业适应性培养的主导阵地

（1）将职业适应性的培养目标融合在人才培养计划之中。高职院校"以就业为导向"的办学理念，最直接的要求就是在人才培养目标中要突出培养学生的职业适应性，把学生的就业能力作为衡量办学水平和质量的核心指标。每个专业都要根据国家制定的"职业技能标准"和"行业入职标准"，详细规范职业道德、专业能力、职业技能、职业心理素质等方面的要求，在各专业人才培养方案体现具有强制性、指导性的职业适应性目标。我们还可以借鉴欧美等国的先进经验，如美、英等国的高校都主动与第三方市场调研机构合作，对用人单位员工的就业能力要求进行跟踪调研，并定期对本校学生的职业适应性水平进行科学测评。**❷** 这样做的好处是，一方面能掌握人力资源市场对就业能力不断变化的要求，适时的调整人才培养方案，另一方面能不断提升高职生的个人适应性和社会适应性水平。

（2）将职业适应性的考核过程体现在专业课程评价之中。高职院校培

---

❶ 冯俭. 高职毕业生就业质量问题浮出水面 [J]. 职业技术教育, 2008 (4)：66-68.

❷ 刘丽玲. 大学生就业能力研究——基于对管理类和经济类大学毕业生的调查 [J]. 教育研究, 2010 (3)：82-90.

养学生的职业适应性需要合理的课程设置作为保障，已经成为共识，将以职业适应性为核心的就业能力贯穿于整个课程体系之中，在课程的各个阶段渗透就业能力培养的观念，并结合人才培养目标适时进行职业适应性培养的实务性操作，反过来又推动专业课程的学习。"在提高学生就业能力的培养过程中，模块化、项目化的课程应占多数，评价这些课程中学生的表现，不能单单用最终成绩来评定，而是要引入多维成绩评价体系。"❶ 但是，高职院校适应大众化时代多样化人才培养质量观，建立有针对性的以职业适应性为核心的就业能力评价机制，既是工作中的重点，又是工作中的难点。在这一方面，可以借鉴英国 Luton 大学的经验，倡导各高校结合专业课程教学，建立学生职业适应性培养计划和档案，对每个学生的个人发展和能力成长进行系统的培养和详细记录，并将之作为学生的毕业档案之一，以供用人单位在招聘以及为毕业生进行职业规划时参考。❷

（3）将高职生职业适应性的培养落实在职业咨询之中。几乎所有的高职院校都设置了大学生职业指导中心，或者限于人力物力等物质条件，或者限于学识水平等个体素养，所开展的就业服务内容和形式都比较单一，仍然停留在宣讲就业政策、收集就业信息、分析就业形势、传授择业技巧、指导面试策略等低层次活动上，侧重于帮助学生采取合适的营销策略将自己推向社会，注重的是学校的"就业率"而不是高职生的职业适应能力。对于学生职业生涯的规划、职业心理的测评、职业问题的咨询、职业性向的塑造、职业技能的训练、职业潜能的开发、创业素质的培养等关乎学生职业适应性培养、开发和提升等方面涉及很少。职业适应性是人们充满个性化的职业素养的综合，职业咨询在培养高职生的个性化的就业能力方面能起到很好的作用。高职院校通过建立职业咨询机构，建设专业性强的职业咨询师队伍，大力开展职业咨询活动，帮助和引导学生进行自我探索，正确认识自己；了解工作世界，正确认识职业社会；消除职业选择和职业发展困惑，协助学生进行职业生涯决策；促进工作（Job）向职业

❶ 史秋衡，文静. 中国大学生的就业能力——基于学情调查的自我评价分析［J］. 北京大学教育评论，2012（1）：48－60.

❷ 叶晓倩. 大学生就业能力培养：英国经验及其启示［J］. 教育科学，2011（2）：90－96.

（Career）发展，● 突出强调针对性、实效性和可操作性，提升其职业适应性水平，开发和提高高职生的就业能力。

（三）企业勇于担当：高职生职业适应性培养的引导力量

（1）积极参与课程建设。导致高职毕业生以职业适应性为核心的就业能力总体低下的一个重要原因是我国高职教育人才培养的系统性偏差。"这种偏差集中体现在人才培养的效果和市场需求之间的距离，而导致这一偏差的最直接原因是课程。"❷ 高职课程的特色主要有：职业定向的课程目标，以应用技术为中心的综合课程组织，高水平的产教结合的课程实施。❸ 但是，只有在企业的主动参与、积极配合之下，高职教育的这些特色才能真正得以体现。企业参与课程的设置及设计，使得高职课程的组合模块更趋合理，使得教学内容选择更能符合行业发展趋势，符合企业发展的要求，更能反映技术领域的新变化、新要求、新特点，更能体现对高职生的职业态度、职业意识和职业技能的培养，以达到提升他们职业适应性的目标。

（2）合作共建实践基地。实践教学基地是高职院校学生与社会联系的纽带，是培养学生专业核心能力、基本实践技能和职业适应性的重要场所。它既要体现学校有目的、有计划、有组织的课程教学的要求，又要渗透各具特色的不同企业文化。因而，只有企业积极参与实践教学基地的建设，才能为高职生提供适合企业发展要求的真实工作环境，培养学生的就业能力。企业参与实践教学基地建设的方式有二：一是企业提供支持，建设校内实践教学基地。校内实践教学基地是培养高职生的专业技能和职业适应性的主要场所，只有在企业的参与和支持下，才能"贴近生产，贴近技术，贴近工艺"，才能建立近似于真实的生产环境。企业还可以向高职院校提供免费或低价的生产设备和实验器材，提供力所能及的资金、技术

● 方翰青. 高校职业咨询的设计与操作［J］. 重庆工学院学报（自然科学版），2007（6）：132－136.

❷ 肖贻杰，雷世平. 基于企业责任的高职学生就业能力建设［J］. 职教论坛，2011（21）：12－14.

❸ 刘德恩. 论高职课程特色［J］. 职业技术教育（教育科学版），2001（16）：22－24.

和人才支持，建立校企合作实验室和实训基地。二是企业全面作为高职院校的校外实训基地。这样可以为高职生提供完全真实的工作环境，学生可以直接体验实际工作岗位的要求，在实践中不断提高专业技能，同时提高团结协作意识等社会适应性水平。

（3）注重人才质量评价。作为用人单位的企业，要做好人才质量跟踪调查工作，依照国家"职业技能标准"客观评价高职生的工作表现和职业素养，如实反映企业和毕业生的相关职业信息，对学校人才培养、教育教学改革提出中肯的意见或建议，促使高职院校适时调整专业设置，修订人才培养方案，培养适应社会需要的高技能人才，不断促进高职学生职业适应性水平的提高。

（四）学生自觉自愿：高职生职业适应性培养的主体作用

1. 制定职业生涯规划

随着无边界职业生涯时代到来，高职生必须自觉提高职业生涯管理能力，在职业生涯发展方面自愿承担起更大的责任。合理的职业生涯规划为高职生职业适应性培养指明方向，提供方法论指导。只有制定科学合理的职业生涯规目标，才能有针对性地提高自身的就业能力，提升自身的职业适应性水平。具体来说，高职生在充分考虑社会需求的前提条件下，结合自身的职业兴趣、职业人格、职业价值观和职业技能等因素综合考量并制定职业生涯规划，并能随着职业环境的变化及时调整自己的职业生涯目标，有意识、有目的、有针对性地提高与之相匹配的就业能力，保证自己的就业能力能得到持续性的提升和发展。在这方面，英国为我们提供了值得借鉴的经验。从21世纪初开始，英国高等教育质量局提倡大学生制定个人发展规划，明确提出2005年和2006年毕业生必须具有个人发展规划和成长记录档案，以作为用人单位的参考。这一举措对于英国大学生以职业适应性为核心的就业能力开发和提升起到了巨大的作用。❶

2. 投身社会实践活动

根据麦可思公司的调查显示，2009届大学毕业生认为高校最应该改进

---

❶ 朱新秤. 就业能力：内涵、结构及其培养［J］. 广东社会科学，2009（4）：164－168.

的地方是实习实践。● 这说明大学生就业能力最欠缺的就是实践能力。因此，一方面，高职生可以充分利用寒暑假，有目的、有意识、有计划地到相关企业进行社会实践和专业实践活动；另一方面，高职生还可以积极参与形式多样、内容广泛的课外实践活动，如课题合作、创业实践、专业型和非专业型岗位实习体验等，不但加强一般实践能力的培养，而且能开发包括一般效能感、乐观、希望、韧性等品质的"心理资本"，培养语言交流能力、解决问题技能、组织管理水平、团队协作意识、吃苦耐劳精神、勇于担当品质等关乎职业适应性的就业"软能力"。

3. 践行终身学习理念

无边界职业生涯时代对高职生的就业能力提出了更高的要求，高职生必须树立并践行"终身学习"的理念，"终身学习"蕴含着"乐于学习"的内涵，而"乐于学习"正是 Fugate 教授所提出的"适应性"组成要素之一。活到老，学到老，不断提升自己的个人适应性和社会适应性，持续提高自己的职业适应性，促使自己在竞争日益激烈的社会背景下立于不败之地。

本章小结

本章主要就我国近年来有关职业适应性的内涵及其构成要素的探讨进行描述分析，对不同群体职业适应的理论研究和实践探索进行归纳总结。在此基础上，通过调查研究发现：第一，高职生职业适应性位于一般水平，且各因子间差异显著；第二，高职生职业适应性在专业上不存在显著差异；第三，高职生职业适应性在性别、年级、生源地、是否为独生子女、担任职务情况及奖学金获得情况方面有显著差异。在性别方面，男生优于女生；在年级方面，高年级优于低年级；独生子女优于非独生子女；担任职务情况与职业适应性呈正相关；获得两次奖学金的学生职业适应性

● 麦可思研究院. 2010 中国大学生就业报告［M］. 北京：社会科学文献出版社，2010：17.

最好。在厘清就业能力内涵和构成要素的基础上，突出适应性在就业能力中的核心价值，分析高职生就业能力的现状，并从政府承担责任、学校坚守本分，企业勇于担当，学生自觉自愿等角度深入探析开发高职生就业能力的策略，以期形成合力，达到提升高职生职业适应性的目的。

（本章作者 江苏理工学院 方翰青）

高职生职业心理困境的研究

劳动力市场竞争激烈，高校毕业生就业压力越来越大，这已经是不争的事实。高职生作为大学生中一个特殊的群体，高职毕业生的人才培养类型应该是技术型人才，人才层次是高级专门技术人才，工作场合是基层部门、生产一线和工作现场，工作内涵是将成熟的技术和管理规范转变为现实的生产和服务。❶ 然而现实状况是，高职生在本科生与中职生的"夹缝"中求职择业，"高不成，低不就"，就业压力越来越大，处于相当艰难的境地。还有相当部分的高职毕业生与新生代农民工同样从事劳动密集型工作，长期处于生活的最底层，工资低，劳动强度大。职业理想与残酷现实落差太大，近年来高职生弃学就业比例连年上升，新的"读书无用论"思想有所抬头。当然，大学生就业受宏观层面的社会经济发展状况的影响，同时也与其职业心理有紧密联系。本章主要从职业价值观、职业规划、职业能力、职业适应性、职业成熟度、职业决策心理等方面探讨入手，探讨高职生职业心理困境的具体表现与特点，认为应将心理咨询与职业咨询相结合，职业技术教育与职业心理教育相结合，自我调适与社会支持相结合，提升高职生的职业心理素质，提高其就业质量，促进其职场生涯发展。

---

❶ 孙蓓雄. 高职毕业生职业适应的挑战与应对——与新生代农民工比较视角［J］. 黑龙江高教研究，2013（3）：156–159.

第一节　职业心理困境研究概述

在现代社会，职业不再是简单的寻求糊口和温饱的手段，而是寻求自我发展、自我实现的途径。选择适合自己的职业，充分发挥自己的潜能，是每个有进取心的现代人梦寐以求的目标。如何选择职业？怎样面对自己职业生涯中遇到的各种问题？这些职业心理健康问题已成为现代人心理健康的重要方面，日益受到人们的重视。

一、职业心理、职业心理困境、职业心理辅导的概念辨析

（一）职业心理

职业心理是人们在职业学习、职业选择以及职业发展过程中对周围环境所产生的一种认知、情感和态度，具体来说，指的是人们在选择职业、就业、失业及重新选择过程中，对周围环境的一种认知、情感、态度。职业心理主要包括三个方面内容：①择业心理。选择职业的心理感受及情绪变化，包括理想职业专业、职业价值观、职业能力、职业兴趣、职业个性。②就业心理从事某一职业可以形成较固定的心理定式及情感倾向，包括就业意识、就业渠道或途径、职业生涯规划、创业意识。③失业心理。失业后经历的各种心理认知，不同的情绪情感反映及自我意识的变化。本文所指的职业心理主要是从择业心理和就业心理两方面来分析。

（二）职业心理困境

职业心理困境是人们在职业学习、职业选择及职业发展过程中，所遭遇的职业认知、职业情感和职业态度等方面的困惑及问题。本研究主要分析高职生在职业价值观、职业生涯规划、职业能力、职业成熟度、职业决策方面存在的缺陷与不足。

（三）职业心理辅导

职业心理辅导是运用心理咨询的技术和手段，为学生提供职业常识、自我认知、择业决策、就业准备、面试技巧和事业发展等方面的知识，以

启发学生自助的过程。❶ 在职业心理辅导中，要注意培养学生的决策能力和其他社会适应能力，为学生未来自行解决职业问题创造条件；要对青少年的职业兴趣、职业价值观和职业人格进行心理分析，针对学生的不同问题采取不同形式的心理辅导方式，增进学生的自我了解，将职业选择与个人发展结合起来，帮助青少年对自己的职业发展定位做出准确的判断，使之能够适应将来职业的发展。❷

二、职业心理困境研究综述

关于职业心理困境的研究主要集中在新生代农民工及大学生群体。

(一) 新生代农民工心理困境研究

研究者方翰青、谭明认为，新生代农民工职业心理困境的表现：①职业角色认同危机；②职业适应性相对低下；③社会资本与人力资本缺失；④职业价值诉求错位；⑤职业期望高与职业声望低的矛盾；⑥强烈的职业动机与职业满意感不足的矛盾；⑦抗压能力明显不足。为此，研究者方翰青、谭明从成人心理教育的角度，提出新生代农民工突破职业心理困境的对策为：①职业咨询与心理咨询相结合；②网络咨询与现实辅导相结合；③自我调适与社会支持相结合。❸

(二) 大学生职业心理困境研究

研究者陈淑睿通过问卷调查和心理测验，对高职生职业心理进行研究认为，高职生中有相当大一部分人没有自己的职业理想，或对自己的职业理想不清楚，或有理想，但理想不切实际；高职生的职业价值观功利意识浓重，社会责任意识淡薄；高职生的职业倾向类型依次为社会型、常规型、艺术型、企业型、实际型、研究型。大多数高职生的职业倾向与高职生的培养目标较吻合；高职生的职业倾向类型存在显著的性别差异，而年

---

❶ 卢晓红. 大学生职业心理辅导探析 [J]. 云梦学刊, 2004 (11)：94 - 96.

❷ 杨晓, 冯维. 国外主要职业心理理论述评及启示 [J]. 四川文理学院学报, 2008 (5)：65 - 68.

❸ 方翰青, 谭明. 新生代农民工职业心理困境与成人心理教育对策研究 [J]. 职教论坛, 2012 (4)：47 - 51.

级差异不明显；高职生的就业意识不强，近半的人不清楚自己的优劣势，六成以上的高职生没有就业准备；高职生缺乏职业规划相当普遍。

针对上述高职生的职业心理调查研究结果，提出下列对策促进经济增长，创造就业机会拓展渠道，扩大就业抓好市场，服务就业。要营造良好的求职择业环境与氛围。高职院校调整课程设置，采用"订单式"培养人才。加强高职生心理健康教育，尤其注重职业指导。职业指导主要工作是通过职业心理辅导引导高职生树立正确的择业意识和科学的择业观，做好不良择业心态的疏导。❶

研究者胡剑虹从国内外职业心理素质辅导的发展现状出发，分析了高职生职业心理素质及其结构，提出了高职生职业心理素质辅导的内容和途径，包括提供职业信息咨询、职业心理测量、求职心理调适、生涯规划辅导、职业环境教育、职业技能培训、职业价值观辅导与职业拓展能力培训等。❷

周晓玲等研究者认为，高职学生就读高职院校，职业心理基础较为薄弱；高职学生的发展心理，职业价值取向是主因；高职学生的学习心理，职业技术学习为主势。高职院校在开展职业心理教育过程中存在的问题主要包括：心理健康教育与职业心理教育等同现象；教育观念层面，重职业技能教育轻职业心理教育；职业心理教育运行方式缺少计划和规则。高职院校应对策略主要包括：推进和完善职业心理教育的思考；在教育理念上将职业心理教育融入高职教育的全过程；职业心理教育体系化；职业心理教育方法的创新。❸

林曼华则认为，部分高职生职业心理准备不足，缺乏明确的职业发展目标，因而感到茫然、困惑。高职学生在这方面的问题主要表现在以下几个方面。高职学生在职业生涯上存在的心理矛盾：一是继续升学与就业之间的矛盾。二是所学专业与接本专业不衔接的矛盾。三是所学专业知识与社会需求该专业应该达到的水平出现差距，产生了矛盾。四是个人兴趣与

❶ 陈淑睿. 高等职业院校学生职业心理的特点与教育对策 [D]. 江西师范大学, 2006.

❷ 胡剑虹. 高职学生职业心理发展问题分析与研究 [J]. 教育与职业, 2009 (29): 78–79.

❸ 周晓玲, 邱开金. 高职生职业心理与职业心理教育的关系研究 [J]. 心理科学, 2008, 31 (5): 1255–1257.

现实利益的矛盾。❶

第二节 高职生职业心理困境的现状分析

高职期间是青年学生自我意识不断完善自我观念充分发展的时期。在校高职学生面对着两方面的生存与发展空间，一是继续升学，深造；二是选择与所学专业相对应的单位就业。应该说高职学生还是存在比较大的生存发展空间，拥有较多的生存资源和抉择机会。但相应地，他们也面临前所未有的风险与机遇、挑战与压力，迷惑与挫折。实践证明，部分高职生职业心理准备不足，缺乏明确的职业发展目标，因而感到茫然、困惑。高职学生在这方面的问题主要表现在以下几个方面。

一、职业价值观：个体本位为主，功利色彩凸显

研究者金盛华、李雪（2005）将职业价值观定义为个体评价和选择职业的标准。❷ 职业价值观决定了人们的职业期望，影响着人们对职业方向和职业目标的选择，决定人们就业后的工作态度和劳动绩效水平。"90 后"高职生的职业价值观的特点主要表现为：

（一）个体本位为主

当代高职生在择业时自我意识增强，成就欲望明显增强，敢于积极追求个人价值、利益和尊严，这可以认为是时代进步和社会发展的表现。❸但是，当代高职生把"发挥个人才能，符合个人兴趣和实现个人抱负"及"高收入"作为首要选择，强调自我发展和自我价值的实现，个人本位的价值观在当今高职生群体中已经获得了广泛的认同。

（二）功利色彩凸显

现阶段的高职生希望在职业实践活动中，达到自我对物质利益、权力

❶ 林曼华. 高职学生职业心理问题表现 [J]. 天津职业院校联合学报, 2009 (2)：115 - 120.

❷ 金盛华, 李雪. 大学生职业价值观：手段与目的 [J]. 心理学报, 2005, 37 (5)：650 - 657.

❸ 袁继道. 论我国高职学生职业价值观 [J]. 继续教育研究, 2011 (7)：113 - 115.

地位、成才愿望等需求的满足，具有较强的利己性和功利化色彩。❶

二、职业生涯规划：自我认识不清，目标指向不明

职业生涯规划是指个人通过对自身因素和客观环境的分析，确定职业生涯发展目标，选择职业，制订相应的教育、培训和工作计划，采取必要行动以实现职业生涯目标的过程。❷ 高职生正处于职业生涯发展的探索期，主要任务是准确了解自我，发展自我，在学习和实践中做出尝试性的职业选择和生涯规划。但是，高职生职业生涯规划却并不尽如人意，具体表现为：

（一）规划意识淡薄

职业规划意识是衡量学生是否具有职业生涯规划需要的依据。有调查研究显示，大多数高职生缺少理性思考与规划，甚至认为职业生涯规划可有可无，对进行职业生涯规划兴趣不大，有"86.5%的高职生基本上没有对自己的职业进行过规划"。❸ 在问及"您有无对自己的职业生涯进行过规划"时，22%的学生认为职业生涯规划非常清晰，包括长期（5 年以上）、中期（3～5 年）、短期（3 年内）的目标和规划；45%的学生只有短期的，并没有做中长期规划；27%的学生只是大概考虑了一下；5%的学生没有具体规划；1%的学生有时有过生涯规划。❹

（二）自我认知不清

客观、全面地自我认知是进行职业生涯规划的基础，自我认知指的是高职生从兴趣、价值观、能力等方面深入了解自我。有调查研究结果显示，目前高职生的自我认知能力较弱，对自己的职业兴趣、能力没有正确的定位。66.9%高职院校学生对自己的兴趣、性格和特长不了解或者没想

---

❶ 罗兰芬. 浅谈高职院校职业价值观教育［J］. 职教论坛，2009（11）：55－56.

❷ 吴薇. 大学生职业生涯规划的现状调研及应对策略［J］. 教师教育研究，2012（5）：35－39.

❸ 祝庆国. 关于高职生职业生涯规划的调查［J］. 职教论坛，2012（20）：95－96.

❹ 蒙维洋，代绍庆. 高职院校学生职业生涯规划现状调查研究——以嘉兴市为例［J］. 继续教育研究，2012（9）：99－101.

过，只有 22.5% 的学生一般了解。❶ 对于"你未来选择什么样的职业"这一问题，50.9% 的学生感到迷茫，29.0% 的学生感到举棋不定，10.9% 的学生感到乐观，1.8% 的学生感到焦虑，7.4% 的学生感到充满信心。对于"你喜欢从事什么职业"这一问题，1.6% 的学生非常清楚，27.3% 的学生比较清楚，45.0% 的学生感到困惑，22.5% 的学生不太清楚，3.6% 的学生一点也不清楚。对于"你自己适合从事什么职业"这一问题，4.5% 的学生非常清楚，35.5% 的学生比较清楚，33.3% 的学生感到困惑，26.7% 的学生不太清楚。❷

（三）职场认识不足

高职生职场环境认识具体包括：宏观的就业形势、经济发展、政策法律；中观的用人单位情况、工作岗位要求。在宏观环境方面，很多高职生仍然不会主动了解国家就业政策，忽略就业政策对于职业选择的意义。即使主动了解，也只是略知一二。如果对宏观环境没有充分了解，学生容易产生过于乐观或悲观的现象，从而影响其职业发展定位，不能进行正确的职业决策。在中观环境方面，不少同学对企业工作环境、工作氛围、公司文化以及岗位要求等方面的了解程度不够，这也将影响到大学生做出正确的职业决策。导致大学生不适应用人单位的企业文化或者工作作风，用人单位对大学生的素质、能力不甚满意。❸

目前高职生了解职业信息主要还是通过间接渠道，如互联网、大众传媒、就业指导课程以及相关讲座。在这些渠道中，互联网因其方便快捷、信息量大等特点，已成为许多高职生了解职场信息的主要方式。但同时，由于高职生对网上职业信息的分析鉴别能力还不强，大量过期和失真的职业信息使高职生未能及时了解职场的真实状态。❹ 许多大学生虽然制订了自己的职业规划，但是并没有很好地做职前准备。例如，为了增加"工作

---

❶ 祝庆国．关于高职生职业生涯规划的调查 [J]．职教论坛，2012（20）：95 - 96.

❷ 王凤兰．论职业生涯规划对高职学生心理健康的作用 [J]．教育理论与实践，2012（6）：29 - 30.

❸ 吴薇．大学生职业生涯规划的现状调研及应对策略 [J]．教师教育研究，2012（5）：35 - 39.

❹ 汪永根．高职生职业生涯规划中的问题与对策 [J]．教育与职业，2007（29）：92 - 93.

经验"，不少大学生选择了做家教、促销员和业务员等。为了提高就业竞争力，不少大学生选择考证来增加"筹码"，整天忙于各种各样的考试。社会实践缺乏职业方向性，遍地开花，注重量的积累而忽视了质的要求。不仅使大学生疲于奔命，而且盲目性和风险性都较大。❶

（四）职业设计不实

不少学生只盯住"三大"（大城市、大企业、大机关）、"三高"（高收入、高福利、高地位）的单位，很少有人愿意主动去欠发达地区发展。不少大学生选择以考取学位和证书作为发展主路径，以考研作为自己职业设计的目标。❷ 在职业生涯规划设计时，目标制订得华而不实、好高骛远、脱离实际，规划内容缺乏与个人具体实际相结合，与个人的性格、情感、成长背景以及专业知识的积累联系不够；规划制订的指导思想缺乏对内外因素的考虑，全凭个人喜好，常常定位在经济较发达的城市，或是收入、福利较高的单位。正是由于缺乏对自己、专业、行业等详细信息的了解，体验不到真实的职业环境，致使规划停留在理想层面，缺乏可操作性。❸

（五）挫折预见不强

有些学生对经济学上讲的"最小成本、最大收益"津津乐道，花费大量时间和精力在寻找"最佳规划"上，希望"一次规划，终身受益"。在做规划时面面俱到，不愿舍弃，在行动中也不愿从小事做起，碰到困难就不知所措，不会灵活采取调整措施。实际上，由于诸多因素的限制，一个人几乎是无法做出一个十全十美的职业生涯规划的，况且，随着外部环境变化和自身认识、能力的提高，职业生涯规划也是需要不断调整并与时俱进的。❹

（六）目标指向不明

"到哪儿去?"还有些大学生"为保险起见"选择了四条以上的发展路

---

❶　闫莉菲. 青年职业生涯规划及问题探析——以高校大学生为例 ［J］. 中国青年政治学院学报，2012（1）：38－41.

❷　闫莉菲. 青年职业生涯规划及问题探析——以高校大学生为例 ［J］. 中国青年政治学院学报，2012（1）：38－41.

❸　陈虹. 高职学生职业生涯规划存在的问题与建议 ［J］. 教育探索，2012（3）：51－52.

❹　闫莉菲. 青年职业生涯规划及问题探析——以高校大学生为例 ［J］. 中国青年政治学院学报，2012（1）：38－41.

径，但这些路径的悬殊较大，路径之间也缺乏内在联系，发展方向和路径的模糊不清势必导致在实际选择中的犹豫不决，不利于核心职业目标的实现。❶

三、职业能力：职业发展动力不足，职业适应水平低下

邓泽民等人将职业教育中的职业能力定义为："个体将所学的知识、技能和态度在特定的职业活动或情境中进行类化迁移与整合所形成的能完成一定职业任务的能力。"并且认为职业教育中的职业能力具有应用性、层次性（复合性）、专门性（方向性）、个体性（差异性）、可变性（动态性）的基本特征。❷

高职院校学生在掌握必备的基础知识和专门知识的基础上，重点掌握从事本专业领域实际工作的专业技术能力和实践操作能力。大力培养高职生的职业能力，既是职业院校的目标与方向，又是其责任与义务。然而，由于种种原因，高职生的职业能力并不尽如人意，高职生认为自己在就业过程中最欠缺的就是职业能力，而且学校对学生职业能力的培养存在明显的不足。❸ 主要表现在以下几点。

（一）职业发展动力不足

有实证研究结果表明，高职生的职业发展能力显著低于重点高校学生和一般本科院校学生。❹ 有研究结果表明，高职生职业目标不明确。33.7%的高职生职业目标不太明确，另有33%的高职生有职业目标，但总在变化，这一调查结果证明高职生的职业目标普遍不强烈，反映了高职生对自身专业素质的信心不足；高职生职业兴趣不浓厚。

---

❶ 闫莉菲. 青年职业生涯规划及问题探析——以高校大学生为例 [J]. 中国青年政治学院学报，2012（1）：38-41.

❷ 邓泽民，陈庆合，刘文卿. 职业能力的概念、特征及其形成规律的研究 [J]. 煤炭高等教育，2002（2）：104-107.

❸ 肖贻杰. 高职学生就业能力结构及高职教育对就业能力影响的研究 [J]. 职业技术教育，2010（13）：70-74.

❹ 王静波，王翡翠. 雇主视角下大学生就业能力状况探析 [J]. 现代大学教学，2011（4）：87-92.

用人单位对高职毕业生综合职业能力的评价不一。专业能力一般，实践能力差。在向社会用人单位发放的调查问卷结果显示：仅有9.3%的受访者认为高职毕业的员工胜任力非常强。46.6%的受访者认为高职毕业生在知识与技能方面存在的最主要问题是"实践能力差"。解决问题能力一般。43%的受访者认为高职毕业生的"分析、解决问题能力"一般。❶ 就业心态和就业预期不匹配（50.9%）；对岗位专业知识缺乏了解（32.6%）。❷

调查研究发现，高职毕业生就业后，针对岗位和职业的进一步拓展问题，通常会出现四种情况：执着型、茫然型、跳槽型、蛮干型。这四种类型揭示出高职教育人才培养目标、规格、内容和就业市场、政策、环境等方面的不协调。高职生个人职业拓展和可持续发展能力培养亟待改善。❸

关于创新能力满意度的调查显示，只有20.9%的学生对自己的创新能力感到满意或基本满意，有51.2%的学生感到自己创新能力欠缺，有27.9%的学生对自己的创新能力感到很欠缺。❹

（二）职业适应水平低下

职业适应性究其实质来说，是一种职业能力，它是个体与某一特定职业环境交互作用的产物，职业适应性具有层次结构性。它是指个体与某一特定的职业环境进行互动，对自身的职业角色、能力、态度、价值观及人际关系进行评估并不断做出调整以达到和谐的过程。❺ 从职场要求角度来看，高职院校毕业生的个人适应性屡弱。高职毕业生自身的就业"硬实力"与职场要求有较大的差距，充分地体现其个人适应性的严重不足。职场现实与职业期望的不一致，导致高职生职业心态适应性水平低；岗位要

❶ 张海燕，李建英，赵学丽. 高职生职业能力培养实证研究 [J]. 职教论坛，2012（21）：84-87.

❷ 陶书中，黄君录，王佳利. 基于市场需求的高职学生就业能力培养的调查研究 [J]. 中国职业技术教育，2008（15）：41-43.

❸ 冯俭. 高职毕业生就业质量问题浮出水面 [J]. 职业技术教育，2008（12）：66-68.

❹ 薛荣生，眭国荣，徐源. 新时期大学生就业能力缺失的原因与对策 [J]. 教育探索，2011（9）：46-48.

❺ 谭明，方翰青. 我国职业适应性研究综述 [J]. 中国职业技术教育，2012（18）：34-39.

求与职业能力的不相符，映衬出高职生职业技能适应性水平低；职场竞争与职业素养的不匹配，凸显高职生职业角色适应性水平低。从社会心理素质角度来看，高职院校毕业生的社会适应性薄弱。高职毕业生自身的就业"软技能"与职场要求有较大的差距。[1] 有调查显示，用人单位最看重的是员工的团队合作意识、人际沟通能力、责任心和吃苦耐劳精神。[2] 但现实状况是，高职毕业生工作责任感与合作意识差；高职毕业生不注重细节；高职毕业生心理承受能力差；高职毕业生人际关系处理能力差。[3]

四、职业成熟度：专业认同不够，职业成熟度不高

职业成熟度即指个体在相应发展阶段做出职业选择的准备状况。个体的职业成熟度越高，代表其对职业规划与执行的能力越强，越有可能做出最恰当的职业选择，相应地，越有利于其获得成功的职业发展。[4] 现有的实证研究表明，高职生专业认同度不够，职业成熟度水平并不高。

（一）专业认同度不够

专业认同是高职生职业成熟度的基础，高职生的专人认同水平决定了职业成熟度的水平高低。有 39.2% 的在校生选择高职院校的原因是"考得不好，无奈之举"，仅有 26.3% 的学生是自己的意愿和兴趣。进入高职院校学习后表现出自卑或自暴自弃等不良情绪，需要及时疏导，提高职业兴趣；部分高职院校专业教育流于形式。44.5% 的高职生对目前学习的专业满意度是"还可以"，说不上满意，也谈不上不满意。这反映了高职生对所学专业的认同感不十分强。[5]

---

❶ 方翰青，谭明. 基于适应性的高职生就业能力开发与提升策略［J］. 教育发展研究，2012（17）：38－42.

❷ 王艳霞，由锋. 高职高专大学生就业能力提升策略［J］. 河北学刊，2011（6）：238－241.

❸ 姜宇国. 论高职毕业生就业后职业适应性问题和就业能力的培养［J］. 黑龙江高教研究，2010（3）：102－104.

❹ 刘红霞. 大学生职业成熟度的性别差异研究［J］. 中国青年研究，2009（7）：88－91.

❺ 张海燕，李建英，赵学丽. 高职生职业能力培养实证研究［J］. 职教论坛，2012（21）：84－87.

（二）职业成熟度水平不高

有研究者对天津、上海、江苏、浙江等地高职生的职业成熟度进行调查研究，使用李克特 5 级计分制，均分分别为 3.26、3.56、3.57、3.132，❶❷❸❹ 结果发现，高职生职业成熟度总体水平都不高，而且呈现出地域性差异。孔巧丽、徐大真研究结果还表明，高职生在职业目标（$M = 2.87$）和职业自信（$M = 3.07$）维度上得分低，说明高职生不知道自己未来可以做什么，能做什么，对自己的职业发展没有明确的方向，自信心不足。薛继红则认为，相对而言，职业态度与职业选择分值较低，说明高职生对职业选择所持的观念和心态不是很积极，职业选择的独立性与明确性还需进一步加强。杨玲的研究结果则表明，高职生信息应用与职业选择分值较低，说明高职生在主动搜集相关的职业资料，并加以整理、分类、保存，作为选择职业的参考方面做得还不够。

五、职业决策：决策困难较大，职业效能感偏低

职业决策是职业生涯规划中的前导部分，是个体对自己可能会面临的各种职业做出选择的过程，直接决定个体职业生涯规划是否成功。龙立荣等将职业决策困难定义为，个人在职业选择过程中，面临最后决策时，不知道要从事什么职业或从几个职业中挑选一个时发生的困难。❺

社会对职业教育的认同感仍然不足，正是由于高职生所处的特殊教育环境，使个体的经验与自己的期望难以协调一致，在面对各种生活应激时

---

❶ 杨玲. 高职不同性别学生职业成熟度比较——基于上海市三所高职院校的调查分析[J]. 中国职业技术教育，2007（11）：49 - 50.

❷ 杨金石. 高职学生职业成熟度与专业承诺关系研究［J］. 教育与职业，2012（5）：179 - 180.

❸ 孔巧丽，徐大真. 关于天津市高等职业院校学生职业成熟度的调查［J］. 职教论坛，2009（7）：58 - 60.

❶ 薛继红. 高职院校学生职业成熟度调查［J］. 职业技术教育，2011（5）：69 - 71.

❺ 龙立荣，彭永新. 国外职业决策困难研究及其启示［J］. 人类工效学，2000（4）：45 - 49.

容易产生内心冲突，这种状况导致其在职业选择过程中存在一定的困难。❶

（一）职业决策困难大

高职生职业决策困难的典型表现：缺乏对职业和自我的合理认识和定位，对于职业决策和职业选择能力不足，缺乏搜集渠道，面对各种就业机会感到迷茫。在进行职业选择时，很多学生表现出犹豫、不知所措，无法做出明确的职业决策，由此而引起一系列的反应，比如焦虑、挫折感，甚至不敢正视现实、面对未来。❷

天津市高职生职业决策困难在总体及三个分量表上的得分都低于平均数 3，表明其职业决策困难水平偏低。"缺乏准备"得分最高，说明高职生在进入职业决策之前缺乏做决策的意愿，不愿意考虑并做出决策，对是否需要进行职业决策拿不定主意，尚未进入良好的职业决策准备状态。"不一致信息"得分低，说明高职生的职业信息内部的矛盾、自我特性与职业特点之间的矛盾、自我认识与他人认识的矛盾较少。❸

超过 2.5 分的有"犹豫不决""缺乏职业生涯规划""职业信息不足""不合理信念""内部冲突"和"情绪不适"6 个方面的困难，说明高职高专学生在这六个方面遭遇的职业决策困难较多，从而阻碍了他们做出满意的职业决策。三个分量表得分从 2.03 ~ 2.77，最高为"缺乏准备"（2.77），最低为"信息探索"（2.03）。

在职业决策上主要存在的困难是：对职业没有规划性，准备不充分；不能有效处理决策过程带来的负面情感，影响决策行动；不能有效地了解社会大环境并对它的未来发展做出预测；同时对职业和决策的认识存在一定的偏差，不懂得有效获取信息的渠道等。❹

---

❶ 施霞，许雅玫. 高职生职业决策困难及自我和谐关系的研究 [J]. 职业教育研究，2012（11）：87 – 88.

❷ 栾贻福，周晶. 高职生职业决策困难的影响因素及应对措施分析 [J]. 当代教育论坛，2010（6）：58 – 59.

❸ 施霞，许雅玫. 高职生职业决策困难及自我和谐关系的研究 [J]. 职业教育研究，2012（11）：87 – 88.

❹ 覃江霞，冯静，李亮靓. 重庆市高职高专学生职业决策困难特点研究 [J]. 西昌学院学报·自然科学版，2011（2）：111 – 114.

（二）职业决策自我效能感偏低

职业决策自我效能感是决策者对自己将要完成的职业决策任务所需各项能力的主观评价以及在此基础上产生的信念或信心。

研究者胡维芳实证调查结果显示，全量表的平均分为 3.3096，在中间值（3 分）之上。说明高职生的职业决策自我效能感处于中等偏上水平。从各维度的得分情况来看，收集信息维度得分最高，问题解决维度得分最低。对自己应付和解决实际问题的能力信心不足。单纯的学校生活使他们缺乏对复杂社会的认知，不能充满自信地面对严峻的就业现实问题。●

结果显示全量表的总体平均值 $M = 3.52$，大于中间值 3，说明被试的职业决策自我效能感处于中等偏上水平。职业决策自我效能感各维度均值从高到低依次为：选择目标、制定计划、自我评价、收集信息、问题解决。❷

高职生的职业决策自我效能感处于中等偏上水平，平均值为 3.55。一般职业自我效能感处于中等偏上水平，平均值为 2.87。职业决策自我效能感各维度得分从高到低顺序为：自我评价、问题解决、收集信息、选择目标和制定计划。可见高职生自我评价较高，但现实的自我却与此不大符合，显示其心理冲突。选择目标和制订计划的平均分在 5 个维度里较低，说明高职生对选择目标和制订计划的了解还不是很充分，对于职业的选择没有明确的方向。❸

高职学生的总体职业决策自我效能感为 3.55，没有达到"比较有信心"的程度。方差分析显示，高职学生在职业决策自我效能感的诸因素间存在显著差异；进一步比较发现，高职学生的职业信息与自我评价得分显著最高，选择目标与问题解决其次，未来规划的能力感显著低于以上项目。

● 胡维芳．"90 后"高职生职业决策自我效能感的研究［J］．教育研究与实验，2012（6）：93 – 96.

❷ 袁焱．高职生职业决策自我效能感现状及其启示［J］．科教导刊，2012（5）：5 – 6.

❸ 禹平，徐大真．高等职业院校学生职业自我效能感研究——以天津工程师范学院高职部为例［J］．天津工程师范学院学报，2010（1）：60 – 64.

高职学生在职业决策中，对自己的需要兴趣与能力的评价比较多，同时对自己进行职业信息搜索的能力也有确切的肯定，但在职业未来规划上表现出比较低的反应。❶

第三节　高职生职业心理困境应对的积极策略

在目前就业难的大背景下，高职生职业心理困境已经客观存在。为此，社会、学校与学生个人都应该引起高度重视，齐心协力，共同应对，突破困境，提升高职生的职业心理素养，提高就业质量，促进其职业生涯的发展。

一、心理咨询与职业咨询相结合

几乎所有的高职院校都非常重视学生的心理健康教育工作，设置了专门的心理咨询室，配备了专兼职心理咨询师，为学生提供专业化的心理服务。但是，很少有学校建立专门的职业咨询机构，为学生提供专业化的职业咨询。究其原因，大多数教育工作者将"心理咨询"与"职业咨询"混为一谈，或者认为"职业咨询"从属于"心理咨询"。其实，这是一个认识的误区。同样作为一种助人活动，职业咨询与心理咨询既有区别又有联系，两者既不是包含关系，也不是平行关系，更不是同一关系，而是交叉关系。职业咨询（Career Consultation or Counseling），主要指针对咨询对象（来访者、咨客）在职业选择、职业适应、职业发展等方面遇到的问题，以平等交往、商讨的方式，运用心理学、管理学（人力资源管理）、社会学（职业社会学）的理论和心理咨询的方式、方法，启发、帮助、引导咨询对象正确认识社会需求、正确认识自己、从心理和行为上更好地完成学习、工作与生活角色转变的过程。❷

---

❶ 周晶. 高职学生职业决策自我效能感的调查与思考［J］. 潍坊学院学报，2011（4）：35 – 38.

❷ 方翰青，谭明. 我国职业咨询理论与实践的研究综述［J］. 中国职业技术教育，2011（33）：14 – 19.

为此，高职院校在一如既往地重视学生心理健康教育工作的前提下，要切实抓好学生的职业咨询工作，将心理咨询与职业咨询紧密结合起来，针对学生各种职业心理问题，有的放矢，帮助他们突破心理困境。具体来说，高职院校通过设置专业化的机构，如职业心理咨询室、职业心理素质拓展室、职业心理测评室、团体心理辅导训练营、职业规划工作室、职前模拟训练室等，开展专业性的职业咨询，主要内容包括：职业规划咨询、职业信息咨询、职业技能训练、职业心理咨询、职业决策能力培养、创业素质培养等工作。❶ 要科学、高效地开展高职生生职业咨询，离不开必要的支持保障条件。刚性的政策支持、专门化的机构设置、专业化人才队伍建设、相关的技术支撑、行业协会组织督导、理论研究与学科建设等，共同构建了完善的高校职业咨询保障体系，唯有具备了这些必要条件，才能促使高职院校的职业咨询事业持续地、协调地发展，❷ 才能促使高职生职业心理问题的解决成为可能。

二、职业技能教育与职业心理教育相结合

教育部相关文件规定，高职院校"学生毕业后主要去工业、工程第一线，从事制造、施工、运行、维修、测试等方面工艺、技术和管理工作和一般设计工作"。因此，高职院校"以就业为导向"，普遍重视学生职业技能的培养。有调查结果显示，就高职生个人喜好程度来说，喜欢"基础类（或公共类）"课程的占 19.4%；喜欢"专业理论类"课程的占 15.0%；喜欢"专业实践类"课程占 65.6%。表明高职学生的学习心理中职业定式的影响较为明显，准职业人的文化心态深深印刻着职业的色彩。❸

而职业心理是一个极为复杂的系统，职业与职业者、职业人与社会、职业人与自然的各种关系中都交织着职业心理范畴的诸多问题，如就个体

❶ 方翰青. 高校职业咨询的设计与操作［J］. 重庆工学院学报（自然科学版），2007（6）：132–136.

❷ 方翰青，谭明. 论高校职业咨询保障体系的构建［J］. 教育学术月刊，2011（2）：83–85.

❸ 周晓玲，邱开金. 高职生职业心理与职业心理教育的关系研究［J］. 心理科学，2008，31（5）：1255–1257.

而言包括职业认知与角色认同、职业情感与职业意志、职业人格与行业个性化等；就社会角度，包括职业态度、职业诚信、职业理想、职业价值取向等。职业心理的素质和发展水平，时刻都直接或间接地影响着高职学生的日常行为和学习态度。职业心理素质的缺失必然导致仅以技术维系的人格缺陷，最终影响到学生的全面发展。在职业教育的功能中，职业心理教育重在于内，以"心育"为要；而职业技能教育重在于外，以"能力"为本，两者必须并重并举。❶ 因此，高职院校要坚持职业技能教育与职业心理教育相结合，以人为本，在技术和文化引领中关注职业心理的环境营造，积极促进学生职业角色的转变，从而提高学生的职业心理素质，以培养"高职业技能素质"和"高职业心理素质"的"双高"人才。

为此，高职院校要做好以下工作：

（一）在教育理念上要将职业心理教育融入高职教育的全过程

高职学生的职业心理都经历着职业感知、职业认同、职业情感、职业人格的陶冶和分化，演绎着高职学生从普通人向准职业人转变的心路历程。尽管职业心理发展的速度和水平取决于学生主体，但学校责无旁贷要为学生职业心理素质的养成优化环境和创造条件，最重要的是在有形的专业知识和技术教育的路径下，同样构建一个隐性的以职业心理素质为目标的"辅助"系统，并使之融入高职教育的全过程。

（二）在教育实践中要科学构建职业心理教育的体系

职业心理的养成不是一朝一夕就能做成的事，它仍然需要体系化的保障。首先是职业心理环境的营造，校园建设的文化大气与职业厚实交融，生活中人文关怀与成长关爱相兼，教学上知识与技术"两教"连体。良好的职业心理氛围潜移默化地对学生产生影响。其次是采用职业技术的分层式强化学生的职业心理，通过基本技术学习的亲身体验培养职业态度和劳动方法，从而调整自己的职业心态。再次是通过专业化的技术学习，感受职业劳动、职业智慧带来的快乐，激励成才信心和决心。最后是以职业心

---

❶ 周晓玲，邱开金．高职生职业心理与职业心理教育的关系研究［J］．心理科学，2008，31（5）：1255－1257．

理教育建构相应的课程体系，将普通心理与职业心理有机结合，注重专业差异与职业个性的引导。

（三）在教育操作层面，要努力创新职业心理教育的方法

职业心理教育除了课程教学式、环境感染法、心理咨询等方法之外，进行方法创新。一是"活动教育渗透机制"，就是以活动为载体全面渗透职业心理教育。能力训练注重职业行为能力、团队合作能力、技能迁移能力、专业发展能力等的引导；二是"五位一体"组织机制。在组织上建立学校—系部—班级—宿舍—心理协会的"五位一体制"，使职业心理教育成为学校齐抓共管的大事，保证职业心理教育通道的畅通。要形成良性互动的职业心理教育机制，促进大学生专业技能素质和职业心理素质的同步提高。❶

三、自我调适与社会支持相结合

高职生职业心理困境体现在个体的职业价值观、职业规划、职业行为、职业理想、职业态度、职业能力和职业决策等方面，但是，它与社会的政治、经济、文化的发展水平密切相关，与学校教育理念、教育行为及教育方式等紧密联系，与父母的职业心理、受教育程度、教养方式及家庭背景等相互关联。因此，高职生要突破其职业心理困境，必须坚持自我调适与社会支持相结合。

（一）自我调适是高职生突破职业心理困境的基础条件

自我调适能力是指个体根据客观需要和主观愿望，调节心理过程，完善心理结构，以与社会发展、周围环境变化和自身生理、心理成熟相一致的能力。自我调适，一是对整个机体的适应，二是对外界作用的适应。积极的调适就是发展，就是人格的成长与成熟。消极的调适有时会导致心理冲突或停滞不前。学会自我调适是个体获得健康生活、自我发展的前提和

---

❶ 周晓玲，邱开金. 高职生职业心理与职业心理教育的关系研究［J］. 心理科学，2008，31（5）：1255－1257.

基础。❶ 因此，高职生面对职业心理困境时，能根据心理发展的规律，掌握心理技术和方法，进行适度的自我调适，是其维护职业心理健康的基础条件。为此，应从以下几方面不断努力。

1. 树立科学的职业价值观

个体要想认识自我，调适自我，就要先认识社会，认识人生，认清职场，认清形势，树立科学的职业价值观。只有树立科学的职业价值观，个体才能有效地解决个人与社会、个人与他人、个人与职业之间的矛盾与冲突，减少或消除由于消极动机和挫折而导致的紧张状态，保持积极健康的职业心理。科学的职业价值观直接影响个体职业心理自我调适的态度和结果。

2. 正确认识自我，评价自我，悦纳自我

高职生只有正确地认识和评价自我，并且坦然地悦纳自我，才能找到自我调适的立足点。首先，经常性的自我反省。面对各种矛盾和冲突时，要冷静、理智地进行思考，正确认识自我，找到自我的确切位置。高职生在学习期间，应经常性地、有目的地认真思考与自己职业相关的问题，包括所学专业发展方向，自己的优势和劣势，职业人格特质，职业兴趣特长等。只有通过观察，冷静地自我思考，才能对自己有一个客观的评价，才能使自己在职业发展过程中处于积极主动的位置。其次，恰如其分的社会比较。正确认识和评价自我，离不开社会参照。社会比较，一是将自己与他人作特长、能力等各方面的比较；二是通过他人对自己的态度来认识自己，通过对自己社会活动的结果分析来评价和认识自己。社会比较的结果是自我发展和社会认同的重要标准。如果一个人对自己的评价与从他人那里得到的信息基本一致，就可以基本认为他的自我发展较好、社会认同较高。反之则表明他的自我发展差、社会认同低。❷

---

❶ 陈兰萍. 自我调适能力：个体心理和谐、健康发展的基石 [J]. 黑龙江高教研究，2005 (6)：149 – 151.

❷ 滑登红. 大学生择业心理及其调适 [J]. 山西高等学校社会科学学报，2008 (11)：83 – 85.

3. 掌握正确的自我调适的心理方法

从心理学角度看，方法是进行调适必需的手段和工具。心理学家通过理论研究和实践检验，提出了以下一些行之有效的自我心理调适方法，可以及时排解不良情绪。主要包括积极暗示法、理性情绪法、转移注意法、放松训练法，等等。高职生可根据自己的个性特征、身心状态、实践经验，有选择地加以使用。总之，大学生只有做好充分的心理准备，采取适合的自我调适方法，才有可能保持积极健康的职业心理。

（二）社会支持是高职生突破职业心理困境的支撑力量

良好的社会支持系统是高职生突破心理困境的支撑力量。在目前就业难的背景下，政府的有效作为，公益组织的主动担当，亲人朋友的鼎力支持，这几方面形成合力，建立起良好的社会支持系统，可以有效转变导致高职生职业心理困境的压抑性环境，促进高职生形成健康的职业心理，实现心理和谐。

1. 政府的有效作为

各级政府应该把解决青年人特别是居于相对弱势地位的高职生的职业问题提到前所未有的高度，应该由共青团组织牵头，人力资源管理部门、教育行政部门、妇联组织、工会组织等共同参与的"青年职业指导机构"，着重解决他们的职业心理及其他职业问题。

2. 公益组织的积极担当

发挥企业、高校、研究机构、职业咨询与心理咨询机构、专业人士志愿者团队等城市社会支持网的优势，形成主要指向高职生职业心理服务的公益组织，开展专业性的公益创投活动，为高职生提供就业信息、素质拓展、心理援助等多方面的服务，解决他们的职业心理问题。

当然，由于高职生还是正在成长中的青年人，他们的职业成长及生涯发展离不开亲人朋友的鼎力支持，这才是他们永远的精神家园和力量源泉。

本章小结

主要从职业价值观、职业规划、职业能力、职业适应性、职业成熟度、职业决策心理等方面入手，探讨高职生职业心理困境的具体表现及特点，认为应将心理咨询与职业咨询相结合，职业技术教育与职业心理教育相结合，自我调适与社会支持相结合，提升高职生的职业心理素质，提高其就业质量，促进其职业生涯发展。

（本章作者　江苏理工学院　方翰青）

高职院校教师职业心理危机的研究

教师职业是一个追求永续发展的职业，这是由教师职业的特性决定的。教师职业的不断发展是促进学生健康成长最重要的前提条件。从这个意义上说，追求职业发展是每一位教育工作者的职业诉求和责无旁贷的义务。然而在现实生活中，一个较为普遍的事实——教师在职业生涯发展中感受到了职业压力、出现了职业倦怠和职业高原现象等心理发展危机。教师目前已经成为心理压力巨大的职业群体，教师职业生涯发展的困惑是产生其压力的主要来源之一，其结果容易导致教师的职业倦怠，表现为情绪衰竭、玩世不恭、成就感低落。众所周知，压力往往对一个人的身心健康和工作状态产生影响，所以压力与健康一直都是职业健康心理学研究的重要方向。

早在1996年，联合国专家就预言："从现在到21世纪中叶，没有任何一种灾难能像心理危机那样，带给人们持续而深刻的痛苦。"教师正是可能发生心理危机问题的高危人群之一。中国人民大学公共管理学院组织与人力资源研究所、新浪教育频道联合启动的"2005年中国教师职业压力和心理健康调查"结果表明，中国教师面临较大的压力：80%的被调查教师感到压力大；近30%的被调查教师存在严重的工作倦怠；近40%的被调查教师心理健康状况不佳；超过60%的被调查教师对工作不满意。

在卡普兰看来，当一个人面对困难情境（Problematic Situation），而他先前处理问题的方式及其惯常的支持系统不足以应对眼前的处境，即他必须面对的困难情境超过了他的能力时，这个人就会产生暂时的心理困扰（Psychological Distress），这种暂时性的心理失衡状态就是心理危机。

党的十九大报告指出：建设教育强国是中华民族伟大复兴的基础工程，必须把教育事业放在优先位置，加快教育现代化，办好人民满意的教育。而高等职业教育作为教育事业中以培育技能型学生为目标的重要一环，越来越受到社会上广大人士和学者的关注。高职院校教师作为集理论与实践于一身的教师群体，既能教书育人，又拥有着一技之长，能牢牢把握就业市场以及社会需求风向。高职教师的任务就是培养高技术人才，这在重视技术人才的时代，高职教师的作用显然不容忽视。相应地，高职院校教师承载的压力也越来越大，越来越多的高职教师开始出现职业倦怠、职业压力。

本章将对社会转型时期高职院校教师职业发展中的心理危机现象及其根源以及干预策略进行探究，以期对高职院校教师在工作中有效应对职业发展中出现的心理危机，缓解教师的职业倦怠，减轻职业压力，高效率地投入教育教学工作中，从而提升教学质量提供理论依据和实际操作借鉴。

第一节　高职院校教师职业心理危机的表现与影响

心理危机（Psychological Crisis）是个体遇到重大应激时，既不能回避，又无法通过常规途径来解决时所产生的心理上的不平衡。每个人在其一生中都可能会遇到多次由急性应激而引起的心理危机。职业心理危机（Occupational Mental Crisis）是工作过程中遇到困惑、压力或者对那些与工作有关的难题没有采取适当的处理方法而导致的一种紧张，甚至不愉快的心理结果以及暂时性的心理失衡状态。高职院校教师的心理危机（Teachers' Psychological Crisis）是由于教师的工作或生活产生负面情感暂时无法解决而产生的心理反应症状。职业压力、职业倦怠和职业高原现象是教师职业心理发展中的三种危机表现形式。

教师是多应激的职业，教学工作本身就是一种情境。国外的研究表明，教师职业是一个压力来源较多、压力强度较大的职业。美国教育学会（NEA）于 1956 年对公立学校 2290 名教师调查发现：78% 的教师有"少许或相当多的应激。"英国学者柯礼柯夫（Kyriacou）与苏利夫（Suteliffe）于 1978 年在调查英国综合中学教师的工作应激中，发现教师感受很大，职业应激的比率在1/5到1/3。❶ 教师不仅要承受与其他职业同样的压力，如工作负担压力、职业声望压力等，而且还承受由教师职业特殊性所带来的压力，如由多重角色和育人职责所带来的压力以及来自学生、家长方面的压力等。心理学、工效学等多学科的研究均发现，职业压力（Occupational Stress）已成为一种严重影响人的身心健康和工作、生活质量的社会流行现象，由此证明教师职业压力的普遍存在。

职业压力（Occupational Stress）也称工作压力，是人们面对职业中的威胁性情境或不良事件时出现的身心紧张状态。教师职业压力的概念源于一般工作压力概念，研究者于 1978 年率先在（EducationM Review）上发表了关于教师工作压力的研究性文章，他们将教师职业压力（Teacher Stress or Teacher Occupation Stress）定义为由教师的工作而产生的负向情感及反应症状如生气、焦虑、紧张、沮丧或失落等，它是由教师的工作引起的，是通过教师对构成其自尊与健康的威胁性事件的知觉以及激活减少威胁知觉的应对机制进行调节的。

职业倦怠与职业生涯高原都是教师在职业发展历程中的一个重要现象，对教师个体职业生活和学校的发展都会产生重要影响。

职业倦怠（Job Burnout）是职业健康心理学中的一个新的研究领域，是在以人为服务对象的职业领域中，个体的一种情绪耗竭（Emotional Exhaustion）、人格解体（Dehumanization or Depersonalization）和个人成就感低落（Diminished Personal Accomplishment）的症状，❷ 是个体对从事职业

---

❶ Kyriacou, C. & Sutcliffe, J. Teacher stress：Prevalence, sourcesand symptoms ［J］. British Joumal of Educational Psychology, 1978（48）：159－167.

❷ Maslach C, Schaufeli W B, Leiter M P. Job burnout ［J］. Annual Review of Psychology, 2001, 397－422.

的一种厌倦。也就是说，职业倦怠是用来描述职业中的个体所体验到的一组负性症状，如情绪耗竭、身体疲乏、工作卷入程度降低、工作能力下降、对待服务对象缺乏人道的态度和工作成就感降低等现象。很多研究者都认为，职业倦怠产生于长期的工作压力，是工作压力的一种极端形式，是不可调和的压力产物。但是工作压力本身并不一定导致职业倦怠，只有当个体长期处于工作压力之下，无法解脱，其间又没有缓冲资源，得不到支持系统帮助时，那些不可调和的持续的压力才会发展、演变为职业倦怠。

职业高原是职业生涯高原（Career Plateau）的简称。西方主要从晋升（Promotion）、流动（Mobility）以及责任（Responsibility）三个角度对职业高原进行定义，"职业生涯高原是指在个体职业生涯中的某一阶段，在这个阶段中，个体获得进一步晋升的可能性很小"。国外有学者对职业生涯高原的含义进行了扩充，将职业生涯高原定义为，由于长期处于某一职位，从而使得个体未来的职业流动（包括垂直流动和水平流动）的可能性很小。一旦进入"职业高原"期，个体容易对职业生涯发展出现认同危机。[1]

职业生涯高原的根源则是个体知觉到自己职业发展的前景渺茫。有研究者认为，教师职业生涯高原是教师在其职业生涯发展的某一阶段中出现的由进一步增加工作责任与挑战有关的职业进步如晋升、流动等的缺失所引发的心理与行为状态；并认为其典型心理特征表现为职业承诺动摇、职业动力不足、职业情感萎缩、职业角色模糊、紊乱等。[2]

职业压力、职业倦怠、职业高原这三种心理危机之间是相互影响的。很多研究者都承认职业倦怠产生于长期的工作压力，尤其是由工作中的组织因素所引起的工作压力。压力反应通常是产生于个体所知觉到的工作要求与个体能力之间的不一致，而职业倦怠则是产生于个体所知觉到的对工

---

[1] Veiga J F. Plateaued versus non – plateaued managers career patterns, attitudes and path potential [J]. Academy of Management Journal, 1981, 24 (3): 566 – 578.

[2] 寇冬泉，张大均. 教师职业生涯高原现象的心理学阐释 [J]. 中国教育学刊，2006 (4): 72 – 75.

作的投入与从工作中获得的回报之间的不一致，其中情绪因素占重要地位。工作压力本身并不一定导致倦怠，但如果个体长期处于工作压力之下，无法得到解决，这期间又没有缓冲资源，没有支持系统，那么这些不可调解的压力就会发展成为职业倦怠。教师在职业社会化过程中，个体因长期处于工作压力状态下，会导致持续增加的情感冷漠、绝望以及情绪衰竭。国外研究表明，职业高原受工作压力影响，工作压力越大，职业高原情况越严重。遭遇职业高原的人最后就会导致工作倦怠。职业高原反过来也受工作倦怠影响，工作倦怠越严重，职业高原情况越严重。职业压力是最终引发职业心理危机的重要原因。

高职院校教师是社会的代言人，肩负着培养一定社会发展所需要的各种层次、各种规格人才的任务，对社会发展起不可替代的巨大促进作用。高职院校的学生有其特殊性，一般来说，高职生在学习心理、学习行为、情感、个性等方面都存在或多或少的问题。如果高职院校教师心理出现了危机，将会给高等职业教育事业甚至是国家发展带来损失。具体来讲，高职院校教师心理危机的负面影响体现在教育教学工作、学生身心健康发展和个人生活上。

首先，高职院校教师的职业心理危机，影响正常的教育教学工作。教育教学工作是教师日常最主要的工作，如果高职院校教师心理出现异常，必然会整天处于焦虑无助之中，导致主要精力不能放在教育教学上。有职业倦怠的高职教师对高职生会缺乏同情心，工作投入和参与度少，对学生违反课堂纪律没有耐心，课堂准备不充分，创造性低。由此可见，高职院校教师的职业倦怠已对教育环境产生了污染。可以说，高职院校教师的职业倦怠、职业生涯高原不仅影响工作绩效等效果变量，而且影响自身的身心健康。

其次，高职院校教师的职业心理危机，影响学生的身心健康发展。在教育过程中，教师处于教育者、领导者、组织者的地位，不但"传道、授业、解惑"，而且还担负培养学生健全人格、塑造学生良好个性品质的任务。如果教师心理出现偏差或异常，则必然会有意无意地传染给学生或影响到学生，其结果必然会影响未来人才的培养质量。

最后，高职院校教师的职业心理危机，影响自身的生活。教师是多重角色的人，教师心理如果出现异常或危机，不但会影响正常的教育工作，影响正常的教育事业的发展，而且会影响教师的个人生活、影响家庭和子女的教育。也会影响其与家庭成员的人际关系，从而导致家庭冲突的现象随之增加。有研究显示：职业倦怠教师的家庭冲突比较高。同时，还会引起负面情感，如工作不满、情绪压抑、无聊和缺乏动力等。寇冬泉最近的一项研究证实了职业生涯高原教师负性职业自我图式的存在。

第二节　高职院校教师职业心理危机的归因分析

随着学校教育教学改革步伐的加快，评价合格教师的标准越来越高，很多教师内心的职业生存压力就会增大，产生下岗恐惧感和职业稳定焦虑感，进而产生紧张感与无助感。目前，我国教师的外语水平和运用现代教学技术的水平还远不适应未来教育的需要，导致心理紧张，感到无助。

国内外学者的研究显示：教师职业压力的来源主要集中在社会因素、学校因素和个人因素。职业倦怠的根本根源是超负荷的职业压力。国内有不少研究者把教师职业生涯高原的成因归纳为教师自身的原因、[1][2][3][4] 学校的原因、社会的原因和多方面多因素交互作用的原因[5]四个方面。还有研究者认为，教师职业进步机会的缺失、巨大职业压力的持续作用、对社会比较的不协调应答以及教师自身的认知偏差、人格特征等因素是职业高原的主要原因。[6]

---

[1] 章剑和. 中年教师的"高原现象"初探 [J]. 教学与管理，1995（5）：27.

[2] 覃庆河. 浅谈中等卫校教师的"职业高原"现象 [J]. 卫生职业教育，2004（13）：35－36.

[3] 时克芳，钱兵. 浅析教师专业发展中的"高原现象" [J]. 继续教育研究，2004（1）：80－82.

[4] 章学云. 中小学教师高原现象的研究评述 [J]. 师资培训研究，2005（3）：18－23.

[5] 苏虹. 新教师专业成长中的"高原现象"分析与对策 [J]. 现代教育论丛，2003（4）：48－53.

[6] 寇冬泉，张大均. 教师职业生涯高原现象的心理学阐释 [J]. 中国教育学刊，2006（4）：72－75.

总之，当高职院校教师陷入心理危机后，除了个体的主观因素外，客体的环境因素也是绝不可小觑的。就目前情况看，引发高职院校教师职业心理危机问题的环境因素有职业环境、工作环境、社会环境三方面的因素。

一、职业环境因素

教师职业是一种特殊的职业，是一种多应激的职业。高职院校教师过去是"四面出击"：备课、上课、改作业、管理学生，现在加上职称评定、教师聘任、末位淘汰、按绩取酬，变成了"八面受敌"。有的高职院校教师能适应形势需要，将职业压力转换为工作动力。而一些心理比较脆弱的高职院校教师则往往因为压力过度而导致心理危机。

教师职业是一种多角色职业。高职院校教师如果不能认识自己职业的多角色性，顺利地进行角色转换，或者面对多种角色不能顺利的调节，就会出现角色冲突。高职院校教师一般有较高的成就需要和动机，但现实中的成就感不会像其他职业那么明显，这就很可能造成理想和现实的冲突、工作责任感和工作疏离感的冲突、自尊与自卑的冲突等。

二、工作环境因素

众所周知，管理高职生的困难已成为高职院校教师工作压力及职业倦怠的主要原因。尤其是近几年，高职生的学习、品行等各种问题行为日益严重，高职院校教师必须花费大量的时间和精力处理学生问题。现在，许多高职院校都很重视教师的教学、科研和福利待遇等，而对教师的心理问题缺乏一定的关注，对教师的负面情绪置若罔闻，致使高职院校教师的心理问题得不到及时化解，日积月累，极易引发严重的心理危机问题。此外，高等职业院校管理中出现的一些偏差，如竞争手段和方法不科学、奖励和惩罚机制不健全、分配不均、待遇不公，在工作安排上对教师的个人兴趣、能力、专长等考虑不够，造成大材小用、通才专用、专才杂用、学非所用、用非所学、舍长就短等现象也会引发高职教师的心理冲突。再者，有些学校领导对教师的态度，更是直接地刺激着教师的心理。

三、社会环境因素

高职院校教师肩负着重大的社会责任。这种职业的神圣感在客观上使得教师不得不注意掩盖自己的喜怒哀乐。同时，社会对教师的期望值也越来越高，且复杂多样，高职教师不但要付出很多时间和精力来照顾学生，而且还要面对来自家长、社会的诸多要求以及现实环境的种种限制。

高职院校教师的付出与回报往往不成比例。教师的工作十分辛苦，但收入状况却一直不尽如人意。家长对教师的一些不良态度，也成了高职教师必须面对的难题。社会的日趋功利性，使师生关系日渐淡漠。中老年教师普遍认为，现在的高职生不如以往的学生懂感情，并且不懂得感恩。教师们对教学付出很多辛勤的劳动，但得到的心理报偿却相对较少，这也容易导致高职教师的心理危机。

四、教师个人因素

国内有学者研究发现，教师自我效能与教师工作压力状况均存在显著负相关；教师自我效能是教师工作压力状况的主要预测变量。自尊是教师职业倦怠一个主要和起控制作用的因素，它通过影响以环境为基础的组织因素的过滤来起作用。❶❷❸ 大多数人对社会支持都有一种强烈的需要，任何感到遭受社会拒绝的事件都可能被认为是有压力的。❹ 而且，缺乏自信心的人会比其他人更容易感到这种威胁。因此，他们更容易感到有压力和产生倦怠。个人相信内控点还是外控点的不同影响职业倦怠的产生。个人相信多数事情是他们自己行动的结果，属于相信内在控制点；那些认为多

---

❶ 刘晓明. 职业压力、教学效能感与中小学教师职业倦怠的关系［J］. 心理发展与教育，2004（2）：56 – 61.

❷ 沈杰，郑全全. 中学教师自我效能感与职业倦怠关系的研究［J］. 教育研究与实验，2005（2）：58 – 60.

❸ 徐富明，朱从书，黄文锋. 中小学教师的职业倦怠与工作压力、自尊和控制点的关系研究［J］. 心理学探新，2005（1）：74 – 77.

❹ Frenzen P D, Hogan D P. The impact of class, education, and health care on infant mortality in a developing society: the case of rural Thailand. ［J］. Demography, 1982, 19（3）：391 – 408.

数事情超出自己的控制之外，归咎于命运、运气或其他人，属于相信外在控制点。研究结果发现，那些相信外在控制点的教师更容易产生倦怠。因此，高职院校教师的自我效能感、自尊、控制点等自身特性，是高职教师产生职业心理危机的内部因素。

第三节 高职院校教师职业心理危机的干预策略

国内研究者针对教师职业压力、职业倦怠和职业高原现象提出了相应的应对措施。有研究者强调教师要提高对职业的认识，要自强不息，内外兼修，增强适应能力，客观认识职业生涯高原现象，积极采取多种方式化解。❶ 高职院校要努力营造一个供教师职业发展的良好氛围，激起教师的自我发展需求并引导其自我发展需求方向，为教师职业发展提供个别咨询。优化社会心理环境、给高职教师更多的心理支持等。

一、对教师的建议

第一，高职教师要不断提高对自己所从事职业的充分认识，提高职业认同感。教师的职业认同感是其选择教师职业、规划职业发展和实现职业目标的心理基础，是影响教师工作效果的重要变量。如果教师缺乏职业认同感，教师职业固有的单调、重复等特性就会凸显出来，从而与人不断追求刺激、挑战和发展的天性相矛盾，这种矛盾是导致教师职业心理危机的重要原因之一。提高高职教师职业认同感首先就要对自己从事的职业有一个全面辩证的深刻认识。

第二，立足职业实际，积极开展行动研究。行动研究是一种适应小范围内探索教育问题的研究方法，其主旨不在于建构理论体系、归纳规律，而在于针对教育实践中的问题，通过行动加以解决，以提高教育教学实践的质量，推动教育教学改革的深入。❷ 其实质是教师在职业实践中通过行

---

❶ 寇冬泉，张大均. 教师职业生涯高原现象的心理学阐释 [J]. 中国教育学刊，2006（4）：72-75.

❷ 寇冬泉. 论创造力的研究取向 [J]. 高教论坛，2003（6）：18-22.

动和研究的结合，创造性地运用教育、教学理论，去研究和解决不断变化的教育、教学实践中的具体问题，促进教育教学工作的科学性和有效性，不断提高教育教学实践的水平和质量。当教师成为自己岗位上的研究者而不是一个简单的执行者的时候，其职业的挑战性和刺激性将大大增强，这是高职教师有效应对职业生涯高原的最佳方式之一。

第三，积极寻求社会支持网络，维系职业心理平衡。社会支持在一定程度上能预测自杀率、死亡率、心血管疾病的发病率，能缓解压力，促进个体生理、心理和社会的整体的健康。人类的心理适应就是对人际关系的适应，具有良好人际关系的人的心理健康水平就高，对挫折的承受力和社会适应能力就强。因此，高职院校教师应拓展自己的人际交往圈，积极寻求来自家庭成员、亲友同事、团体组织和社会其他方面的精神上和物质上的支持和帮助。建立社会支持网络，最常见的方法就是团队建设，其中包括人际关系技能等一系列训练。通过团队建设，让教师建立起亲密的人际关系。在社会支持网络中，社会支持可以体现为工具性支持、信息支持、评价性支持和情感支持。

二、对学校的建议

第一，高职院校要努力营造一个供教师职业发展的良好氛围。学校的氛围实质是一种学校主流文化，学校文化为教职员工和学生提供了关于学校目标和他们各自应扮演的角色的共同信念，并以此引导他们的行为。但学校文化中也可能造成上下级、同事间人际关系的紧张，从而导致自我中心、我行我素、文人相轻在校园盛行，甚至出现相互拆台这些消极因素。这就成为催生教师心理危机的罪魁祸首。因此，学校应该弘扬学校文化中的积极因素，尽力消除学校文化中的消极因素，努力培育和完善倡导上进、奉献、研究等为主题的学校文化，形成事业上支持教师、感情上尊重教师、生活上关心教师的普遍共识，为教师职业发展营造一个宽松、支持、开放、上进的良好氛围。

第二，激发高职教师的自我发展需求并引导其自我发展需求方向。教师的自我发展需求是教师职业成长的动力。因此，激发高职教师的自我发展需求并引导其自我发展需求方向成为预防和消解职业生涯高原现象的重要策略。在针对学校情境对马斯洛的需要理论进行了修改，强调在以工资、养老金、长期聘用和角色巩固的形式来建立起教师的安全感之后教师才能寻求社会需求、自尊、自主及自我实现需要的满足。自我发展需求是教师的一种仅次于自我实现的非常高级的需要，学校必须给予激活。传统激发方式更多强调工资、职位、工作条件、政策与管理及工作保障等被称为"保健因素"的外在回报。这在今天乃至今后相当长时间内仍具有存在的合理性，其促进教师自我发展需求的基础作用不可忽视。但它在当下更容易导致教师职业生涯高原的出现，尤其对注重追求外在回报的教师。因此，引导教师自我发展需求方向成为激励方式中的重要课题。引导教师从工作本身中找到诸如责任感、使命感、工作本身对教师的价值、工作绩效的意义等内在回报并成为促进教师职业发展的动力。

第三，授权高职教师。20世纪90年代，随着学校全面质量管理理念的深入人心，给教师授权成为学校改革的一大亮点。授权教师意味着允许教师决策或解决那些影响他们个人工作和生活幸福的问题。让教师拥有在促进学校进步的各个岗位上的自主权，能够满足教师参与学校管理的愿望和教师职业成就感、责任感、自我实现、主人翁和自尊的需要；提升教师的工作士气，激发教师的创造潜能；和谐校园人际关系；为教师展现自己管理能力提供一个平台，为教师进一步提高其管理素质创造机会。授权教师，看似学校权力的分散，实则是学校管理更具针对性的一种增权。授权教师是促进教师职业发展缓解职业心理危机的重要途径。

第四，为高职教师职业发展提供个别咨询。不同教师在职业发展中遇到的问题有相同的，更多是相异的，具有个人特点。为此，高职院校应建立咨询机构，畅通咨询渠道，为不同教师在专业发展中遇到的具体问题进行有针对性的帮助。尤其是高职教师在出现了较严重的心理障碍和心理疾病，出现心理危机时，求助于职业心理健康专家的指导并进行有效的处理是非常必要的。有了心理危机，就应当及时得到宣泄和疏导，这是解决心理危机，保持心理健康的唯一出路。

三、对全社会的建议

第一，要在全社会范围内形成尊师重教的良好社会风尚。社会心理学认为，一个人的发展方向和速度，在很大程度上取决于社会心理环境。个体是否选择教师职业和教师是否愿意为教育而奉献一生都在很大程度上受制于社会心理环境。因此，倡导公共信任、支持、宽容的社会氛围不仅会使教师产生高度的自尊感、荣誉感，而且使教师把教学视为一种可追求的事业而产生责任感、使命感。

第二，切实提高高职教师的社会地位。职业的社会地位不是通过宣传就能够提高的，而是通过从业者在具有极好工作环境和工作回报基础上具有的社会认可的广阔的发展空间得以实现的。这就是说，提高高职教师社会地位的根本途径是要把重心放到教师的职业发展上。只有国家制定相关法律法规以维护教师职业发展权益，而且更要坚定不移地在实践中贯彻执行，为教师专心从业保驾护航。

第三，减轻高职教师的负荷。目前在我国，社会、家庭、学校三者的教育责任分担失衡，学校处于孤立状态，学校在一定程度上承担了社会、家庭应该承担而没有承担的责任。而这些重任又最终转嫁到教师身上，增加了高职教师职业发展的负荷。因此，社会和家庭应该支持、配合、参与对学生的教育，减轻教师的职业发展负荷，让高职教师"轻装上阵"，用教师的职业发展换来学生的更好发展。

第四，建立心理危机预警指标体系。心理危机干预中最重要的一步是形成可靠的心理危机预警指标体系，以便及时对教师的心理危机做出正确、科学的判断。政府应根据教师心理危机形成的机制，设计并确定各指标的权重分数，以高职教师入职、工作、交际、生活等各个方面在心理危机形成中所占的比例来确定预警级别，有针对性地提出防范措施，利用计算机和网络，形成心理危机预警指标体系的电子档案，提高心理危机干预的效能。

总之，高职教师职业心理危机缘起于个体、学校和社会的复杂因素的交互作用，对它的预防和干预也不是单从某一个层面着手就能够解决，而是三个层面同时发挥作用且各有侧重，才能达到缓解高职教师职业心理压力，促进高职教师职业生涯发展，最终促进高等职业教育事业的发展。

本章小结

教师心理危机是由于教师的工作或生活产生负面情感暂时无法解决而产生的心理反应症状。高职教师的职业压力、职业倦怠和职业高原现象是他们职业心理发展中的三种主要危机表现形式。教师心理危机的负面影响体现在教育教学工作、学生和个人生活上。教师陷入心理危机，除了个体的主观因素外，引发教师心理危机问题的环境因素有职业环境、工作环境和社会环境三方面。高职教师职业心理危机的干预与消除同和谐心理环境的创设有着非常密切的关系，社会要努力营造一个支持高职教师职业威望的职业环境和社会环境，以减轻他们过重的工作与心理负荷。高职教师个人也要提高职业认同感，积极寻求社会支持，维系职业心理平衡。

（本章作者 江苏理工学院 胡维芳）

第十八章

高职院校创新技能型人才培养的研究

《国家中长期教育改革和发展规划纲要（2010—2020 年）》指出，经济发展方式加快转变，凸显了提高国民素质、培养创新人才的重要性和紧迫性……努力培养造就数以亿计的高素质劳动者、数以千万计的专门人才和一大批拔尖创新人才。《中共中央国务院关于进一步加强人才工作的决定》也指出，要建设规模宏大、结构合理、素质较高的人才队伍，开创人才辈出、人尽其才的新局面，把我国由人口大国转化为人才资源强国。为了使所有高职院校学生都能成人、成才、成功，为了培养更多的"创新、创业、创优"的创造性人才，为了实现高等职业教育做优、做强、做特的目标，高职院校要不断培养具有良好创新意识的大批创新技能型人才，以更好地满足我国社会又好又快、更好更快地发展的需要。

第一节 高职院校创新技能型人才培养的现状与前景

随着 2014 年全国职业教育工作会议的召开，作为国民教育体系重要组成部分的职业教育摆在了更加突出的战略地位，迎来了更为重要的战略发展机遇。习近平总书记指出，要加快发展职业教育，让每个人都有人生出彩的机会。由此可见，职业教育的吸引力正在不断增强，职业教育受重视程度和社会地位也正得以快速、持续提升。

在新时代背景下，高职院校更加重视人才培养的应用性和实践性，相对忽视创新性。职业教育发展仍表现出不充分不平衡，其中，不充分主要表现在产教融合不充分，校企合作育人仍然处于劳务订单的初级阶段，亟待提升到深度融合阶段，职业院校技术创新能力不足，难以支撑产业升级。❶ 职业院校与企业开展的校企合作多停留在中低层次，且多以项目化形式存在。❷ 经济社会的发展需要高等职业教育培养大批创新性人才，高等职业教育发展也必将对创新性人才培养提出新的要求。

一、高职院校创造性人才培养的现状

（一）高职院校人才培养重实践轻创造

1. 人才培养目标缺失创造性

以江苏省为例，至 2017 年底，江苏省现有高职高专院校 90 所（省属 42 所，市属 25 所，民办 22 所，中外合作办学 1 所），五年制高职学校 31 所、高等师范学校 12 所、成人高等学校 8 所。总体来看，高等职业教育虽然规模不小，但是水平不一，特色不够明显。当前绝大多数高职院校的培养目标都突出应用性、实践性和技术性，倡导以就业为导向、以能力为本位，主要立足于培养面向一线企业的蓝领工人。

通过对全省各市的 18 所职业院校的专业人才培养方案的分析发现（见表 18 - 1），各职业院校将人才培养都定位为应用型、技能型专门人才，各校的专业培养目标均未提及创新性人才的培养。

表 18 - 1　江苏省 18 所职业院校人才培养类型一览表

	学校	专业	培养人才
1	＊＊经贸职业技术学院	物业管理	高技能专门人才
2	＊＊海事职业技术学院	海事管理	高级技能型人才
3	＊＊工业职业技术学院	应用电子技术	高等职业技术人才

❶ 应若平. 如何认识和破解新时代职业教育的主要矛盾［N］. 光明日报，2018 - 05 - 10 (14) .

❷ 庄西真. 以工匠精神引领高技能人才培养［N］. 中国教育报，2017 - 08 - 31（3）.

续表

	学校	专业	培养人才
4	＊＊交通职业技术学院	会计	高技能应用型人才
5	＊＊职业技术学院	数控技术	高素质技能型专门人才
6	＊＊建筑职业技术学院	建筑工程技术	技术应用与管理人才
7	＊＊轻工职业技术学院	机电一体化技术	高素质技能性人才
8	＊＊纺织服装职业技术学院	服装设计	高级复合型人才
9	＊＊高等职业技术学校	电子商务	高素质技能型专门人才
10	＊＊工艺美术职业技术学院	展示设计	高级专业人才
11	＊＊农业职业技术学院	生物技术及应用	高级技能型应用人才
12	＊＊工贸高等职业技术学校	机电一体化	高技能人才
13	＊＊食品职业技术学院	食品加工技术	高等技术应用性人才
14	＊＊卫生职业技术学院	护理	高等技术应用型专门人才
15	＊＊环境资源职业技术学院	环境监测与治理技术	高素质技能型专门人才
16	＊＊市职业教育技术中心校	现代农艺	综合职业能力人才
17	＊＊职业技术学院	高级护理	高等技术应用性专门人才
18	＊＊职教中心校	电子电器应用与维修	中初级专门人才

2. 学校管理制度措施缺乏创造空间

一些高职院校在教育观念、教育管理机制、学校文化氛围、教育评价、课程内容设置、课程资源拓展、教学策略等方面未能体现对创造性人才培养的重视，使学生创造力非常薄弱。很多学校仍不重视内涵建设，教育经费投入不够，诸如图书资料缺乏，教学实验设备陈旧的情况绝非仅有。

多数学校对教师的评价重点关注教学工作量、科研成果、班级管理等方面，对教师指导学生的创新学习活动的激励与认可不够。扭曲的评价机制造成的"急功近利""表面文章"，势必造成教师对教学科研和人才培养的浮躁心态，这非常不利于创新性教师与学生的培养。

多数高职院校没有实施或没有真正实施学分制，导致所有学生都要在相同时间内完成相同的学习任务，这不利于优秀的学生脱颖而出；文、理、工等各学科相互渗透不够，学生不能跨学科、系科甚至跨校际学习；考核制度弊端较多，课程多实行单科独立考核，学科之间缺乏联系；考核形式多为卷面考试，缺少口试、动手操作考核；考题多为知识性考题或简单的应用操作题，少见创新性考题。

3. 师资队伍建设缺少创新性

教师如果期望培养出有创造精神的学生，其自身必须先有创新性。尽管当前高职院校双师型教师越来越多，其中也不乏教学水平高、有创见的教师，但从整体上看，很多教师的教学观念落后、知识信息陈旧、教学方法机械、教学形式单一、教学手段单调、教学时空固化，重教轻学、重理论轻实践，过于注重专业知识的传授和学生简单操作技能的培养，这非常不利于学生创新能力的培养。多数教师通常疲于应付繁重的教学任务，他们大多没有时间更新知识、反思改进教学方法，没有时间从事教学研究，更没有精力创新自己的思维。

（二）高职院校学生发展重知能轻创新

21 世纪教育竞争的焦点是人才，培养出大量创新性人才是高职院校核心竞争力的主要标志。尽管各级各类高职院校培养的人才众多，但是，在当前及未来社会，更为迫切地需要基础知识宽广、专业知识扎实、具有交叉学科的知识而且具有良好创新素质的人才。

知识经济时代要求高职院校学生不断汲取新的知识，形成专业技能，不断学会创新，学会创新学习并不断提高创新能力。教育进展国际评估组织曾对世界 21 个国家的基础教育进行调查，其结果是，中国孩子的计算能力是世界上最强的，但创新能力在所有参加调查的国家中却排名倒数第五。[1] 实际上，从学校、教师到学生都更为重视应用型知识的掌握和实践操作能力的培养，相对忽视学生创新能力的培养，主要体现在以下方面。

1. 学生缺乏创新意识和信心

学生创新能力的发展是建立在创新意识基础之上的。长期以来，学生创新能力的培养并未得到应有的重视，也使高职院校学生比较缺乏创新意识。这些学生习惯于顺其自然，在思考或探索新问题时，容易出现胆怯或

---

[1] 上官子木. 创造力危机：中国教育现状反思 [M]. 上海：华东师范大学出版社，2004：47 - 48.

自卑现象。尽管部分学生具有创新意识，但还比较缺乏创新的自觉性、信心与勇气。

2. 学生缺乏创新思维和技法

教育系统并未有效地鼓励或选择创新性思维模式，所以学生也没有形成这种思维模式。❶ 随着知识和经验的积累，学生的思维能力，尤其是逻辑推理思维能力有了很大程度的发展，但其思考问题缺乏灵活性和全面性。因此，需要通过创新理论的学习掌握发散思维、逆向思维、直觉思维等创新思维方式，也需要通过创新理论的学习了解更多的创新技法。

3. 学生缺乏创新性的动手能力

部分高职院校教师仍较重视专业知识的传授，忽视学生创新能力和动手能力的培养，缺乏对学生基本技能的培养和动手操作能力以及生产生活实践活动的能力训练。

4. 学生缺乏坚持性的创新毅力

学生虽有一定的创新兴趣和热情，却缺乏创新毅力。在需要创新性地解决问题时，往往不愿付出努力或难以长期坚持。

二、高职院校创新性人才培养的前景

（一）经济社会的发展需要职业教育培养大批创新性人才

在我国加入 WTO 后，伴随经济的快速发展，我国将成为世界制造业基地。以江苏省为例，江苏具有发展现代制造业的良好条件，特别是长三角地区构成了中国经济最具活力、发展最快的都市板块，拥有颇具实力的工业基础和得天独厚的区域优势，面临发展现代制造业的新机遇。"十五"以来，长三角地区不仅需要大量的应用型专门人才，同时更需要培养一大批面向生产、建设、服务和管理第一线的具备高等专业文化水平的创新性人才，目前这方面人才需求旺盛。

最近一项针对 60 多个国家、30 多个行业的 1500 名 CEO 的抽样调查显

---

❶ ［美］斯腾伯格，史渥林. 思维教学：培养聪明的学习者［M］. 赵海燕，译. 北京：中国轻工业出版社，2001：16.

示，创新能力，而不是智力，是这个时代最重要的能力。❶《国家中长期教育改革和发展规划纲要（2010—2020 年）》指出，学生适应社会和就业创业能力不强，创新型、实用型、复合型人才紧缺。因此，加强高职院校的教育教学改革，努力为社会培养更多的创新性人才，正是抓住机遇，适应需要，加快构筑人才集聚的高地，为江苏的现代制造业基地建设和地区经济社会的发展提供强有力人才支撑的必然要求。如何培养大批创新性人才，以适应当前及未来社会的需要，是教育自身能否得以生存和发展的关键，必将成为我国职业教育改革最为重要的内容之一。

（二）职业教育发展必将对创新性人才培养提出新的要求

21 世纪的职业教育是以人为本的职业素质教育，是以人的现代化推进创新社会现代化的职业教育。面对知识经济和信息时代的到来，职业教育改革势在必行。目前，我国职业教育虽然规模不小，但是水平不一，特色不够明显。目前的人才可划分为四种类型，"一"字型人才主要特点是知识面宽，"1"字型人才主要特点是知识有深度，但他们都不能适应入世后的需要。"T"字型人才是大家熟悉的一专多能型人才，这也是前期许多学生努力的方向。"十"字型人才则具备了前三种人才的所有特点，不仅基础知识宽广，专业知识扎实，具有交叉学科的知识，而且敢于出头，即富有创新精神。如果说以往社会需要的是前三类人才的话，那么未来社会则迫切需要最后一类具有良好创新性的人才。高职院校应积极发展学生的创新个性和创新精神，培养学生的创新意识，发展学生创新的积极信念和坚强的意志等。

《江苏省中长期人才发展规划纲要（2010—2020 年）》明确指出江苏人才发展的战略目标（见表 18 – 2）。到 2015 年，江苏省高技能人才总量达到 154 万人，2020 年将达到 255 万人，占技能人才总数的 32%，其中技师、高级技师达到 53 万人。大力实施"百万高技能人才培养工程"，重点建设国家和省级高等职业技术学院和省重点高级技师学院，努力建设一支数量充足、门类齐全、梯次合理、技艺精湛的高技能人才队伍。以提升职

---

❶　陈赛. 怎么教儿童创造力［J］. 三联生活周刊，2011（33）：141.

业素质和专业技能为核心，以技师和高级技师为重点，以技能大赛为抓手，完善以企业为主体、高职院校为基础，学校教育与企业培养、政府推动与社会支持相结合的高技能人才培养体系。

表 18 - 2　江苏省人才发展总体目标

指标	单位	江苏省			国家		
		2008 年	2015 年	2020 年	2008 年	2015 年	2020 年
人才资源总量	万人	723	1100	1300	11385	15625	18025
每万劳动力中 R&D 人员	人年/万人	44	50	55	24.8	33	43
高技能人才占 技能劳动者比例	%	24.78	30	32	24.4	27	28
主要劳动年龄人口 受过高等教育的比例	%	9.47	17	22	9.2	15	20
人力资本投资 占 GDP 比例	%	12.1	15	17	10.75	13	15
人才贡献率	%	25.41	43	48	18.9	32	35

注：本表采自《江苏省中长期人才发展规划纲要（2010—2020 年)》。

加强高职院校创新性人才的培养，是适应当前经济社会发展要求、切合当前实际的重要举措。作为一线技术工人摇篮的各级各类高职院校必须进行管理、教学、课程、评价等方面的改革，将创新学的理论和方法应用于教育实践，有效培养学生的创新性素质。

第二节　高职院校创新技能型人才培养的关系分析

创新性人才培养是现代社会发展对职业教育施加变革动力的产物，体现了对人的创新精神和创新能力的呼唤。如何培养大批充满活力、思维敏捷，具有良好创新意识、创新精神和创新能力的新人，以适应当前及未来社会的需要，是高职院校能否生存和发展的关键，必将成为我国职业教育改革最为重要的内容之一。在高职院校创新性人才培养过程中，我们必须处理好其中诸多关系，使各方得到公平对待、和谐共生，从而发展学生的创新素质。

一、创新教育与传统教育

创新教育与传统教育相比，有诸多不同之处，简要归纳如下：创新教育注重发展学生加工和创新知识的能力，传统教育强调培养学生储存和积聚知识的能力；创新教育关注培养发散思维，传统教育重在培养聚合思维；创新教育是一种"过程性教育"，学生学习思维和实践的过程，传统教育是一种"结论性教育"，学生学习人类思维的结果；创新教育强调教学差异性，传统教育强调教学统一性；创新教育讲究变动和发展，培养"创新型"人才，传统教育强调模仿与继承，培养"知识型"人才。

历史上没有永恒的真理，每一种学说都在演变中不断地改变自身，以适应变化的形势和环境。❶ 继承传统是创新教育的基础，创新教育正是在传统教育基础上发展起来的。总的来看，传统教育中确实存在许多不利于学生的创新精神和创新能力发展的教育观念、方法和模式。创新教育的实践过程，正是对传统教育的改革和扬弃过程，是在继承传统教育合理因素的基础上加以创新，提倡大胆质疑，鼓励标新立异、推陈出新。批判只是前提和手段，继承与创新才是最终目的。因此，高职院校创新性人才的培养不仅要合理继承与创新传统教育，在某种程度上，还要创造超越传统教育和现代教育的，真正能够适合我们、属于我们、促进我们发展的教育。❷

二、创新教育与素质教育

素质教育是一种发展的教育观，着眼于学生整体素质的全面提高，通过全方位、多层次、多角度的有效控制，为学生的发展创造良好的教育环境。培养学生的创新意识和创造能力是素质教育的内在要求。创新教育是素质教育的灵魂，它是建立在文化素质、专业素质、心理素质和思想素质基础上的一种高水准的素质教育。高职院校的创新教育不能取代素质教

---

❶ 张之沧. 马克思主义与当代西方社会思潮［M］. 上海：上海人民出版社，2003：1.

❷ 蒋波. 继承与创新：辩证地看待传统教育与创新教育［J］. 当代教育科学，2006（22）：25.

育，它只能是一种特色教育，作为推动学生全面素质教育的有效途径。

高职院校创新性人才培养的主要目标是培养学生对科学的好奇心和旺盛的求知欲，培养开拓进取的精神和创新能力。创新教育着眼于未来学生所需要的基本素质，要求培养的人才既要全面发展，又有个性特长；既要学习知识，又要学习如何创新知识；既有科学的态度，还有创新和怀疑精神；既要有事业心、进取心、竞争意识，还要有协作精神。

三、创新意识与创新技法

创新意识与创新技法的关系，实际上是创新活动中的动力与技巧的关系。创新意识是人脑中不断涌现出想去创新的思想意识。意识在人的创新活动中起巨大的导向和推动作用。青少年如果有了强烈的创新意识，就会产生强烈的创新欲望，就会把全部心理能量充分调动起来，形成强大的创新动力，推动其去战胜各种困难。❶

创新技法，本质上只是一种关于创造性思维的技巧和方法。在一定创新意识的支配下，再熟悉一些创新技法，是能够提高创新能力的。虽然在某些方面，创新技法可以促进思维的发散性，帮助我们克服思维定式，提高思维速度和质量，但总的来说，创新意识较之创新技法更为基本，也显得更为重要。总体来看，高职院校创新性人才的培养，不仅要培养学生具有一般的创新意识和技法，更要培养学生在某一专门领域的创新意识和创新技法。

四、基础知识与创新能力

过于注重学生基础知识的掌握，而忽视学生创新能力的培养，这是传统职业教育的一大弊病。学生创新能力的形成过程，实质上就是知识的创新过程。基础知识可以丰富人的认知结构系统，相应地可以发展创新能力。基础知识的学习并非由个体简单地以显见的方式获得，所有的知识都

---

❶ 刘电芝，孙泽军．创造性及其培养［J］．学科教育，2001（1）：18－22.

是自我创造（self‑created）出来的。❶ 因此，在培养学生创新能力时，必须注意不能忽视和淡化学生基础知识的掌握。高职院校创新性人才的培养应该根据学生认知发展的特点，对他们的创新意识和能力实事求是地加以激发、引导和培养。要引导学生在原有知识经验的基础上，以意义建构的形式学习知识、获取知识和创新知识。

新知识是由个体与社会相互联系而"建构"或创造出的。❷ 高职院校教师要引导学生不仅要多掌握基础知识，还应积极参与各种实践活动，通过实践发展创新能力。高职院校在提升学生创新能力时，必须注意到学生的创新与成人科学家的创造发明之间的差别。前者更多地表现为"类创造"，而后者则主要表现为"真创造"。无视这些差别，学生创新能力的培养无异于"空中楼阁"。

五、智力因素与非智力因素

非智力因素在传统教育中常被忽略，但它对人的智力活动却有很大的制约作用。创新能力绝不仅仅是一种智力因素，更是一种人格特征和精神状态以及综合素质的体现。❸ 创新性地解决问题时，非智力因素显得更为重要。非智力因素对智力因素而言，始终起着调节、控制、维持和补偿的作用。人的创新活动就其过程而言，是一种智力活动。非智力活动使智力活动更具目的性、动力性和主体能动性，可以有效地控制心理资源的分配。

在高职院校创新性人才的培养过程中，教师要创设适宜情境激发学生的创新需要和动机，爱护学生的创新热情，尊重和培养学生的创新个性，如高独立性，自信、不迷信权威，勇于捍卫自己的观点；高批判性，用批判的目光去审视现有事物，不安于现状、善于标新立异；高灵活性，能广

---

❶ Iran‑Nejad, A. Constructivism an substitute for memorization in learning: Meaning is created by learner［J］. Education, 1995, 116（1）: 19.

❷ Hendry G. D, Frommer M, Walker R. A. Constructivism and problem‑based learning［J］. Journal of Further and Higher Education, 1999, 23（3）: 359.

❸ 朱永新. 我的教育理想［M］. 南京: 南京师范大学出版社, 2000: 61.

角度、全方位、多层次地看问题，思维灵活、善于变通；高耐挫力，能容忍错误、不怕失败，具有百折不挠的创新精神。

六、逻辑思维与直觉思维

逻辑思维是直觉思维的前提，直觉思维是逻辑思维高度压缩、简化、内化和自动化的结果。直觉思维是一种非线性的、跳跃性的立体思维，它可以让人的思维从多角度、全方位去寻找新的生长点。直觉思维不仅常常在文艺创作中起到激发智慧源泉的作用，有时也在科学研究中起到决定性作用。创新活动通常是在直觉思维和逻辑思维的协同活动下进行的。在创新活动过程中，直觉思维有很强的突破性。当我们采取习惯性的缜密严谨的逻辑思维方式难以奏效时，富有探索性的直觉思维便被启用，可以带来意想不到的效果。在直觉思维的探索取得初步结果之后，则又需要逻辑思维加以整理和检验。

直觉思维是对事物整体结构的感知，散乱的信息、知识无助于直觉思维。❶ 有组织的、结构化的知识信息具有生成作用，不仅有利于发挥逻辑思维的作用，也使直觉思维更容易发生。在高职院校教学过程中，教师应注意鼓励学生大胆猜想，这可能有助于做出推测，并可促使直觉思维向合理程度发展。

七、聚合思维与发散思维

完整的创造性思维应包括聚合思维和发散思维。聚合思维是发散思维的基础，发散思维有利于提出多种设想，但需要聚合思维予以检验。只有两者高度协调，方能构成高水平的创造性思维，保证创新活动的顺利进行。在创新活动的开始阶段，问题情境往往不很明确，这时，必须进行聚合思维，综合已知的各种信息条件，明确所要解决问题的关键并导出发散点。接下来，必须尽可能多地提出解决问题的可能途径和方法，这是一个

---

❶ 张爱卿. 放射智慧之光：布鲁纳的认知与教育心理学 [M]. 武汉：湖北教育出版社，1999：57.

发散性思维的过程。最后，从多种设想、途径中找出最佳的解决方案，从而创造性地解决问题，这又是一个聚合思维的过程。

尽管发散思维是一种非常宝贵的认知品质，但是从社会性方面看，它却被教师看成令人烦恼的、具有破坏性乃至威胁性的东西。❶ 在高职院校创新性人才培养的过程中，教师需要转变观念，正确看待发散思维在创造性思维发展过程中的巨大作用，要经常地给学生提供开放的思维建构空间和弹性的学习时间，让学生自由地建构知识，不断获得知识意义并完善认知结构，培养学生的认知灵活性和主动积极性，以达到培养学生良好的创新能力。

八、先天素质与后天素质

人的创新能力究竟取决于先天还是后天，这既是个理论认识问题，也是个实践操作问题。二者都很重要，不可或缺。其中，先天素质主要决定人脑的"硬件"，后天素质主要决定人脑的"软件"。一般来说，在培养人的创新能力时，后天素质要比先天素质重要得多，这是因为正常人的先天素质可谓差别不大，关键就看后天素质。随着时间的推移，个体间后天素质的差异也就越来越大，并造成了人的创新能力类型和水平的千差万别。因此，高职院校创新性人才的培养，应注重在学生后天素质的培养上多做努力。

九、客观环境与主观努力

客观环境不仅指外部环境，也包括创新主体的内部环境，如学生的知识水平、实践经验、思维方式及个性特质等。在创新活动中，相对于客观环境而言，人的主观努力更为重要。复杂的客观环境可以由人改变，有了人的主观努力才能创设良好的客观环境。动物的学习是为了适应环境，求得生存，而人不只是为了适应环境，更要通过主观努力积极地改造环境，

---

❶ ［英］R. 赖丁，S. 雷纳. 认知风格与学习策略［M］. 庞维国，译. 上海：华东师范大学出版社，2003：27.

以实现个人及社会价值。因此，高职院校应激发和培养学生积极主动地去适应、创新环境，以使其创新潜能得到充分开发。

十、左脑功能与右脑功能

创新活动一般分为准备期、酝酿期、豁朗期和验证期四个阶段。当代脑科学研究结果证明，在创新过程的准备期和验证期，左脑处于积极活动状态，并起主导作用；在酝酿期和豁朗期，右脑则起主导作用，这两个阶段是新思想、新观念产生的时期，因而也是创造性思维过程中最关键的时期。总的来讲，任何创造性产物，都是左右脑密切配合、协同活动的结果，只不过在其中某一具体的思维活动中，有主有次。左右脑作用的转移在整个创新活动过程中，甚至每一个阶段都可能多次发生。所以，左右脑的这种协同作用的相互关系才是创新能力得以发展的真正基础。

第三节　高职院校创新技能型人才培养的教学改革

当前，高职院校的人才培养目标多定位为高级技能型、应用型人才。经济社会的发展不仅需要大批技能型人才，更需要具有一定创新性的技能型人才。创新技能型人才是指具有博专结合的专业知识、精湛的专业技能、强烈的创新欲望和良好的创新能力，并能创造出既有创意又有一定社会价值的新产品的人才。加强高职院校创新技能型人才的培养，是适应经济发展要求、切合社会实际的重要举措。高职院校不应只重视学生的专业知识传授与应用技能培养，更应注重学生创新意识的激发、创新思维的训练、创新技能的培养和创新个性的塑造。作为一线技术工人摇篮的高职院校必须遵循产业升级规律，尊重技能型人才的职业成长规律，加大创新技能型人才的培养力度，积极推进教育教学改革，培养学生既要学习知识，还要形成并提升职业技能，逐步形成开拓进取的创新意识和创新能力。

一、高职院校创新技能型人才培养的课程教学改革

（一）优化课程师资

高职院校非常重视"双师型"教师的培养，多数院校"双师型"教师的比例超过60%，其中不乏创见的高水平教师，但从整体来看，很多教师的教学观念落后、知识陈旧、方法单一，这不利于学生创新意识的激发和创新能力的培养。很多教师疲于应付繁重的教学任务，鲜有精力更新知识、创新教学模式方法，少有时间指导学生开展创新创业活动。一个有创新性的教师应能帮助学生在自学的道路上迅速前进，教会学生怎样对付大量的信息，他更多的是一名向导和顾问，而不是机械传递知识的简单工具。❶ 高职院校要努力建设一支门类齐全、数量充足、梯次合理、技艺精湛、创业创新的师资队伍。首先，可以直接从企、事业单位引进具有一定创新能力的高技能人才充实师资队伍。其次，高职院校可以通过选派教师到企、事业单位兼职、挂职，或进行项目合作。此外，高职院校还可以选派教师到有关高校和科研院所进行研修访学、合作研究，不断拓展其学科视野，提升其创新技能。最后，高职院校可以从企、事业单位聘请具有一定创新性的企业经营管理、生产技术人才作为兼职教师。这样，高职院校既可以将兼职教师请进课堂，兼职教师又可以将学生带到企、事业单位一线岗位。

（二）开发课程内容

为了有效培养创新技能型人才，高职院校需要改变重必修课程、轻选修课程，重理论课程、轻实践课程，重学科课程、轻活动课程，重分科课程、轻综合课程的现状，切实体现课程结构的均衡性、综合性和选择性。课程内容必须紧密联系社会实际，及时更新并不断开发适应社会生产生活需要的新课程，设置丰富多彩、应用性强、弹性化的选修课程、实践课程和活动课程。高职院校应积极与企业密切围绕产学研的发展目标，将企业

---

❶ ［伊朗］拉塞克，［罗马尼亚］维迪努. 从现在到2000年教育内容发展的全球展望［M］. 马胜利，译. 北京：教育科学出版社，1996：106.

所需的课程和要求纳入教学改革，结合服务所需，使所开设的课程能贴近社会实际需要。在加强知识技能等专业基础课程的前提下，高职院校要特别重视综合实践课程的开发。综合实践课程具有较强的综合性、经验性、实践性和创新性，通常以生产生活中的问题为中心，学生通过参与社会生产生活实践，可积累丰富的经验与体验，自由地表现自己的创新欲望，逐步养成主动探究的习惯，不断提高综合运用专业知识创新性地解决实际问题的能力，从而促进其创新素质乃至整体素质的提高。

（三）拓展课程资源

高职院校创新技能型人才培养要改变单一的学府式、课堂化的教学环境，逐步把企业文化引进到课堂中来，创设尽可能与工作实际接近的教学环境，实现学校环境与工作环境、校园文化与企业文化的有机融合，推进体现企业生产实际场景的课程环境建设。高职院校要使学生了解职业情境和岗位要求，不断强化专业能力的学习，要使学生在遵照企业要求完成工作任务的过程中不断增强责任意识、合作意识和创新意识。❶

由于高职生学习目的的职业性、学习过程的实践操作性和学习内容的专业性等特点，决定了他们在学习期间必须通过"产学结合"，一边学习、一边实践，必须有效利用专业知识和技能参加社会服务，投身社会实践。因此，课堂和教材也不应是学生唯一的学习资源，在课堂以外的学习空间中，学生可以开阔视野、了解社会需求，增加学习的针对性，可以广泛接触不同人群，面向社会生产生活实践，应用和创新所学专业知识，不断发展专业技能和素养，提升创新能力。此外，学生不仅要在现实社会中学习，还要学会利用计算机网络在虚拟社会中学习。网络学习可以突破时空界限，提供交流合作平台，有利于学生在更大范围内激发创新意识，培养创新能力。高职院校可以尝试开发专业课程的在线学习系统和考试系统，给学生提供自学、检测和考核的平台。

（四）变革课程评价

传统的高职院校课程评价重技能操作、轻创新拓展，多为终结式的评

---

❶ 马成荣. 创业、创新、创优：职业教育的新视界［J］. 教育研究，2011（5）：60.

价，通常更为关注学生的学业成绩及专业技能等级证书，相对忽视学生的学习过程。实际上，课程评价不能只针对学生的学习结果，也应关注学生学习过程的评价、创新思维能力的发展和创新学习习惯的养成等方面。对创新技能型人才的评价，需要实现多元化的评价机制，建立多种形式、多次机会的评价模式。课程评价要体现以创新技能为中心，从过去单一的根据文化理论考试成绩评价，转变为着重依据学生的专业综合实践能力、创新能力来全面衡量。评价层次逐步由对记忆能力、思维能力的评价转变为操作应用能力、创新能力的评价；评价方式由教师一维评价延伸到学生自我评价、学习小组评价和教师评价相结合的多维评价；评价形式由闭卷考试拓展到开卷考试、口试、现场实验、活动产品考核等；评价场所由教室转移到实验室、工厂和社会……这样，学生在科学合理的评价系统中能够不断提升专业知识技能，这也正是"创新"得以持久发展的旺盛动力。

二、高职院校创新技能型人才的培养模式改革

（一）三维一体模式

高职院校要协同政府、企业共同建立"三维一体"的创新技能型人才培养模式，逐步健全和完善以企业为主体，高职院校为基础，学校教育和企业培养紧密联系，政府推动和社会支持相互结合的创新技能型人才培养模式。地方政府和教育行政部门应采取各种激励措施，为高职院校与企业搭建平台，联合学校和企业建设创业孵化基地，提供优惠条件，支持配套经费，鼓励企业支持高职院校发展。企业和其他社会部门应关心和支持高职院校，共建产学研中心，为学生提供创新实践学习的场所与条件。高职院校更应主动寻求政府帮助，主动联系企业合作制定专业标准、人才培养方案和实践体系、开发新专业、构建新的课程体系、拓展新的教学内容，促进专业与产业、学校与工厂、课程内容与职业标准、教学过程与生产过程、学历证书与职业资格证书等的有效对接。

（二）创业教育模式

高职院校创业教育存在诸多问题：一是被动化，往往根据上级要求被动实施，缺乏主动思考；二是低端化，很多创业项目都是借助网络平台的

快递配送、产品销售等形式；三是非专业化，创业项目与所学专业的关联度不大，少部分人跨专业、跨学科进行创业是可以接受的，但如果更多人都跨专业进行创业则需要深入反思；四是功利化，有的学校奉行什么创业项目能出成绩就做什么，什么项目能赚钱就做什么；五是学理化，有的学校过于强调创新创业课程的基础知识传授，忽略创新创业意识的激发及技能的培养；六是简单化，创业教育照抄照搬国内化先进创新创业的教育培训模式，缺乏批判性与针对性，将创业机会等同于商机，把创业教育简单理解为鼓动学生创办企业。

针对以上问题，高职院校要大力弘扬"创业创新创优"的时代精神，构建特色鲜明的高职院校创业教育体系，积极推进学生的创业实践，帮助学生搭建创新创业基地与平台，建成功能齐全的创业孵化中心，扶持一批学生创办自己的企业，营造"鼓励创业，宽容失败，勇于创新，追求成功"的创业环境。高职院校还可为学生在校内外聘请创业指导专家或创业导师，设置创业项目和配套创业基金，组织和选拔部分创新热情高、创新能力强的学生积极参加学校乃至省市职业教育创新创业大赛、全国大学生"挑战杯"创业计划大赛等比赛，"以赛代练"，不断提升其创新技能。

（三）课程教学模式

日本高校为了培养创新性人才，通过增设创新性教育科目，使其与专业科目相融，形成一个完整的体系化的课程结构。❶ 高职院校课程教学模式需要有效渗透创新思维的培养，突出创新技法的指导，加强学生学习内容和生活经验的练习，使学生的学习真正成为一个主动的过程和创新的过程。在不增加教学计划规定学时的前提下，可开设创新创业教育的选修课程，也可以寓创新创业教育于各科教学之中，结合学科特点对教学目标、内容、方法与过程等进行精心设计，积极提倡启发式、合作式、研究式、讨论式教学，启发诱导学生大胆猜想，引导学生理解创新的规律、方法和技巧。课堂教学可以多采用案例教学、项目教学，教学内容要加强和学生

---

❶ 丁妍. 日本高校创造性人才培养研究：以东京工业大学的课程改革为例［J］. 清华大学教育研究，2005，26（6）：66-72.

生活经验的联系，案例和项目的选取、分析要注重多学科知识的综合。

（四） 实践活动模式

实习实训、社会实践等实践活动对高职生创新能力的开发和培养十分关键。实践活动能给学生提供更大的自主性，为学生提升专业实践技能，展示自己的创新才能提供一定条件。学生通过参加各种实践活动，能培养他们创新性地解决问题的能力，在生产生活实践中激发他们的创新欲望，养成他们强烈的探究精神，较好地满足学生创新技能发展的要求。实践活动模式赋予学生创新技能更大的发展空间。为此，高职院校要对创新实践活动进行优化设计，发挥实践活动的多重功能。在课余时间，教师可以有计划地组织学生参加学科竞赛、文体活动、主题班会、参观调查、访问考察等活动，为学生形成良好的创新技能奠定基础。

三、高职院校创新技能型人才培养的学习方式改革

（一） 学习性质由重复学习转向创新学习

作为人类文明的继承者和传递者，高职生不仅要学习现成知识以适应环境，更要具有创新意识和创新技能去改造环境、创新发展。即使一个人掌握了学习的方法和策略，具有了出色的学习能力，但所学的毕竟是社会中已经存在的知识，充其量是适应现存的社会，而人生活在世界上更重要的是要改造社会，创造美好的未来。❶ 高职生的学习不能只停留在专业知识记忆、操作技能模仿与简单应用等重复性的学习，要努力实现由重复学习向创新学习的根本转变。创新学习有利于高职生将专业知识和技能运用于生产生活实践之中，为社会做出更大贡献。高职院校教师应努力引导学生逐步学会创新学习，不断培养其创新意识，发展其创新的积极信念和坚强意志。

（二） 学习途径由经验学习转向体验学习

从个体的精力和时间来看，尽管经验学习非常必要，但是被动接受式

---

❶ 谭顶良，周敏. 学习方式的转变：热点冷观 ［J］. 南京师大学报（社会科学版），2004（1）：62-68.

的经验学习使高职生的学习普遍缺乏现实感，缺少心理体验。人类在获得"浓缩果汁式"的知识的同时，却忽视了生命的丰富性与完整性，忽略了对成长过程的直接经历与体验。❶ 体验学习是针对传统教学忽视教学过程的亲历性和自主性而言的。体验是学生对知识信息的深层加工、解读与综合构建，也是实现知识内化、系统化的必由之路。体验学习有利于学生亲历学习过程并在过程中体验生动的知识和丰富的情感，有助于发现、掌握、应用和创新知识，有利于更好地进行学习反思，有助于提高学生的动手操作能力。另外，很多专业知识往往是内隐性、程序性和策略性的知识，难以言传，更适合学生自己去意会和体验。

（三）学习规模由独立学习转向结伴学习

不少高职生在学习过程中，往往习惯于独立学习，喜欢单兵作战，不太愿意选择与同学结伴学习，缺乏与同伴的有效互动。尽管独立学习可以增强学生的独立自主性，但在独立学习时，学生可能缺少群体压力感，在遇到困难时容易产生无助感。实际上，高职生无论在专业理论知识的学习过程中，还是在大型机械和生产流水线的操作过程中，都需要加强与同伴之间的结伴学习。结伴学习能增加学生之间的交往互动，帮助他们去除自我中心的思维方式，便于他们全方位、多角度地看待问题，有助于产生更多的信息输入和输出，有助于合作性思维、创新思维的产生。学生只有在整合自我建构与他人建构的基础上，才可能超越自己一个人对事物的理解，从而产生新的认识。❷

（四）学习风格由匹配学习转向失配学习

现行高职院校多强调专业学习与生产实习及未来就业的对口，提倡匹配学习，即扬长避短式的学习，使学生有机会按照自己偏爱的方式进行学习。事实上，不少高职生往往面临因所学专业与从事职业不相一致而造成的职业"失配"问题，而且他们在工作岗位中也经常会遇到"结构不良问题"，这些问题利用在校所学专业知识技能往往难以解决。如果学生只进

---

❶ 陈建翔，王松涛. 新教育：为学习服务 ［M］. 北京：教育科学出版社，2002：58.

❷ 蒋波. 建构主义理论对高职院校创新教育的启示 ［J］. 职业技术教育，2011（22）：52 – 55.

行扬长避短式的匹配学习，那么他们在面对"结构不良问题"时，由于缺乏弥补自己学习风格中的短处，凭借原有风格中的优势将无法应对新的学习任务。因此，高职生在匹配学习的基础上，应适当加强有意失配学习，即抑长补短式的学习，采用平时用得较少，对自己来说是劣势或短处的学习方式。"我们的任务不是选择尽力减少学生不适的学习方法，而是让他们去接触那些新的、会在将来给他们带来不适的教学方法。"❶ 这些方法的掌握将有利于高职生更好地适应其未来职业发展与创新。

本章小结

国家和地区经济社会发展以及高等职业教育发展的美好愿景，使高职院校面临改革发展的大好机遇，迫切需要加强高职院校创新技能型人才的培养。高职院校人才培养存在重技能轻创新，人才培养目标缺失创新性，学校管理制度缺乏创新空间，缺少创新型教师，学生发展重知能轻创新，缺乏创新意识、思维和技法等问题。高职院校培养创新技能型人才，必须处理好创新教育与传统教育、创新教育与素质教育、创新意识与创新技法、基础知识与创新能力、智力因素与非智力因素、逻辑思维与直觉思维、聚合思维与发散思维、先天素质与后天素质、客观环境与主观努力、左脑功能与右脑功能等十对关系。为了培养更多创新技能型人才，高职院校要积极推进教学改革。首先，推进课程教学改革，优化课程师资队伍，开发课程内容，拓展课程资源，变革课程评价方式。其次，推进教学模式改革，努力协同政府和企业共建"三维一体"的创新技能型人才培养模式，关注创业教育模式、课程渗透模式和实践活动模式。最后，引导学生从学习性质、学习途径、学习规模和学习风格等方面进行学习方式转变，加强创新学习、体验学习、结伴学习和失配学习。

（本章作者 江苏理工学院 蒋波）

---

❶ ［美］乔伊斯. 教学模式［M］. 荆建华，译. 北京：中国轻工业出版社，2002：478.

职业教育行动导向教学范式的研究

行动导向教学是 20 世纪 80 年代德国职业教育改革的重要成果，在德国已经被普遍接受和推广，是现代职业教育教学的一种新范式。职业教育被认为是德国第二次世界大战后创造经济奇迹的"秘密武器"，而行动导向教学范式被誉为德国职业教育的"锐利工具"。正因为行动导向教学对培养人的全面素质和综合能力有重要的作用，世界各国职业教育界与劳动界的多学科专家对这一范式日益推崇、深入研究。本章从心理学视野对职教行动导向教学范式的基本问题进行解读，以进一步汲取其思想精华和理论精髓，科学构建行动导向的现代职教教学范式。

第一节　职教行动导向教学范式的心理基础与目标

所谓行动导向教学，又有实践导向、活动导向、职业活动引导等说法，是一个包括获取信息、制定计划、做出决定、实施工作计划、控制质量、评定工作成绩等教学环节的完整的行动过程。简而言之，即为了行动而教学，在行动中教学。行动导向教学是对传统的教育理念的根本变革，是职业教育教学论汲取融合现代心理学思想精华而形成的一种新思潮。

一、职教行动导向教学范式的心理基础

从行动导向教学范式的基本内涵，追溯其心理学的理论基础，可以清晰地看到认知心理学的建构主义学习理论是其形成的主要依据，而发展心理学的多元智能理论和人本主义心理学的非指导性教学理论等对行动导向教学也有重要影响。

1. 建构主义心理学理论

建构主义学习理论认为，学习过程并不是简单的信息输入、存储和提取，而是新旧经验之间的双向的相互作用过程。知识不是通过教师传授得到，而是学习者在一定的情境即社会文化背景下，借助他人（包括教师和学习伙伴）的帮助，利用必要的学习资料，通过意义建构的方式而自我获得。学习是个体自我建构知识的过程，这意味学习是主动的，学习者不是被动刺激接受者，要对外部信息做主动的选择和加工。建构主义学习理论提倡教师指导下以学生为中心的学，突出了意义建构中学习过程的主体性。德国职业教育界认为，行动导向教学范式与建构主义学习理论的基本思想在本质上是相同的。

2. 多元智能理论

美国心理学家加德纳提出的多元智能理论认为，人类智能是多元的，每个人都不同程度地拥有相对独立的八种智能，包括语言智能、逻辑数理智能、空间智能、身体动觉智能、音乐智能、自然智能、人际智能和自省智能，而且每种智能有其独特的认知发展过程和符号系统。因此，教学方法和手段就应该根据教学对象和教学内容而灵活多样，因材施教。多元智能理论提供了一种积极乐观的学生观，即每个学生都有闪光点和可取之处，教师应从多方面去了解学生的特长，并相应地采取适合其特点的有效方法，使其特长得到充分的发挥。按照加德纳的观点，学校教育的宗旨应该是开发多种智能并帮助学生发现适合其智能特点的职业和业余爱好。如果能充分挖掘个体的各种潜在能力，教育教学和学生发展就能取得各种成功。行动导向教学强调挖掘个体自身的潜在智能与独特优势，注重培养职业行动能力。

3. 人本主义心理学理论

人本主义心理学家主张以学习者为中心，认为学习就是学习者获得知识、技能和发展智力，探究自己的情感，学会与教师及集体成员的交往，阐明自己的价值观和态度，实现自己的潜能，达到最佳的境界。人本主义学习论者认为必须尊重学习者，把学习者视为学习活动的主体；必须重视学习者的意愿、情感、需要和价值观；相信正常的学习者都能自己指导自己，具有"自我实现"的潜能。教师对学习者应当无条件积极关注、真诚和移情。人本主义心理学理论在教学中的应用，最成功且影响最大的则首推美国心理学家罗杰斯以"学生为中心"的非指导性教学理论，其基本思想是将教学的重心完全置于学生身上，积极彻底地强调学生的"心理自由"。因为在学习上给予学生自行决定或参与决定的机会越大，则学生的动机水平越高。行动导向教学正是以人本主义心理学理论为基础，基本原则与人本主义的非指导性教学理念异曲同工。

此外，德国劳动心理学的行动调节理论、范畴教育的教学论等也是其重要的理论依据。行动导向教学范式正是在对这些理论的借鉴、发展和融合的基础上，经过多年的实验实践和总结提升才建构起来的。

二、职教行动导向教学范式的心理目标

随着职业教育的进一步发展，对职业教育培养目标提出了更高的要求。现代职业教育目标注重学生的社会适应能力和创新实践能力的培养，即全面职业能力的培养。行动导向教学过程遵循目标指向原则，目标要尽可能具体和可以被感知，学生和教师都要明确计划和行动的目标。行动导向教学以职业行动能力为目标，引导学生主动学习，联系实际问题学习，尊重学生的价值和情感需求，张扬个性，提升精神，能真正提高学生的综合素质。

1. 职业能力目标

从根本上讲，德国职教行动导向教学就是一种以"实践为导向"、以"能力为本位"的教学法思想，注重实践性教学环节，突出职业能力的综合培养。更确切地说，行动导向教学所追求的目标是以学生行动过程为导

向，强调理论与实践的统一，强调培养学生的职业行动能力。作为行动导向教学的培养目标，职业行动能力结构可以从不同维度进行分析，从能力的性质上可分为基本职业能力和关键能力，从能力的内容上可分为专业能力、个性能力和社会能力。❶ 职业学校教育不应仅仅局限于学生职业行动能力的培养，人际交往交流能力、终身学习能力、方法能力等也是不容忽视的。

2. 学习领域目标❷

行动导向教学立足于引导学生，启发学生，调动学生的学习积极性，使学生在学习过程中由过去教师讲学生听的被动学习变为主动探索行动的学习。行动导向教学实施的基础＝用心＋用手＋用脑，要求学生在学习中不只用脑，而且是脑、心、手共同参与学习，寻求学习的最佳效果，其目标是培养学生的学习能力，让学生在活动中培养兴趣，积极主动地学习，让学生学会学习。与传统的讲授式教学法相比，行动导向教学最大的特点是让学生学会了学习，掌握了方法，提高了行动能力。

3. 综合素质目标

在整个行动导向教学中学生始终占据主体地位，教学质量的高低最终通过学生的综合素质得到反映和体现。行动导向教学不仅让学生“学知识”，而且要学会学习，还要学会做事，学会生存与发展，学会与他人交往合作。行动导向教学通过情境模拟、案例研究、角色扮演、项目教学、实验教学等，塑造学生认知、社会、情感和精神等方面的积极人格特征，包括学生的思维品质和批判精神，文明习惯与生活态度，需求调节与团队合作，责任感与自我意识等方面。采用行动导向教学，学生在获取真知和能力的行动过程中，必然会引起综合素质的积极变化。

---

❶　职业行动能力概念一般也简称职业能力，在德国是一个比较复杂的历史性概念。德国学者对职业行动能力有自己的特殊理解。1999 年德国各州文教部长联席会议通过制定的《职业相关性课程的框架教学计划制定指南》，将职业行动能力划分为专业能力、社会能力、个性能力。本章沿用这种说法。而国内职业教育界一般认为职业行动能力包括方法能力、专业能力、社会能力。

❷　德国各州文教部长联席会议对学习领域的定义是：学习领域是一个由学习目标表述的主题学习单元。姜大源，吴全全. 当代德国职业教育主流教学思想研究［M］. 北京：清华大学出版社，2007：32 - 33.

通过教学活动基本规律的理性分析，可以基本确定行动导向教学对现代职业教育目标的适应性。行动导向教学范式因其在培养和提高学生的全面素质和综合职业能力方面起着十分重要的作用，从而代表了当今世界先进的职业教学理念，成为现代职教教学改革的一大亮点和一面旗帜。

第二节　职教行动导向教学范式的心理过程与角色

职业教育行动导向的整个教学过程可分为收集信息阶段、制订工作计划阶段、决定阶段、实施阶段、检查阶段和评估阶段。在行动导向教学过程中，遵循"资讯、计划、决策、实施、检查、评估"这一完整的行动过程序列，学生通过自主独立的行动实践，掌握职业技能、习得专业知识，从而构建属于自己的行动能力、生活经验和知识体系。在教学中教师与学生互动，学生、教师的地位和角色都发生根本的转变。

一、职教行动导向教学范式的心理过程

行动导向教学强调：学生是学习过程的中心和学习行动的主体，教学要以职业情境中的行动能力为目标，以基于职业情境的学习情境中的行动过程为途径，以自我调节的学习行动为方法，以师生及学生之间互动的合作行动为形式，以学生自我建构的行动过程为学习过程。

1. 行动导向教学是自我建构、完整行动的过程

行动导向教学理论的特征之一是自我建构、重构和解构学习。在行动过程的框架内，知识系统不是从外部"输入"的，而是在学生个体内有机生成的，因而在具体的行动情境中，其内化于个体大脑中的有机成分将能很快地从内部"输出"，迅速转换为实用而有效的行动。从广义上讲，学习者个人决定了教学过程，主动组织这一过程并进行反思。教学过程主要是自我定义的，学生参加全部教学过程。从信息的收集，计划的制订，方案的选择，目标的实施，信息的反馈到成果的评价，学生参与问题解决的整个过程。这样学生既了解职业行动的总体目标，又能够清楚行动过程每一环节的具体要求，从而全面提高行动能力。

教育学学科新进展丛书　JYXXKXJZCS

2. 行动导向教学是学会学习、积极行动的过程

行动导向教学过程中，案例化学习、研究性学习代替了肤浅的结构化的知识学习。学生参与教学实践活动过程，就是解决问题、学会学习的过程，也是获得经验、自主行动的过程。学习作为一种行动，行动的主体——学生就必须处在一个主动的地位。学生不再是一个被动受教育的客体，而更多的是一个行动的学习主体，充分发挥学习的主动性和积极性，积极主动地变"要我学"为"我要学"。从某种意义上来说，学生作为行动者也是学习过程的"研究者"，至少是学习过程的"参与研究者"。

3. 行动导向教学是教学相长、师生互动的过程

行动导向教学是教学相长、师生互动型的教学模式。教师与学生的人格地位是平等的，师生之间在教学过程中是一种互动合作、相互促进、和谐融洽的积极型关系。行动导向教学中，教师不再是知识的权威和象征，也不再是一个"施教"的主体。教师不应是传统意义上传道授业的教师，而课堂教学更不应该是一种单纯的老师讲、学生听的教学模式。行动导向教学要求教师使用轻松愉快的、充满民主的教学风格进行教学，只控制教学过程，不控制内容；只控制活动主题，不控制答案。

二、职教行动导向教学过程中师生的心理角色

行动导向教学以学生学习为中心，教师处于辅助地位，突出的是学生的学习活动。教师的作用从教学过程的主要承担者和知识的传授者摆脱出来，淡出主角，在教学中教师更多的是学习行动的促进者、鼓励者、支持者、咨询者与协调者。

1. 学生的主体角色

行动导向教学是以学生为主，让学生担任主角，在获取信息→制订步骤→决策→付诸行动→检查过程→反思与评估这一完整的思维过程中完成整个工作过程。通过学会获得信息，学会计划，学会决策，学会独立完成任务，学会自我分析判断检查完成任务的质量，学会评估六个步骤，学生可以获得知识，掌握技能，形成能力。学生是教学过程的主体，学生对学习过程的自我控制，主要表现在：一是目标明确的学习，由学生自己设立

学习目标，是解决问题的或产品指向的学习；二是整体性的学习，包括计划、实施、评价等各环节的职业工作全过程；三是合作式的、研究性的、创造性的、发现性的学习；四是反思性和批判性的学习，学生在"做"的过程中思考，总结经验，提升能力，完善素质。

2. 教师的专业角色

在行动导向教学方式的转化中，教师的角色发生了变化，由过去课堂教学的主导地位，变成课堂教学活动过程的"主持人"。但这并不影响教师作用的充分发挥，相反对教师的专业素质和角色要求则是提高了、更高了。

第一，教学过程引导者。行动导向教学要求教师的主要职能必须从"授"转变为"导"，教师成为课堂学习行动的"导师"、学习情境的"导演"和学习过程的"导游"，他们的责任是激发学习的行动，引导、维持课堂，对整个学习过程进行发动、监督、帮助、控制和评估，积极提供资源，答疑解惑，给予建议，当好学生的参谋和助手。教师要全面真实自然地扮演操作行动的"教练员"或指导者，计划执行的"咨询员"或辅导者，矛盾冲突的"协调员"或疏导者，探索创新的"引航员"或倡导者，检查反馈的"巡视员"或督导者，充当学生行动过程、工作过程或学习过程的"信息员""服务员""观察员"和"管理员"的专业角色。

第二，教学实践研究者。德国职业教育界的创造性工作，或者说行动导向教学范式的独到之处，就在于把"教师成为行动研究者"的理论成功运用于职业教育教学。教师是行动导向教学范式实践的研究者，而且是行动导向教学研究的"当局者"；行动导向教学是反思性实践，教师是反思性实践者。行动导向教学要求教师能够灵活采用多种教学方法、方式，如大脑风暴法、卡片展示法、项目教学法、文本引导法、模拟教学法、角色扮演法、思维导图法、案例教学法等。综合运用行动导向教学，教师要认真研究教法，更要积极研究学法，而深入研究教法也是为了更好地改进和指导学法。

第三，教学成效评价者。现代职业教育理论认为，基于科学发展观的行动导向教学评价观应该是以人为本的整体性评价观，职业教育的评价将发生由功利性向人本性的转变。行动导向教学成效在于学生行动能力的改变，包括由内化而至外显的行动。对学习者个体实施评价时，教师要全面把握以专业能力、个性能力、社会能力、学习能力、方法能力、交流能力等元素整合后形成的职业行动能力为评价标准。所涉及的核心问题就是，教师既要关注对显性能力评价，还要关注对隐性能力评价，遵循整体性、主体性、发展性、科学性等基本原则。

第三节　职教行动导向教学范式的心理特征与原则

任何职业劳动和职业教育，都是以职业的形式进行的。这意味着，职业的内涵既规范了职业劳动（实际的社会职业或劳动岗位）的维度，又规范了职业教育（职教专业、职教课程和职教考试）的标准。职教行动导向教学范式的目标指向明确，职业针对性强，教学效率高，已经形成了独具特色的个性化教学风格。

一、职教行动导向教学范式的心理特征

理论与实践相结合是职业教育中一切教学方法选择、使用和评价的基本特点。从心理学角度分析，职业教育行动导向教学范式具有如下特征。

1. 职业发展性

在教学目标定位上，行动导向教学的出发点是提高职业行动能力，而现代职业教育的一个明确目标就是要发展职业行动能力。"职业教育中的职业，是一种教育的职业，是来自社会，高于社会的职业；职业教育的专业，不是普通教育的专业，不是高等教育目录中的教育专业，而是更多地具有职业的属性。"[1] 职业教育的职业属性要求职业教育的教学过程应尽可能与职业的工作过程保持一致性，因而这一整合将"强迫"学习过程依照职业的工作过程展开，让学生主动去思维和探索，以便获得完整的职业行

---

[1]　姜大源. 建立以行动为导向的职业教育课程体系［EB/OL］. 人民政协网，http：//www. rmzxb. com. cn. 2008－12－17.

动能力。

2. 情境活动性

在教学环境设计上，行动导向教学应尽量以真实或实际的经验情境或行动情境作为教学的基础。即为了职业情境中的行动而学习，通过学习情境中的行动来学习。通过创造某种特定的"环境"或称"情境"，让学生在教师所设计的学习环境中进行学习，使每个学习者都有施展个性能力的机会和舞台。这种教与学通常围绕某一课题、问题或项目开展教学活动，强调多种教学媒体的综合运用，倡导学生参与教学的全过程，重视学习过程的活动体验，个体和集体的教学活动互为补充，注重主体的情境感受和经验积累，在形象、仿真的环境中评价、检查学生分析和解决实际问题的能力。

3. 学科交叉性

在教学内容选择上，行动导向教学具有跨学科融合、多学科交叉的特点。跨学科的理念是行动导向教学根据内在逻辑而产生的，因此它并不以学科结构为导向，而是采用非学科式的、能力本位的教学设计选择教学内容。行动导向教学内容安排上不是传统的学科体系，而是根据教学目标分类要求，以职业行动能力为指向，以职业工作过程分析为基础，以职业"学习任务"为载体，横向综合各有关学科的知识点和技能，形成新的课程结构——学习领域。

4. 积极主体性

在教学对象认识上，行动导向教学视学生为主体，调动学生学习的自主性、积极性，强调学生学习动机的激发和学习品格的培养。行动导向教学关注学生的学习兴趣和需求，让学生对所学的内容感到好奇，提出问题并能自主反思。同时充分尊重学生的个性，注重学生自信心、自尊心和责任感的培养，不断地启发和鼓励学生。行动导向教学并不要求学生是一个完美的人，而是一个会犯错误并能从错误中学习的人。教学过程中教师要多关注学生的优点，少讲不足和缺点，允许学生犯错误，不允许武断批评和粗暴惩罚学生。

5. 团队合作性

在教学组织形式上，行动导向教学鼓励和支持学生以团队合作形式共同解决提出的问题，强调在团队学习中发挥每个学生的主体作用和独特优势。在教师引导下，学生以团队互助、分工协作的形式进行学习，共同参与活动过程，共同讨论交流，共同承担工作责任，扮演不同的职业角色，分享彼此的学习经验，在互相支持和鼓励的合作学习过程中最终获得问题解决。

二、职教行动导向教学范式的原则

行动导向教学要求遵循职业教育教学基本规律和学生心理发展成长规律，正确处理教学过程的基本关系。"行动导向教学法的基础是基于以下假设的，即职业行动能力的发展特别需要教学安排的支持，在这些教学安排中，学习过程是以行动为导向的。"❶ 从教学心理学的角度归纳行动导向教学的基本要求，概括为五大优先的基本原则。

第一，能力优先原则。在知识目标与能力目标关系上，行动导向教学的核心是注重职业能力的培养，真正从职业技能教育入手，让学生愉快、轻松地完成学习任务。行为导向教学能做到在团队活动及社会交往中培养与人合作的能力，在活动中通过展示技术和作品的训练培养表达能力，在综合性的实践活动中培养社会能力。学生在自行制订工作计划、提出解决实际问题的思路和在评估工作结果等活动中，形成工作方法和解决问题的能力，不断把知识内化为能力。显然，采用行动导向教学获得知识符合人的职业成长规律，学生的综合职业能力通过实践得到全面锻炼，避免了过去单纯重视专业技能的状况，从而真正实现职业教育的价值——在于培养那些不能被机器所取代的职业能力。

第二，行动优先原则。在理论学习与实践活动关系上，行动导向教学遵循学习理解过程中的行动优先原则。德国联邦职业教育研究所原比较研

---

❶ ［德］Bünning, Frank：职业技术教育培训（TVET）中的行动导向教学法导论——心理学原理及其相关教学理念（内部资料）［M］. Bonn：Internationale Weiterbildung und Entwicklung gGmbH, 2007.

究部负责人劳尔·恩斯特女士指出，行动即学习原则。学习就是一个行动过程，通过"做"来学习——坚持"做中学"的基本原则。学生通过学习情境中的行动来学习：行动构成学习的基本起点，尽可能自己行动或通过思考再现行动。为了行动而学习，这是教学目标；通过行动来学习，这是教学过程；行动就是学习，就是做中学、学中做，教学做合一。学习者的行动包括两个层面：有组织的学习过程中的行动，在工作生活和个人生活中非组织性的学习过程中的行动。职业教育中学习过程的设计应该以人类行动（完整的行动）的基本结构为导向。

第三，建构优先原则。在课堂讲授与自我建构关系上，行动导向教学具有三个典型的特征：基于行动、生成和建构意义的"学"，学生主动存在；基于支持、激励和咨询意义的"教"，教师反应存在；基于整体、过程和实践意义的"境"，情境真实存在。❶ 在建构主义学习环境下，学生和教师的角色和作用与传统教学相比发生了很大变化。学生不再是受到外界刺激的被动接受者，而是知识意义的主动建构者，教师也不再是传统教学模式下的知识传授者，而是促进学生主动建构意义的指导者。而卓有成效的职教行动导向教学成功的关键，在于寻求建构与指导之间的平衡，实现指导性教学原则与建构性教学原则的融合。

第四，学习优先原则。在学生学习与教师教学关系上，行动导向教学的显著特点是：教学主体活动是学生的学习，而不是教师的教导。行动导向教学是从教学生"学会学习"目标出发，使职业教育教学从注重"教法"转到注重"学法"，将学生的学习与学生发展密切结合起来。行动导向教学体现了"以学为本，因学施教"的教学准则，因为"学"在学生的活动中占据主导地位，而教则应因学生、因学习过程施以不同的"教"。"教"在于对学生的学习、成长和发展起辅助和促进的作用。

第五，整合优先原则。在教学过程与教学评价关系上，行动导向教学具有整体统一性，坚持理论学习与实践活动一体化，教学目标与德育要求

---

❶ 姜大源．指导优先原则与建构优先原则的特征及其融合——关于职业教育行动导向的教学原则及其思辨［J］．职教通讯，2005（2）：5 - 8.

一体化，行动过程与评价过程一体化，核心就是实现工作过程、行动过程与学习过程一体化的融合。这里所说的行动，既包括个体的主观意识行动，又包括个体的客观具体行动，即要实现动作行动与心智行动的整合。行动导向教学由师生共同确定的行动产品引导教学组织过程，让学生的所有感觉器官都参与学习，达到脑力劳动和体力劳动的统一（Meyer，1989）。每个单项学习的累积与各个部分的结合，可以成为有机的教学过程整体。

职教行动导向教学过程需要遵循上述基本原则，不断开发学习条件和资源，形成积极的制度环境、组织环境和学习环境，给学习者提供更大的自主建构和自由发展空间，使其能够更加充分灵活地行动和学习，最优化地实现职业教育教学目标。

三、职教行动导向教学范式的实践诉求

职教行动导向教学范式是一种现代教学指导思想和课程建设理念，是一种先进的职业教育思潮和完整的职业教育模式。目前行动导向教学范式日益成为世界职业教学理念的完美组合、各国职业教育改革的重要依据。推广和使用这种范式已经成为现代职业教育、培训的主要发展趋势，也必将对职业教育教学改革与发展产生极为深刻而广泛的影响。

第一，树立实施积极职业教育的新理念。行动导向教学范式促进人们更深刻地认识职业教育的本质和功能，职业教育不是单一的知识传授或技能训练教育，不是"补差"式教育或者"二流"的教育，不是学习"失败者"的教育，也不应该是消极防御、被动应付的"救火式"教育。职业教育对学生的培养不应该"削足适履"、整齐划一，而应该鼓励学生扬长避短、个性化多元发展。我们需要树立以人为本、助人自助、育人至上的积极职业教育新理念，❶ 以积极的认知方式和思维方式把握职业教育目标，大力开展以行动为导向的职业素质教育，积极实施主体发展性教学过程，

---

❶ 崔景贵．育人为本：我国职业教育创新变革的基本策略［J］．教育与职业，2007（30）：10－12．

建构积极的职业教育管理模式。

第二，树立现代职教教学设计的新概念。行动导向教学不是职业教育的一种具体方法，而是一种教学设计的科学理念，使职业教育在一种全新的概念与模式下运作。职业教育教学设计与学生的认知世界结合越紧密，则他们越能将自己的个人经验和评价纳入学习过程。职业教育教学应遵循职业能力形成的规律，优化行动导向教学设计思路，将知识目标与能力目标按职业行动规律进行递进分类，针对每一类别设计教学项目，每个项目教与学的全过程采用行动导向准则设计教学环境和情境，让学生学会"用正确的方法做正确的事"，在自主行动过程中形成职业能力和综合素质。

第三，树立促进职校生心理发展的新观念。职业学校教师要科学认识职业教育与职校生心理发展的辩证关系，全面客观地理解和评价当代职校生，把握"00后"职校生心理发展的基本特征，引导学生强化自信心、自尊心、责任心和进取心，促进职校生的个性和谐发展，让"00后"职校生心理世界充满和煦的阳光。职业学校教师要对当代职校生的职业发展和专业成才抱有信心，积极关注"00后"职校生的学习过程和成长历程，引导学生真正"学会学习，学会做事，学会共处（共同生活）和学会发展"❶，获得积极的人生发展观和职业价值观。

第四，树立开展校本行动研究的新思维。职业院校要借鉴职教行动导向教学范式具有规律性、普适性的科学研究成果，自主开展个性化的校本行动研究，强化教师树立"我是一个研究者"的意识，探索职教专业课程建设、教学方法的新途径、新举措，以高质量、有特色、重行动、求实效为目标，全面推进职业教育教学改革，形成适合职业教育实际的行动导向教学课程体系和操作体系。

彻底的行动导向教学是职业教育范式的一次"革命"，必将带来职业教育前所未有的崭新面貌。我们应该充分吸收职教行动导向教学范式的思想精髓，积极运用职业教育心理学的新成果，促进职业教育教学的改革深

---

❶ 国际21世纪教育委员会向联合国教科文组织提交的报告. 教育——财富蕴藏其中［M］. 北京：教育科学出版社，1996：2-3.

化与创新发展，建立真正适切本土文化的、具有中国特色与气派的现代职业教育行动导向教学范式。

本章小结

实现职业教育现代化，必须以立德树人为根本的理念引领职教创新发展，以提高质量为核心增强职教发展的吸引力，以行动导向为举措推进现代职教教学深化改革，共同绘就中国职教梦的新篇章。行动导向是现代职业教育教学的一种新范式。建立适合职教改革创新需要的行动导向教学范式，需要树立实施积极职业教育的新理念，树立现代职教教学设计的新概念，树立促进职校生心理发展的新观念，树立开展校本行动研究的新思维。

（本章作者 江苏理工学院 崔景贵）

职业教育心理学课程的研究

课程建设是学校教学建设的基本内容之一，是提高人才培养质量的重要途径和手段。职业教育心理学是职技高师师范生的一门专业基础课程，也是体现职技高师办学特色尤其是师范性特色的一门重要课程。随着职业教育改革的深化和职业学校素质教育的全面实施，职业教育心理学在职技高师培养合格中等职教师资方面的地位和作用更加突出。❶ 职教师范生对这门课程认同度从侧面体现了职业教育心理学课程的建设情况。

第一节　职教师范生对职业教育心理学课程的认同研究

随着我国经济的迅速发展，社会对技术应用型人才的需求越来越大，职业教育面临深化改革，职教师范专业获得发展的机遇。改革的目标是提升培养质量，形成职业教育人才培养的特色。在影响职教教师教育质量的诸多因素中，职教教师教育课程，作为学校教育的灵魂，其质量的高低起关键作用。查阅我国目前八所独立设置的职业技术师范学院工科专业师范方向的教师教育课程发现，其中核心课程均包括职业教育学、职业教育心

---

❶　崔景贵. 职业教育心理学的学科定位与教材建设［J］. 职业技术教育，2002（4）：40 – 43.

理学等。

课程作为培养学生专业素养的载体，职业教育心理学作为一门特色课程就显得尤为重要。通过这门课的学习，可使不同专业的师范生掌握教学心理、学习心理等内容，目的是培养他们的教学专业素养，为将来成为一名理想教师提供充分条件。课程是否能达到应有的效果，学生对课程的认同起很重要的作用。李子建认为课程认同感应该包含"态度"和"行为意向"两个因素。❶ 解月光进一步对学生的课程认同作了界定："指学生对课程所表现出的主观上的接受程度，即正面的态度、行为意向和课程认知。"❷ 学生课程认同可以从多个方面进行考量，可以从课程价值、课程目标、课程内容、课程评价等方面进行分析。

课程认同问题是课程改革推行过程中的基本问题，在理论上对课程认同的专门研究还很少见。目前少量的课程认同研究大多数集中在高中生对某一课程认同研究，并没有职教本科生对教师教育课程认同的研究。本章在以往课程认同研究的基础上，以江苏理工学院为例，通过问卷法、访谈法考察职教师范生对职业教育心理学的课程认同，了解职教师范生对职业教育心理学的认识、态度和行为意向，为改善职业教育心理学的教学提供参考，为提高职教生的课程认同提供理论依据，有助于提高职教师范生的教学质量和学生的学习兴趣。

一、研究方法

本研究采用定性和定量相结合的研究方法。

（一）访谈法

采用访谈法，以参加过职业教育心理学课程的学生为被试，采取随机取样原则选取被试 16 名，因伦理道德，分别命名为 C1 ~ C4、L1 ~ L4、M1 ~ M4、W1 ~ W4。其中女生 8 名，男生 8 名。以深度访谈的方式收集资

---

❶ 李子建. 香港小学教师对课程改革的认同感：目标为本课程与常识科的比较 [J]. 课程论坛（香港），1998（2）：71 – 83.

❷ 解月光. 高中信息技术教师的课程认同状况及其归因分析 [J]. 中小学电教，2005（10）：4 – 7.

料，以 Nvivo 8.0 质性分析软件作为其辅助工具，采用扎根理论的范式和引入量化分析的方法进行深入分析材料。

1. 访谈提纲编制

结合已有的理论和研究，编制结构化的访谈提纲。访谈提纲通过研究团队多次讨论、修改而确定。访谈提纲包括指导语、开放式的访谈问题等。例如，"请问你对教材内容感兴趣吗？""你觉得这门课对以后你从事职业教师这个职业有用吗？""对于这门课，你有什么具体的建议？"等。

2. 预访谈

在正式访谈之前进行预访谈，并将访谈录音转化为文本，供分析和讨论，以完善访谈提纲。根据预访谈结果，并通过专家参与的团队讨论，进一步完善访谈内容，将提纲做进一步的修正，形成正式访谈提纲。同时可以为正式访谈提供经验教训。在预访谈的基础上，总结正式访谈中需要运用的沟通技巧和需要注意的事项，从而统一访谈要求，提高访谈技术。

3. 正式访谈

研究者通过预约安排方式，以正式访谈提纲为依据，对访谈对象进行一对一的深度访谈，在访谈开始前声明访谈仅是用于学术研究，绝不会用于任何其他的用途。

4. 转录文本和分析资料

访谈后将录音转录为 Word 文本，用 Nvivo 8.0 质性分析软件对转录文本进行分析。

（二）问卷法

采用整群取样的方法，对江苏理工学院 208 名不同专业参加过职业教育心理学课程的大学生进行职业教育心理学课程认同的问卷调查（调查样本中不含前期访谈学生），最终得到有效问卷共计 198 份，有效回收率为 95.19%。其中男生 128 名，占总人数的 64.65%；女生 69 名，占总人数的 34.85%，无填写性别的人数 1 人。农村生源的 163 名，占总人数的 82.3%；城镇生源的 31 名，占总人数的 15.7%，无填写生源地的人数 4 人。

采用 SPSS 17.0 对数据进行统计分析。

二、统计结果和分析

结合已有研究和本研究访谈的分析结果，本调查从课程价值认同、课程目标认同、教材认同、教学认同、课程整体认同五个方面进行分析探讨。具体如表20－1所示。

表 20 –1　职教师范生对职业教育心理学的课程认同状况

一级编码	二级编码	三级编码（提及人数）			
课程价值认同	了解度	了解4人	了解一部分4人	了解一点7人	不了解1人
	认同	认同14人	部分认同2人		
课程目标认同	了解	了解6人	部分了解3人	了解一点4人	不了解3人
	认同	认同14人			
	难易程度	不是太难2人	难12人		
	能够达到	能达到2人	尽力能达到13人		
教材认同	了解程度	看过4人	没系统看过12人		
	内容兴趣	比较感兴趣9人	不感兴趣5人		
	难易程度	不难5人	不是特别难8人	难2人	
	有用性	有用14人			
教学认同	满意度	满意16人			
	教学态度	敬业15人			
	内容兴趣	还行9人	部分感兴趣4人		
	联系实际程度	联系14人			
	教学方法	PPT讲授4人	案例法7人	小组讨论3人	
	评价方式建议	闭卷7人	开放式问题3人	上台论述2人	
课程整体认同	有用性	有用15人			
	重要性	重要12人			

（一）职业教育心理学的课程价值认同

1. 课程价值的了解情况不容乐观

职业教育心理学的课程价值就是育人为本，具体来说指引导未来职业教师树立正确的儿童观、学生观、教师观与教育观，掌握必备的教育知识与能力，参与教育实践，丰富专业体验；引导未来教师因材施教，关心和帮助每个学生，培养社会责任感、创新精神和实践能力。作为职教师范生应对职业教育心理学的课程价值有所了解，但通过访谈可以看出，了解情况不容乐观，如表 20 - 1 所示，在访谈的 16 名学生中，了解的学生有 4 人，仅占 25%。了解一部分的学生有 4 人，了解一点的有 7 人，不了解的有 1 人。虽然对课程价值的了解不容乐观，但是学生还是意识到课程价值的重要性，如 L3 说："这门课对于我们还是意义蛮大的，因为我们刚上这门课，很多东西都不懂，所以这门课还是蛮好的。为以后做教师这一行做一些准备。即使自己以后不教书。在心理素养方面或者是教育下一代方面，都有一定的好处。"

2. 课程价值的认同情况很高

虽然职教师范生对职业教育心理学的课程价值的了解不容乐观，但是在学习了职业教育心理学的课程价值后，认同度很高。如表 20 - 1 所示，在访谈的 16 名学生中，完全认同的有 14 人，高达 87.5%，部分认同的 2 人。在问卷调查中，"我认同职业教育心理学的课程价值"这道选项中有 76.3% 的人选择"比较符合"和"完全符合"，可见学生对课程价值很认同。如 C1："认同，我觉得职业教育心理学是一门比较重要的课程，就职校生来说，他们的青春期通常比较叛逆。如果说老师不从学生的角度去想，去了解他们的心理，就不能很好地教育他们，职业教育心理学这门课的学习就可以帮助我们了解职校生的心理发展特点和学习心理。"

（二）职业教育心理学的课程目标

1. 课程目标的了解情况不理想

职业教育心理学的课程目标是引导未来职业学校教师认识职校生心理年龄特征及其对学习生活的影响，理解职校生认知特点与学习方式，指导职校生以多种学习方式学习专业知识，形成职业能力并在多样化的教学与社会活动中发展社会实践能力。作为学习了职业教育心理学课程的学生应当对课程目标有所了解，但通过访谈可以看出，了解情况也不理想，如表 20 -1 所示，在访谈的 16 名学生中，了解的学生有 6 人，仅占 37.5%。部分了解的学生有 4 人，了解一点的有 4 人，不了解的有 3 人。虽然了解情况不理想，但是还是有学生意识到职业教育心理学的重要性。如 L1："我们是师范类的，必须要学心理学，所以肯定要开这门课。学习这门课，它能让我们在面对各种气质的学生例如黏液质那些的，应对方式也不同，更好地因材施教。"M2 也提到："更多地了解青春期学生心理发展特点，从而不同年级的职校生采取不同的教学方式。课程目标还有就是帮助我们更好地辅助学生适应学校生活。"

2. 课程目标的认同情况很高

同课程价值的认同一样，虽然职教师范生对职业教育心理学的课程目标的了解不理想，但是在学习了职业教育心理学的课程目标后，认同度很高。如表 20 - 1 所示，在访谈的 16 名学生中，完全认同的有 14 人，高达 87.5%。如 C3 提到："我是比较认同这种价值的，因为职业教育心理学不仅是让一个教师懂得如何在自己未来的职业上教育学生和引导学生，同样也是对我们即将成为老师的一种教育，能够拥有一些理论一些必备的素质，能够让我们将来更好地适应这个岗位，能够带给学生更好的体验。"在问卷调查中，"我认同职业教育心理学的课程目标"这道选项中，有 77.8% 的人选择"比较符合"和"完全符合"。

3. 课程目标的较难达到但尽力还是能达到

课程目标的实现标志学生教育目的的达成，针对职业教育心理学的课程目标，职教师范生普遍表示，课程目标的实现较难。如表 20 - 1 所示，在访谈的 16 名学生中，认为较难的学生有 12 人，占 75%。如 M1 谈道："肯定是有难度的，因为理论和实际还是有差距的。了解他们心理特征这方面我相信我能做到，因为我本身是职教生，职教生爱玩不喜欢学习这点我比较了解，但是根据他们的心理特征让他们爱上学习这点对我来说比较困难。"在问卷调查中，"我认为实现职业教育心理学的课程目标很难"这道选项中，有 57.1% 的人选择"比较符合"和"完全符合"。说明有一半以上的人认为课程目标达成比较难。

虽然学生们普遍认为课程目标的实现不容易，但是当问道："你觉得你能达到这些目标吗?"16 名学生中有 13 名表示如果自己尽力就能达到，高达 81.25%。如 C3 谈道："对我来说短时间内达到这些目标是有点难度的，但是这是一个努力的方向。"可见，学生认为课程目标虽然有挑战，但是通过努力还是能实现的。

（三）职业教育心理学的教材认同

教材是一个课程的核心教学材料。教材是为了传递课程，使文件课程走向实施课程的课程文本。一个好的教材可以使学生更好地掌握课程思想和课程内容。因此教材认同也是课程认同的重要方面。这里从学生的视角，对教材的了解程度、对教材内容的兴趣程度、教材难易程度、教材内容实用性以及对教材的整体看法和建议五个方面来分析。

1. 教材的了解程度不理想

只有系统看过教材，才能把握整个课程的逻辑和内容。当问到学生："你有系统地看过职业教育心理学这本教材吗？"职教师范生对教材的了解程度不理想，在访谈的 16 名学生中，系统看过的有 4 人，仅占 25%。有 12 名学生表示没有系统看过教材。但是也并不是说没有系统看过就表明学生不认同教材，如 L3 提到："没有系统地看过，但是内容还是了解的。每一章大体讲什么内容还是懂得。"

2. 对教材内容的兴趣程度一般

虽然职教师范生对教材不是系统完整地看，但他们对教材内容还是感兴趣的，在访谈的 16 名学生中，有 9 名同学对教材内容比较感兴趣，占 56.25%。如 L4 提到："比较感兴趣，尤其是对学生心理方面，还有如何教导学生方面很感兴趣。"L3 提到："我觉得教材还是比较详细的。一开始看目录的时候还是比较详细的，例如学生心理归纳得都是蛮好的，还举出一些例子。我们是从职业学校过来的，所以书上说的那些自己深有体会。"

3. 教材难易程度不是很难

对于学生来说，教材的难易也影响学生的课程认同。在访谈的 16 名学生中，有 5 名觉得不难。如 L2 提到："教材难易度还好吧，文科东西难易度体现不了多少。"不是特别难的学生有 8 名。觉得难的同学有 2 名，如 W2 谈道："对我来说，太抽象了。"在问卷调查中，"我觉得这本教材内容比较难。"这道选项中，有 36.9% 的人选择"比较符合"和"完全符合"，还有 36.9% 的人选择"不确定"。

4. 教材内容实用性很高

虽然访谈的同学普遍没有系统地看完教材，对教材内容兴趣一般，但是普遍认为教材内容对于以后成为一名教师有帮助。在访谈的 16 名学生中，有 14 名觉得有用，高达 87.5%。如 C1 谈道："有帮助。比如对不同的学生采取不同的教学方案，学生做了什么事情，有的老师会直接惩罚，但如果是我的话，我就会从他们的内心去考虑，去思考他们在想些什么。还比如，职业学校学生的一些心理特征，以及一些困难之处，我觉得我们了解这些是有好处的。"M4 也赞成："有用，因为以后要接触学生，学生不可能什么话都对老师讲。所以我们可以通过心理学知识对他们的所作所为进行判断。通过学习心理学知识也可以了解学生的学习和生活，有利于进行教学和班级的管理。"

5. 对教材的整体看法和建议

对于教材好的地方或者觉得需要改进的地方，被访谈者们也提出了自己的看法。这些方面都可以为我们以后修订教材提供一些参考。如 M1 提到："教材好的地方就是，它对于一些心理现象或者教学方法的总结概括得比较好，还有一些相契合的例子，也会给出一些相关问题的解决办法；如果非要说问题，就是知识点多，比较枯燥，一些知识点比较有难度。教材例子少，不能够结合实际生活，学术化较强。"M4 也说："我大致地看过这本教材。第一次看我会觉得比较枯燥，因为它是纯文字的方式体现在课本上，但有一些案例分析还是影响深刻的，会看着联想到自己，贴近生活。希望以后教材多一些图片或是案例分析或其他的呈现方式而不是纯文字的方式呈现，这样会避免太枯燥。"可以看出学生需要的教材是结合案例结合生活的教材，过于枯燥会让学生失去看书的兴趣。教材内容应该理论和实践相结合，有学者也指出职业教育心理学的教材特色应注重师范性和操作性。这门课程不仅应当教给师范生必要的教育心理学知识和原理，而且要使学生掌握应用心理学原理与技术的基本技能。❶

---

❶ 崔景贵. 职业教育心理学的学科定位与教材建设［J］. 职业技术教育，2002（4）：40 – 43.

(四) 对教学过程的认同状况

教学过程是学生在教师的指导下的特殊认识过程，也是促进学生身心发展的过程。教学作为课程实施的有效途径，是一种动态的活动过程，在教学过程中，教师有目的、有计划地引导学生能动地进行认识活动。因此学生对课程的认同中，对教学过程的认同起重要的作用。这里从学生的视角，从对教师的满意度、对教学内容的兴趣、教师的教学方法、对闭卷评价方式建议以及教学模式五个方面进行分析。

1. 对教师的满意度高

对教师满意度往往影响学生上课的兴趣，因此在课程认同中起重要的作用。如表 20 – 1 所示，在访谈的 16 名学生中，有 16 名觉得有用，高达 100%。如 L3 认为："我们任课老师特别幽默，对于那些晦涩的概念，用自己的话转述。我个人还是比较喜欢的，从来没有缺过课，都坐在一二排。"L4 也说："他在讲课的时候引入了大量的实例，让我们感觉到与生活息息相关。"可见教师的幽默、理论联系实际等方面能吸引学生的兴趣。

教师的教学态度也影响学生对教师的评价，在被访谈的 16 名学生中，有 15 名学生提到教师的敬业，如 C4 提到："我们的任课老师很敬业。其实从一个老师的上课态度就可以看出来，他上课很积极，而且他讲得那么好，一看就知道进行了充分的备课。"

2. 教学内容的兴趣较高

对教学内容的兴趣决定学生是否认真上课。如表 20 – 1 所示，在访谈的 16 名学生中，有 9 名感兴趣，部分感兴趣的有 4 名，共占 81.25%。如 M1 提到："对教学内容比较感兴趣，老师不仅讲授知识点，还讲一些案例，而且会调动课堂气氛，当同学们显出疲惫时，老师就会举一些他遇到的典型的有特点的咨询案例，而且他讲的都是我们生活中的，比较有共鸣。另外，老师会做测试，让同学们感到很有趣。"

学生对教学内容是否感兴趣与教师理论联系实际的程度分不开，理论联系实际既有利于学生理解理论，又能吸引学生的注意力。如表 20 – 1 所示，在访谈的 16 名学生中，有 14 名同学提到教师有理论联系实际，高达 87.5%。如 M2："老师联系实际，因为我们本身是职高生，他就会讲一些他接触到的职校生的案例以及职教生遇到的问题，比较有共鸣。"有学者指出职业教育心理学的教师要突出课程教学的实用性和操作性，关注职业教育实践中的问题解决，可组织学生到职业学校去参观考察、教学观摩，给学生增加了解职校生的机会，增强感性认识，为理论学习奠定基础，同时，可要求学生应用所学心理学知识分析与解决职业教育教学实践中存在的问题。❶

3. 教师的教学方法多样

教师的教学方法直接影响学生的学习，从访谈的结果来看，教师的教学方法比较多样。如表 20 – 1 所示，在访谈的 16 名学生中，有 4 名同学提到教师运用 PPT 讲授，7 名同学提到案例法教学，3 名同学提到小组讨论。如 C1 提到："我们老师案例法用得比较多，我觉得案例法还行，不至于那么枯燥，自己看课本的话可能会比较无聊，但举个例子什么的就会让我们深刻地记住，并且更加容易理解。"可见多样的教学方法可以使学生对课程更感兴趣，提高学习效率。

4. 学生对闭卷评价方式建议褒贬不一

通过了解职业教育心理学的评价方式是期末闭卷和平时成绩结合考查。对于闭卷考试，学生褒贬不一，对建议运用什么方式进行期末测评，有 7 名同学依旧赞成闭卷考试，如 C2 提到："我们采用闭卷考试。闭卷考试能够考验学生们的记忆能力，由于老师监考比较严，如果你学得不是很好的话，就会很难通过。我觉得应该继续执行闭卷考试，如果是开卷考试的话，那么大家就会学得不是那么用心。"有 3 名同学提出用开放式问题进行考查，用上台论述展示考查的学生有 2 人。有学者也指出职业教育心理学的课程考核形式可由传统的纸质闭卷考试拓展到上机考试、口试、小组互评和教师评价相结合等。课程考核还可采取"基本分＋技能分"，"基本分"是指考查学生课程基本知识的掌握情况，技能分是考查学生的教学

---

❶ 蒋波，崔景贵．职业教育心理学课程建设的困境与出路［J］．职业技术教育，2014
（32）：80 – 83.

实践能力。❶ 采用多样的评价方式会更有利教学的反馈和学生素质的提高，提高学生自主学习能力。

5. 教学模式可以更灵活

什么样的课堂是最受学生欢迎的，学生最有发言权。访谈的学生中提出灵活、互动、多样化教学形式的课堂更受欢迎。如 L4 提到："我认为加入一些课堂讨论会更好，活跃一下课堂气氛。"C4 也说："我认为就是要灵活一些，多一些案例，要更有助于学生理解。"W1 提到："教学方面，我觉得互动应该多一点。互动少，光是听老师讲，会比较乏味。如果调动大家互动多的话，大家会更感兴趣。"C2 也说："我觉得除了课堂讲述之外，还可以做一些实践。如可以进行角色扮演。我们现在不是老师，但是我们可以通过一些活动体验一下当老师的感觉，然后提升一下自己。"可见虽然学生对教学较为满意，但是课堂还是有提升的空间。以后教学中，可积极推广小班化教学、混合式教学、翻转课堂，构建线上线下相结合的教学模式。

（五）对职业教育心理学课程的整体认同状况

一门课程的开设都有其必要性，对一门课的课程认同，其实用性和重要性必不可少，所以对职业教育心理学课程的整体认同状况，这里从实用性和重要性两方面加以分析。

1. 职业教育心理学开设的实用性较高

职业教育心理学授课的对象是职教师范生，他们之后的专业就业方向主要是作为一名职业教师，通过访谈他们："对于你之后从事职业教师这个职业，你觉得这门课有没有用？为什么？"如表 20 - 1 所示，在访谈的16 名学生中，有15 名同学认为有用，高达 93.75%。如 C1 说道："我觉得学了这门课可以让我以后教学的时候采用新的教学方法，相比其他没有学过这门课的老师更加多样。这门课的学习也让我更加了解职教生，我觉得只要你的方法到位，任何一个学生都能够被教好。"L4 也提到："有帮

---

❶ 蒋波，崔景贵. 职业教育心理学课程建设的困境与出路［J］. 职业技术教育，2014（32）：80 - 83.

助的。因为这能帮助我们把握学生学习的方向，了解学生的心理状态，通过他们各方面的反应进行教学。学习了这门课，使我有意识观察得更细致一点，也更专业一点。"可见开设职业教育心理学的必要性。

在问卷调查中，对于"之后从事职业教师这个职业，我觉得这门课程很有用"选项持有"比较符合"和"完全符合"态度的人高达79.2%的人选择（见表20-2）。"我觉得这本教材的内容对以后我成为一名教师很有用"选项持"比较符合"和"完全符合"观点的人有75.2%。

表20-2 "对于之后从事职业教师这个职业，
我觉得这门课程很有用"选项结果

	完全不符合	比较不符合	不确定	比较符合	完全符合
频数	4	11	26	88	68
百分比（%）	2.0	5.6	13.2	44.7	34.5

"未来当教师的意愿程度"在"我觉得这本教材的内容对以后我成为一个教师很有用"选项上存在差异（见表20-3）。经过卡方检验可知，$\chi^2 = 15.4$，$p < 0.05$，说明未来想当教师的意愿越明确，就越认同这门课的实用性。

表20-3 "未来当教师的意愿程度"在选项"对于之后从事
职业教师这个职业，我觉得这门课程很有用"选项结果

	完全不符合	比较不符合	不确定	比较符合	完全符合
愿意	3	7	16	40	42
不确定	0	1	16	39	16
不愿意	1		4	4	6

2. 职业教育心理学开设的重要性高

职业教学心理学开设对于之后成为一名职业教师的职教师范生是否重要，也是学生课程认同的重要方面。如表20-1所示，在访谈的16名学生中，有12名觉得有用，高达75%。如C1提到："很重要，非常重要，学了这门课可以更好地把握学生的心理状态，帮助我们更好地做一名教师。"W3说："还是挺重要的。因为，如果这门课不开的话，我觉得以后步入那

些职业学校，是不会理解那些职业学生的心理发展。我们也是从职业学校上来的，我觉得职业学校的学生，心理方面是比较脆弱的，需要这门课知识的引导。还有这门课也讲授了作为一名教师，应该具备怎样的心理和能力，所以这门课开的还是挺有意义的。"

在问卷调查中，有 80.8% 的人觉得职业心理学课程很重要。"未来当教师的意愿程度"在"我觉得这本教材的内容对以后我成为一个教师很有用"选项上存在差异。经过卡方检验可知，$\chi^2 = 20.2$，$p < 0.05$，说明未来想当教师的意愿越明确，就越认同这门课的重要性（见图 20 - 1）。

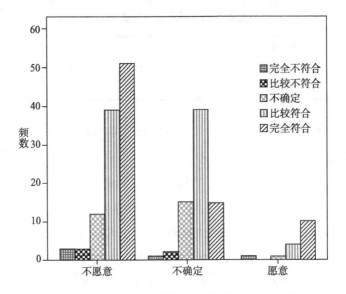

图 20 - 1　想当教师的意愿态度与认同课程重要

有 80.8% 的人赞成开设职业教育心理学这门课程，并有 73.1% 的人会推荐其他同学学习职业教育心理学课程。"未来当教师的意愿"在"我赞成开设职业教育心理学这门课程"选项上也存在差异。经过卡方检验可知，卡方值为 14.8，$p < 0.05$，说明未来想当教师的意愿越明确，就越赞成开设这门课的必要性（见图 20 - 2）。

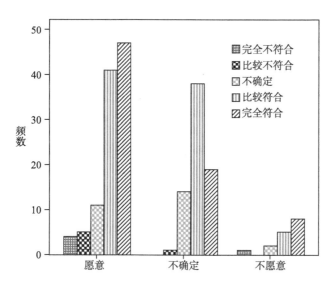

图 20 - 2　想当教师的意愿态度与赞成开设课程的态度

三、结论与启示

(一) 结论

本研究访谈了 16 名职教师范生、调查了 198 份职教师范生对职业教育心理学的课程认同情况,从课程价值认同、课程目标认同、教材认同、教学认同、课程整体认同五个方面进行分析探讨。得出如下结论。

第一,学生对课程价值的了解情况不容乐观但认同度很高。

第二,学生对课程目标的了解情况不理想但认同度很高,学生认为课程目标较难达到但尽力还是可以达到的。

第三,学生对教材的了解程度不理想,对教材内容兴趣程度一般,认为教材不是很难,但认为教材内容实用性很高。

第四,学生对教师的满意度高,对教学内容的兴趣较高,认为教师的教学方法多样,学生对闭卷评价方式褒贬不一。

第五,职教师范生认为职业教育心理学开设的实用性和重要性都较高。

第六,未来想做教师的意愿越明确,越认同开设职业教育心理学课程的必要性和重要性，但在学业成绩、性别、生源地上没有差异。

（二）启示

1. 培养受欢迎教师团队，提升学生对课程的认同感

习近平总书记强调："教师是人类灵魂的工程师，承担着神圣使命。传道者自己首先要明道、信道。高校教师要坚持教育者先受教育，努力成为先进思想文化的传播者、党执政的坚定支持者，更好担起学生健康成长指导者和引路人的责任。"访谈和问卷调查均发现，学生认同这门课程和讲授这门课程的教师密不可分。若教师的教学方法多样，教学语言幽默生动、简洁干练，且教学效果有实效，这样一来，可使学生从对课程的"诱惑性认同""依存性认同"转变为心服口服的"认同性接受"。因此，具体措施如下：一是提高教师的职业素养与加强师生情感沟通途径，提升教师个人魅力，解决学生对教师身份的情感认同问题；二是加强课程建设，强化课程开设的重要性和价值性，解决学生对课程的思想认同问题；三是利用互联网深化教学改革。如利用慕课平台，开展"翻转课堂"教学，探索师与生"共享讲台"的讨论式教学，基于学生问题的"诊断式"教学等，促进学生深度参与，发挥学生主体性，提升课堂教学吸引力，解决学生对课程的理性认同。

2. 强化师范生从教意愿，提高学生对课程的认同感

通过调查发现，学生想做教师的意愿越强，对职业教育心理学课程的认同感越强。一部分不愿意做教师的学生认为职业教育心理学可能对后期的职业发展影响不大。因此，作为职业学校未来教师队伍的新鲜血液和中坚力量，师范生的从教意愿对优秀师范人才是否进入职业学校教师队伍、在未来教育教学工作中的热情有重要的影响。可从以下措施提供职教师范生的从教意愿：优化课程设置，培养学生的教师职业理想；提供多样平台，加强学生的教师职业体验；重视职业生涯指导，促使学生的教师职业理想变成现实。当然，师范生的从教意愿与职业教育心理学课程的认同感是相互促进、相辅相成的关系。也可从增强学生对职业教育心理学的认同感，从而强化学生的从教意愿。

第二节 职业教育心理学课程教学中的心理健康教育

《普通高等学校学生心理健康教育工作基本建设标准（试行）》（教思政厅〔2011〕1号）文件中指出："高校所有教职员工都负有教育引导学生健康成长的责任，要着力构建和谐、良好的师生关系，强化大学生心理健康教育的全员参与意识。学校应将心理健康教育内容纳入新进教师岗前培训课程体系。"文件精神强调大学生心理健康教育的普适性和时时性，课堂教学是实施心理健康教育的主阵地和切入点，在课堂教学过程中融入心理健康教育，既教书又育人。职业教育心理学课程是高等职业技术师范院校师范生的一门专业基础课程，课堂教学中融入心理健康教育更具有可行性和实效性。

一、职业教育心理学教学中渗透心理健康教育的有效性

（一）职业教育心理学的课程性质决定了进行心理健康教育的有利性

通过职业教育心理学课程的学习，可使所有不同专业的师范生掌握教学心理、学习心理、师生心理等内容，目的是培养他们的教学专业素养，为将来成为一名理想教师提供充分条件。虽然在高等职业技术师范院校师范生中还有其他心理学课程的开设，但大多数课程以选修课的性质出现，如大学生心理健康教育、职业心理学等，它们的对象只是那些对心理学感兴趣的学生。在对象上，缺乏全体性；在性质上，学生重视程度不够；在内容上，无法使学生掌握怎样使心理健康教育渗透于所学专业的学科教学中，缺乏针对性。因此，职业教育心理学在对象、重视程度以及内容等方面，为教师进行心理健康教育提供了有利的因素。

（二）职业教育心理学研究侧重点的变化决定了进行心理健康教育的必然性

教育心理学研究侧重点随着社会的发展、教育观念的改变在不断地丰富、变化着。近年来，心理健康教育问题是教育心理学研究中的热点之一。作为教育心理学的特殊研究领域之一的职业教育，研究领域也逐渐集

中化。目前，国家对职业学校心理健康教育越来越重视，2004 年 7 月 5 日，教育部发布的《中等职业学校学生心理健康教育指导纲要》指出："职业教育教研部门要把心理健康教育的研究纳入工作计划，加强心理健康教育与人的全面发展、与各专业学科教学和职业素质等关系的研究。"随着社会的要求和学科的发展，心理健康教育也逐渐成为职业教育心理学的研究重点之一。心理健康教育研究成果，为职业教育心理学学科教学中渗透心理健康教育提供了最新的理论知识和实践经验。心理健康教育的内容也会逐步体现在职业教育心理学的教材中。有学者指出："职业教育心理学新教材在内容的选择上，既要注意体现本学科稳定的、公认的基本内容，又要适当增加当前职业界特别关注的、与职业素质教育要求相适应的有关内容，如创造性培养、人格形成与完善、心理健康教育等。"❶

二、职业教育心理学教学中渗透心理健康教育的措施

(一) 教学目标的针对性

作为一门专业基础课程，职业教育心理学主要为将来从事职业学校教师这一职业的师范生所开设的一门课程。这门课程的教学目标并非仅仅使学生通晓学科内容，"知道什么是心理健康""学习的概念是什么"等这些问题，而是让学生利用有关的知识维护、促进他们自身的心理健康及了解学与教的规律，以便指导现在或将来的生活与工作。因此，培养学生成为一名优秀的教师必须所具备的条件之一——良好的心理素质，也包含在职业教育心理学课程的教学目标中。将心理健康教育纳入教学目标，使其成为职业教育心理学教学目标不可缺少的一部分。在制订教学计划时，应从师范生的身心特点出发制订明确的心理健康教育的目标，在单元计划中对包含有比较明显的心理健康因素的内容，可在教学目标中明确注明；对不够明确、需补充的内容，则可在教学中随机渗透。

(二) 教学内容的侧重性

在职业教育心理学的教学内容中，主要包括三部分的内容。首先，让

---

❶ 崔景贵. 职业教育心理学的学科定位与教材建设［J］. 职业技术教育，2002（4）：40 - 43.

师范生了解职业学校教师和学生的心理特点。通过了解职业学校教师的心理特点，让师范生对未来从事的职业有所了解，从而有所准备；而了解职业学校学生的身心特点，可在未来的工作中把握教育对象心理发展特点。其次，让师范生学习教学心理和学习心理的内容。不管在哪部分的教学中，切实落实心理健康的内容。分清层次，有所侧重，找出渗透心理健康教育的切入点——"我"。因为每个人都最关注自己，关心自己的内心世界，在意别人对自己的评价，青少年更过犹不及。因此，在课堂教学中激发学生的兴趣，突出"我"，立足"我"。用各种各样的教学方式，让学生从自身角度考虑所遇到的问题。例如，在讲授学习心理部分的遗忘规律时，可以让学生根据自身经历谈谈怎样根据遗忘规律组织复习；在讲解差异心理部分时，可以让学生对照自己，问问"我是哪一气质类型？""我的性格是怎样的？""我的能力如何"等。这些问题的提出，不仅调动学生学习这门课的积极性，也激起学生进一步反思审视自己、了解自己、从而调整自己、完善自己，为培养良好的心理素质打下了基础。

（三）渗透形式的多样性

内容决定形式。根据不同章节，具体的教学内容，采用不同的渗透形式。在职业教育心理学教学中渗透心理健康教育的形式主要有以下几种。

（1）转移。这是一种比较常用的形式，即在原有教学内容的基础上进行巧妙的转化。在学生明确教学内容的基础上，时时进行心理健康教育。如有关教学心理中的学习动机问题，是教育心理学的重要内容。这一内容可以换一个角度做一转化，即可以变成"不同的归因对心理健康的影响""如何锻炼自己的意志力""提高自己的耐挫性"等问题。

（2）实践。即运用一些心理学的方法，如测验法、实验法、个案分析法。通过这些方法来自己测量、自己分析、自我诊断。如自测气质、性格、智商。也可以尝试一些个案分析，如分析个别学生心理障碍的成因，并提出解决问题的对策。

（3）补充。即补充一些教材上没有的内容。如在"课堂管理"这一章，可补充"竞争与合作问题""嫉妒心理的克服"等问题。在"青少年心理的发展"这一节，可补充学生较敏感的"性别角色的心理特点"的问题，这样的补充要具有针对性、广泛性。

（4）泛化。即在课堂上激发他们学习兴趣的基础上，向学生介绍一些课外阅读材料，使他们采用多种形式，积极营造重视心理健康的氛围。例如可以提出一些主题，让学生找相关材料设计心理健康知识板报，也可以让他们给新生谈谈自身的心理历程，使新生尽快适应新的环境。这样不仅使心理健康教育局限于课堂教学中，而且使课堂教学成为一个窗口或跳板，使心理健康教育时时在、处处在。

（四）教学方法的灵活性

教学有法，但无定法，贵在得法。根据教学设计的心理学原理，只要能够较好地完成预定目标，教学中根据教学内容的不同，选择最佳的教学方法。例如，在讲解"思维与学习"这一节时，采用脑激励法，让学生畅所欲言，谈谈自己对如何培养创造性思维这一问题的看法；在讲"想象与学习"时，可采用案例教学法，针对全国卷语文高考零分作文进行分析；而在"人际交往"那一章，又采用分组讨论法探讨人际交往的作用等；另外，在教学心理中教学设计部分，要求学生在根据教学设计的原理设计教学、编写教案，然后选择一些比较好的教案，进行评课。通过这些方法，将学生主动的学与教师主导的教有机结合，又潜移默化地渗透了心理健康教育，提升了学生的自信心，促进了同学间的合作和沟通。通过教学，发现以下两种方法比较适合职业教育心理学教学中渗透心理健康教育，能够教好地完成教学目标。

（1）发挥合作学习的作用。小组合作学习，能促进小组成员的交流与沟通，观点的碰撞与趋同，帮助学生取长补短，培养合作精神，提高人际沟通能力。例如，几人合作写小组论文、共同解决某一案例分析、以辩论的方式探讨教育心理学中还没有达成定论的问题等。

（2）体验性教学。无论是杜威的"做中学，学中做"，还是陶行知的"教与做合一"都十分重视学生对知识的实践应用。心理学又是一门最能触摸人心灵的科学。对个体心理来说，再精彩再生动的讲授都无法替代个人的亲身感受和直接体验。因此，教育心理学课程的教学也应当是一种以体验性学习为主的教育，而不宜一直沿用传统的以讲授为主的教学模式，有效利用现代信息媒体，引入活动教学等教学模式，调动学生的积极性，使学生深度参与其中，引起学生相应的心理体验，从而取得相应的积极影响。通过体验性教学，让学生达到知行统一，在学到相应知识的同时，"引导学生正确认识义和利、群和己、成和败、得和失，培育学生自尊自信、理性平和、积极向上的健康心态，促进学生心理健康素质与思想道德素质、科学文化素质协调发展"❶。

（五）评价方式的合理性

教师对学生的课程考核评价有过程性评价和结果性评价，对心理健康教育这部分的教学目标应该是以过程为主的形成性评价。即不仅仅是给学生一个分数和等级，而是要看学生有没有发展、有没有形成某种心理品质和能力特点。这种评价体系改变了职业教育心理学以往比较单一的考核方式，即一张试卷就能解决问题的模式，主张采用更加灵活的评价方法，真实有效地考查教学目标的实现与否。以教学目标为依据，采用形成性评价方法，发挥课堂评价的优势。课堂评价应包括教师适时对学生进行激励性语言评价、学生之间相互评价、以小组为单位的评价等。教师适时对学生进行激励性语言评价就是对每个同学在课堂上所做出的良好行为进行表扬、鼓励，并记入平时成绩薄。这样一来，可以使学生培养自信心，明确自身努力的方向，查找自己的不足，全体学生共同进步。以小组为单位的评价方式是在每次活动后，组别之间互相评价，最后选出表现最好的一组，给这组成员加分，从而培养了集体荣誉感。而同学间互评的过程是学生提高自我认识，找到差距的过程，也是发展辨别能力，培养口头表达能力的过程。这种评价方式更有利于考查心理健康教育这部分教学目标的实现与否，从而积极引导学生自我管理、主动学习，激发求知欲望，提高学习效率，提升自主学习能力。

为了培养一批有理想、有本领、懂教会教愿教的职业学校未来教师的主力军，凸显职教师范生自身特点，开展自主学习，渗透心理健康教育，结合现代信息技术，职业教育心理学教学改革一直在路上。

---

❶ 高等学校学生心理健康教育指导纲要［Z］．教党〔2018〕41 号．

第三节　职业教育心理学课程建设的困境与出路

课程建设是高等学校教学建设的中心工作之一，也是保证人才培养目标实现的重要举措，其水平直接影响高等学校的教学水平和人才培养质量。精品课程建设是一项长期而艰巨的任务，需要高校教师、学生和教育管理部门的共同努力。在职教师资培养培训过程中，职业教育心理学课程建设必须把握发展机遇，充分吸收当代职业教育和心理科学的研究成果，进一步提升课程建设的科学性、针对性和实效性。

一、职业教育心理学课程建设的困境

21 世纪以来，伴随职业教育和心理科学的快速发展，作为职业教育类师范生的教师教育模块必修课程，职业教育心理学在教材出版、教学研究等方面取得了较为丰硕的成果。尽管如此，我国职业教育心理学课程建设的现状仍不容乐观，特别是在课程定位、教材体系、教学内容、教学方法、师资队伍等方面还存在很多不足。

（一）课程地位边缘化，缺乏应有重视

在学科体系中，职业教育心理学的生存处境艰难，基本处于职业教育学的"奴婢"和教育心理学的"附庸"的尴尬位置。❶ 相应地，作为职教教师教育模块的核心课程，职业教育心理学的地位也未得到应有体现，不像专业课程更能得到学校和教师的重视，表现在忽略课程建设，忽视学分学时设定、任课教师选择、教学时间安排、学生编班规模。一些高校在遴选重点课程、精品课程时，往往优先选择专业课程，忽略公共课程，极少关注教师教育类课程。随意挤压职业教育心理学的课程学分，一般只设两个学分和三四十学时。在学时有限的情况下，课程教学难以"大有作为"。在安排教学任务时，通常优先安排教学经验丰富、教学水平高的教师讲授

---

❶　崔景贵. 我国职业教育心理学发展的困境与变革［J］. 职业技术教育（教育科学版），2006, 27（22）: 68-71.

专业课程，在安排职业教育心理学等公共课程时，只能给教学经验与教学水平一般的教师分"一杯羹"。任课教师也认为职业教育心理学课程似乎"低人一等"，不愿投入更多精力，对课程教学的准备、实施与评价用心不够，不重视课程教学的质量与效果。

为了提高教学效益、节约教育资源，一些学校通常将多个专业的一两百名学生合班上课，将授课时间安排在下午或晚上等"边缘"时段。在经过一天的学习后，学生到下午或晚上往往身心俱疲，难以投入更多精力学习。此外，很多学生认为职业教育心理学课程就像其他公共课程一样"没有用处"。如果教师教学水平与经验不足、教学效果不佳，可能会造成学生"混学分"的心态，在课堂上出现诸多问题现象或消极行为，甚至厌学逃课。

（二）教材体系庞杂化，缺少课程特色

当前国内出版的职业教育心理学教材，按其内容体系可分为两大类：一类基本遵循普通教育心理学体系，仅在举例时联系职业教育，实质上是普通教育心理学与职业教育的结合。另一类由职业分析入手，确定职业要求，随后依此寻求教育心理学理论与实验的支撑。总体来看，这两种编写体系都不能完全适应现代职业教育教学改革与实践创新、职业院校师资培养的发展需求。现有的教材存在一些不足：一是内容庞杂缺乏特色。有的教材内容就像一个"大杂烩"和"拼盘"，又像"自助餐"，在共性的学习心理、教学心理的基础上，体现"个性"和"特色"，各取所需地加入学生心理、管理心理、心理测量、心理健康、教师心理等章节，使教材内容"大而全"。有的教材内容越来越多，篇幅越编越厚，动辄数十万字，使学生"望而生畏"。二是形式单一难显活力。部分教材的文字叙述过多，长篇累牍，直观形象的图表较少，不符合心理学的认知规律，难以激发学生的阅读兴趣。三是理论晦涩难以应用。有的教材偏重教育心理学基本理论知识，文字表述晦涩难懂，吸纳一些认知实验研究成果，但可能限于篇幅而断章取义，令学生"望文生义"，感觉课程学习特别是理论学习"无用武之地"。四是取材陈旧脱离实际。有的教材体系仍是"新瓶旧酒"，对心理科学的最新研究成果吸收不足，而且脱离当前职校教育教学的实际，

给人"纸上谈兵""一无是处"的印象。

（三）教学内容普教化，忽视学生专业

首先，教师备课时重"备内容"、轻"备学生"。有的教师在备课时只重视备教学内容、备教学方法和过程，忽视备学生。如果忽视学生因素，备课必然会降低课程教学的针对性、实效性。另外，有的教师备课时即使"备学生"，但未能考虑到不同专业学生的专业特征。这样，可能导致课程教学内容与学生所学专业相脱节，使学生产生"学习无用论"的观念。其次，教师教学时重"基础理论"，轻"职业实践"。职业教育区别于普通教育的特色就是"职业性"，这也是职业教育心理学课程的特色和生命力。大多数教师熟悉普教、高教系统而对职教系统较为陌生，特别缺乏对职业学校教育教学和学生情况的了解，往往"想当然"地进行教学。政府对高等教育质量通常有种顾虑，即学位课程过多地集中于学术知识，而忽略实践技能和发展个人品质（Personal Attributes）。❶ 有的教师重职业教育心理学的基本概念、分类、功能、影响因素等理论知识的教学，忽视理论的实际应用。最后，教学内容重"学习"、轻"教学"。受到普通教育心理学课程体系的影响，课程教学内容的选择重"学"轻"教"，更为关注学习理论、学习动机、学习迁移、学习策略、学习过程、知识学习、技能学习等学习模块知识，轻视教学设计、教学方法、教学管理、教学评价、教师心理等教学模块知识。

（四）教学方法程式化，忽略技能应用

首先，从教学方法看，由于课时少、学生多，再加上部分教师缺乏经验，缺少充分的课前准备，职业教育心理学的课程教学方法难以做到多样化，而更可能表现为程式化的教学，形式单一，以灌输式、讲授式的课堂教学为主，偶尔穿插提问或简单讨论。课堂教学过程中，缺少心理测验、心理实验、案例教学等教学方法与形式。教师重视知识信息的传授，忽视知识应用、技能形成与素质提高。其次，从教学手段看，教师采用多媒体

---

❶ Toohey S. Designing courses for higher education［M］. Berkshire：Open University Press，1999：7.

辅助教学，但课件制作仍表现为翻版讲稿，多为大篇幅文字，缺少图表、音频、视频等多种形式的信息载体。很多学生为了对照课件记好笔记，鲜有精力认真听讲，同时，课件形式的单一也难以激发学生的学习兴趣。甚至不少学生戏称教师的 PPT 为"骗骗他"。再次，从实践教学环节看，职业教育心理学的实践教学还比较薄弱，很多心理测验、心理实验难以安排到位，观摩教学、微格教学、现场教学等组织起来也困难重重。最后，从考核形式来看，为了引起学生的高度重视，课程考核通常采取闭卷考试形式。尽管如此，考题重基础理论，轻技能应用；重记忆能力，轻问题解决能力，特别是解决职业教育教学中的实际问题，相应地，考题多为考核识记、理解等较低认知目标的选择题、填空题、名词解释题、简答题，缺少考核评价、应用等较高认知目标的论述题、案例分析题、论文写作题。

（五）师资队伍单一化，缺乏有效合作

职业教育心理学的课程建设与教学改革，需要来自教育学、心理学专业教师、其他学科教师、职业学校教师甚至行业企业专家的有效合作。目前各方面还是各行其是，尚未形成应有的合力。首先，任课教师多毕业于师范院校心理学、教育学专业，师资队伍结构显得单一化、同质化，缺少"双师型"教师。课程组教师在教学内容编排、教学进度安排、课件制作、教学评价、教学研究等方面缺乏有效合作，导致教师在统一的课程教学大纲和教材的基础上各自为政。其次，职业教育心理学教师缺乏相应的专业素养和实践能力，缺乏对职业学校教育教学的实际了解，缺少与专业、学科教师的交流，特别缺乏与各专业的学科教学论教师、见实习指导教师的深度合作。最后，在师资队伍中极少有职业学校教师乃至企业相关人员的参与，也使学生难有机会了解职业教育和企业生产的一线信息。

如何建设高水平、有特色的职业教育心理学课程，让课程建设更充分地体现现代职业教育思想和发展理念，提升课程建设的师范性、学术性和实践性、实效性，是职业教育心理学课程发展需要积极研究应对的重要课题。

二、职业教育心理学课程建设的出路

党的十八届三中全会指出，要加快现代职业教育体系建设。职业教育面临前所未有跨越式发展的大好机遇。加强和改进职业教育心理学课程建设，我们要以深化职教教师教育课程改革为动力，以提升教学质量为任务，以彰显职教特色为使命，以建设专业团队为重点，以优化协同创新为抓手，以科研项目协作为支撑，立足校本行动，整合课程资源，创新教学举措，以更高标准全面提升课程内涵建设。要进一步全面加大课程建设力度，优化课程结构体系，更新课程教学内容，改革教学方式和方法，强化教学的实践环节，以科学研究推进课程建设创新，以服务学生发展积极塑造课程建设形象，着力打造课程建设品牌和特色，积极实现课程建设发展的规划目标。

（一）提高重视程度，突出课程地位的重要性

要抢抓当前职业教育快速发展的良好机遇，充分发挥师范性的优势和特色，引导专业教师、师范生重视职业教育心理学课程。采取有效措施将职业教育心理学从课程体系的边缘拉到中心地带，在政策制定、经费投入等方面向职业教育心理学课程适当倾斜，加强师资队伍培养、教材编写、实践教学环节的扶持力度。学校要在保证课程基本学时的前提下，精心选择教学水平高、经验丰富的教师担任主讲教师。在此基础上，成立课程组或教学团队，相关负责人领导并加强课程建设与教学改革，加强集体备课、组织教学观摩和教学研究。此外，尽可能将来自同一专业的学生编班教学，以加强课程教学内容与学生专业的适切性。

（二）体现职教特点，凸显教材体系的先进性

职业教育心理学教材编写应遵循《教师教育课程标准（试行）》，以"研究职教、服务职教、引领职教"为出发点，坚持立足本土，放眼国际；立足职教，创新体系；立足职校，指导实践等编写原则，进一步加强教材的思想性、体系的科学性和内容的先进性。编写教材应努力做到：一要内容精练。对教材内容加以高度凝炼，适当整合、精简和优化部分章节与内容，避免过多地介绍基础理论知识，尽可能"拧干水分"，使教材尽可能

"薄"而"精"。二要知识新颖。内容选取尽量体现国内外认知心理学、发展心理学、教育心理学、职业教育学等学科的最新研究成果，结合我国职业学校一线教师的成功案例和经验，及时充实和更新职校生的心理特征、学习心理、心理教育等内容。三要形式生动。图表的呈现效果通常优于大段的抽象文字，因此要尽可能采用图表、提要、专栏等形式概括教材内容，注意字体、字号、分栏等版式设计变化，使学生阅读教材时能赏心悦目，对教材内容能"一目了然"。文字表述尽可能通俗易懂、深入浅出，增强可读性。四要讲求实效。围绕职业学校学生的学习与活动，加强针对性，坚持理论联系实际，突出实践、体现实用、注重实效。

（三）以学与教为主线，注重教学内容的职业性

课程教学内容应以职业学校学生的学习与教学心理为主线，在重点关注学习心理的基础上，还需关注教学心理、职业心理等模块知识，特别要加强学习心理与教学心理的有效衔接，体现"学习心理—教学心理—职业心理"之间的有机融合。处理教材内容是一种情境化的行动，教师必须"用教材教"，而不是"教教材"。❶ 因此，在教学内容的选择上，要继承课程稳定的、公认的一些基本内容，并增加一些与职业教育改革关系密切，更好地贴近职业学校教学实际，贴近企业行业生产实际的内容，从而使课程具有较好的职业性、应用性。在加强知识教学的同时，更要设法将学生的知识转化为学习与教学技能。此外，课程教学在理论应用、问题解决等方面还须考虑学生不同专业和未来职业的特点，并把握当前"00后"学生的个性特征与心理需求因材施教。这样，教学的目的性、针对性和有效性会有较大提升。

（四）理论联系实际，加强教学方法的实践性

课程建设要坚持理论教学与实践教学两翼齐飞，突出教学实践环节，注重学生专业实践能力培养。首先，理论教学与实践教学密切结合。职业教育心理学课程既要重视理论教学，还要关注实践教学，既有理论讲授、练习讨论，还可增加影视观摩、尝试教学、心理测试、心理实验、案例分

---

❶ 崔允漷. 有效教学 ［M］. 上海：华东师范大学出版社，2009：122.

析、微格教学、现场教学等实践教学环节。在未来几年里，心理学的最重要特征将是，关注将从已经积累的心理学知识得到的解决方案投入实际应用。[1] 教师要突出课程教学的实用性和操作性，关注职业教育实践中的问题解决，可组织学生到职业学校去参观考察、教学观摩，给学生增加了解职校生的机会，增强感性认识，为理论学习奠定基础，同时，可要求学生应用所学心理学知识分析与解决职业教育教学实践中存在的问题。其次，课堂教学与计算机网络教学紧密结合。在课堂教学的基础上，充分利用网络互动方式，进行教师团队与学生的在线答疑与交流讨论，使教学由课堂拓展到课外。最后，传统课堂教学与开放教学密切结合。教师要努力改变单一的课堂化教学环境，把企业文化引入课堂教学，创设尽可能与职业岗位实际接近的教学环境，实现教室与车间、课桌与岗位、学校与工厂的有机融合。

（五）优化教师队伍，提高师资建设的有效性

从课程师资队伍而言，要加强有效合作与团队建设。课程教师要加强与专业学科教学论、见实习指导教师之间的交流与合作，积极听取他们对课程教学的需求与建议，以更好地更新与拓展课程内容、优化与改进教学方法形式，强化职业教育实践环节。课程组要定期组织教师到职业学校去观摩教育教学情况，组织教师深入行业企业进行调查分析，了解行业企业对人才能力素质的需求。此外，学校还可通过选派部分骨干教师以兼职挂职、项目合作等形式，深入职业学校、行业企业。另外，课程组还可从职业学校、企事业单位聘请相关人员，特别是"双师型"教师，作为理论课兼职教师、实践教学指导教师参与课程教学。这样更能调动学生学习的积极性，激发其学习兴趣，有利于提高教学效果。

（六）强化教学研究，提升课程发展的科学性

教学研究是促进教学改革，提高教学质量的有效途径，有计划地开展教学研究是提升课程发展科学性和教学有效性的坚实保障。当前，职业教

---

[1] ［哥伦比亚］阿迪拉. 心理学的未来［M］. 张航，褚宇明，译. 北京：商务印书馆，2008：102.

育心理学研究的内容来自职业教育问题，方法基本上来自心理科学，几乎还没有属于自己的研究方法与技术。❶ 职业教育心理学在具体研究领域方面较零散，体系化研究少。❷ 总体来看，职业教育心理学的教学研究可重点关注：①教学内容研究，教师要关注教材体系内容的现状分析与科学建构；结合教育科学、心理科学的最新研究成果和当前职业学校实际进行教学内容的拓展与更新；课程实践教学体系构建与实践环节安排等。②教学方式方法研究，教师可尝试采用案例教学法、情景教学法、分组合作教学法等方法形式，还可采取实验班控制班前测后测实验设计形式进行教学实验研究。③教学对象研究，教师可对学生进行分专业教学、分类教学、分层教学，可关注对口单招师范生、技能特长师范生等特殊学生进行个案研究、追踪研究。④教学评价研究。课程考核形式可由传统的纸质闭卷考试拓展到上机考试、口试、现场教学等。课程考核还可采取"基本分＋技能分"，基本分是指考查学生课程基本知识的掌握情况，技能分是考察学生的教学实践能力。

《职业教育心理学》课程建设是一项复杂的系统工程与创新工程。当前，要以培养造就高素质、专业化的职业院校教师为目标，坚持职业技术教育学科特色不动摇，坚持实现师范性与学术性、技术性的有机融合，坚持为职业教育改革创新服务不动摇，坚持注重课程教学实践环节，引导学生学思结合、学以致用，创新课程发展思路，创建课程教学特色，创优课程改革实效，扎扎实实开拓进取，积极推广精品课程建设取得的重要成果，全面提升职业教育心理学课程建设水平。

本章小结

课程认同问题是课程教学有效开展的基本问题，在以往研究的基础

---

❶ 崔景贵. 方法论视角：职业教育心理学研究的问题与对策［J］. 江苏技术师范学院学报（职教通讯），2008，23（8）：26 –31.

❷ 徐大真，金太亮. 中国职业教育心理学回眸：1978—2008［J］. 职业技术教育，2008（29）：25 –29.

上，通过访谈和问卷调查职教师范生对职业教育心理学的课程认同，从课程价值认同、课程目标认同、教材认同、教学认同、课程整体认同五个方面进行分析探讨。了解职教师范生对职业教育心理学的认识、态度和行为意向，为改善职业教育心理学的教学提供参考，为提高职教师范生的课程认同提供理论依据，并从培养受欢迎教师团队和强化师范生从教意愿两方面，提升职教师范生对课程的认同感。

职业教育心理学课程是职教师范生的一门专业基础课程，课堂教学中融入心理健康教育具有一定的可行性和实效性。职业教育心理学的课程性质决定了进行心理健康教育的有利性，职业教育心理学研究侧重点的变化决定了进行心理健康教育的必然性。并提出了从教学目标的针对性、教学内容的侧重性、渗透形式的多样性、教学方法的灵活性及评价方式的合理性五方面在职业教育心理学课程教学中渗透心理健康教育的措施。

职业教育心理学课程建设存在课程地位边缘化、教材体系庞杂化、教学内容普教化、教学方法程式化、师资队伍单一化等问题，严重制约其在职教师资培养过程中作用的发挥。要采取有效措施，进一步提升职业教育心理学课程建设的水平。学校和师生要高度重视，突出课程地位的重要性；体现职教特点，凸显教材体系的先进性；以学习心理与教学心理为主线，彰显教学内容的职业性；理论联系实际，加强教学方法的实践性；优化教师队伍，提高师资建设的有效性；强化教学研究，提升课程发展的科学性。

（本章作者　江苏理工学院　张长英　刘礼艳　蒋波　崔景贵）

职业教育心理学教学的研究

职业教育心理学是职业教育学科群中相对独立的一门学科，在实践中，是为培养职教师资而开设的课程，对培养合格的职教师资有不可替代的基础作用。随着国家越来越重视职业教育的发展，职业教育的科学研究逐步增多，职业教育心理学学科也得到了一定发展。但相对其他职业教育学科来说，职业教育心理学还处在起步阶段，学科力量还比较弱，需要得到更多的关注，需要加强学科力量建设，开展更多的职业教育心理学研究。

第一节　职业教育心理学综合互动型教学模式的构建

尽管职业教育心理学在培养职教师资方面有重要作用，但长期以来，多数职业教育心理学的课堂教学一直存在沿袭传统的教学观点、教师讲学生听的教学方法和学科体系结构的教材等问题，未能体现职业教育本身的特点。这既影响了课堂教学的质量，也扭曲了该课程在学生心目中的形象，形成"上课记笔记，下课抄笔记，考前背笔记""听时有趣，学后无用"的无奈状况。这种不尽如人意的教学状况无法达到该课程设置的目的，因此，需要结合该课程的教学实践，进行教学改革，探索建立起能够充分实现师生间交流、共享的综合互动型教学模式。

一、构建职业教育心理学综合互动型教学模式的指导思想

改革职业教育心理学教学，建立综合互动型教学模式，需结合该课程的性质、内容、教学目的和目标等，确立和坚持"以需求为导向、以学生为本位、以能力培养为中心、以教学质量提高为目标"的指导思想。

"以需求为导向"指教学要满足学生自身成长的需求，满足职业教育对教师素质的需求，满足社会发展对人才的需求，满足新教育理念的需求。以这些需求为导向，不断调整和保持教学内容、教学方法的先进性、时代性，突出课程本身的性质和特色，尤其是突出职业教育心理学在学生创新能力培养、人格健全等方面所具有的不可替代的作用。

"以学生为本位"指教学要重视学生在学习中的主体地位，强调学生的个性培养和各方面素质的全面发展。以学生为本的根本目的是要通过该课程教学，实现知识、情感与技能的共同发展，从而激发和弘扬学生的个性。这要求教师在教学中打破"一言堂"，给予学生话语权和学习选择权。

"以能力培养为中心"指教学要把学生能力的提高放在中心位置。这也是职业教育的本质要求。在西方各国职业教育发展中，大多都强调职业教育要以能力培养为中心，包括职业岗位能力、基本素质和应变能力。❶职业教育心理学是为培养未来的职教师资而开设的，应在学生未来充当职教师资所需要的岗位能力、身心素质以及应变能力的培养方面发挥关键性作用。

"以教学质量提高为目标"是指教学改革的最终目标是要提高教学质量。教学改革不是简单地为了吸引学生，而是要通过教学模式的重构、教学方法的变革、教学内容的重组或更新等，使教师能有效地教、学生能积极地学，共享共融，共同提高教学质量。

---

❶ 王建忠，李秀芳. 高职教育心理学教学改革初探［J］. 河北职业技术学院学报，2001（2）：23 – 25.

二、职业教育心理学综合互动型教学模式的内涵

有研究者将教学分为三个层次：基础层次是采用传授方式，将现实世界中的标准和规范展示给学生，使学生能够认同并遵照执行；中间层次是采用引导、启发的方式，带领学生探索世界；理想层次是采用交流、碰撞、互动等方式进行，能与学生展开心灵对话，共同探讨、共同分享。❶要使职业教育心理学的课堂教学趋向理想的境界，需建立起"以问题引领教学、以理论支撑教学、以实践深化教学"的综合互动型教学模式。

（一）以问题引领教学

宋代著名学者陆九渊曾指出："为学患无疑，疑则有进，小疑则小进，大疑则大进。"这道出了问题在教与学中的重要地位。在职业教育心理学教学中，倡导以问题引领教学，有两层含义：一是提出问题或发现问题。在教学伊始和教学过程中，教师要不断为学生设置问题，不断发现教学中的问题，同时还要帮助和启发学生发现问题、明晰问题。二是基于问题的教与学。教学始于问题，问题贯穿于教学，在教学中鼓励学生积极探讨问题、分析问题、解决问题。课堂教学的过程，其实就是不断地提出或发现问题，不断地讨论、分析和解决问题的过程。

在职业教育心理学教学中，如何以问题引领教学呢？一是在教学中提出与职业教育心理学有关的、学生感兴趣的、与其经历相联系的问题，或者是中职教学实践中的问题。职业教育心理学的教学对象是正在接受相应专业教育的学生，他们将来也要从事该专业的教学，而且他们将来的教学对象是与其年龄相差并不是很大的中职生，因此，提出的问题可以是来自他们自己的学习和接受教育过程中的问题，也可以是他们未来中职教学中会碰到的典型问题。二是提出现象或提供学习材料，布置学习任务，引发学生生成问题。传统的课堂教学中，教师往往跳过问题形成的阶段，直接把事实和解决的过程交给学生，而不是给予学生自己去发现问题、提出问题的机会。其结果是，学生们也许能记住学习内容，但不能达到充分理

---

❶ 李向东，卢双盈．职业教育学新编［M］．北京：高等教育出版社，2005：194．

解，更不用说灵活运用了。三是创设问题情境，鼓励学生积极提问和讨论问题。教师在教学中要把握时机，留出问题空间，鼓励学生积极提问，开展问题讨论。学生课堂提问和讨论的活跃性是学生主动学习的一种体现，许多问题是在学生提问和讨论的过程中得到解决的，那些平时不善提问和不积极发言的学生，也会在这种提问和讨论氛围下，变得会提问题和积极发言。四是鼓励学生自主选择、自主学习。在现代信息社会中，教师不可能把学生未来生活所需的全部知识都教给学生。教师的任务就是让学生学会如何学习。因此，问题被提出以后，教师并不是对每个问题都要回答。在有些问题上，教师要放手让学生自己选择和决定怎样学、学什么、怎么解决问题。五是帮助学生建立学习型团队。要使基于问题的学习有效开展，就必须帮助学生建立起学习型团队，进行合作学习，尤其是异质小组的合作学习，效果更好。

（二）以理论支撑教学

职业教育心理学是一门理论性较强的应用心理学学科，它所涉及的各个领域几乎都有相应的理论支撑。如在职业认知技能的教与学中，既有一般性的认知学习理论，又有专门的职业认知技能学习理论。且该课程的教学目标之一就是要使学生掌握其基本知识和基本原理。因此，在教学中，要倡导以理论支撑教学，不仅要让学生知道是什么、怎么做，还要知道为什么。这里，理论不仅包括职教心理学的基本知识、基本原理，还包括各心理学流派对相关问题的理论解释，以及理论在教学中的应用。

以理论支撑教学并不是要强调学科中心，而是要求按学生的学习和能力发展需要来安排教学，选择教学内容，对教学内容进行重组或更新，重视这些内容的科学性和理论成熟性，做到教有所依、学有所据。比如，可以将教学内容重组为三大块：第一块是基础领域的内容，主要包括与职业教育心理学相关的心理学基础；第二块是职业学校中教与学的心理学领域，内容主要包括职业认知技能教与学的基本心理学理论及其应用、动作技能教与学的基本心理学理论及其应用、职校生学习动机的基本理论及其应用等；第三块是学生未来职业发展和个人成长领域的内容，主要包括教师心理、心理健康等。

在教学实施中，按照学生的学习和能力发展需要安排教学，实际上就是要根据学生的认知特点、学习需要、能力和素质的培养、教学内容间的理论联系来安排教学顺序。有时，也要根据教学的实际需要，优先选择某些内容来教学，尤其是理论间关联性不太强的内容的教学更是如此。

（三）以实践深化教学

以实践深化教学指通过探究职教实践或理论中的心理学问题，把心理学理论运用到实践中去，研究新情况、解决新问题，以此深化教学。通过实践活动应用所学知识、研究新情况、解决新问题是提升学生能力和素质的需要，也是培养创新性人才的需要。在职教心理学课程教学中，结合课程学习，开展实践活动，既是该课程应用性质的要求，也有助于深化该课程的学习，而且在目前的中等职业教育中，有待解决的心理学问题很多，新的问题又在不断出现，因此，以实践深化教学可行性高、效果好。

实践活动可以是：①在学生分组的基础上，以小组为单位，分别负责1个主题，这些主题可以是中职教学实践中的心理学问题，也可以是职教心理学的理论问题，要求他们利用课余时间查阅资料，或做调查，或做模拟活动方案，且必须在约定的时间内完成。②活动结束时，给予学生充裕的时间，要求小组成员共同完成1份小型报告，或小论文，或活动总结。③要求小组共同完成有关其活动过程或结果的演示课件，在课内或课外为每个组安排一定的时间，要求每个小组派代表1名，向其他同学演示其活动成果或过程，接受其他同学的质疑，并由小组成员共同负责答疑，以达到共同分享，共同提高的目的。

由于是通过小组合作进行实践活动，一起学习、一起讨论，彼此分享观点和材料，共同完成活动、汇报与答疑，因此，这既可使学生深刻认识中职生的心理发展特点，深入把握职业教育心理学的基本原理，学会运用该课程的知识和理论来解决实际问题，又培养了学生多方面的能力，如研究能力、合作能力、自学能力、创新能力以及其他一些实践性能力。通过分享，可以使学生体验到成就感、学习的意义、生命的价值，提高其学习动机和情商水平。

（四）以综合、互动贯穿教学

"综合"指"问题引领""理论支撑""实践深化"三个部分并非是彼此割裂，孤立地存在于教学过程中，而是三位一体，以综合的形式体现在教学过程中。

"问题引领"存在于该课程所有内容的教学中。以问题引入课程内容（包括理论），以问题贯穿于教学，将问题与实践活动联系起来，深化该课程的教学。一些理论问题或者实践问题，同时也是实践活动的主题；问题的分析与解决过程，同时也是实践活动的过程。

"理论支撑"同样存在于教学的始终。职教心理学不同领域的教学内容，会涉及不同的理论，会产生不同的问题，会形成不同的实践活动主题；理论内容的教学既是理解该课程基本原理的过程，也是逐步明晰问题本质的过程。同样，理论教学的过程既是实践活动主题产生的过程，也是理论指导实践、产生有价值实践活动结果的过程。

"实践深化"也存在于教学过程的始终。它既是发现问题、提出问题、分析问题和解决问题的过程，也是不断加深理解职教心理学理论实质与精髓的过程，尤其是与实践问题相联系的活动，更有助于理解理论。

"互动"指在教学过程中，师生之间、学生之间始终是一种相互接触、相互沟通、观点碰撞、知识创造、心灵交融和彼此分享的互动振动关系。在基于问题的学习和实践活动中，教师更多的是充当引导者、支持者、建言者的角色；在平等讨论和协商中，帮助学生生成问题、发现问题、分析问题和解决问题；当学生出现困难时，为学生提供引导和建议，与学生分享彼此的经验和学识，获得自我成长。这只有通过师生之间的充分互动、实现心灵共融，才能达到。在理论教学中，教师要为学生充分讲解，但同时也要提出问题，将理论与实际问题联系起来，考察理论实际应用时的条件、策略和措施；还要支持、鼓励和启发学生展开讨论，参与学生的讨论，以进一步明晰理论和问题的实质。在学习过程中，讨论和实践活动都是基于小组的学习，学生之间要充分展开互动，才能很好地解决问题，取得比较好的成绩。

三、综合互动型教学模式构建的意义

综合互动型教学模式在教学实践中，对于培养合格的职教师资有重要的意义，这主要体现在以下几个方面。

（一）理论与实践的相互渗透

职教心理学理论性较强，又是一门应用学科，通过"以问题引领教学，以理论支撑教学，以实践深化教学"的综合互动式教学，可以很好地将理论教学与实践问题联系起来，鼓励学生根据理论分析和解决职业教育实践问题，实现了理论与实践的相互渗透。

（二）教师讲授与学生自主学习相互渗透

在职教心理学的理论教学中，需要教师充分地讲解理论，以便学生掌握，但在教学中，如果只有教师讲授，就难免枯燥乏味，会降低学生学习的积极性。因此，教师在理论教学中，同样要创设问题情境，直接提出问题，或帮助学生形成问题，鼓励学生积极讨论，不受批判地发表自己的看法；鼓励学生根据自身情况选择怎么学、怎么分析和解决问题。这样就实现了教师讲授与学生自主学习的相互渗透。

（三）自我探索与合作、分享相互渗透

综合互动式教学倡导基于小组的合作学习，如问题的讨论和实践活动都是以小组为单位，学生一起学习，共同解决问题，彼此分享观点和材料，但这并不意味着小组成员不进行自我探索的学习。在问题讨论和实践活动中，小组成员首先要做就是进行自我探索，自主学习，只有这样才能独立提出有建设性的意见。

（四）理智发展与情感体验相互渗透

理论教学、问题讨论、实践互动的开展，主要职业教育心理学三位一体综合考试模式的构建是以学生智慧的发展和能力提高为目标，但在小组合作学习，学生需要提交学习成果，并彼此分享，当学生看到自己实实在在的活动成果时，感受到彼此分享的激动时，就会体验到学习成就感、学习的意义和分享的愉悦，甚至生命的价值。当学生在讨论和实践中出现挫折或失败时，彼此的鼓励与宽容，能让学生体验到温暖。这实现了理智发

展与情感体验的相互渗透。

（五）学术性与职业性相互渗透

在职教心理学的教学中，通过讨论、实践活动和理论讲解，奠定了学生宽厚的知识基础和研究能力、创新能力的培养，有助于学生学术能力的提高。同时，通过这样的教学也培养了学生未来从教的职业岗位能力，如分析学生的心理，利用职教心理学原理设计教学等；而且，通过这样的教学和各种实践活动，可以提高学生的心理素质，有助于其基本素质的发展。此外，自学能力，与人共处的能力的培养等，都与其应变能力有关。所有这些，都是职业能力的构成部分。因此，这实现了学术性和职业性的相互渗透。

第二节　职业教育心理学三位一体综合考试模式的构建

在职业教育心理学课程教学中，学生成绩的评价是否合理、科学，不仅直接关系到该课程教学目标实现，也关系到学风建设和人才培养。因此，反思当前职业教育心理学考试中的问题与弊端，改革传统的考试内容和方式、方法，建立起能够促进教学目的和目标的实现，符合时代特色和与人才培养要求的考试模式势在必行。本节通过分析当前该课程考试中的问题，构建出新的考试模式，以进一步贯彻人才培养的有关要求，促进创新教育，提高教学质量。

一、当前职业教育心理学考试中存在的问题

通过分析所收集的各校职业教育心理学历年的试卷，可以发现，职业教育心理学考试中存在的问题主要表现为以下几个方面。

（一）命题不尽合理

1. 题型不合理

从职业教育心理学历年试卷的题型来看，主要是名词解释、填空题、选择题、简答题、论述题和案例分析题。在试卷题型分布中，往往是客观题型比重较大，有助于学生发挥的主观题型比重小；题型单一，变化比较

小。这不利于对学生思维能力，尤其是分析和综合能力以及创造能力的考查和培养。

2. 考试内容记忆成分比重大

从考试内容来看，记忆内容比重较大，那些善于记忆、努力记忆的学生容易获得高分，这实际上变相鼓励学生死记硬背，临时突击。虽然这能够考查出学生对知识的掌握程度，却不能全面衡量学生的能力和技能。

3. 考查目标层次比较低

目前，从题型和考试内容上来看，职业教育心理学像大多数课程考试一样，注重对认知目标领域的考查，而相对忽视情感领域和技能领域的考查，即便是对认知领域的考查，考查最多的也主要是对前三个目标层次，即对知识、领会和运用的考查，最被忽视的是后三个目标层次即对分析、综合和评价的考查。考查目标层次低，就无法了解学生高层次能力培养情况，就无法有的放矢地满足时代对未来职业学校师资队伍培养的能力要求，就会造成学生素质不高、未来的工作能力不强、缺乏创新意识和创新精神。

（二）考试方式、方法单一

目前，职业教育心理学在考试方式方法上存在的问题就是缺乏多元性和全面性。这主要表现为：闭卷考试多，开卷考试少；笔试多，口试、讨论及其他方式少；理论知识考试多，能力、素质考察少；终结，考试多，过程性考试少。由于考试方式、方法单一，缺少平时的考核、检测，也就缺乏教学过程中的动态信息反馈，影响师生间的互相交流，造成教与学相脱节。这既不能全面发挥考试的功能，也影响教与学的积极性和学生能力、素质的全面培养。

（三）成绩评定方式单一

尽管各校规定，学生课程成绩的评定要结合学生的平时成绩和期终考试成绩进行综合评定，但学生平时成绩占总成绩的比例很低，最终成绩还是主要取决于期末考试的成绩。而且，学生平时成绩的评定多数是依据作业和出勤率等考查，这种成绩评定方式还是显得很单一，不够多元化。这种重期末考试的做法造成不少学生平时不努力，临考忙突击，不利于学生自学能力、自主学习习惯的养成。

二、三位一体综合考试模式构建的指导思想

任何一种课程考试改革都必须遵循一定的指导思想，否则就容易无的放矢。职业教育心理学新的考试模式的构建，应遵循以下指导思想。

（一）符合课程性质、教学目的和目标

职业教育心理学是为培养未来的职业学校教师而开设的专业必修课，要使学生掌握职业教育心理学的基本原理和知识，树立正确的职业教育观念；通过课程学习要使学生达到职业教育对教师素质的某些要求，如职业能力、职业态度、职业道德。这不仅涉及认知领域的目标，至少还涉及情感领域某些目标的考察。

（二）以"能力考核"为中心

职业教育心理学的考试要突出职教特色，着眼于未来教师专业素质和职业能力的培养。因此考试不应以掌握多少职业教育心理学知识为主要尺度，而应回归到考核学生运用这些知识的能力和全面提高素质的轨道上来。要根据职业学校教师职业岗位的需求、学校的实际情况，列出学生应掌握的主要能力项目，并确定哪些能力主要由职业教育心理学课程完成，在考试中以这些能力的考核为中心。

（三）适应创新教育的需要

创新已成为现代社会生产力进一步发展的动力，为适应现代社会对人才培养的要求，职业教育心理学的教学也要走创新教育路线，强调知识的应用和创新。因此，我们的考试模式应与创新教育相适应，也应该强调对学生知识的应用和创新能力的考查。这要求我们在考试工作中应实现三个转变，即由注重考核书本知识的识记到注重知识的应用与创新转变；由单一的笔试闭卷考试向灵活多元化的考试方式、方法转变；由重视终结性考试向注重全程性考核转变。

（四）成绩评价以学生发展为本

人本主义心理学告诉我们，每个学生都有自我发展的潜力。因此，我们必须积极乐观地看待学生，给予学生充分表达自我、展示自我的机会；

树立正确的评价观念，全面改革对学生评价的指标，变单一指标为多元化指标；针对学生的知识水平和智能结构，创设以学生发展为本的多元化、多层次的评价体系，对学生做出全面的、发展性的评价。

（五）切实可行

任何一门课程考试都应根据该课程特点、教学内容和能力培养目标，选择有利于学生发展的、切实可行的考试方式，设计与之相适应的考试内容，使考试方式具有科学性、适应性和可操作性，确保考试成绩具有客观性、公正性和可比性。

三、"讲、研、测"三位一体综合考试模式的建立

为了使职业教育心理学教学满足现代职业教育对未来教师的素质要求和现代社会对创新性人才培养的要求，在坚持指导思想的基础上，职业教育心理学的考试改革要走考试方式全程化、考试方法多元化、成绩评定多途径化的道路，建立起"讲、研、测"三位一体综合考试模式。

"讲"是口试的一种特殊形式，是通过学生的言语回答了解学生对某些问题的看法或解决方法，以此考查学生对知识、理论的掌握和应用能力。"讲"的方法可增加师生和生生之间面对面的交流机会，也为培养学生语言表达能力提供了机会。本课程的"讲"有多种形式，如专题讨论式、问题回答式和小组论文答辩式。专题讨论式指在对学生进行分组后，结合理论教学，设计一些职业教育心理学专题，要求学生展开讨论，并要求每个小组轮流派出成员发言，根据其发言质量评分，并作为该小组的成绩，多次讨论后，取该小组的平均成绩作为小组每个成员该项的成绩。问题回答式指教师在课堂教学中，即时就教学内容中的问题提问，根据学生的回答打分。小组论文答辩指要求每个小组就其合作研究结果向班级其他同学陈述，并回答其他同学提出的问题。小组可推荐一人陈述，答疑时小组其他同学可参与、补充，以小组成绩作为小组每个成员的成绩。由于在分析与理解问题，运用理论解决问题时，流畅的言语表达能力、讲述时的表情、动作的表现力和说服力等，都是教师能力结构中的重要部分，故这一部分的考核成绩作为平时成绩之一，占总成绩的比重为30%，但"讲"

的三种不同形式，可根据侧重点的不同分别再赋予不同权重。

"研"是研究职业教育心理学的理论问题和职业教育实践中的心理学问题，这是把理论运用到实践中去，研究新情况、解决新问题的过程。由于目前我国中等职业教育中有关心理学问题的研究还处在起步阶段，有待研究的问题很多，如中等职业教育中学生学习策略的问题等。具体的做法是，在学生分组的基础上，以小组为单位，每个小组分别负责一个主题的研究，利用课余时间查阅资料，或做调查，要求小组成员共同完成一份小型研究报告或小论文。具体的考核形式就是以小型研究报告或小论文的形式体现出来，这也是一种类似于开卷笔试的考试形式。由于通过小组合作进行研究，有助于多项能力的培养，如研究能力、合作能力、自学能力、创新能力以及其他一些实践性能力，有助于学生对职业教育心理学基本原理的掌握，也有助于学生运用本课程的知识和理论解决实际问题的能力的培养。因此，这部分的考核成绩作为平时成绩的一部分，占总成绩的35%。

"测"是指闭卷笔试，主要考查学生对理论知识和基本原理的掌握情况。闭卷考试可分为期中和期末两次进行。期中的闭卷笔试是用以检查学生半个学期以来的学习情况，这部分占总成绩的5%。而期末考试，一般是由学校统一安排。由于期末闭卷笔试是对学生该课程学习情况的一次全面考核，因此在总成绩中的比重占30%。闭卷笔试是否科学、合理取决于它是否体现了现代教育理念和考试改革的指导思想，是否体现出能力考核中心、创新型人才培养和职教师资素质培养的要求等。因此，要通过灵活多样的形式和内容考查学生对知识的理解、应用、综合和创新的能力。考核目标不应只着眼于认知目标领域的低层次目标，应加重分析、综合、评价目标层次的考核比重，以及情感领域的某些目标：试卷命题尽量减少客观题型，适当增加有利于主观发挥的分析、综合题以及设计、案例分析题；考核内容要尽量减少记忆性内容，增加需要综合、概括的内容。

"讲""研""测"统一于教学过程中，充分体现了该课程的特点，体现了全面的、多元化的、发展的考核要求，三者缺一不可。"讲""研"的考核过程就是教与学，学与学相互交流与实践的过程，而通过"测"则在促进学生对基础知识和基本原理的理解与掌握的基础上进一步推进"讲"与"研"的理论化和系统化。

"讲、研、测"三位一体综合考试模式使该课程考核实现了全程化、考试方式方法多元化、成绩评定多途径化，符合课程性质、教育目的和目标，体现了考核的能力中心、以学生发展为本的思想，适应了创新教育的需要，有助于促进学风建设和教学质量的提高。具体地讲，其总体效益体现在以下方面：第一，调动了学生学习的积极性和学习兴趣；第二，有助于学生研究能力和创新能力的发展；第三，有助于促进学生发展的综合素质的提高；其四，使学生的能力得到全方位的评价。

第三节 职业教育心理学发展的问题与对策

随着职业教育的快速发展，我国职业教育心理学从 20 世纪 90 年代起，有了较大的发展，出现了一些各具特色和代表性的研究成果。最具代表性的有：崔景贵主编的江苏省高校精品建设教材《职业教育心理学导论》（2008）；徐大真主持的课题成果之一《中国职业教育心理学回眸：1978—2008》（2008）等。但从总体上看，我国职业教育心理学发展现状不容乐观，还存在很多问题。

一、我国职业教育心理学发展存在的问题

（一）不够重视，学科地位不高

目前，我国教育行政部门和学术界对职业教育心理学的发展不够重视，职业教育心理学学术地位较低。这表现在三个方面：①到目前为止，我国还没有成立一个以职业教育心理学为主的官方学术机构或组织，也没有专门供研究职业教育心理学的学者交流的平台；②尚未出现专门发表以职业教育心理学研究成果为主的学术期刊，不仅如此，现有职业教育心理学研究成果的发表期刊层次较低。有关职业教育心理学研究的文章仅有 6 篇发表在核心期刊（北大来源），而其余的只能在普通的期刊杂志发表；③有关职业教育心理学的教材所受支持力度小，在仅有的 11 本教材中只有

3 本教材是在国家和地方政府项目支持下的成果。

（二）发展不成熟，学科内容体系不完善

职业教育心理学虽然已经发展为一门学科，但发展还不成熟。在研究对象上，有的教材对研究对象这个问题只字不提，有的虽然提出了研究对象，但是其表述和提法却不被认可，因此，职业教育心理学的研究对象还没有一个大家公认的准确定位。❶

职业教育心理学的内容体系不完善。职业教育心理学虽然只有 11 本教材，但每本教材基本上都是自成一家，至今还没有公认的比较完整的内容体系。2006 年王燕、董圣鸿把各种教材的内容体系分为两类：一是基本上遵行教育心理学的内容体系，在具体介绍方面引入职业教育具体的例子；二是从职业分析入手，依据工作需要寻求心理学理论的支持。❷ 崔景贵主编的《职业教育心理学导论》（2008）、卢红等编著的《职业教育心理学》（2010）和曾玲娟主编的《职业教育心理学》（2010）基本都遵循教育心理学的内容体系。

（三）研究方法单一

研读发表的有关职业教育心理学的文章，从徐国庆发表的《职业教育心理学教学中运用自学—研讨法的初步试验研究》，到王琼的《我国职业教育心理学的发展与思考》这 28 篇文章，只有徐国庆的《职业教育心理学教学中运用自学—研讨法的初步试验研究》和陈丽君的《网络环境下〈职业教育心理学〉问题驱动教学模式的探索与实践》，采用了实验法的研究方法，还有一篇文章是结合制冷专业的实际情况提出了作者自己的看法，而其余的文章都是采用文献法进行思辨性的理论研究，没有真正地去做调研。

结合以上分析和有关职业教育心理学文献，就会发现研究人员在进行相关研究过程中使用的研究方法比较单一，文献法是研究方法的主流，很少有人采用实证的研究方法进行量化的分析，因此做出的成果很难具有说服力。

---

❶ 冉苒. 关于职业教育心理学研究对象的思考［J］. 职教通讯，2004（12）：8－10.

❷ 王燕，董圣鸿. 职业教育心理学教材内容体系的分层构建［J］. 职教论坛，2006（5）：27－29.

（四）研究成果质量不高

职业教育心理学研究成果质量不高，主要表现为：期刊文章之间雷同多，创新少。在职业教育一线的中高职教师有事实性的材料、感性的经验和做实证研究的便利条件，但却没有相应的理论知识储备和学术研究能力，而具有研究能力和理论知识储备的专业研究人员却缺乏一线老师所具备的条件，因而都无法产生有价值的研究成果。

二、我国职业教育心理学发展的对策

职业教育心理学是一门年轻的学科，尽管在学科定位、课程建设、教学模式、考试模式以及学习模式等方面取得了很大的进步，但仍需发展。因而，发展职业教育心理学要抓住机遇，突出特色，完善内容体系，运用多样化研究方法，建设高水平研究队伍。

（一）抓住机遇，突出特色

发展职业教育心理学，学术界应该学会借助国家大力发展职业教育的时机。职业教育心理学是研究职业教育情境中所发生的心理现象及其规律的科学，有自己独特的特点，如职业性、实用性、实践性和开放性等，研究人员在进行职业教育心理学研究的时候要时刻牢记这些特点，突出职业教育心理学的特色。例如，职业教育心理学研究对象是职教生，我国职教学生具有普教学生所没有的特性就是他们存在自卑心理，渴望理解，希望获得他人尊重，不能容忍他人的轻视。

（二）发展完善内容体系

从职业教育心理学相关的教材中，可以看出职业教育心理学内容体系构建由最初的各成体系到现今的遵循教育心理学的体系，内容体系的建设在不断发展，今后应继续发展完善内容体系。

职业教育心理学属于一个多维度、多层次的复杂系统。因此，应将我国职业教育心理学的内容体系分成理论、应用与专项三大层次，并将应用

层次的职业教育心理学再分成宏观、中观以及微观三个层次。^❶

其实，无论怎样通过分层整合职业教育心理学的体系，最重要的还是要站在现今职业教育领域和心理学学术的发展前沿，处理好推进学科建设和为社会实践服务这两者之间的关系，着力建设具有特色的中国职业教育心理学内容体系。

（三）运用多样化研究方法

职业教育心理学研究会直接借助心理学的研究方法，但是要谨记职业教育心理学是一门独立的学科，不能只使用一种方法做研究，否则会限制职业教育心理学的发展。

职业教育心理学的宗旨是为职业教育服务的，要运用实验法、访谈法、观察法、个案法等多种研究方法，运用这些方法去探究我国职业教育中教师和学生的心理，做出更具有实用价值的研究成果和编出适合我国职业教育现状的职业教育心理学教材，这样才能更好地运用职业教育心理学的理论知识为职业教育服务。

（四）建设高水平的研究队伍

高水平的研究队伍是发展职业育心理学的关键性因素。提高职业教育心理学研究成果的理论水平，只有靠每个研究成员的共同奋斗，才能达到整体水平的提高。

建设高水平的研究队伍，首先要提高研究队伍的理论水平，通过组织各种培训对研究队伍的整体的理论水平进行提高，尤其是提高一线职教人员的学术研究能力；要加强学术道德建设，培养研究队伍坚持实事求是的科学精神和严谨的治学态度，建立和完善科学的学术发展与评价机制，鼓励学术创新；除了研究职业教育心理学的专业人员之外，还要通过建设一个良好研究平台吸引更多相关学科的人，建设一支多元化的专业研究队伍。

《国家中长期教育改革和发展规划纲要（2010—2020 年）》指出，

---

❶ 徐大真，金太亮. 中国职业教育心理学回眸：1978—2008 ［J］. 职业技术教育，2008（34）：25－29.

2010—2020 年是我国职业教育蓬勃发展的重要时期，因此，我们应该对未来的职业教育心理学发展充满信心，并为此做出不懈的努力。❶

本章小结

职业教育心理学作为一门课程，为发挥其应有的独特作用，在教学中需要构建综合互动型教学模式，通过"以问题引领教学，以理论支撑教学，以实践深化教学"的综合互动式教学，可实现五个相互渗透，即实现理论与实践的相互渗透，教师讲授与学生自主学习相互渗透，自我探索与合作、分享相互渗透，学术性与职业性相互渗透；在考核中需要建立起"讲、研、测"三位一体的综合考试模式，使该课程考核实现全程化、考试方式方法多元化、成绩评定多途径化，使其符合课程的性质、教育目的和目标，体现出考核以能力为中心、以学生发展为本的思想，并满足当前的创新教育需要。

职业教育心理学是为培养职教师资而开设的一门课程，在培养合格的职教师资中有不可替代的作用。职业教育心理学相对其他职教学科来说，在发展中，起步较晚，力量较弱，还存在不少问题。如学科地位不高，发展不成熟，研究方法单一、高质量的研究成果少等。在未来的发展中，应该加强多样化方法的应用，加强特色建设，完善学科内容和体系，加强学科队伍建设等。

（本章作者　东南大学　姜飞月　姚萌萌）

---

❶ 崔景贵．我国职业教育心理学发展的困境与变革 ［J］．职业技术教育，2006（27）：68 –71.

主要参考文献

一、著作教材类

[1] 班华．心育论［M］．合肥：安徽教育出版社，1994.

[2] 陈家麟．学校心理健康教育——原理与操作［M］．北京：教育科学出版社，2002.

[3] 陈琦，刘儒德．当代教育心理学［M］．北京：北京师范大学出版社，1997.

[4] 陈瑛．人生幸福论［M］．北京：中国青年出版社，1996.

[5] 陈仲庚，张雨新．人格心理学［M］．沈阳：辽宁人民出版社，1986.

[6] 崔景贵．职校生心理教育论纲［M］．北京：科学出版社，2013.

[7] 崔景贵．解读心理教育：多学科的视野［M］．北京：高等教育出版社，2004.

[8] 崔景贵．心理教育·职业学校［M］．南京：南京师范大学出版社，2003.

[9] 崔景贵．心理教育范式论纲［M］．北京：社会科学文献出版社，2006.

[10] 崔景贵．积极职业教育范式导论［M］．北京：知识产权出版社，2015.

[11] 崔景贵．职业教育心理学导论［M］．北京：科学出版社，2008.

[12] 崔允漷．有效教学［M］．上海：华东师范大学出版社，2009.

[13] 方俐洛．职业心理与成功求职［M］．北京：机械工业出版社，2001.

[14] 冯俊科．西方幸福论［M］．长春：吉林人民出版社，1992.

[15] 高兆明．幸福论［M］．北京：中国青年出版社，2001.

[16] 郭有遹．创造心理学（第3版）［M］．北京：教育科学出版社，2002.

[17] 黄希庭．人格心理学［M］．杭州：浙江教育出版社，2002.

[18] 黄希庭．心理学导论（第2版）［M］．北京：人民教育出版社，2007.

［19］教育部职业教育与成人教育司．职业技术教育心理学［M］．北京：北京师范大学出版社，1999.

［20］卢家楣．学习心理与教育［M］．上海：上海教育出版社，2000.

［21］林崇德，杨治良，黄希庭．心理学大辞典［M］．上海：上海教育出版社，2003.

［22］刘春生，徐长发．职业教育学［M］．北京：教育科学出版社，2002.

［23］刘次林．幸福教育论［M］．北京：人民教育出版社，2003.

［24］刘德恩．职业教育心理学［M］．上海：华东师范大学出版社，2001.

［25］马启伟，张力为．体育运动心理学［M］．杭州：浙江教育出版社，1998.

［26］马庆发．当代职业教育新论［M］．上海：上海教育出版社，2002.

［27］麦可思研究院．2010中国大学生就业报告［M］．北京：社会科学文献出版社，2010.

［28］苗元江．心理学视野中的幸福——幸福感理论与测评研究［M］．天津：天津人民出版社，2009.

［29］任俊．积极心理学［M］．上海：上海教育出版社，2006.

［30］上官子木．创造力危机：中国教育现状反思［M］．上海：华东师范大学出版社，2004.

［31］申荷永，高岚．心理教育［M］．广州：暨南大学出版社，1995.

［32］沈贵鹏．心理教育活动论［M］．北京：高等教育出版社，2005.

［33］孙英．幸福论［M］．北京：人民出版社，2004.

［34］王以仁，等．教师心理卫生［M］．北京：中国轻工业出版社，1999.

［35］袁方，姚裕群，陈宇．劳动社会学［M］．北京：中国劳动出版社，1992.

［36］张世平．教师的心理教育［M］．重庆：重庆大学出版社，1999.

［37］张忠秋．优秀运动员心理训练实用指南［M］．北京：人民体育出版社，2007.

［38］郑雪，严标宾，邱林，张兴贵．幸福心理学［M］．广州：暨南大学出版社，2004.

［39］郑雪．人格心理学［M］．北京：高等教育出版社，2004.

［40］莫雷，张卫．青少年发展与教育心理学［M］．广州：暨南大学出版社，1999.

［41］朱小蔓．小学素质教育实践：模式建构与理论反思［M］．南京：南京师范大学出版社，1999.

［42］［哥伦比亚］阿迪拉．心理学的未来［M］．张航，禇宇明，译．北京：商务印书馆，2008.

［43］联合国教科文组织国际教育发展委员会．学会生存：教育世界的今天和明天
　　　［M］．华东师范大学比较教育研究所，译．北京：教育科学出版社，1996.

［44］联合国教科文组织总部．教育——财富蕴藏其中［M］．联合国教科文组织总部
　　　中文科，译．北京：教育科学出版社，1996.

［45］［美］斯腾伯格，史渥林．思维教学：培养聪明的学习者［M］．赵海燕，译.
　　　北京：中国轻工业出版社，2001.

［46］［美］乔伊斯，等．教学模式［M］．荆建华，等，译．北京：中国轻工业出版
　　　社，2002.

［47］［美］巴里斯，爱丽斯．培养反思力：通过学习档案和真实性评估学会反思
　　　［M］．袁坤，译．北京：中国轻工业出版社，2001.

［48］［德］伊曼努尔·康德．论教育学［M］．赵鹏，何兆武，译．上海：世纪出版
　　　集团上海人民出版社，2005.

［49］［美］克里斯托弗·彼得森，等．习得性无助［M］．戴俊毅，译．北京：机械
　　　工业出版社，2010.

二、期刊论文类

［1］班华．试论职校学生心理教育特色问题［J］．职教通讯，2005（3）.

［2］曹新美，郭德俊．信息反馈不一致导致习得无助机制的实验研究［J］．心理发展
　　与教育，2005（2）.

［3］陈红，黄希庭，郭成．中学生人格特征与应对方式的相关研究［J］．心理科学，
　　2002，5（25）.

［4］崔景贵．方法论视角：职业教育心理学研究的问题与对策［J］．江苏技术师范学
　　院学报（职教通讯），2008，23（8）.

［5］崔景贵，杨治菁．职校生专业学习心理与职校积极课堂教学的建构［J］．职教论
　　坛，2015（7）.

［6］崔景贵，姚莹．工匠精神与现代职业教育：一种积极心理学的视角［J］．江苏教
　　育（职业教育），2016（39）.

［7］崔景贵，姚莹．职校生心理发展与积极职业教育的心理策略［J］．职教论坛，
　　2015（1）.

［8］崔景贵．我国职业教育心理学发展的困境与变革［J］．职业技术教育（教育科学
　　版），2006，27（22）.

［9］崔景贵．解读职校生"习得性无助"现象：心理症结与教育策略［J］．中国职业

技术教育，2013（12）．

[10] 崔景贵．培育技术技能人才：加快发展现代职业教育的理念与战略［J］．中国职业技术教育，2014（12）．

[11] 崔景贵．为积极而教：现代职业教育改革创新的意蕴与范式［J］．职教通讯，2016（34）．

[12] 崔景贵．职校问题学生心理与积极职业教育管理［J］．中国职业技术教育，2012（33）．

[13] 崔景贵．职业教育心理学的学科定位与教材建设［J］．职业技术教育，2002（4）．

[14] 崔景贵．中等职业技术学校学生心理教育的问题与策略［J］．职业技术教育，2003（22）．

[15] 崔景贵．树立促进职校生心理发展的现代职业教育观［J］．职业技术教育，2008（1）．

[16] 任俊．西方积极教育思想探析［J］．外国教育研究，2006（5）．

[17] 陈振华．积极教育论纲［J］．华东师范大学学报（教育科学版），2009，9（3）．

[18] 方翰青，谭明．新生代农民工职业心理困境与成人心理教育对策研究［J］．职教论坛，2012（4）．

[19] 郭伟．浅谈高职学生健康人格的培养［J］．中国成人教育，2008（2）．

[20] 胡剑虹．高职学生职业心理发展问题分析与研究［J］．教育与职业，2009（29）．

[21] 胡月琴，甘怡群．青少年心理韧性量表的编制和效度验证［J］．心理学报，2008，40（8）．

[22] 黄希庭，范蔚．人格研究中国化之思考［J］．西南师范大学学报（人文社会科学版），2001，7（6）．

[23] 黄希庭．压力、应对与幸福进取者［J］．西南师范大学学报（人文社会科学版），2006，32（3）．

[24] 蒋波，崔景贵．职业教育心理学课程建设的困境与出路［J］．职业技术教育，2014（32）．

[25] 蒋波．创新技能型人才培养与高职院校教学改革［J］．职教论坛，2012（15）．

[26] 蒋波．当代高职生必备的几种素质［J］．职教通讯，2006（11）．

[27] 蒋波. 积极职业教育：特征、理念与实施 [J]. 职教论坛, 2015 (7).

[28] 解亚宁. 简易应对方式量表信度和效度的初步研究 [J]. 中国临床心理学杂志, 1998 (2).

[29] 金盛华, 李雪. 大学生职业价值观：手段与目的 [J]. 心理学报, 2005, 37 (5).

[30] 景怀斌. 儒家式应对思想及其对心理健康的影响 [J]. 心理学报, 2006, 38 (1).

[31] 柯江林, 孙健敏, 李永瑞. 心理资本：本土量表的开发及中西比较 [J]. 心理学报, 2009, 41 (9).

[32] 孔巧丽, 徐大真. 关于天津市高等职业院校学生职业成熟度的调查 [J]. 职教论坛, 2009 (7).

[33] 李红浪, 吴希仁. 浅谈高层次创造性人才的培养途径 [J]. 教育与职业, 2007 (27).

[34] 刘礼艳, 张长英, 孔博鉴, 王超奇. 职教师范生对职业教育心理学课程认同研究 [J]. 职教通讯, 2007 (7).

[35] 刘志军, 钟毅平. 习得性无助理论发展研究的简评 [J]. 心理科学, 2003, 26 (2).

[36] 宁良强, 张梅. 高职生学业自我效能感特点及其与学习成绩的关系 [J]. 职业技术教育, 2010, 31 (17).

[37] 乔志宏, 王爽, 谢冰清, 王祯. 大学生就业能力的结构及其对就业结果的影响 [J]. 心理发展与教育, 2011 (3).

[38] 施霞, 许雅玫. 高职生职业决策困难及自我和谐关系的研究 [J]. 职业教育研究, 2012 (11).

[39] 石雷山, 高峰强, 王鹏, 陈英敏. 成就目标定向对学习倦怠的影响：学业自我效能的中介作用 [J]. 心理科学, 2012, 35 (6).

[40] 孙式灵. 高职学生成就目标、学习态度与学习成绩的关系 [J]. 中国职业技术教育, 2009 (21).

[41] 谭明, 方翰青. 我国职业适应性研究综述 [J]. 中国职业技术教育, 2012 (18).

[42] 王道荣. 基于可持续发展的高职生积极人格特质的培养研究 [J]. 当代职业教育, 2013 (4).

［43］王凤兰．论职业生涯规划对高职学生心理健康的作用［J］．教育理论与实践，2012（6）．

［44］王芙蓉，陶嵘，张亚林．中国军官职业人格模型的初步研究［J］．中国临床心理学杂志，2008（2）．

［45］王凯荣，辛涛，李琼．中学生自我效能感、归因与学习成绩关系的研究［J］．心理发展与教育，1994（4）．

［46］王茂福，徐艳．农民的职业适应与继续社会化研究［J］．华中科技大学学报（社会科学版），2010（1）．

［47］王益明，金瑜．普通大学生、三好学生及学生干部人格特征的比较研究［J］．华东师范大学学报（教育科学版），2000（4）．

［48］文代君，康琴．对中职生心理防御机制与应对方式特点的调查［J］．职教论坛，2012（17）．

［49］咸桂彩，边敬．职业技能竞赛选手心理技能量表的初步编制［J］．职教论坛，2014（33）．

［50］肖雯，李林英．大学生心理资本问卷的初步编制［J］．中国临床心理学杂志，2010，18（6）．

［51］肖贻杰，雷世平．基于企业责任的高职学生就业能力建设［J］．职教论坛，2011（21）．

［52］熊猛，叶一舵．心理资本：理论、测量、影响因素及作用［J］．华东师范大学学报（教育科学版），2014（3）．

［53］徐大真．世界技能大赛中国选手的心理技能训练研究［J］．职业技术教育，2014，35（10）．

［54］徐方忠，朱祖祥，林芝．目标倾向测量及其与绩效的关系［J］．心理发展与教育，2000（2）．

［55］徐富明，朱从书，黄文锋．中小学教师的职业倦怠与工作压力、自尊和控制点的关系研究［J］．心理学探新，2005，25（1）．

［56］徐肇杰．对中职师资培训的几点思考［J］．职教通讯，2002（10）．

［57］薛继红．高职院校学生职业成熟度调查［J］．职业技术教育，2011（5）．

［58］杨金石．高职学生职业成熟度与专业承诺关系研究［J］．教育与职业，2012（5）．

［59］杨玲．高职不同性别学生职业成熟度比较——基于上海市三所高职院校的调查分

現代職業教育心理學：积极范式的实证研究

析 [J]．中国职业技术教育，2007（11）．

[60] 姚若松，梁乐瑶．大五人格量表简化版（NEO – FFI）在大学生人群的应用分析
[J]．中国临床心理学杂志，2010，18（4）．

[61] 张海燕，李建英，赵学丽．高职生职业能力培养实证研究 [J]．职教论坛，
2012（21）．

[62] 张西超，胡婧，宋继东，等．小学教师心理资本与主观幸福感的关系：职业压力
的中介作用 [J]．心理发展与教育，2014（2）．

[63] 张妍，孔繁昌，权珍桢，等．职校学生生活事件与应付方式的调查研究 [J]．
职业技术教育，2010，31（11）．

[64] 张长英．职业教育心理学教学中渗透心理健康教育的探讨 [J]．职教通讯，
2007（10）．

[65] 周春开．论高校毕业生的职业适应 [J]．教育与职业，2003（5）．

[66] 周晓玲，邱开金．高职生职业心理与职业心理教育的关系研究 [J]．心理科学，
2008，31（5）．

[67] 祝庆国．关于高职生职业生涯规划的调查 [J]．职教论坛，2012（20）．

[68] 边玉芳．学习自我效能感量表的编制与应用 [D]．华东师范大学，2003.

[69] 岑翠．中学生学业自我效能发展特点及其与学业成绩、父母教养方式的相关研
究 [D]．西南师范大学，2005.

[70] 曾莹．中职生学习习得性无助感研究 [D]．江西科技师范学院，2011.

[71] 陈兰芬．小学高年级儿童内外向、亲子依恋与习得性无助感的关系研究 [D]．
福建师范大学，2012.

[72] 陈赛真．自我价值感、社会支持对职校生主观幸福感的影响研究 [D]．福建师
范大学，2006.

[73] 崔超县．中职生学习倦怠与应对方式、主观幸福感的关系 [D]．曲阜师范大
学，2011.

[74] 谷丹．初中生父母教养方式、学业自我效能感与学业成绩的关系 [D]．东北师
范大学，2010.

[75] 黄亮．职校技能竞赛选手心理技能与训练策略研究 [D]．青海师范大学，2015.

[76] 霍玉洁．中职学生主观幸福感及其影响因素研究 [D]．湖北工业大学，2012.

[77] 刘昕．中职生自我隐瞒、压力生活事件和主观幸福感的关系研究——对广州市中
等职业学校学生的研究与分析 [D]．广州大学，2013.

［78］苗元江．心理学视野中的幸福——幸福感理论与测评研究［D］．南京师范大学，2003.

［79］钱春霞．家庭教养方式对中职生主观幸福感影响的相关研究——以绍兴地区为例［D］．江西师范大学，2013.

［80］王小倩．安徽省职高生自我同一性、主观幸福感的现状及关系研究［D］．华东师范大学，2011.

［81］徐宇琴．中职生学习动机及其影响因素研究［D］．苏州大学，2009.

［82］郝利敏．"90后"高职生心理资本调查分析及开发策略［D］．浙江工业大学，2011.

［83］陈红，黄希庭．A型人格——自我价值感对中学生不同情境应对方式的影响［J］．心理科学，2001，24（3）.

［84］徐大真，金太亮．中国职业教育心理学回眸：1978—2008［J］．职业技术教育，2008（29）.

［85］戴晓阳，姚树桥，蔡太生，杨坚．NEO个性问卷修订本在中国的应用研究［J］．中国心理卫生杂志，2004，18（3）.

［86］丁妍．日本高校创造性人才培养研究：以东京工业大学的课程改革为例［J］．清华大学教育研究，2005，26（6）.

［87］高英楠，彭焱．中职生父母教养方式与应对方式的相关研究［J］．中国健康心理学杂志，2011，19（5）.

三、报刊文件类

［1］郭建如．深化产教融合，推动教育与经济社会协调发展［N］．光明日报，2017-12-26（15）.

［2］晋浩天．《职业学校校企合作促进办法》有何新看点［N］．光明日报，2018-02-23（08）.

［3］王永清．产教融合　企业主动作为很关键［N］．光明日报，2018-05-10（14）.

［4］国务院．关于加快发展现代职业教育的决定［Z］．国发〔2014〕19号.

［5］国务院．国务院关于大力发展职业教育的决定［Z］．国发〔2005〕35号.

［6］教育部．中等职业学校学生心理健康教育指导纲要［Z］．教职成〔2004〕8号.

［7］教育部．教师教育课程标准（试行）［Z］．教师〔2011〕6号.

后　记

　　加快发展现代职业教育，呼唤心理科学的理论支持和实践指导。心理学是现代职业教育科学发展的重要基础，也是职业教育创新实践的理论支柱。从心理学的研究视野解读职业教育发展中的心理现象，解决发展中的复杂问题，有助于我们认识和把握职业教育的理论依据和实践基础，而心理学发展进程中积累的经验与教训，值得职业教育去反思和借鉴。现代心理学的教育思想和实践走向，同样影响和制约现代职业教育发展的科学进程和理想目标。这也预示并引领现代职业教育科学研究的路径创新和未来趋向，需要职业教育心理学工作者的更多关注和协同研究。进一步深入推进职业教育改革创新，办让人民满意的、更高质量、更加公平的优质职业教育，是加快建设现代职业教育体系、推进职业教育现代化的重要课题。当今中国职业教育正经历历史上最为广泛而深刻的改革创新与发展变革，现代职业教育应当从哪里出发？走到哪里去？又该如何走？这些问题需要我们深入研究、实证探究。

　　本书主要从积极心理学视野探讨分析现代职业教育的基本问题，涉及职业教育范式建构、学习心理、幸福感、心理资本、职业生涯辅导、技能大赛心理训练、教师职业心理调适、技术技能人才培养与教学改革、行动导向教学范式等，阐释基于积极心理学视域的职业教育理念创新与行动策略，提出一系列新认识、新主张。显然，本书以积极作为职业教育心理学研究的主线和价值取向，按照学习心理—心理教育—职业心理—人才培养与教学改革，设计主题、编排相关内容。不是按照教育心理学的学科逻辑体系来考虑，更多的是根据职业教育教学的实际需要确定研究的相关选题。我们认为，现代职业教育要自觉吸收心理科学的理论精髓和研究成果，追寻积极、建构积极是现代职业教育心理学研究的新趋向，"为积极而教"是现代职业教育改革创新的希望之路、必由选择和实践信念，积极职业教育是现代职业教育基于积极、倡导积极和实现积极的一种理想范式。

本书是国家哲学社会科学基金"十三五"规划教育学一般课题"积极职业教育范式建构的实证研究"（批准号：BJA170089）的研究成果。本书是课题组集体研究、密切合作的产物。各章写作分工如下：第一章，崔景贵；第二章，张艳芸、蒋波、崔景贵；第三章，温清霞；第四章，张艳芸；第五章，邵立云；第六章，周琢虹；第七章，陈璇、崔景贵；第八章，黄亮；第九章，姚莹；第十章，江宵宇；第十一章，杨治菁；第十二章，姜飞月、刘静；第十三章，胡维芳、蒋超；第十四章，杨琛；第十五章，方翰青；第十六章，方翰青；第十七章，胡维芳；第十八章，蒋波；第十九章，崔景贵；第二十章，张长英、刘礼艳、蒋波、崔景贵；第二十一章，姜飞月、姚萌萌。课题主持人崔景贵教授设计提出本书写作提纲，担任本书主编，对各章节作者完成的初稿提出修改意见，全面负责全书统稿和最终定稿。蒋波教授、方翰青教授、胡维芳教授、姜飞月博士、张长英博士、黄亮博士等对书稿编写提纲提出建议，胡维芳教授、研究生陈璇等协助整理本书参考文献、校对部分书稿。

本书的顺利出版，得到江苏省高校哲学社会科学优秀创新团队——"江苏职业教育现代化研究"（批准号：2017ZSTD020）、教师教育国家精品资源共享课程《职业教育心理学》建设项目的大力支持。同时汇聚了江苏省教育科学规划 2016 年度重大课题"加快发展江苏现代职业教育体系研究"（编号：A/2016/02）和 2016 年度江苏省第五期"333 工程"资助科研项目"积极职业教育范式的建构研究——以江苏为例"（编号：BRA2016394）的阶段性研究成果。在此，特别感谢江苏省职业技术教育科学研究中心、江苏职业教育与终身教育决策咨询研究基地、江苏省高等职业教育教师培训中心、江苏理工学院教育学院、职业技术师范学院、心理教育研究所、《职教通讯》编辑部、常州市青少年心理研究与指导中心、常州市社会科学院积极教育学研究中心的各位专家与同人的指导帮助和大力支持。诚挚感谢知识产权出版社责任编辑冯彤老师，同时要感谢参与课题研究的学校领导和老师们的大力支持！

编写组

2018 年 7 月 28 日